DOLO
EVENTUAL

ADRIÁN MARCELO TENCA

Dolo eventual

Viabilidad de su aplicación a los delitos en particular
Diferencias con la culpa. Política criminal
Autoría. Participación. Tentativa
Crisis de la figura. Jurisprudencia aplicable

1ª reimpresión

ASTREA
BUENOS AIRES - BOGOTÁ - PORTO ALEGRE - SANTIAGO - ASUNCIÓN
2022

Tenca, Adrián M.
Dolo eventual / 1ª ed. - 1ª reimp.
Ciudad Autónoma de Buenos Aires: Astrea, 2022.
392 p.; 23×16 cm.

ISBN 978-950-508-887-4

1. Derecho Penal. I. Título.

CDD 345

Astrea está indexada como Editorial de Calidad Científica
con Claro Prestigio Internacional (Fondecyt).

1ª edición, 2010.
1ª reimpresión, 2022.

Lavalle 1208 - (C1048AAF) Ciudad de Buenos Aires
(54-11) 4382-1880 - 0800-345-ASTREA (278732)
www.astrea.com.ar - editorial@astrea.com.ar

La edición de esta obra se realizó en EDITORIAL ASTREA, y fue impresa en su taller, Berón de Astrada 2433, Ciudad de Buenos Aires, en la segunda quincena de febrero de 2022.

Queda hecho el depósito que previene la ley 11.723
IMPRESO EN LA ARGENTINA

A mis padres, Atilio y Claire,
por su apoyo incondicional a mis proyectos

PRÓLOGO

En atención a las dificultades que en la práctica conlleva el instituto del dolo eventual, hemos realizado un minucioso análisis tanto de la doctrina como de la jurisprudencia en cuestiones que a diario tienen soluciones encontradas. Ellas son el dolo eventual y los delitos de omisión impropia; la autoría, la participación y el dolo eventual; la viabilidad de su aplicación en los delitos en particular; el dolo eventual y la tentativa; la punibilidad diferenciada entre la culpa consciente, la culpa inconsciente y el dolo eventual, entre otras. En cada uno de estos puntos se ha realizado un particular estudio de los fallos paradigmáticos, como lo son el caso "Chabán", en los delitos de omisión impropia, o el caso "Cabello", en lo atinente a los accidentes de tránsito.

Al elaborar mi tesis doctoral "Dolo eventual: una creación dogmática en perjuicio del imputado", fundamenté mi posición respecto al tema abordado. Sostuve allí que, contraviniendo todos los principios del derecho penal moderno y las más elementales garantías constitucionales, al dolo eventual se le aplica la pena del tipo doloso no obstante tener la estructura del culposo, al hacer una interpretación equívoca de lo que significa la política criminal.

Es una posición controvertida, en una problemática que no lo es menos.

En esta obra, el lector tendrá la oportunidad de sacar sus propias conclusiones, en tanto se analizan todas las posturas al respecto.

En síntesis, tanto aquellos que estudien el dolo eventual desde lo dogmático, como quienes procuren resolver un caso concreto, seguramente encontrarán en estas páginas una respuesta que satisfaga sus inquietudes o necesidades.

ADRIÁN M. TENCA

ÍNDICE GENERAL

Capítulo Primero

CULPA Y DOLO

Capítulo II

DOLO EVENTUAL. DOCTRINA Y JURISPRUDENCIA APLICADA

Capítulo III

DOLO EVENTUAL Y DELITOS DE OMISIÓN IMPROPIA

A) Planteo de la cuestión

B) Reconocimiento jurisprudencial del dolo eventual en los delitos de omisión impropia

Capítulo IV

AUTORÍA, PARTICIPACIÓN Y DOLO EVENTUAL

Capítulo V

DOLO EVENTUAL Y LA VIABILIDAD DE SU APLICACIÓN EN ALGUNOS DELITOS EN PARTICULAR

Capítulo VI

DOLO EVENTUAL Y TENTATIVA

Capítulo VII

EL TIPO CULPOSO. CULPA CONSCIENTE E INCONSCIENTE. DIFERENCIAS CON EL DOLO EVENTUAL

Capítulo VIII

DOLO EVENTUAL: UNA CREACIÓN DOGMÁTICA EN PERJUICIO DEL IMPUTADO

Capítulo IX

POLÍTICA CRIMINAL Y DOLO EVENTUAL

Capítulo X

CRÍTICAS AL DOLO EVENTUAL. RAZONES PARA SU ELIMINACIÓN. PROPUESTAS ALTERNATIVAS

Capítulo Primero

CULPA Y DOLO

§ 1. ***Estructuras. Una primera aproximación.*** – Sin perjuicio de volver más adelante sobre esta cuestión, es sumamente importante abordarla aunque sea tangencialmente desde el comienzo.

Los tipos doloso y culposo tienen estructuras diferentes, a saber: en los delitos dolosos el agente se propone un fin prohibido (p.ej., matar a otro), luego selecciona los medios para obtener el resultado propuesto (compra un arma de fuego) para, finalmente, poner en marcha un proceso causal y con ello materializar la ideación (espera a su víctima a la salida del trabajo y le dispara).

En el tipo doloso lo prohibido (y penado) es la conducta (matar), pues el fin propuesto por el autor *es* lo que está prohibido. Existe una coincidencia entre lo que el autor hace y lo que el autor quiere. En el obrar doloso su voluntad tiene que dirigirse a la realización del hecho típico, no de una manera impersonal, sino como su propio obrar[1].

[1] La sola expectativa de que el enemigo pudiera ser asesinado (o de que de algún modo perdiera la vida) es, desde el punto de vista jurídico, un deseo carente de importancia, incapaz de constituir el dolo, en la medida en que el autor efectivamente no se decida a actuar con miras a la obtención del resultado. Precisamente por eso, la conciencia de que la propia acción, por lo menos probablemente, llegará a realizar el supuesto de hecho típico objetivo, pertenece al elemento cognitivo del dolo. Para poder tener esta conciencia, el autor tendrá que representarse –en aquellos delitos en lo que, además de la ejecución de la acción

1. Tenca, *Dolo eventual*.

En los delitos culposos, por el contrario, lo prohibido no es la conducta, pues, *en sí misma*, no es ilícita. Lo que se pena es la equívoca selección de los medios para obtener un fin lícito.

Por ejemplo, el hijo que quiere visitar a su madre y para llegar raudamente excede el máximo de velocidad permitido, por lo cual atropella y mata a un peatón. Lo prohibido (y penado) no es la conducta de encontrarse con su progenitora, sino los medios elegidos para lograrlo, a la sazón, manejar sin tener el debido cuidado.

En opinión de JAKOBS, en la imprudencia no se corresponden, en consecuencia, la representación y la realidad; por ello, se habla de un supuesto de error o de un caso de ceguera ante los hechos. Así, como el dolo no pertenece a la acción en tanto hecho psíquico, sino como forma de evitabilidad cualificada, en la imprudencia tampoco se trata directamente de una disposición del autor que haga posible el conocimiento, sino de esta disposición como forma de evitabilidad. Por consiguiente, una acción imprudente no constituye injusto porque sea cognoscible la realización del tipo (el conocimiento sólo transforma la imprudencia en dolo), sino porque una realización del tipo cognoscible es evitable. No hay deber alguno de obtener conocimiento, sino sólo deber de evitar acciones típicas cognoscibles en el supuesto de que sean antijurídicas; esto último puede efectuarlo el autor obteniendo conocimiento o, cuando no merece la pena el empleo de su atención necesario para ello, omitiendo a ciegas[2].

---

misma, se requiere un resultado producido por ella– la *conexión* que fundamenta la imputación objetiva del resultado a la acción. No podrá hablarse de una dirección final si el autor no prevé el desarrollo del proceso (STRATENWERTH, *Derecho penal. Parte general. El hecho punible*, p. 100).

[2] "En contraposición al error en la tentativa, en que el autor se imagina una realización del tipo que no se produce, el autor en la imprudencia yerra al no advertir la realización del tipo que va a tener lugar. Este error puede presentarse de dos formas. El autor puede que ni siquiera piense en que algo es real o no, o bien puede imaginarse positivamente cuando de hecho lo es. Ejemplo: quien conduce un automóvil con los frenos averiados puede no pensar en la posibilidad de un accidente o suponer positivamente que no se va a llegar a un accidente, en todo caso, concurre un error si en realidad acaece un accidente. La cuestión del

La distinción referida la hacemos a partir de una concepción final de la acción, que mantendremos a lo largo de toda la obra[3].

§ 2. ***Razones de una punibilidad diferenciada.*** – La estructura diferenciada entre la culpa y el dolo conlleva una consecuencia de suma importancia: ambos se penan de modo diferente. El tipo doloso tiene una pena muy superior a la del tipo culposo[4].

Por ello, hemos de abordar ahora un tema sumamente importante: ¿por qué ha de castigarse más el delito doloso que el culposo?

Al respecto, Gimbernat Ordeig se pregunta qué persigue la ley al dividir los hechos punibles en dolosos e imprudentes.

Por su parte, Engisch nos ha dado la respuesta a esta pregunta; una respuesta que es casi tan simple como acertada: la ley, al distinguir entre hechos dolosos y culposos, persigue *distinguir entre hechos más graves y menos graves*, pues el delito intencional tiene una pena superior a la del

---

error ha de separarse de la de su evitabilidad. También la acción ya no es imprudente por falta de evitabilidad, y por tanto ya no típica, se lleva a cabo bajo una representación errónea" (Jakobs, *Derecho penal. Parte general. Fundamentos y teoría de la imputación*, p. 380 y 381).

[3] "La dirección final no se reduce a los actos voluntarios conformados racionalmente. Determinar en qué medida el sujeto no sólo percibió la situación en que decidió la acción, sino también tuvo consciencia de ella, qué circunstancias conforman en particular el contenido de experiencia, es una cuestión que se vincula con la delimitación interna de las diversas formas básicas del obrar, con el dolo y la culpa, pero que no afecta la calidad de la acción como tal. La característica común del obrar humano específico en sus diversas especies no es su carácter consciente o voluntario, sino la finalidad" (Stratenwerth, *Derecho penal. Parte general. El hecho punible*, p. 54).

[4] Todos los códigos modernos castigan con penas mucho más graves las conductas dolosas que las culposas. Así, por ejemplo, en el Código Penal argentino, el homicidio doloso se castiga con pena de prisión de ocho a veinticinco años, mientras que el homicidio culposo se castiga con pena de prisión de seis meses a cinco años. En el Código Penal español, el homicidio doloso se castiga con pena de prisión de diez a quince años, mientras que el homicidio culposo se castiga con pena de uno a cuatro años de prisión.

delito imprudente[5]. De este modo, tenemos una base segura de lo que quieren el legislador y la ley: el significado de *voluntarias* o de *sin malicia* no es evidente; lo que sí está fuera de toda discusión, es que la ley y el legislador consideran el dolo más grave que la culpa[6]. La tarea del intérprete tiene ahora una directriz clara, marcada por la misma ley: aquello que, basado en criterios materiales, aparezca grave, es doloso; aquello que aparezca menos grave, es imprudente. Por ello considera que, según la posición absolutamente dominante, son dolosas las consecuencias que se saben necesariamente unidas al resultado perseguido de manera directa. La conciencia del autor de la *necesidad* de tales consecuencias supone un comportamiento de espe-

[5] Engisch, *Untersuchungen ubre Vorsatz und Fahrlässigkeit*, p. 50, 51, 58 y 221, quien al referirse al dolo dentro de esta conexión, habla de la "forma de culpabilidad más grave". Actualmente, muchos piensan que el dolo no es una forma de culpabilidad, sino un elemento de lo injusto. Ello no afecta para nada el punto de partida del autor.

En análogo sentido, Roxin, *Jus*; Platzgummer, *Die Bewusstseinsform des Vorsatzes*, p. 38.

Con razón expone Schewe (*Bewusstsein und Vorsatz*, p. 14 y 15), que aunque se considere que el dolo es una "forma de lo injusto", en cualquier caso será una "forma de lo injusto *más grave*" que la "forma de lo injusto de la imprudencia", dada la diferencia de pena entre hecho intencional e imprudente. Independientemente de que se atribuya el dolo a la culpabilidad o a la antijuridicidad, en cualquier caso es una forma más grave que la imprudencia (todos citados por Gimbernat Ordeig, *Acerca del dolo eventual*, "Nuevo Pensamiento Penal", 1972-378 y 379).

[6] Al respecto, señala Bacigalupo que la expresión "voluntarias" puede entenderse tanto como dependiente del conocimiento de la antijuridicidad, como sólo del conocimiento de la realización del tipo; la expresión "malicia" puede entenderse con referencia al conocimiento de la antijuridicidad, pero no tiene *necesariamente* que significar que ésta se debe incluir *en el mismo concepto* que la voluntad de realizar el tipo, puesto que puede entenderse como la exigencia de conocimiento de la antijuridicidad en tanto presupuesto de la pena, *pero sin necesidad de ser elemento del dolo*; en el contexto del art. 565 del Cód. Penal español, nada impide que con ella se esté haciendo referencia a la *culpa iuris*, mientras que las restantes formas de imprudencia punible estén definidas en el resto del artículo (la expresión "con infracción de los reglamentos" es también susceptible de interpretación y su sentido no es equívoco; la expresión "intencionadamente" no tiene por qué significar nada más claro que las restantes alocuciones discutidas; en el contexto del art. 565, párr. último, del Cód. Penal hace referencia a la pena del delito no culposo pero no define el dolo (Bacigalupo, *Manual de derecho penal. Parte general*, p. 104).

cial gravedad y, por ende, la ley castiga al delito doloso con una pena mayor.

En efecto, poco es lo que nos dice GIMBERNAT ORDEIG, pues tan sólo realiza un enunciado circular, sin exponer los verdaderos motivos por los que los delitos dolosos son penados más gravemente que los culposos.

Tal circunstancia es debidamente advertida por CURY, quien lo critica, al señalar que la respuesta dada por aquél presupone lo que está por averiguar, esto es, el motivo de que el delito doloso sea castigado más severamente que el culposo; algo que en ordenamientos jurídicos como el argentino o el chileno es más acentuado que en el español, puesto que respecto de gran número de figuras, aquéllas sólo sancionan la comisión dolosa.

Si dolo y culpa tienen consecuencias diferentes, es claro que hay que distinguirlos, pero no aludiendo, precisamente, a la disparidad de sus efectos jurídicos, sino a la *causa* de éstos, a la *peculiaridad que los determina*. Sostiene CURY, que el dolo se castiga con más severidad porque incluye, *en cualquiera de sus formas*, una voluntad que se endereza a la producción del resultado típico; la culpa es sancionada de modo más benigno –y a veces queda sin sanción– porque carece de esa dirección voluntaria.

Al respecto, entiende STRATENWERTH[7] que ni el puro punto de vista de la conciencia, así como tampoco el de la dirección, resulta suficiente en sí para aclarar el diverso tratamiento que se le da a los delitos dolosos y a los culposos. Por el contrario, es posible que esta separación sea consecuencia de la diferente actitud fundamental del autor: quien obra con dolo se decide por la lesión del bien jurídico, mientras que quien lo hace con culpa, no. Esta sola oposición es tan básica como para determinar, en principio, el tratamiento disímil entre dolo y culpa en cuanto a la pena[8].

En igual sentido, señala ROXIN que la delimitación entre dolo e imprudencia expresa no sólo una diferencia de injus-

[7] CURY, *Contribución al debate acerca del dolo eventual*, "Nuevo Pensamiento Penal", 1975-153.

[8] STRATENWERTH, *Derecho penal. Parte general. El hecho punible*, p. 94 y 95.

to, sino también una diferencia importante de culpabilidad, que justifica la distinta posición de ambas formas de conducta, pues quien se decide, aunque sea de un modo eventual, en contra del bien jurídico protegido, denota una actitud más hostil al derecho que quien confía –aunque negligentemente– en la no producción del resultado. Esta trascendencia del dolo tanto desde el punto de vista del injusto como desde el de la culpabilidad, confirma la idea de que las realidades jurídicas a menudo pueden ser relevantes respecto de las distintas categorías del delito[9].

Por su parte, JAKOBS considera que las explicaciones psicologicistas (evitabilidad más fácil en el dolo) o eticistas (decisión de lesionar el bien jurídico –postura de ROXIN–) no alcanzan para distinguir la diferente punición del dolo y la culpa. Para éste, los hechos imprudentes afectan a la validez de la norma menos que los dolosos, pues en la imprudencia se pone de manifiesto la incompetencia del autor para el manejo de sus propios asuntos. Las consecuencias de una inadvertencia o de un descuido no han sido valoradas por el autor imprudente, porque le eran actualmente desconocidas; no existe, pues, para él, certeza alguna de que el resultado de su comportamiento le vaya a ser grato, o al menos aceptable, y de hecho, al contrario que en los delitos dolosos, si dicho resultado se produce, tampoco se podrá aceptar. En la imprudencia, la situación se distingue de la del dolo no sólo por la falta de conocimiento de las consecuencias, sino también por la aceptabilidad no dilucidada de las consecuencias.

Las consecuencias dolosas son aceptadas, pues si no el autor no obraría, mientras que en las consecuencias imprudentes su aceptabilidad permanece abierta en el instante del hecho. En la imprudencia, el autor soporta un riesgo natural que no es común en el dolo: el riesgo de que incluso él pueda resultar dañado, u otra persona cuyo daño el autor padecería como propio. Mientras que la imprudencia no se nutra de un desinterés específico, sino de una falta de acción no dirigida, general, difusa en sus consecuencias, está gravada con el peligro de *pœna naturales*, y este

[9] ROXIN, *Derecho penal. Parte general*, t. I, p. 427.

riesgo de autodaño disminuye la importancia del autor imprudente frente al doloso[10].

En tanto, MAURACH señala que cada tipo culposo se encuentra correspondido por un tipo doloso amenazado con una pena mayor, pero no así a la inversa. Los tipos culposos, menores en cantidad, se caracterizan además por ser hechos punibles de menor gravedad; la conminación punitiva inferior o menos grave tiene su fundamento en la valoración de estos hechos como ilícitos de menor trascendencia[11].

Respecto de esta cuestión, MUÑOZ CONDE considera que, conforme al principio de intervención mínima, el derecho penal sólo debe intervenir en casos de ataques graves a bienes jurídicos muy importantes y en la medida en que sean insuficientes para sancionarlos otros medios jurídicos menos radicales. En esa inteligencia, parece evidente que las infracciones imprudentes son *cualitativamente* menos graves que las dolosas. En ellas hay un menor grado de rebelión contra el ordenamiento jurídico. En consecuencia, conllevan un menor grado de reprochabilidad social, por más que los daños *cuantitativamente* puedan ser mucho más graves que los causados dolosamente[12].

La posición de ZAFFARONI es interesante, pues señala que "los tipos dolosos dejan filtrar mayor poder punitivo que los

[10] Lo señalado tiene un correlato directo con la teoría del *riesgo y la imputación objetiva* que desarrolla el autor, a la que haremos especial referencia más adelante (JAKOBS, *Derecho penal. Parte general. Fundamentos y teoría de la imputación*, p. 312 y 313).

[11] MAURACH - GÖSSEL - ZIPF, *Derecho penal. Parte general*, t. 2, p. 116.

[12] A lo dicho agrega: "Normalmente, para prevenir, por ejemplo, las infracciones de tránsito (comportamiento la mayoría de las veces imprudente) es suficiente con la aplicación de las sanciones administrativas contenidas en el Código de Circulación. Sólo cuando la infracción sea muy grave y ya de por sí constituya un peligro relevante para determinados bienes jurídicos, como la vida o la integridad física, se eleva el comportamiento imprudente a la categoría de *delito de peligro* autónomo. Otras veces incluso se castiga al delito de peligro en su forma de comisión imprudente. Pero lo más frecuente es que los delitos imprudentes se castiguen cuando se produzca un resultado lesivo y siempre, obviamente, con una pena más leve que la imponible por la comisión dolosa del mismo delito" (MUÑOZ CONDE, *Teoría general del delito*, p. 87).

culposos, por lo cual constituyen la forma de imputación subjetiva con mayor tradición histórica. Esto se ha explicado de diversas maneras; en los años recientes se lo hizo desde la perspectiva del desvalor de acción con criterio etizante y desde la sistemática como un mayor desconocimiento de la configuración del mundo impuesta por el derecho, o sea una mayor afectación de la norma, aunque también se apela al argumento de que las imprudencias suelen cargar con un *riesgo de pena natural*; también se procuró explicarlo desde el punto de vista objetivo en la mayor probabilidad de la lesión (mayor peligrosidad para los bienes jurídicos), pues siempre es más probable que la produzca un plan dirigido a ella que otro no dirigido a producirla. No obstante, esta última consideración parece más idónea para explicar que la tipicidad culposa se limite a los casos en que adviene el resultado. De cualquier forma desde una perspectiva agnóstica del poder punitivo no es necesario hallar un fundamento legitimante para la mayor gravedad del dolo, sino que es suficiente descartar que en la mayor gravedad punitiva del injusto doloso, haya una irracionalidad intolerable"[13].

En orden a este punto, HASSEMER expresa que si en la búsqueda de las correctas características del dolo se renuncia a definiciones apriorísticas de tipo ontológico y a desfiguraciones de elementos del dolo, se plantea en primer lugar la siguiente pregunta: ¿qué razón justifica que en el derecho penal se incrimine de un modo más grave el com-

[13] A ello agrega que "basta afirmar que en general esta característica de la criminalización primaria no es del todo ininteligible, pues por regla general resulta más objetable la acción de quien genera un conflicto intencional que la de quien sólo produce como resultado de la forma de realización de una acción diferente. Esta constatación se funda, tanto en una muy generalizada tradición cultural y ética, como en la experiencia cotidiana, lo que basta para descartar la irracionalidad grosera, pero *no implica aceptar su total racionalidad* porque, desde la perspectiva de la destrucción de un bien jurídico, la gravedad de la lesión es equivalente en una u otra forma comisiva, como también porque la revolución tecnológica global pone en serio cuestionamiento aquella afirmación, frente a la actual posibilidad (y creciente perspectiva) de hechos culposos (ecológicos, financieros) con lesiones masivas a bienes jurídicos que, prácticamente, pueden hacer imposible una vida con derechos para la mayoría de una sociedad" (ZAFFARONI - ALAGIA - SLOKAR, *Derecho penal. Parte general*, p. 520).

portamiento doloso que el imprudente? Quien no pueda contestar a esta pregunta, no podrá fundamentar los límites del dolo en criterios normativos aceptables. Por tanto, qué grupos de casos, situaciones, hechos, han de ser valorados como dolosos y cuáles como culposos no se decide según una presunta naturaleza ante o extrapenal del dolo o de la imprudencia en sí mismos considerados, sino según una lógica normativa, la cual sirve de base al diferente tratamiento penal que reciben los grupos de casos dolosos y culposos; lo que se considera como *ya doloso* o como *todavía culposo*, sólo puede decirse en función de la ratio por la que se sanciona con mayor energía el dolo.

Continúa señalando el autor citado que la descripción del dolo como *decisión en contra del bien jurídico*, o como *asunción personal del injusto del hecho*, apunta hacia la dirección correcta, dado que concuerda con la lógica normativa de una incriminación más severa del dolo. Éste es, en relación con la imprudencia, un escalón más alto de una participación interna en el suceso externo del injusto, una forma más grave de responsabilidad. De ahí resulta, por un lado, que el dolo caracteriza fenómenos internos del individuo agente, que se refieren al acontecer externo; por tanto, el sustrato del dolo sólo puede residir en la voluntad y la representación de la persona y no en aquello que es externo a él. Esto ha de ser así en un sistema de derecho penal en el cual se diferencia entre injusto y culpabilidad.

La existencia de elementos subjetivos del injusto y elementos objetivos de la culpabilidad no sólo no se opone a esta distinción sino que la confirma, puesto que precisamente la caracterización de tales elementos (como subjetivos y objetivos) presupone ya esta distinción previa entre lo interno y lo externo, como explica HASSEMER. A ello cabe agregar que la más grave incriminación de una acción dolosa se puede justificar en esa línea. El autor de un delito doloso lesiona no sólo el bien jurídico, sino también la norma que obliga a observar ese bien jurídico. Un derecho penal que se muestra comprometido con los principios de protección de bienes jurídicos y orientación al autor, debe tener en cuenta –respecto al autor de un delito imprudente– la distinta relación del autor de un delito doloso con la norma. El peligro para los bienes jurídico-penales que deriva del que comete un delito doloso debe considerarse *ceteris paribus* mayor que el que procede del sujeto que comete un delito imprudente; se debe valorar la más grave y compleja intensidad lesiva del hecho, sin olvidar que la reinserción del delincuente doloso supone un *cambio normativo*, una relación transformada del sujeto con la norma, mientras que en el caso del autor de un delito imprudente se trata sólo de prestar una atención más elevada o de una previsión de peligro[14].

Asimismo, ZIELINSKI señala que tiene cierta justificación decir que el dolo indica una mayor culpabilidad que la imprudencia, dado que, en el caso de un delito doloso, el autor –presupuesta la fidelidad al derecho– puede reconocer más fácilmente la contrariedad a la norma de su proyecto de acción, como consecuencia de la existencia de una norma de conducta que lo describe legalmente. En caso de un delito imprudente, el autor –fiel al derecho– buscaría en vano una norma de conducta que describa legalmente su proyecto de acción. El autor por imprudencia, en principio, está remitido a derivar la norma por sí mismo o a partir de fuentes de información ajenas a la ley penal, por lo cual, su riesgo de error (de prohibición) es considerablemente mayor[15].

Para FEIJÓO SÁNCHEZ, la diferencia punitiva entre dolo y culpa se justifica en que en el injusto doloso el autor actúa a pesar de haber realizado un pronóstico correcto o lo hace de acuerdo con uno correcto, y en el imprudente se parte de un presagio incorrecto. Esto tiene derivaciones valorativas desde el punto de vista de la norma de sanción dirigida al juez. Para el derecho penal, la mayor vinculación del autor con el hecho valorado como injusto, hace que el atentado contra la validez de la norma tenga una mayor entidad y, en consecuencia, se tenga que aplicar, en principio, la *ultima ratio* de forma más contundente para recuperar la confianza en la norma que se ha visto perturbada. El autor imprudente no se aleja, en general, mucho del derecho; por tanto, se le puede reparar su actuación de-

14 HASSEMER, *Los elementos característicos del dolo*, "Anuario de Derecho Penal y Ciencias Penales", t. 43, nº 3, p. 915 a 917.

15 ZIELINSKI, *Dolo e imprudencia*, p. 30.

fectuosa gravándolo con menos costes. A partir de la norma de sanción, el autor que yerra no conmociona a la paz jurídica, de igual modo que el que no está inmerso en ningún error, porque es un autor que, aunque merezca un desvalor, desde la perspectiva estrictamente subjetiva, se comporta de acuerdo con el ordenamiento. De manera subjetiva se ha mantenido respetuoso con el derecho y con los bienes jurídicos ajenos.

El autor imprudente nunca pone de forma directa la norma en entredicho, sino que lo hace siempre sólo de manera mediata, según explica Feijóo Sánchez. El reproche culpabilístico a éste es más abstracto, indirecto y mediato que en el delito doloso, cuando se dan todos los requisitos de imputación. El delito imprudente afecta a ciertas condiciones necesarias para la convivencia, pero con su acción el autor no discute nunca la norma de forma general, ya que subjetivamente la respeta. El autor doloso queda, en principio, más alejado que el imprudente de lo que se espera de una persona respetuosa con el ordenamiento. Éste es, en comienzo, un sujeto más tolerable desde el punto de vista de la pervivencia del sistema social.

Finalmente, señala dicho autor que el delito imprudente, al consistir en general en una desautorización más leve de la norma, no precisa una respuesta tan contundente o radical[16].

§ 3. ***Ubicación del dolo: introducción.*** – Conforme con la postura doctrinal que adoptemos, el dolo puede ubicarse a la altura de la tipicidad (finalismo) o a la altura de la culpabilidad (causalismo). Ambas teorías responden a concepciones opuestas en cuanto a la acción delictiva.

§ 4. ***Concepto causal de acción.*** – Para el causalismo, la acción es un movimiento corporal voluntario, no reflejo, desprovisto de finalidad[17]. A fin de comprobar que concurre

[16] Feijóo Sánchez, *El dolo eventual*, p. 69 a 71.

[17] "El causalismo no ha tenido una única base filosófica, sino que durante su evolución pueden distinguirse nítidamente dos principales momentos filosóficos, es decir dos argumentos filosóficos distintos en que apoyarse. En un principio, se apoyó sobre la base filosófica del positivis-

una acción basta la certeza de que el autor ha actuado activamente o ha permanecido inactivo. Lo que éste haya pretendido es indiferente; el contenido de la voluntad sólo tiene significado para la cuestión de la culpabilidad. El motivo para esta reducción de la voluntad es el afán de conseguir una separación lo más pura posible, entre el proceso causal y el conjunto de la culpabilidad, y *no sólo hasta el movimiento corporal*, o sea, en el ámbito de la causalidad subsiguiente al acto corporal, *sino hasta la propia voluntad*[18]. Al respecto, se dijo que "el acto de comisión consiste en causar un resultado por un movimiento corporal... el movimiento corporal y el resultado deben estar en relación de causa y efecto"[19].

El impulso de voluntad sólo importa en cuanto causa de la conducta externa, por lo que resulta indiferente el contenido de la voluntad y si se dirije o no a realizar el hecho producido, con tal de que hubiera causado el movimiento corporal externo. La dirección final de la voluntad no se toma en cuenta por el concepto causal de acción. Este planteamiento causal-naturalístico conducía a una concepción muy insatisfactoria de la *omisión*, que no es un movimiento corporal que cause una modificación en el mundo exterior. La omisión se explicaba, entonces, como *omisión voluntaria de un movimiento del cuerpo*, como *causa no impediente de un cambio en el mundo externo*, resultando evidente que la *ausencia* de movimiento y el no impedir un cambio son conceptos meramente negati-

---

mo mecanicista, heredado de las concepciones de la Ilustración, y por ende tributario de las concepciones físicas de Newton. Todas son causas y efectos, dentro de un gran mecanismo que es el universo, y, la conducta humana, como parte del mismo, también es una sucesión de causas y efectos. Esta es, en último análisis, la base filosófica del sistema sostenido por Franz von Liszt y por Ernst von Beling. El segundo momento filosófico tiene lugar cuando se desecha la filosofía positivista, lo que ocasionaba la destrucción del sistema en caso de no reemplazarse rápidamente su base filosófica de sustentación. Esta nueva base filosófica la ofrece el neo-kantismo de Baden, y su principal expositor fue Mezger" (Zaffaroni, *Manual de derecho penal. Parte general*, p. 349).

[18] Jakobs, *Derecho penal. Parte general. Fundamentos y teoría de la imputación*, p. 160.

[19] Von Liszt, *Tratado de derecho penal*, p. 285 y siguientes.

vos que no permitían construir ningún concepto (positivo) de omisión[20].

La formulación clásica del concepto naturalista de acción dada por VON LISZT y VON BELING es un concepto claro y decididamente previo al derecho, no sólo por razones ontológicas, sino también prácticas, dado que se suponía que solamente un concepto similar de acción podría servir de base común a los delitos dolosos y culposos, por estar completamente libre de toda valoración. Se la denomina *natural*, porque pretende aplicar las leyes de las ciencias naturales al derecho penal y considerar la realización del tipo como una mera consecuencia científico-natural del acontecer causal previo. Esta construcción es el producto característico del pensamiento científico-natural que dominó el último tercio del siglo XIX, invadiendo incluso las ciencias sociales. Así como todo acontecimiento natural es el resultado de una cadena causal, también lo es el delito. Empero, en su investigación de la causa del delito, el derecho penal debe moverse dentro de límites más estrechos que los que la criminología –casi una ciencia natural– le indique. Ésta tiende a seguir hasta sus orígenes a la cadena causal que provoca el delito; aquél debe limitarse a establecer la causa inmediata y penalmente relevante del resultado incriminado. Esta causa no está constituida por todo actuar humano, sino sólo por la conducta típicamente relevante que esté directamente unida al resultado; los eslabones previos de esta cadena no son considerados, la causalidad comienza tan sólo con una acción típicamente adecuada[21].

§ 5. ***CONCEPTO FINAL DE ACCIÓN.*** – La teoría final de la acción fue fundada por WELZEL y continuada, entre otros, por BUSCH, NIESE, STRATENWERTH y KAUFMANN. Aparece como aplicación del método fenomenológico y ontológico al derecho penal, y como superación del subjetivismo epistemo-

20 MIR PUIG, *Derecho penal. Parte general*, p. 183.

21 MAURACH - GÖSSEL - ZIPF, *Derecho penal. Parte general*, t. 2, p. 253; los autores añaden que "a la acción pertenece sólo aquello que desde una perspectiva científico-natural, provoque el resultado típico: *la acción es causación del resultado*, mediante una fuerza mensurable con un criterio de ley natural".

lógico que caracterizó al "neokantismo" de la escuela sudoccidental alemana, mediante el reconocimiento de que el mundo empírico se halla ordenado previamente al conocimiento humano[22].

Para WELZEL, la acción humana es ejercicio de actividad final. La acción es, en consecuencia, acontecer *final*, no solamente *causal*. La *finalidad* o el carácter final de la acción se basa en que el hombre, por medio de su conocimiento, puede prever dentro de ciertos límites las consecuencias de su accionar y dirigir su voluntad conforme a un plan. Así, además, manifestó: "Por eso, la finalidad es –dicho en forma gráfica– *vidente*, la causalidad *ciega*"[23].

Dado que la finalidad se basa sobre la capacidad de la voluntad de prever, dentro de ciertos límites, las consecuencias del engranaje de la intervención causal, y merced a ello dirigirla de acuerdo con un plan a la consecución del fin, es la voluntad consciente del fin, que rige el acontecer causal, la columna vertebral de la acción final. Ella es el factor de dirección que sobredetermina el acontecer causal, exterior, y en virtud de esto lo convierte en una acción dirigida finalmente. Sin ella, la acción quedaría destruida en su estructura material y rebajada a un proceso causal ciego. La voluntad final pertenece, por ello, a la acción como factor integrante, dado que, y en la medida en que, configura objetivamente el acontecer exterior.

22 CÓRDOBA RODA, *Una nueva concepción del delito. La doctrina finalista*, p. 37.

23 El autor alemán complementa con un ejemplo que aclara su postura, al decir que "cuando el rayo electrocuta a un hombre que trabaja en el campo el acontecer se basa en que entre el hombre y la nube se originó la máxima tensión eléctrica, que llevó a la descarga. Esta tensión pudo haberse originado también exactamente igual entre otro objeto de cierta altura y la nube. Que fuera justamente el hombre estaba por cierto condicionado causalmente en la cadena infinita del acontecer, pero el acontecer no estaba dirigido finalmente a ello. Totalmente diferente en las acciones humanas: quien quiere asesinar a otro elige, conscientemente para ello, los factores causales y los dispone de tal modo que alcancen el fin previamente determinado. Aquí la constelación causal se ha ordenado para la consecución del fin: compra del arma, averiguación de la oportunidad, ponerse al acecho, disparar al objetivo: todos estos son actos dirigidos a un fin que están sujetos a un plan conjunto" (WELZEL, *Derecho penal alemán*, p. 53 y 54).

La dirección final de una acción se lleva a cabo en dos etapas, a saber:

a) La primera transcurre en la esfera del pensamiento, que se divide a su vez en la anticipación (proponerse) del fin que el autor quiere realizar, de lo que se sigue la selección de los medios de la acción para la obtención del fin, y la consideración de los efectos concomitantes.

b) La segunda etapa se lleva a cabo en el mundo real. Es un proceso causal de la realidad, sobredeterminado por la dirección del fin y los medios en la esfera del pensamiento[24].

Con esto no se pretende negar que el hombre pueda desencadenar puros procesos causales, independientemente de actos finales o bien consecuencias no dominadas de éstos. La persona que, mientras se está ahogando, en forma inconsciente e instintiva, se prende del que quiere salvarlo poniéndolo en peligro, o el motociclista que resbala sobre una mancha de aceite y atropella a un peatón, ponen una causa, sin duda, sea para el peligro o para la lesión, pero lo hacen de una manera puramente corporal, es decir, como meros objetos naturales. Tales procesos causales quedan fuera del obrar humano específico, y ello es lo decisivo. Esto rige, incluso, cuando el suceso que supera el nexo final hubiera *podido* ser dominado por el sujeto, aun cuando de facto no lo ha sido, como ocurre, por ejemplo, en un accidente de tránsito causado por la excesiva velocidad.

El contexto de la acción se limita, de este modo, al suceso dirigido finalmente, en el ejemplo del que conduce con exceso de velocidad; mientras que la imputación jurídico-penal con respecto a las consecuencias del resultado no causado finalmente, sólo pueden conectarse fuera de la causalidad, con la *capacidad* humana de dirigir y dominar sucesos causales dentro de determinados límites. Sólo esta capacidad resulta decisiva cuando el comportamiento consiste, precisamente, en la renuncia a una intervención activa, como, por ejemplo, la omisión de medidas de salvamento de un accidente.

[24] WELZEL, *Derecho penal alemán*, p. 56.

En consecuencia, la acción final no debe ser considerada como un concepto superior del comportamiento humano. Con él se caracteriza tan sólo el obrar humano y no otra cosa. Su importancia reside en que permite determinar cuándo estamos ante sucesos adecuados a una acción pero no dominados: la relevancia jurídico-penal de estos sucesos dependerá de que exista la posibilidad de influirlos mediante acciones finales. La falta de esta posibilidad torna carente de objeto, desde un principio, todo reproche jurídico. Es en esto, precisamente, donde se encuentra el eje básico del llamado concepto final de acción[25].

§ 6. ***Concepto social de acción.*** – Nos hemos de referir brevemente a esta concepción de la acción, cuyo creador fue Schmidt y cuyo principal defensor pasó a ser Jescheck.

Para esta teoría, acción es "todo comportamiento humano socialmente relevante". La finalidad y su posibilidad serán los dos criterios que, junto al de trascendencia exterior, concederán relevancia social a un comportamiento humano: la finalidad en los hechos dolosos y la posibilidad de finalidad en la imprudencia y la omisión. En la imprudencia, porque el hecho causado podía haberse evitado mediante la conducción final del proceso, y en la omisión, también el no hacer lo esperado podía haberse, en consecuencia, evitado[26].

§ 7. ***El causalismo.*** – Si bien sufrió algunas evoluciones, podemos señalar que, partiendo de la concepción causal de la acción como movimiento corporal (no reflejo), pero desprovisto de finalidad, el causalismo se sustentó en un esquema objetivo-subjetivo: el injusto penal (acción típica y antijurídica) es objetivo, mientras que la culpabilidad es subjetiva.

a) *Exposición.* La culpabilidad es la relación psicológica entre una acción y un resultado, que puede adoptar la

[25] Stratenwerth, *Derecho penal. Parte general. El hecho punible*, p. 54 y 55.

[26] Jescheck, *Tratado de derecho penal. Parte general*, p. 294 y 295.

modalidad dolosa o culposa. En consecuencia, si *A* dispara sobre *B*, habrá acción si el movimiento que realizó el primero sobre la cola del disparador no se trató de un acto reflejo, pero se hizo sin considerar la finalidad de tal acción, lo que se hace en la culpabilidad.

El causalismo se basaba en un "dolo malo", pues una vez que se probaba, se acreditaba concomitantemente la culpabilidad de la persona.

b) *Crítica. Nuestra posición.* El esquema propuesto por el causalismo comenzó a mostrarse frágil a partir de varias críticas, entre las que se destacan las siguientes:

1) Se advirtió que en la culpa inconsciente no existía nexo psicológico alguno entre la acción y el resultado.

2) También se reparó que para precisar la tipicidad de algunas conductas, no quedaba otra opción que recurrir a elementos subjetivos a la altura del tipo penal[27].

3) En los delitos tentados, el causalismo se ve en la obligación de traer el dolo al tipo, pues de lo contrario todas las tentativas quedarían impunes. Hablan en este caso de un dolo "natural". Ello es un contrasentido, pues si el dolo pertenece al injusto en la tentativa, no puede corresponder a la culpabilidad en los casos de consumación. En virtud de lo señalado, el causalismo ha recibido fuertes críticas.

Asimismo, se ha dicho que el concepto de acción causal es extraordinariamente amplio. Con él pueden alcanzarse incluso los comportamientos de animales, si el acto voluntario requerido se define sólo como suceso psicofísico, de manera tal que, para su limitación a la valoración jurídico-penal de comportamientos humanos, se requerirán criterios adicionales ajenos al concepto de acción. Por otra parte, este concepto se extiende a todos los estados corporales (de actividad o pasividad), que responden a la existencia de un acto voluntario, con lo que prácticamente todo resultado jurídico penalmente relevante resultará atribuible al comportamiento de alguien (por lo menos en la forma de no impedir).

[27] Zaffaroni, *Manual de derecho penal. Parte general*, p. 328 y 329.

La función de este concepto consiste en eliminar aquellos movimientos corporales que no provienen de una decisión voluntaria del ámbito de la acción; entre ellos, expresamente los movimientos reflejos o las reacciones en estado de completa inconsciencia, así como también de hipnosis. De todas formas, mediante este concepto de acción no puede cumplirse ni siquiera esta función negativa, cuando se trate de un movimiento reflejo producto de un ataque convulsivo o cuando la circunstancia de que éste se produzca precisamente en determinado lugar se vincula a un acto voluntario como, por ejemplo, el no haber tomado los medicamentos o el solo hecho de dirigirse al lugar donde el ataque se produjo. Por ello, la acción no dependerá en lo más mínimo de la previsibilidad o inevitabilidad del desarrollo del suceso. Con esta amplitud, el concepto de acción pierde prácticamente toda significación. Se convierte en una etiqueta que siempre será adecuada y, por lo tanto, no cumplirá ninguna función razonable[28].

El causalismo adoptó una acción que nada tiene que ver con el mundo real. Y por eso devino su fracaso. Más allá de las críticas que se le pueden hacer al finalismo (a lo que haremos referencia), es innegable que todo actuar importa necesariamente una finalidad, pues no hay voluntad de nada o para nada. Una acción desprovista de finalidad es una verdadera ficción. Y el derecho penal no es más que una porción de la vida toda. Una posición causalista aplicada al mundo real (no del derecho penal) diría que el jugador de fútbol que ejecuta un penal lo hace voluntariamente pero sin la finalidad de convertir el gol, finalidad que recién se materializaría en el momento en que la pelota traspasa la línea del arco y la parcialidad lo grita entusiasmada.

Si en el mundo real esto no parece lógico, ¿por qué ha de serlo en el mundo jurídico? La respuesta negativa se impone.

§ 8. ***El finalismo.*** – Desde la premisa de que la conducta siempre es voluntad final, el finalismo revolucionó la

[28] Stratenwerth, *Derecho penal. Parte general. El hecho punible*, p. 52.

teoría del delito, por medio de la creación de lo que se denomina el "injusto personal". Lo que se imputa es la infracción personal de una norma primaria.

a) *Exposición.* El derecho penal pretende que la persona se contramotive y, en consecuencia, no realice la acción prohibida, mediante prohibiciones o mandatos que se materializan en las normas primarias. Pero la norma sólo puede pretender el objetivo referido, dirigiéndose a la mente de cada uno de sus destinatarios, para que evite realizarlos cuando la persona pueda hacerlo. Si sus condiciones personales o situaciones son normales, el autor del injusto penal podrá haberlo evitado, infringiendo en consecuencia la norma primaria. Ello no sucede cuando el sujeto no advierte personalmente la peligrosidad objetiva del hecho, o es incapaz de evitarlo, y cuando no puede saber su objetiva antijuricidad[29].

Esto se funda en una concepción netamente normativa de la culpabilidad, que importa tan sólo reprochabilidad de la conducta típica y antijurídica, cuyos presupuestos o elementos se limitan a la capacidad de culpabilidad o imputabilidad y la posibilidad de comprensión de lo injusto[30]. El dolo es traspolado de la culpabilidad al tipo, al igual que la culpa. El finalismo refiere, entonces, al *tipo doloso* y al *tipo culposo*. A diferencia del esquema objetivo-subjetivo del causalismo (el injusto era objetivo y la culpabilidad sub-

[29] Mir Puig, *Derecho penal. Parte general*, p. 148. En igual sentido, señala Jakobs que "es mérito de la doctrina final de la acción haber superado en el concepto de acción y con ello en el injusto la separación de los lados objetivo y subjetivo del delito: el injusto pasa a ser de injusto naturalístico a injusto personal. Se trataba de trasladar al terreno de la dogmática la idea de que un acto voluntario, sin tener en cuenta su contenido, constituye un factor causal como otro cualquiera y que por tanto no aporta nada a la determinación de lo que es contrario a la norma. Carece de sentido dirigir normas a los factores causales, así como dirigirlas a las personas en tanto éstas, sin capacidad para influir en el proceso causal, sólo son eslabones en la relación causal natural. La norma exclusivamente puede referirse a sucesos evitables: acción es la causación de un resultado, evitable para quien lo causa" (Jakobs, *Derecho penal. Parte general. Fundamentos y teoría de la imputación*, p. 162).

[30] Terán Lomas, *El contenido del dolo en el derecho penal argentino*, en IV Jornadas Nacionales de Derecho Penal, "Cuadernos de los Institutos", nº XXVI, 1979.

jetiva), crea lo que se conoce como *tipo complejo*, entendiendo que el injusto se encuentra conformado por elementos objetivos y subjetivos. Se refiere, así, al *tipo objetivo* y al *tipo subjetivo*.

En contraposición con lo sostenido por el causalismo, el finalismo se basa en un dolo natural o avalorado, en tanto acreditar que una conducta es dolosa no alcanza para endilgar responsabilidad penal alguna, pues resta aún acreditar su antijuricidad y el reproche del injusto (culpabilidad).

El finalismo importó una modificación estructural de trascendente importancia dentro de la teoría tradicional del delito, pues a las modificaciones referidas debemos agregar las siguientes.

1) La teoría del error adquiere una nueva dimensión. Trasladado el dolo de la culpabilidad al tipo, el finalismo da origen a una teoría dualista del error. El error de tipo se resuelve en el tipo, y el de prohibición, en la culpabilidad, a diferencia del causalismo que resolvía todas las cuestiones referidas al error en la culpabilidad.

2) La teoría de la accesoriedad adquiere una nueva dimensión.

3) Se consolida la idea de que la inimputabilidad integra la culpabilidad.

b) *Nuestra posición.* Las principales críticas al finalismo señalaban que éste no podía sostener que en el delito culposo hubiera finalidad delictiva alguna, como tampoco en la omisión. En definitiva, se decía que el finalismo sólo daba explicación a los delitos dolosos de comisión.

Un análisis pormenorizado de lo referido excedería el fin (valga la redundancia) propuesto; no obstante, hemos de abordarlo liminarmente.

En cuanto al primer cuestionamiento, entendemos que la omisión es un modo de actuar y que ese actuar importa finalidad, lo que se advierte tanto en la omisión impropia (comisión por omisión) como en la omisión propia. En ambas, hay dirección de la causalidad con una finalidad determinada, quedando acreditados debidamente todos los presupuestos y extremos del finalismo. Tanto hay dirección de la causalidad y finalidad en la madre que no da de comer a su hijo para matarlo (omisión impropia), como en quien encuentra desamparado a un menor y no le presta auxilio pudiendo hacerlo. En este sentido, el art. 108 del Cód. Penal dispone: *"Será reprimido con multa... el que encontrando perdido o desamparado a un menor de diez años o a una persona herida o inválida o amenazada de un peligro cualquiera, omitiere prestarle el auxilio necesario, cuando pudiere hacerlo sin riesgo personal o no diere aviso inmediatamente a la autoridad"*.

Aún más conflictivo resulta el cuestionamiento referido a los delitos culposos. Como bien señala ZAFFARONI, la "finalidad potencial" a la que aludió WELZEL para responder a las críticas[31], definiendo al delito culposo como "actividad final evitable", sumó mayores confusiones a una cuestión delicada. Es que la posibilidad de evitar una acción sólo puede ser analizada a la altura de la culpabilidad y no ser motivo de análisis en el tipo. En este punto, la crítica podría sintetizarse diciendo que "a fin de cuentas la finalidad es una metáfora que se refiere, abreviándolas, a las condiciones del comportamiento evitable, y nada mas"[32]. Por ello, consideramos que, más allá de la complejidad del tema, el modo de resolverlo es a partir de los presupuestos esbozados (ver § 1).

En efecto, en el tipo culposo, lo que se pena no es la finalidad; lo penado es que el medio elegido para obtenerla viola un deber de cuidado que causa un resultado prohibido. No se pena, en consecuencia, el no haber "evitado" el resultado, sino haberlo "provocado". Y ello sucede tanto en la culpa consciente como en la inconsciente, cuestión que trataremos en el capítulo X. Quizá todo se haya tratado de un problema semántico, que fue resuelto por el propio WELZEL, quien propuso la expresión "teoría cibernética de la acción", en lugar de la descripción como *final*, definiendo a la acción como *un acontecer conducido y dirigido por la voluntad*.

[31] ZAFFARONI - ALAGIA - SLOKAR, *Derecho penal. Parte general*, p. 407.

[32] JAKOBS, *Derecho penal. Parte general. Fundamentos y teoría de la imputación*, p. 167.

En definitiva, lo que se juzga es la acción real, que es la base de la consecuencia ilícita. Esta conducta real es la que deberá ser confrontada con la conducta debida, es decir, con aquella que hubiera correspondido con el deber de cuidado exigible. Así, se dijo que "una responsabilidad jurídico-penal sólo entra en consideración en el caso en que ambos comportamientos no coincidan. La acción real, lo mismo que la acción mandada no podrán, de todos modos, describirse adecuadamente como un proceso causal, o como un mero comportamiento corporal, sino solamente en tanto se lo conciba como *acción humana final*"[33].

De este modo, por todo lo expresado, adherimos a un concepto final de acción. Resulta indudable que para una posición libre albedrista como la que defendemos, y referiremos más adelante, la conducta no puede ser concebida sino como *voluntaria y final*. El derecho penal sólo puede ocuparse de las conductas realizadas por el *hombre* y que tienen una finalidad determinada. Si fortuitamente un hombre produce un hecho determinado, nadie podrá negar que lo ha *causado*, mas ese hecho ha de resultar irrelevante para el derecho penal. Éste prohíbe y, en consecuencia, se ocupa de comportamientos externos del hombre, voluntarios y finales.

No obstante, independientemente de las críticas de que puede ser merecedor el finalismo, resulta indudable que como instrumento lógico deductivo para poder determinar cuáles son las conductas merecedoras de penas, llega a ser mucho más claro y real que el causalismo y las otras teorías que han sido esbozadas[34].

[33] STRATENWERTH, *Derecho penal. Parte general. El hecho punible*, p. 57 y 58.

[34] En cuanto a las críticas recibidas por el finalismo, es muy interesante lo dicho por WELZEL, al expresar: "Que en un trabajo de treinta años de elaboración de un sistema no se acierte enseguida con todas las consecuencias jurídicas, es un riesgo que tiene que correr desgraciadamente el que acomete la tarea de deducir un nuevo sistema de un nuevo conocimiento de las cosas. A un crítico que hiciese por esta razón un reproche al autor, los antiguos griegos le habrían recordado el mito de que sólo Atenea salió acorazada y perfecta de la cabeza de Zeus" (SANCINETTI, *Teoría del delito y disvalor de acción*, p. 261).

§ 9. ***Aspecto cognoscitivo del dolo.*** – Para una teoría del tipo complejo como la que sostenemos[35], el dolo se define como conocimiento y voluntad del tipo objetivo. Ello significa que el dolo se encuentra conformado por un aspecto cognitivo (o de conocimiento) y un aspecto conativo (o volitivo).

El tipo objetivo describe la acción prohibida mediante un verbo (nombre de la acción) y por medio de elementos descriptivos, culturales (aquellos cuya definición cambia conforme la evolución dada de una sociedad determinada) y normativos (aquellos que son definidos por la ley, v.gr., cosa mueble, funcionario, etcétera). En lo que a estos últimos se refiere, no se requiere que el autor tenga el conocimiento técnico de cada concepto, sino que es suficiente con lo que se conoce como "conocimiento paralelo en la esfera del lego"[36].

El conocimiento debe ser efectivo. Un conocimiento potencial no es tal en el tipo doloso, a diferencia de lo que sucede en el tipo culposo. El autor debe saber que efectivamente dispara contra lo que sabe que *es* una persona, para que se cumpla con el elemento cognitivo del tipo de homicidio. Como bien señala Hassemer, "el elemento de cognoscibilidad es útil para deducir una conclusión fiable sobre la decisión en contra del bien jurídico: quien conoce todas las

[35] "Es el querer, dominado por el saber, de la realización del tipo objetivo" (Maurach - Gössel - Zipf, *Derecho penal. Parte general*, t. 2, p. 376); "es la voluntad realizadora del tipo, guiada por el conocimiento de los elementos del tipo objetivo necesarios para su configuración" (Zaffaroni - Alagia - Slokar, *Derecho penal. Parte general*, p. 519). Zielinski tiene una postura distinta, al considerar que "es la decisión de realizar un proyecto de acción en conocimiento de las modalidades típicamente relevantes y de las consecuencias de la acción: se comporta *dolosamente quien actúa en conocimiento del riesgo típico*" (*Dolo e imprudencia*, p. 34).

[36] "El actuar doloso exige el conocimiento de las diversas características del tipo... Pero del profano en derecho no puede exigirse además de ello, una subsunción formal de los hechos bajo la ley. Pero sí, ciertamente, es necesario, en orden a tal conocimiento de la significación, una valuación paralela en la esfera del profano, dicho más claramente: una apreciación de la característica del tipo en el círculo de pensamiento de la persona individual y en el ámbito del autor, que marche en la misma dirección y sentido que la valoración legal-judicial" (Mezger, *Tratado de derecho penal*, t. II, p. 122 y 123).

circunstancias dañosas y de todos modos actúa, no podrá afirmar que ello no entra dentro de su decisión"[37].

Acorde con lo señalado en un fallo, en los delitos de resultado, como lo es el homicidio, no basta con que el sujeto conozca aisladamente determinadas circunstancias para que se pueda tener por configurado el dolo eventual –en el caso, la mayoría consideró que medió culpa y no dolo en el accidente de tránsito que protagonizó el imputado que ocasionó la muerte de una mujer y lesiones en otra–, sino que es necesario que estos conocimientos singulares se integren en un juicio que atribuya una conducta en la concreta situación en la que ésta se lleva a cabo –esto es, la aptitud para producir el resultado requerido por la figura penal– y el tipo debe formarse a partir del conocimiento de dos factores: el primero de ellos, el conocimiento de que la conducta realizada puede producir un específico resultado, y el segundo, la conciencia de que en el caso concreto concurren las circunstancias objetivas que hacen que el comportamiento resulte adecuado para que quede enmarcado en el tipo legal[38].

La intensidad del conocimiento depende de la relevancia del objeto de éste para la motivación del autor a la decisión de actuar, así como su significación para la conducción de la acción. En este sentido, se dijo: "Dado que ambos criterios de relevancia no son idénticos a los criterios de relevancia normativos de la prohibición de la acción, los aspectos de la acción relevantes para el tipo no están necesariamente en el centro de la consciencia refleja: al autor sexual no le resulta importante la edad de la víctima; para el ladrón, la cualidad del lugar del hecho de ser una iglesia carece de significación. Para el dolo alcanza siempre con que el autor experimente conscientemente una imagen de representación de su acción que coincida con la imagen de acción descripta en el tipo, y que por ello, podría ser reconocido por el autor como la mencionada norma. La imagen de representación rectora de la acción no es el resultado de operaciones mentales racionalistas, sin

[37] Hassemer, *Los elementos característicos del dolo*, "Anuario de Derecho Penal y Ciencias Penales", 1990, t. 43, nº 3, p. 920.

[38] TCrim nº 6 Morón, 2/5/06, "Aldao, Cristián A.", *LLBA*, 2006-823.

un proceso vital unitario que se desarrolla según las reglas de la psicología de la percepción, en el cual influyen en conjunto. De modo inseparable, experiencias, conocimientos previos –intelectuales y normativos–, sociales, motivaciones actuales y actitudes"[39].

En este punto, es importante destacar que no se exige que permanentemente el autor esté pensando en todos los elementos que conforman el tipo objetivo, en tanto la conciencia puede darse en forma de coconsciencia; hay conocimientos que no necesitan ser pensados en el momento de la acción, pues son inseparables de otros conocimientos, hay un copensar en ellos, hay una coconsciencia. Tales conceptos fueron desarrollados por el austríaco PLATZGUMMER, quien nos da el siguiente ejemplo: "El hurtador que sustrae una maleta en la estación es probable que, en su excitación, no tenga presente que lo hace precisamente en una estación y que un hurto así es especialmente reprochable", no obstante lo cual, el dolo abarca tal circunstancia especial. También da el ejemplo de quien es funcionario público, pero no piensa permanentemente en tal condición cuando se vale de ella para cometer un delito. Sin embargo, si alguien le pregunta por tal calidad funcional "no necesita, para contestar, ningún esfuerzo de la memoria, sino que la respuesta está siempre inmediatamente disponible basada en la vivencia inmediata y actual, sin necesidad de reflexionar y sin los característicos fenómenos que se presentan cuando uno se acuerda de algo"[40].

Así, en los delitos sexuales, el autor no tiene que estar pensando durante todo su obrar en la edad de la víctima; o en la calidad de funcionario, en los delitos que los tengan como integradores del tipo[41].

[39] ZIELINSKI, *Dolo e imprudencia*, p. 38 y 39.

[40] PLATZGUMMER, *Die Bewusstseinform des Vorsatzes*, p. 63, citado por ZAFFARONI - ALAGIA - SLOKAR, *Derecho penal. Parte general*, p. 522 y por GIMBERNAT ORDEIG, *Acerca del dolo eventual*, "Nuevo Pensamiento Penal", 1972-374.

[41] "Así, bastaría que algún elemento sea sólo *coconsciente*; por coconsciente habría que entender los complementos que la experiencia aporta al contenido de la representación desencadenada por la percepción, lo que algunos formulan como si se tratase de las asociaciones forzosas en

Si el autor desconoce algunos de los elementos del tipo objetivo, o tiene un conocimiento equívoco de ellos, se produce lo que se conoce como error de tipo, cuyo análisis exhaustivo excede nuestra propuesta. No obstante ello, liminarmente se puede señalar que éste puede ser invencible o vencible.

a) En el primer caso, el autor pone de sí toda la diligencia necesaria y, no obstante, ello el error se hace presente. Puede darse como ejemplo el caso de quien en un polígono de tiro habilitado dispara contra un blanco, sin tener ninguna noción que detrás de él se encuentra un empleado haciendo tareas de mantenimiento. El error invencible elimina directamente el tipo.

b) El error vencible se da en aquellos casos en los cuales aquél no se hubiera producido si el agente hubiera puesto toda la diligencia debida. Así, puede citarse el caso de quien dispara en la oscuridad contra lo que cree que es un ladrón, y con haber preguntado quién era hubiera sabido que se trataba de un familiar. El error vencible elimina el dolo, pero deja subsistente el tipo culposo[42].

El conocimiento de los elementos del tipo objetivo debe estar presente en el momento en que el autor da comienzo a la acción prohibida, con independencia de que el delito se consume o quede en grado de tentativa. Todo conocimiento previo que tenga respecto a los elementos del tipo objetivo, no tiene ninguna validez si no se hace presente al momento de la acción. Es lo que se conoce como *dolus antecedens*. Así, si el autor tiene conocimiento de que su vecino pasea por el jardín todas las noches a la misma hora, pero al momento de realizar el disparo creyó que se trataba de un ladrón, no habrá dolo respecto de la muerte del vecino, independientemente que pueda quedar subsistente el tipo culposo, como fuera señalado.

---

una percepción y otros como si se tratase (mas bien desde un punto de vista de la teoría de la *Gestalt*) de elementos del sistema de coordenadas, en el que más o menos vagamente se incluyen estímulos externos" (Jakobs, *Derecho penal. Parte general. Fundamentos y teoría de la imputación*, p. 317).

42 Para un análisis completo de error de tipo, ver Bacigalupo, *Tipo y error*; Sancinetti, *Sistema de la teoría del error en el Código Penal argentino*.

El momento determinante no es el de la planificación de un proyecto de acción complejo, sino el de aquel que se corresponde con la ejecución de la acción típica, o bien (en hechos dilatados en el tiempo) con la realización de los elementos individuales del tipo[43]. En este sentido, lo mismo cabe decir respecto de aquellos elementos del tipo objetivo que el autor conoce una vez consumado el delito. Es lo que se denomina *dolus subsequens*. Si el autor está convencido de que se encuentra manteniendo relaciones sexuales con una mujer mayor de edad, ninguna consecuencia ha de tener que tome conocimiento de que la mujer era menor, una vez concluida tal relación. En dicha inteligencia, en un fallo se señaló que la conducta posterior al accidente por parte del imputado, quien se da a la fuga y abandona a ambas víctimas en el asfalto, no resulta relevante a los fines de determinar si hubo o no dolo eventual, pues en lo que respecta al dolo alegado, lo único que debe tomarse en cuenta es el grado de conocimiento que el autor tenía en el momento de creación del riesgo y, a fin de acreditar tal conocimiento, su conducta posterior no tiene relevancia alguna, sin perjuicio de la suma reprochabilidad de su falta de asistencia a quienes resultaron víctimas de su obrar imprudente[44].

Una opinión minoritaria ha sostenido lo contrario. En este sentido, se ha dicho que incurre en el delito de homicidio culposo, y no de homicidio simple cometido mediante dolo eventual, quien realizó con sus manos una comprensión toráxica sobre el cuerpo de un bebé provocándole la muerte, pues la actitud del imputado posterior al hecho consistente en conducir a la víctima a un centro hospitalario pone de manifiesto su voluntad de evitar las consecuencias de su accionar, es decir que no se resignó al resultado sino que realizó esfuerzos para evitarlo[45].

[43] Zielinski, *Dolo e imprudencia*, p. 35. Agrega este autor que, conforme a lo señalado, no son imputables las partes del tipo objetivo realizadas inconscientemente, o con independencia del actuante, a las que se vincule una decisión subsiguiente al hecho. Por ello no puede haber una (co) autoría sucesiva.

[44] TCrim nº 6 Morón, 2/5/06, "Aldao, Cristián A.", *LLBA*, 2006-823.

[45] TCrim nº 6 Morón, 2/5/06, "Aldao, Cristián A.", *LLBA*, 2006-823, voto en disidencia parcial de la doctora Bistué de Soler.

La mayoría de los autores finalistas consideran que el conocimiento de la antijuridicidad no integra el dolo, lo que resulta acertado conforme lo que expresamos anteriormente. En efecto, hemos señalado que el finalismo traspola el dolo y la culpa a la tipicidad, y que la culpabilidad es reproche del injusto penal.

Ahora bien, para que a una persona se le "reproche su conducta", hay que acreditar que ésta *haya podido comprender que su conducta era antijurídica.* Dicha posibilidad no afecta en nada al aspecto cognoscitivo del dolo. Se trata de cosas bien distintas. Puede que no haya dolo y sí consciencia de antijuridicidad (error de tipo: quien cree disparar contra un animal y dispara en realidad contra una persona, sabe que matar a otro está prohibido); y viceversa, que haya dolo (en tanto se dan todos los elementos del tipo objetivo) y no consciencia de antijuricidad (error de prohibición: la mujer embarazada que proviene de un país extranjero donde el aborto es impune, lo practica en otro donde está prohibido). El error de prohibición es aquel que afecta la comprensión de la antijuridicidad y opera sobre la culpabilidad. Obviamos su estudio puesto que excede el marco que desarrollamos.

Algunos autores finalistas entienden lo contrario. MIR PUIG considera que existen tres grados o niveles de dolo: el dolo típico, que sólo exige el conocimiento y voluntad del hecho típico, el dolo referido al hecho típico sin los presupuestos típicos de una causa de justificación, y lo que él denomina *dolo completo,* que además supone el conocimiento de la antijuridicidad (*dolus maeus*)[46].

[46] El autor dice, además, que, contra lo que opina el finalismo ortodoxo, el dolo típico no agota el *dolo natural,* que también comprende el dolo referido a la ausencia de los presupuestos típicos de una causa de justificación. Ello se desprende de la observación, que ha propiciado la teoría de los elementos negativos del tipo, de que tanto los elementos del tipo (positivo) como los presupuestos de una causa de justificación afectan a la concurrencia del *supuesto de hecho* que constituye la *situación* objeto de la prohibición, y todos ellos deben distinguirse de esta prohibición en sí misma. De ahí que ninguno de ellos pueda considerarse como mero objeto de *conocimiento de la prohibición* (o de la antijuricidad), sino que todos deben constituir objeto del dolo natural como conocimiento de la situación requerida para la prohibición (MIR PUIG, *Derecho penal. Parte general,* p. 261).

La doble posición del dolo también es sostenida en España por CEREZO MIR, quien señala que el dolo es, por un lado, un elemento subjetivo del injusto y, por otro, una forma de culpabilidad, en cuanto expresión de una disposición de ánimo hostil o indiferente al derecho. Considera que la doble posición del dolo no tiene ningún obstáculo ontológico. Sí cabe preguntarse si es necesario tratar de nuevo al dolo como forma de culpabilidad. La respuesta depende del problema político-criminal del tratamiento del error vencible sobre las circunstancias que sirven de base a las causas de justificación[47].

En contrario se manifiesta MUÑOZ CONDE, cuando sostiene que afirmar el dolo en la tipicidad y en la culpabilidad es una complicación innecesaria, en tanto no se puede incluir un mismo hecho en dos categorías sistemáticas distintas[48]. Por su parte, ROXIN piensa que el concepto jurídico de acción, pleno de contenido social, no ofrece motivo alguno para restringir el dolo del autor a las circunstancias de hecho. Repara que sólo tendría sentido exigir para el dolo "el grado de conocimiento de significado previsto por el legislador", es decir, extenderlo igualmente a la antijuricidad del acontecer y, especialmente, a la ausencia de causales de justificación[49].

§ 10. ***ASPECTO VOLITIVO DEL DOLO.*** – Además del conocimiento, el dolo requiere que el autor haya querido la realización del tipo objetivo. Ese querer es el aspecto volitivo del dolo. Al igual que en su aspecto cognoscitivo, el volitivo debe estar presente en el momento en que la acción prohibida da comienzo. En este aspecto, cabe destacar que tampoco tiene ninguna validez el *dolus antecedens* y el *dolus subsequens*.

Por ejemplo, *A* planea matar a su vecino *B* disparándole con un arma en una fiesta que organizará en su casa; pero *B* muere en la fiesta producto de la explosión involun-

[47] CEREZO MIR, *La doble posición del dolo en la ciencia del derecho penal española*, "Anuario de Derecho Penal y Ciencias Penales", 1981, t. 34, nº 2-3, p. 455 a 457.

[48] MUÑOZ CONDE, *Política criminal y sistema del derecho penal*, p. 12.

[49] ROXIN, *Derecho penal. Parte general*, t. I, p. 117.

taria de una garrafa. Por ello, *A* ha de responder tan sólo por la muerte culposa de *B* (*dolus antecedens*). Una idéntica respuesta cabe para el caso en que *A* ve a una persona en su jardín durante la noche, y en el absoluto convencimiento de que se trata de un ladrón dispara, matando a *B*. Al acercarse y descubrir que es su vecino, se pone contento. Así pues, *A* no deberá responder como autor doloso de la muerte de *B*, con independencia de lo que resulte conforme el tipo culposo (*dolo subsequens*).

La doctrina mayoritaria reconoce tres clasificaciones, en lo que al aspecto volitivo del dolo se refiere, a saber: dolo directo o de primer grado, dolo indirecto o de segundo grado y dolo eventual.

a) *Dolo directo.* En el dolo directo, la voluntad abarca la producción del resultado típico como fin en sí mismo; por eso también se lo conoce como *dolo inmediato*. Ello no excluye que se persigan otros objetivos ulteriores[50], con independencia de la posibilidad de su acaecimiento. Se ha entendido que, a los efectos de la configuración del dolo directo, resulta indiferente que el delito sea perseguido sólo como medio para la obtención de otros fines[51]. El autor se representa como deseables o necesarias las consecuencias de su obrar. Asimismo, no debe confundirse la intención con el motivo o finalidad última del sujeto, atento a que la intención típica concurre aun cuando el resultado perseguido sirva para la consecución de ulteriores fines de índole diversa, que mueven en última instancia al sujeto[52].

La voluntad de realización se dirige primero, fundamental e inmediatamente, al fin propuesto. Desde él, como objeto a realizar, parte la voluntad de realización. Es indiferente si considera la consecución del fin como segura o sólo como posible. De esto se deduce que la intención se

[50] Zaffaroni - Alagia - Slokar, *Derecho penal. Parte general*, p. 532.

[51] Mir Puig, *Derecho penal. Parte general*, p. 265.

[52] Roxin, *Derecho penal. Parte general*, t. 1, p. 418; el autor ejemplifica lo referido al señalar que existe "ánimo o intención de lucro o enriquecimiento ilícito y por tanto también estafa, aun cuando el sujeto, en su producción de un perjuicio patrimonial mediante engaño y en su enriquecimiento, no le importe en última instancia la ventaja patrimonial sino por ejemplo la satisfacción de su ambición profesional".

puede dirigir también a un fin, cuya consecución es incierta para el autor. La opinión contraria es la consecuencia de una confusión del fin con los resultados concomitantes[53].

La realización del hecho típico constituye la meta propia de la acción, pues el autor se ha decidido por la lesión del bien jurídico, independientemente de si la producción del resultado le parecía más o menos probable, en la medida en que lo haya tenido como posible[54]. Como bien señala GRASSI, a esta especie se la considera el paradigma más perfecto de dolo, pues en ella concurren de modo inequívoco sus dos elementos constitutivos: el conocimiento y la voluntad[55].

El componente intelectual aparece como una condición necesaria de la decisión, porque hay decisión cuando quien la toma sabe lo que asume, porque la voluntad nunca es vacía de contenido. Si una persona actúa, según la concepción del dolo directo, con un conocimiento seguro acerca de la peligrosidad de su acción, se puede deducir que esa persona ha asumido la peligrosidad y que se ha decidido a favor de ella; lo que no se puede es colocar el conocimiento como elemento del dolo en el lugar de la decisión[56]. Así, definido el dolo como conocimiento y voluntad del tipo objetivo, en el dolo directo se hacen presentes de un modo absolutamente claro los elementos que en el dolo eventual no han de aparecer, como veremos en los capítulos que siguen.

b) *DOLO INDIRECTO O DE CONSECUENCIA NECESARIA.* En esta clase de dolo, el resultado típico se produce como consecuencia necesaria de los medios elegidos, que deben ser

[53] WELZEL, *Derecho penal alemán*, p. 98; "quien pretende matar a un hombre de un tiro desde gran distancia tiene voluntad homicida, aunque sólo le otorgue a su disparo una muy pequeña chance de alcanzar al otro. Sólo en el caso que considere la producción del resultado como una mera casualidad existe únicamente un tener esperanza, pero no un querer realizar".

[54] STRATENWERTH, *Derecho penal. Parte general. El hecho punible*, p. 106.

[55] GRASSI, *Reflexiones sobre el concepto de dolo*, "El Derecho Penal. Doctrina y Jurisprudencia", dic. 2002, p. 23

[56] HASSEMER, *Los elementos característicos del dolo*, "Anuario de Derecho Penal y Ciencias Penales", 1990, t. 43, nº 3, p. 920.

abarcados tanto por la voluntad como por el fin[57]. La acción se dirige de manera decidida hacia el delito, cuando éste, aunque no representa el deseo, propósito o pretensión del autor, aparece como algo que, aunque no deseado, está necesariamente ligado a lo querido por el autor[58]. Si bien éste no quiere la realización del tipo, se da cuenta que su evitación es incompatible con la acción puesta en marcha; en conclusión, el resultado aparece seguro para él[59].

Un clásico ejemplo de lo referido es el caso de quien quiere matar al ministro y para obtener su propósito coloca una bomba debajo de su vehículo con poder suficiente para despedazar al automóvil, sabiendo que en el suceso perecería también quien oficiaba de chofer. El homicida no desea esa muerte, hasta quizá lo consterne o le resulte sumamente desagradable, mas es una derivación necesaria del medio elegido para cegar la vida de su víctima.

En este punto, la doctrina hace referencia al que se conoce como "caso Thomas". En 1875, Alexander Kaith, que se llamaba a sí mismo "Thomas", instaló un aparato de relojería en un tonel con dinamita, en un hotel de Bremen, en forma tal que, en un tiempo determinado, se soltase un fuerte perno de acero y golpease la dinamita, lo que provocaría así una terrible explosión. Después de preparar el aparato de relojería y disponerlo para que operara luego de ocho días, transportó el tonel hasta el puerto de Bremen. Thomas quería hacerlo expedir en el vapor Mosela, con la intención de tomar grandes seguros en Inglaterra sobre el tonel, por lo que debía entonces explotar entre Southamp-

57 ZAFFARONI - ALAGIA - SLOKAR, *Derecho penal. Parte general*, p. 523.

58 "El que hace transportar una máquina infernal en un buque para que éste se hunda en el océano y cobrar así la prima del seguro, también ha dirigido su acción contra la vida de las personas que perecieron en el naufragio, a pesar de que este resultado es absolutamente contrario a su deseo" (NÚÑEZ, *Tratado de derecho penal*, t. II, p. 57).

59 JAKOBS, *Derecho penal. Parte general. Fundamentos y teoría de la imputación*, p. 324. Agrega este autor que el desmarcamiento con respecto a la evitación puede acaecer también cuando el autor considera el resultado vinculado con seguridad con una *consecuencia principal* cuya producción puede ser incierta (constancia en sentido amplio). Entonces el resultado, tal como actúa el autor, no es seguro, pero sí tal como se realiza lo que él quería.

ton y Nueva York, después de lo cual podía cobrar su seguro no cubierto. En el manipuleo del carro al muelle, en el puerto de Bremen, delante del Mosela, se deslizó el voluminoso tonel de la mano de los trabajadores y resultó una terrible explosión. Ocho días después de sucedida, recién se pudieron determinar sus consecuencias: cincuenta y nueve muertos reconocidos, veinticuatro desaparecidos y cincuenta heridos[60].

c) *Dolo eventual. Remisión.* Este tema será desarrollado en el capítulo que sigue.

60 Zaffaroni - Alagia - Slokar, *Derecho penal. Parte general,* p. 524.

Capítulo II

DOLO EVENTUAL. DOCTRINA Y JURISPRUDENCIA APLICADA

§ 11. *Problemáticas para su definición.* – La definición del dolo eventual genera problemas de complejidades diversas, en tanto ha sido siempre considerado como el límite existente entre la culpa con representación y el dolo directo. Liminarmente, podemos señalar que existen dos tipos de culpas: consciente e inconsciente. En la primera, el individuo se representa el resultado prohibido y cree poder evitarlo (quien conduce confía en poder esquivar al peatón que se cruza). En la segunda, dicha representación se encuentra ausente (una persona cuando sale a trabajar deja el fuego encendido y, como consecuencia de ello, se produce un incendio). Ver § 99 y siguientes.

La doctrina ha elaborado múltiples fundamentaciones en ese sentido, procurando alcanzar límites claros y concretos. Cabe adelantar que lejos está de haberlo conseguido. Por ello, como consecuencia de lo anterior, es que todas y cada una de dichas propuestas conllevan necesariamente a una definición de dolo eventual, lo que torna imposible una definición única.

§ 12. *Metodología del análisis.* – Como hemos señalado, el estudio del dolo eventual es sumamente complejo. Quizá lo menos original que podríamos decir al respeto es que se trata de uno de los temas más difíciles de resolver para la dogmática penal, que su delimitación siempre ha resultado problemática o frases similares, pues es lo que dicen todos los autores cuando analizan el tema.

Claro que por poco original no deja de ser cierto. Como expresamos, existen múltiples teorías que lo fundamentan y definen. Pero a ello se agrega que unas critican afanosamente a las otras por oscuras y contradictorias, al dar argumentos que no se distinguen precisamente por su meridiana claridad. Tal es la confusión, que los propios autores, al citarse, son incluidos en posiciones doctrinales diferentes, lo que termina constituyendo un verdadero pandemonium. Por ello, el análisis debe seguir una metodología que procure echar luz sobre el tema. Para cumplir con esto, nos referiremos pormenorizadamente a cada a una de las posturas doctrinales, para luego desarrollar nuestra posición y propuesta.

Todo lo señalado anteriormente hace que, si bien existen criterios comunes, no haya unanimidad en el modo de clasificar ni de denominar a las distintas teorías. En consecuencia, las clasificaciones que siguen y los autores que las integran corren por nuestra exclusiva consideración.

§ 13. ***Teoría del consentimiento.*** – La teoría del consentimiento procura sustentar el dolo eventual sobre la base de que esta modalidad dolosa debe reunir un aspecto cognoscitivo y uno volitivo. Además de ello, para el supuesto de que se produzca el resultado, debe existir entre éste y el autor una determinada *relación de voluntad* (aprehensión hipotética del dolo); es decir, el autor debe declararse conforme con la actualización del resultado, *consentir el resultado*[1].

a) *Primera fórmula de Frank.* Así entendida, la teoría del consentimiento responde a lo que se denomina "primera fórmula de Frank", que partía de la hipótesis de considerar que el autor, en el caso concreto, se representaba el resultado como *seguro*. Si se llega a la conclusión de que el sujeto habría actuado aun en caso de considerar seguro el resultado, hay dolo eventual; si se llega a la conclusión contraria, hay culpa con representación[2].

[1] Maurach - Gössel, *Derecho penal. Parte general*, t. 1, p. 389.

[2] Antón Oneca, *Derecho penal. Parte general*, p. 227 y 228; Sáinz Cantero, *Lecciones de derecho penal. Parte general*, p. 677 y 678; Battaglia, *Algunos aportes sobre dolo eventual, ED*, 187-1181.

La aceptación por parte del autor del resultado prohibido, podrá darse de forma inicial y positiva o formularse por el juez en un juicio de prognosis posterior. En este juicio *ex post* se obtiene la convicción de que el autor hubiere obrado de igual manera, en caso de representarse el resultado como seguro[3]. El querer es lo esencial para la existencia del dolo eventual.

b) *Luzón Peña.* En la misma inteligencia, señala este autor que el dolo eventual requiere el elemento volitivo en forma de aceptación o consentimiento (o fórmulas similares) de la eventual producción del hecho, pero que mediante una *valoración objetivo-normativa* se puede restringir lo que se entiende por aceptación/no aceptación. La restricción más usual e importante consiste en que la aceptación no se excluye por una confianza irracional e infundada en la no producción del hecho –considerando que esa confianza meramente subjetiva no es una auténtica confianza, sino una esperanza o deseo jurídicamente irrelevante–, sino que *la aceptación o consentimiento sólo se excluye por una confianza mínimamente fundada objetivamente*, aunque errónea, en que no se produzca el hecho[4].

La teoría del dolo eventual se articula primordialmente sobre la concurrencia de dos datos de índole incuestionablemente subjetiva, a saber: la prefiguración de un resultado que se juzga probable y el asentimiento (consentimiento, aquiescencia, etc.) o la indiferencia de quien actúa respecto de la concreción del resultado no específicamente querido. Hay dolo eventual cuando la convicción de la necesidad del resultado previsto como posible no habría hecho desistir al autor[5].

c) *Jiménez de Asúa.* Éste también es partidario de la teoría del consentimiento, no obstante denominarla *del acogimiento* o *de la ratificación*. Entiende que hay dolo eventual cuando el sujeto se representa la posibilidad de un resultado que no desea, pero cuya producción ratifica en última

3 Corcoy Bidasolo, *En el límite entre el dolo e imprudencia*, "Anuario de Derecho Penal y Ciencias Penales", 1985, t. 38, nº 1, p. 45.

4 Luzón Peña, *Curso de derecho penal. Parte general*, p. 426.

5 SCBA, 7/6/83, "D. R., E. y C.", *ED*, 109-204.

instancia. En la culpa típica, lo que hay es *posibilidad de la representación del resultado*, y en el dolo eventual, *representación de la posibilidad del resultado*; pero también en la llamada culpa con previsión el agente se representa como posible el evento. La sola diferencia está en que no lo ratifica, como en el dolo eventual, y por el contrario, si el autor estuviese seguro de la producción del resultado, no proseguiría actuando. En la culpa llamada "con previsión" (culpa con representación o consciente), el sujeto espera que por su habilidad o por su fortuna, el resultado no sobrevenga. Así, el hombre que maneja a gran velocidad un automóvil en un poblado cuyas calles están muy concurridas, si se representa la posibilidad de atropellar a un transeúnte y confía en que su pericia lo librará de ocasionar el accidente, cuando el peatón se interpone y muere, aquél comete homicidio por *culpa con representación*, porque ha causado el atropello sin ratificarlo. Por el contrario, hay dolo eventual cuando dicho automovilista, en concurso de carreras de velocidad, se representa la posibilidad de un atropello que no confía que puede ser evitado por su pericia, en razón de la gran velocidad que lleva, y aunque él no quiere, como deseo de primera clase, matar a un transeúnte, hay indiferencia de su parte con respecto a la muerte del sujeto, que ha ratificado, en el afán de ganar la carrera; por eso, a pesar de la representación del peligro, sigue pisando el acelerador y el coche continúa marchando a gran velocidad hasta que sobreviene el accidente.

En el dolo eventual, el comienzo del hecho no es doloso ni ilícito (correr en automóvil o fumar en un pajar) y el autor se representa el resultado culpable y lo ratifica (como la muerte del transeúnte que se cruza en el camino o el incendio del pajar por el cigarrillo que allí fuma el criado, furioso por el despido del dueño). Sostiene que la teoría del dolo eventual debe manejarse con *sumo* cuidado, porque requiere por parte del juez un examen de las representaciones y de los motivos que actúan sobre el psiquismo del sujeto, obligando al magistrado a investigar en los más recónditos elementos del alma humana[6].

[6] Jiménez de Asúa, *La ley y el delito*, p. 367.

Acorde con esta teoría, en un fallo se ha señalado que no basta con que el sujeto conozca aisladamente determinadas circunstancias para que se pueda tener por configurado el dolo eventual. El tipo debe formarse a partir del conocimiento de dos factores: el conocimiento de que la conducta realizada puede producir un resultado específico y la conciencia de que en el caso concreto concurren las circunstancias objetivas que hacen que el comportamiento resulte adecuado para que quede enmarcado en el tipo legal[7].

d) *Fontán Balestra*. Considera este autor que el dolo eventual es el escalón más bajo de la culpabilidad dolosa. Adhiere a la teoría del asentimiento, según la cual "no habrá responsabilidad sin que un resultado haya sido previsto en el momento de la acción, cuando menos como posible. Pero esto no es suficiente; se requiere, además, que se haya asentido en él, que, en última instancia, se lo acepte".

Los requisitos referidos no deben confundirse con la posibilidad de la representación del resultado, lo que constituye la culpa, y la representación de la posibilidad de un resultado, que no sólo no se acepta, sino que se rechaza. Este segundo supuesto constituye la culpa con representación, que se caracteriza por el hecho de que el autor habría detenido su actuar si hubiese pensado que el resultado iba a producirse.

Tampoco obra con dolo eventual quien cree que podrá evitar el resultado[8]. Así, se ha sostenido en un fallo que corresponde condenar, como autor del delito de homicidio cometido con dolo eventual, a quien embistió a un grupo de personas mientras manejaba un vehículo en estado de intoxicación alcohólica y a excesiva velocidad, ocasionando la muerte de una de ellas, pues ha quedado acreditado que

[7] TCrim nº 6 Morón, 2/5/06, "Aldao, Cristián A.", *LLBA*, 2006-823 (ver § 9).

[8] Fontán Balestra, *Tratado de derecho penal. Parte especial*, t. II, p. 262; agrega que "el fundamento del dolo eventual está en el razonamiento que permite concluir en que los resultados cargados a ese título, si bien es cierto que no han sido queridos directamente, no se ha dejado tampoco de quererlos, puesto que no se han evitado; por eso dice Beling que no es necesario precisamente que el autor lo quiera, sino que basta con que *no lo quiera*".

el encartado no sólo no intentó frenar antes de la embestida, sino que, por el contrario, maniobró el vehículo hacia los peatones, lo cual permite afirmar que asintió el resultado dañoso sin adoptar ninguna medida para neutralizar el riesgo creado[9].

e) *Baumann*. Este autor también se muestra partidario de esta teoría. A los efectos de determinar la existencia del dolo eventual, no interesa el grado de probabilidad; lo que interesa es establecer si el autor aprueba el resultado repre-

[9] CCrim nº 1 Trelew, 6/3/02, "Wenner, Francisco A.", *LL*, 2002-B-547. "Toda vez que el dolo eventual implica siempre un acto de voluntad, en cuanto el delito está presente aunque se llegue a él en forma condicionada, corresponde acreditar cuál es el componente volitivo del imputado para causar la muerte de la víctima aunque sea de modo indirecto, pues no cabe entender que el autor haya querido el delito –en el caso, dejó su arma al alcance de personas inexpertas– porque su realización se le presente como posible–" (ST Formosa, 15/2/02, "Sosa, Néstor M., y otro", *LLLitoral*, 2002-1339). "La acreditación de la voluntariedad del movimiento que originó el disparo por la prueba pericial no constituye en sí misma el 'dolo' que de tal manera se consideró probado, porque en función de aquello que la doctrina tiene por constitutivo del 'dolo eventual' –en el caso cabe adoptarlo como marco jurídico tanto porque constituye la expresión 'dolosa' con menores requerimientos subjetivos, como por haber sido tomado como referencia en el pronunciamiento recurrido–, éste requiere la concreta representación del posible resultado mortal y su correlativo asentimiento, actitudes subjetivas ambas que contienen mayores exigencias que la sola voluntariedad referida a la operación productora del disparo" (SCBA, 23/7/91, "Sarasola, José L.", *LL*, 1992-A-233; *DJBA*, 142-2307, y *DJ*, 1992-1-1089). "La posibilidad de aplicación de la teoría del dolo eventual no depende de la sujeción a criterios exclusivamente objetivos, ya que la misma se articula, principalmente sobre la concurrencia de dos datos de índole incuestionablemente subjetiva; la prefiguración de un resultado que se juzga probable y el asentimiento o la indiferencia de quien actúa respecto de la concreción del resultado no específicamente querido, pero que sobreviene como consecuencia de haber ejecutado a todo trance, la acción orientada a la consecución de otro fin, y de haberse operado en la mente de quien obra la representación anticipada del desenlace. Es doloso el homicidio cuando el autor quiso matar y no cuando sólo aceptó el resultado; quien quiere, asiente ese resultado, pero tal asentimiento no convierte el dolo directo en dolo eventual; en este último se excluye el propósito de matar y se responde porque la eventualidad del resultado no querido directamente le es indiferente y lo acepta: no *quiso* el resultado pero tampoco *no lo quiso*, según una afortunada fórmula doctrinaria (en el caso la Cámara condenó por homicidio culposo)" (SCBA, 5/10/82, "Abarca, Julio C.", *DJBA*, 124-77).

sentado como posible (o probable) y si, en caso necesario, está de acuerdo con él. Quien incendia su casa para cobrar el importe del seguro, no quiere directamente que muera el inquilino que la ocupa, pero si, en caso necesario, está de acuerdo con su muerte (se hace cargo de ella), actúa con dolo eventual. Si el inquilino (visto por el autor) no tenía ninguna probabilidad de salvarse, hay dolo directo. En cambio, hay culpa consciente, y no dolo, si el autor cuenta con la posibilidad de que se produzca el resultado, pero confía (aunque culposamente) en que esto no suceda. Quien copia a Guillermo Tell, actúa con culpa consciente. En la misma inteligencia nos proporciona otro ejemplo: quien desde el techo arroja un ladrillo para que alcance a su enemigo que transita por la calle, mata intencionalmente. Si al autor ese transeúnte le es indiferente y actúa por el placer de hacer un experimento, hay dolo directo. En caso de que el autor no esté seguro, por la baja altura del techo, que el ladrillo matará al transeúnte, pero se hace cargo de su muerte porque quiere hacer el experimento de todos modos, hay dolo eventual. Si abriga la esperanza de que tenga un cráneo duro y se salve, actúa con culpa consciente[10].

f) *Nino.* Señala que la fórmula hipotética de Frank es un criterio bastante adecuado para determinar si hubo consentimiento cuando el agente sólo previó la posibilidad de la presencia o futura ocurrencia de propiedades que definen la acción. Dicha fórmula establece que el individuo actúa con dolo eventual cuando habría actuado igualmente si hubiera creído que el resultado, que realmente previó como meramente posible, era una consecuencia necesaria y cierta de su acción. La fórmula que describe esta actitud constituye un juicio hipotético, pero ello no significa que la actitud que describe sea *hipotética*, en el sentido de que no sería una actitud que el agente realmente tiene, sino una que habría tenido si sus creencias hubieran sido otras. Por el contrario, la fórmula describe la disposición que el agente efectivamente tuvo en el momento en que realizó la acción relevante. Cuando esa disposición está presente,

[10] Baumann, *Derecho penal,* p. 240 y siguientes.

el agente podrá expresarla verbalmente diciendo, por ejemplo, que "no estoy seguro de que este paraguas sea mío, pero me lo llevaré lo mismo como si estuviera seguro". Los casos en que la aplicación de esta fórmula lleva a concluir que el agente no consintió su acción, son aquellos en los que no supo o no previó, ni siquiera como posibles, las circunstancias relevantes para la descripción, o en los que no habría ejecutado el acto si hubiera advertido que lo que pensaba que era meramente un riesgo, se concretaría ineludiblemente[11].

g) *Argibay Molina.* Al dolo eventual lo denomina indirecto. El autor quiere la acción pero no para alcanzar el delito que se representa como posible, sino para lograr otro fin; "mas la representación de aquel no lo hace desistir de su conducta, cuya voluntad de ejecución, de concreción, constituye el verdadero móvil, tanto que para no renunciar a ésta, asiente en última instancia a la producción del evento que se representó"[12].

h) *Críticas.* La teoría del consentimiento recibió fuertes críticas. Muchas de ellas tuvieron como génesis un caso académico que se conoce en doctrina como "el caso de los mendigos rusos". Unos mendigos rusos que utilizaban a sus hijos para mendigar, los mutilaban con la expectativa de que generaran en la gente mayor compasión y, de ese modo, recaudar más cantidad de dinero. Claro que si la amputación traía como consecuencia la muerte de los menores, se terminaba el negocio para los crueles padres. De

[11] Nino, *Los límites de la responsabilidad penal. Una teoría liberal del delito*, p. 396 y 397.

[12] A lo señalado añade que "la conexión en que se encuentran los fines queridos con los meramente representados y consentidos, en definitiva, da lugar a una subclasificación del dolo indirecto en dolo *cierto, necesario*, o de *consecuencias necesarias* y en *dolo eventual o condicionado*... La determinación de estas especies de dolo reviste una singular importancia práctica en el juzgamiento de casos, por cuanto representan matices de gravedad que el sentenciante tomará en consideración para graduar la pena... Asimismo, la especie de dolo está en estrecha vinculación con los elementos subjetivos de los tipos legales, en cuanto éstos, unas veces, condicionan aquéllas y, otras, excluyen alguna en especial" (Argibay Molina - Damianovich - Moras Mom - Vergara, *Derecho penal. Parte general*, p. 301).

ello se concluía necesariamente que, si los padres se hubieran representado como segura la muerte del niño, no lo hubieran amputado, y conforme la teoría del consentimiento, los mendigos deberían haber sido condenados por homicidio culposo.

1) *Gimbernat Ordeig.* Según este autor, la teoría del consentimiento debería resolver el ejemplo referido de la siguiente manera: si los mendigos se dicen: "aun cuando el niño muera, lo mutilamos igual", habrá dolo eventual; en cambio, si se dicen: "si esta muerte que –en el momento de mutilar– nos parece posible, fuese una consecuencia segura de la acción, nos abstendríamos de actuar", habrá culpa consciente. Tras este análisis, el autor destaca que la teoría del consentimiento, conforme la aprehensión hipotética del dolo, debe hacer frente a la siguiente objeción: en la práctica exige que se pruebe un hecho que *no se ha dado en la realidad*; no es que sea difícil probar lo que sucedió, sino que pretende probarse lo que no ha sucedido. Tiene como supuesto que el juez se ponga en lugar del imputado y se plantee lo que éste nunca se planteó (considerar como cierto lo que sólo le pareció probable) y que conteste por ese sujeto lo que éste nunca se contestó a la cuestión por él jamás planteada (si, imaginado el resultado como seguro, habría o no actuado). Considera que esto es sumamente peligroso e inseguro, pues se corre el riesgo de que haya culpa con representación en los casos en que el agente tiene cara de bonachón o buena persona, y dolo eventual en los casos en que tenga aspecto de facineroso. En definitiva, la teoría del consentimiento consagra el derecho penal de autor, en lugar de un derecho penal por el acto; es culpabilidad por el carácter y no culpabilidad por el hecho.

Si ante los difíciles problemas que nos plantea el dolo eventual, "una teoría consigue demostrarnos que el autor, ha *querido* el resultado, que *ha consentido* en él, que estaba *de acuerdo con su producción, entonces lo menos que se puede decir de esta doctrina es que es fascinante: en casos en los que parece indicado castigar por delito doloso y en los que uno se resiste a afirmar que el resultado ha sido querido*, la teoría del consentimiento disipa nuestros posibles escrúpulos: nos dice que el hecho, en realidad, ha sido querido y que, por ello, no hay dificultad para imponer el castigo por delito doloso que parece exigir el sentimiento de justicia. El problema se resuelve, pues con gran facilidad. Con una facilidad tan grande que acaba por hacerse sospechosa"[13].

2) *Roxin*. Este autor dice que si se considera en forma estricta la teoría del consentimiento, entendiendo que junto a la previsión del resultado el sujeto lo haya aprobado interiormente, el ámbito del dolo eventual queda muy restringido. Además, esta concepción pasa por alto que el cometido de la penalización de los delitos dolosos es evitar lesiones calculadas de bienes jurídicos, con independencia de la actitud interna del sujeto. Que el autor apruebe el resultado, lo afronte con indiferencia o lo lamente, es importante para dirimir el monto de la pena, pero no influye en el carácter doloso del hecho. El elemento volitivo del dolo se conforma con que el sujeto incluya en su plan el resultado y, con ello, lo haya *querido* en el sentido de una decisión en contra del bien jurídico. No es preciso un ulterior desvalor de la actitud interna[14].

Si el dolo eventual requiere que el autor "tenga deseos" o "le agrade" la producción del resultado, éste como tal sería prácticamente inaplicable. En realidad, la mayoría de los supuestos de dolo eventual podrían encuadrarse perfectamente en el *dolo directo*[15].

3) *Corcoy Bidasolo*. Por su parte, considera que el "querer" es lo esencial en la teoría del consentimiento, y aparece representado en el dolo eventual por la aprobación, aceptación o ratificación del resultado. Y en ello encuentra una gran contradicción, pues señala que la exigencia de un momento volitivo, respecto al resultado lesivo en el dolo eventual, convierte a éste en una subespecie de dolo directo

13 Gimbernat Ordeig, *Acerca del dolo eventual*, "Nuevo Pensamiento Penal", 1972-365.

14 Roxin, *Derecho penal. Parte general*, t. I, p. 431.

15 De la Fuente, *El concepto de dolo eventual en la doctrina y en la jurisprudencia del Tribunal Supremo de España*, "Cuadernos de Doctrina y Jurisprudencia Penal", 2000, t. 10-B, p. 563; añade que ello resulta evidente, si se entiende que el dolo directo subsiste cuando el autor quiere el resultado, aunque no se represente su producción como segura, sino simplemente como probable.

de primer grado. Paradójicamente, nada de esto sucede con el dolo directo de segundo grado. Para éste, lejos de exigir un querer, se estima suficiente que el autor haya conocido la producción del resultado inevitable. Esto supone una gran contradicción, pues una variación *cuantitativa* –la mayor probabilidad de producción del resultado, característica del dolo directo de segundo grado– no puede significar una transformación *cualitativa* de los elementos del concepto de dolo[16].

4) *Jakobs.* Refiere que la teoría del consentimiento (la denomina *teoría de la actitud*) conduce a ficciones, si pretende develar la existencia del dolo eventual a partir de la fórmula de FRANK. Es que el obrar en situación de riesgo y de certeza no son comparables, en cuanto a la decisión teórica y tampoco en la práctica. Además, sólo depende de contigencias en la configuración del caso el que, para el autor del hecho, con determinada consecuencia secundaria, siga teniendo aún sentido y, por tanto, según la fórmula, sea doloso posiblemente. Asimismo, dice: "Quien sabe exactamente que acertará al batidor *en lugar de* a la liebre ya no tiene motivos para disparar si es que quiere hacer estofado de liebre; de otro modo puede ser si se conoce exactamente que con una perdigonada acertará, *junto* a la liebre, también al batidor. A partir de tales contingentes de la configuración hipotética del caso (en realidad, el cazador no sabe con exactitud si la consecuencia secundaria se produce), deducir el enjuiciamiento de la relación real del autor con la consecuencia secundaria no puede satisfacer axiológicamente; estas fórmulas son inútiles"[17].

5) *Mir Puig.* Materializa otra crítica importante a la teoría del consentimiento. Señala que ésta afirma la existencia de dolo eventual en supuestos de conciencia de escaso peligro objetivo, en los casos en los que el autor no se opone interiormente al resultado. Y, por el contrario, estima sólo culpa consciente en conductas extremadamente pe-

[16] CORCOY BIDASOLO, *En el límite entre dolo e imprudencia*, "Anuario de Derecho Penal y Ciencias Penales", 1985, t. 38, nº 1, p. 50.

[17] JAKOBS, *Derecho penal. Parte general. Fundamentos y teoría de la imputación*, p. 331.

ligrosas, en los casos en que el autor, pese a ser consciente del peligro referido, desee que no se produzca el resultado. Estas consecuencias resultan contradictorias con la función de protección de los bienes jurídicos que le competen al derecho penal. También rechaza la fórmula de la aprehensión hipotética, pues considera que es muy posible que el sujeto esté dispuesto a probar suerte aun *aceptando* sin reservas que pueda producirse el delito, y que, por el contrario, no tuviese ninguna utilidad la acción si con ella no pudiese obtener en ningún caso el resultado no delictivo que persigue. Son aquellas situaciones en los que el resultado perseguido y el eventual delito se excluyen mutuamente.

Como ejemplo de esto último, trae a colación un hecho que se conoce en doctrina como caso LACMANN (su creador), también conocido como el "caso de la chica de la caseta de feria" o "el caso de la bola de cristal", y que es utilizado, así como el de los mendigos rusos, para criticar la teoría del consentimiento. La situación es la siguiente: alguien promete veinte marcos a un muchacho si acierta a la bola de cristal que una señorita sostiene con las manos en una caseta de tiro al blanco, sin lesionar a ésta. Él sabe que no es un gran tirador y se dice: "es bastante probable que dé a la mano de la chica, pero si esto sucede pondré rápidamente tierra por medio; sin embargo, si sale bien, veinte marcos serán para mi un gran negocio". El muchacho dispara y alcanza a la chica en la mano. Es indudable que no deseaba herir a la muchacha y que, de haber sabido que ello sucedería, no hubiera actuado, pues perdería la apuesta. La teoría del consentimiento debe concluir, equivocadamente, que en casos como éstos, no hay dolo eventual sino culpa consciente[18].

6) *Malamud Goti*. La teoría del consentimiento encuentra escollos insalvables. En primer lugar, señala que resulta imposible elevar la *aprobación* del resultado a elemento general del dolo, por lo cual es inadmisible, en consecuencia, limitar la voluntad de realización cuando no media dicho consentimiento. A ello agrega como problema

[18] MIR PUIG, *Derecho penal. Parte general*, p. 267.

la vinculación existente entre la aprobación y la actitud del agente frente al derecho, que conforme la teoría de la culpabilidad no guarda relación alguna con el dolo.

Luego, traza una relación entre el dolo eventual y el dolo de segundo grado, preguntándose si en este último son consentidas o ratificadas las consecuencias indeseadas tenidas como seguras por el agente. "¿Asiente el beneficiario de un seguro de muerte de una anciana inválida que él quiere pero que sabe no podrá escapar del incendio que ha provocado? Si se desecha que dicho resultado de muerte sea consentido podrá negarse sin más relevancia a la *aprobación* como integrante del dolo, y por lo tanto a cualquier teoría que pretenda fundar en ella los alcances del mismo. Si por el contrario se admite la existencia de un *asentimiento* por parte del autor en el ejemplo propuesto, dicho *asentimiento* podrá sólo fundarse en el conocimiento del agente de la segura producción del resultado, pues no existe respecto del evento ningún otro aspecto que permita afirmar un querer. ¿De qué manera podrá entonces extenderse dicha *aprobación* a las consecuencias sólo posibles del obrar? De esta forma la teoría se vería en la alternativa de afirmar que todo lo previsto como posible es *aprobado* por la sola circunstancia de haber tenido en cuenta por el autor, desplazando toda hipótesis de culpa con previsión, o bien hacer depender dicha *aprobación* del grado de probabilidad con que el evento fue anticipado en cuyo caso se dejaría paso a la doctrina de la probabilidad. Como contrapartida, cabe además agregar que la *desaprobación del resultado* no hace desaparecer el dolo, como lo enseña el caso LACMANN"[19].

7) *Mezger.* Para este autor, la teoría del consentimiento fracasa en la expresión lingüística desde dos puntos de vista: *a*) no se puede consentir aquello que no es deseado y, muchas veces, lo no deseado cae dentro del ámbito del dolo eventual. Si el autor al cometer violación teme lesionar a la violentada, pero se conforma "eventualmente" con esta idea, no se puede sostener que haya "consentido" la lesión,

[19] MALAMUD GOTI, *En torno a la problemática del dolo eventual, ED,* 48-842.

y *b*) se puede "consentir" en algo que dependa de la propia voluntad, pero no en algo que no dependa de ella. Si el autor abusa de una muchacha, ello no significa que haya "consentido" eventualmente que la víctima no haya cumplido todavía catorce años[20].

8) *El caso de la correa de cuero.* Un suceso real ocurrido en Alemania en los años 50, también se utilizó para criticar a la teoría del consentimiento.

En doctrina fue conocido como "el caso de la correa de cuero": el joven *K*, de casi veinte años de edad, había conocido en 1953 al vendedor de seguros *M*, con quien había accedido a mantener ciertos contactos sexuales, probablemente a cambio de dinero. También por aquella fecha, el citado *K* entabló amistad con *J* y, para poder comprar ropa y pagar el alquiler de una habitación, a ambos se les ocurrió la idea de sustraer a *M* cierta cantidad de dinero. Con este fin, planearon que, una vez dentro de la vivienda de *M*, lo dejarían inconsciente dándole un golpe con un saco de arena en la cabeza, habiendo descartado antes la posibilidad de hacerlo cortándole la respiración con una correa de cuero por temor a causarle la muerte.

El 25 de febrero de 1954, *K* y *J* convencieron a *M* para que les dejase pasar la noche en su casa, a lo que éste accedió. A las cuatro de la mañana y de acuerdo con el plan, *J* golpeó con el saco de arena en la cabeza a *M*, mientras éste dormía, acción con la que sólo consiguió despertarle. En ese preciso momento, *K* recurrió a la correa de cuero, que había llevado consigo y, con la ayuda de *J*, consiguió colocarla alrededor del cuello de *M*, tirando con fuerza ambos extremos hasta que éste dejó de moverse, procediendo entonces a maniatarlo. Seguidamente, se apoderaron de una serie de objetos y, tras intentar en vano algunas maniobras de reanimación, abandonaron la vivienda. A consecuencia del uso de la correa se produjo la muerte de *M*. En efecto, resulta indudable que los acusados no tenían intención ni deseo de causar la muerte de la víctima. Prueba de ello es que los autores buscaran en principio un medio menos lesivo para dejarlo inconsciente, y que lleva-

20 MEZGER, *Derecho penal. Parte general*, p. 232 y 233.

ran adelante maniobras de reanimación. Además, la base de que los autores partían para asegurarse la impunidad –*M* no denunciaría el robo para que no salieran a la luz sus relaciones homosexuales, prohibidas en aquella época en Alemania– se esfumaba con su muerte, por lo que no es aventurado afirmar que el resultado de la muerte de *M* no sólo no era contemplado con mera indiferencia por los acusados, sino que éstos no lo deseaban en absoluto, pues sólo podía acarrearle graves problemas, como finalmente sucedió. Una aplicación estricta de la teoría del consentimiento admitiría solamente una pena por homicidio por culpa con representación[21].

§ 14. ***La crítica de la crítica: la teoría positiva del consentimiento o segunda fórmula de Frank.*** – Las críticas recibidas por la teoría del consentimiento hicieron que Frank rehiciera la fórmula analizada, dando origen a lo que se conoce como segunda fórmula de Frank, que se enuncia de la siguiente manera: "Si el sujeto se dice: sea de una forma u otra, pase esto o lo otro, yo actúo en todo caso, entonces, su culpabilidad es dolosa".

Esta segunda fórmula pareciera dar por tierra con algunas de las objeciones referidas, en tanto no hace hincapié en el *querer* el resultado, de lo que se desprende que, en aquellos casos en los que el sujeto se resigna a la producción del resultado aun sin *quererlo o desearlo*, estaríamos en presencia de un accionar doloso. Esta segunda fórmula dio origen a lo que se conoce como "teoría positiva del consentimiento".

a) *Jiménez de Asúa.* Sintetiza muy bien la concepción referida, no obstante que, como mencionamos anteriormente, denomina a su teoría "del acogimiento" o "de la ratificación". Dice, asimismo, que no es necesario recurrir a la teoría de la previsibilidad, para eludir las críticas de las que es merecedora la teoría del consentimiento. Y lo hace analizando el caso de los mendigos rusos. Destaca que los crí-

21 Ragués, *Tres propuestas recientes en la histórica discusión sobre el dolo eventual*, "Cuadernos de Doctrina y Jurisprudencia Penal", 1999, t. 9-A, p. 465 y 487.

ticos confunden el deseo y el fin, con la ratificación de las consecuencias. Los mendigos, al mutilar a las criaturas, no desean su muerte, del mismo modo que, en el caso de consecuencia necesaria, el magnicida no quiere la muerte del chofer que conduce el auto del presidente. Pero dolo y deseo no se identifican. No desean la muerte del niño, pero tampoco les sirve la criatura íntegra, sino mutilada. Al mutilarla, es cuando ratifican la posibilidad de la muerte; la aceptan como resultado de sus maniobras para poner a la criatura en situación de que excite la caridad ajena[22].

De acuerdo con ello, para el autor puede sostenerse que, conforme la teoría positiva del consentimiento, los mendigos rusos actuaban con dolo eventual.

b) *Posiciones contrarias*. De todos modos, cabe referir que lejos estuvo la segunda fórmula de Frank de acabar con las críticas que se le formularon a la teoría del consentimiento. Así, Corcoy Bidasolo sostiene que hay discrepancias acerca de su real naturaleza[23]; Roxin dice específicamente que "Frank no pretendió expresar con ella diferencia alguna frente a su primera fórmula"[24] y otros como Jeschek la utilizan como correctivo a la teoría de la probabilidad, a la que nos referiremos más adelante. También la postura de Sancinetti es muy crítica al respecto[25].

[22] Refiere que deben separarse deseo de intención. Se puede tener el afán de que una persona muera y, aunque se obtenga el resultado, éste puede llegar a no ser doloso. Ello se ve muy bien en el ejemplo de Von Liszt. Un sujeto incita a otro a que se guarezca bajo un árbol un día de tormenta, a fin de que la chispa eléctrica lo fulmine. Si el rayo lo mata, no se podría construir un homicidio doloso. En suma, el deseo no puede identificarse con el dolo. De igual modo, un sujeto puede no desear la muerte de otro, pero por estar ésta indisolublemente ligada, como consecuencia, a la acción que quiere y desea, ha de ser aceptado por dolo si inexorablemente se produce (Jiménez de Asúa, *La ley y el delito*, p. 369).

[23] Corcoy Bidasolo, *En el límite entre el dolo e imprudencia*, "Anuario de Derecho Penal y Ciencias Penales", 1985, t. 38, nº 1, p. 52.

[24] Roxin, *Derecho penal. Parte general*, t. I, p. 438 y 439.

[25] "Esta fórmula puede querer decir al menos dos cosas: *a*) O bien es una nueva versión de la misma fórmula I, es decir, si lo que se quiere decir es que sólo se sabe si el autor se diría a sí mismo: 'en todo caso yo actúo', únicamente cuando se pueda afirmar que habría actuado igualmente en caso de estar seguro de que se produciría el resultado. *b*) O bien sig-

§ 15. ***Teoría de la representación.*** – A diferencia de la teoría del consentimiento, que consideraba que el dolo eventual, al igual que el dolo directo, debía revestir un elemento cognoscitivo y uno volitivo (haciendo hincapié respecto de la presencia de este último), las teorías de la representación le dan trascendencia al elemento cognoscitivo. En consecuencia, sostienen la presencia de dolo eventual en aquellos casos en los cuales el individuo se representó el peligro que importaba su conducta como posible o probable.

Algunos autores dividen a la teoría de la representación en "teoría de la posibilidad" y "teoría de la probabilidad". Entendemos que la diferencia entre ellas es tan sólo de matices, por lo que aunaremos a ambas bajo el título común de teoría de la representación[26].

---

nifica que el autor tomó la decisión de acción a pesar de saber que el resultado 'se podría producir', es decir, 'termine de un modo o de otro, yo actúo'. En el primer caso, la fórmula sólo tendría la virtud de hacer menos evidente los vicios de la fórmula I, pero ocultaría así la misma inutilidad dogmática, por tratarse en verdad de la misma fórmula. En el segundo caso, la fórmula II de Frank arrojaría siempre un resultado positivo: ¡hay dolo!, precisamente porque hay que analizar casos en los que el autor actuó a pesar de que no sabía si iba a resultar de un modo o del otro. Cuando, por la posibilidad de producción del resultado, el autor se hecha atrás –es decir, cuando se dice a sí mismo: ¡ah no! 'Si se puede producir ese resultado, entonces no actúo'– naturalmente se acaba el problema de golpe: no hay dolo, ya por el hecho de que no hay ninguna acción a considerar y nada que resolver.

En conclusión, o rige la fórmula de Frank del dolo directo hipotético (fórmula I) cuya absoluta inutilidad está a la vista, o se llega a la teoría de la representación: hay dolo siempre que el autor actúe a pesar de considerar posible el resultado; más brevemente: hay que rechazar la teoría del consentimiento. Ésta no puede decir nunca de qué modo se puede saber si el autor llegó a la tan deseada 'aprobación' del resultado" (Sancinetti, *Teoría del delito y disvalor de acción*, p. 167).

26 Sancinetti dice al respecto: "La teoría de la representación satisface las exigencias del dolo en que el autor conozca la posibilidad de la producción del resultado. Esta misma teoría suele ser enunciada bajo el nombre de teoría de la probabilidad, con sólo agregar la condición de que el autor conozca la probabilidad de la producción del resultado. Dado que la posibilidad y la probabilidad de un suceso, no son exactamente lo mismo, debería estar fuera de toda duda que no es legítimo identificar la fórmula de la (mera) representación, con la teoría de la probabilidad. Si un autor será partidario entonces, de la probabilidad o de la (mera) representación, dependerá de que exija un determinado grado de posibilidad

a) *Schröder y Schmidhäuser.* Ambos son partidarios de esta teoría. Al descartar todo elemento volitivo, consideran que la única culpa es la culpa inconsciente, lo que da como resultado que la culpa consciente debe ser tratada como dolo eventual. En esa línea, señala Schröder que "toda imprudencia es imprudencia inconsciente". Para Schmidhäuser "no se puede hablar de imprudencia consciente en el sentido en que se ha hecho hasta ahora, de modo que se habría de distinguir dolo e imprudencia totalmente como conocimiento y desconocimiento"[27]. Entiende este último que "existe dolo eventual cuando el autor tiene una consciencia insegura de la posibilidad concreta de la realización del tipo; tiene imprudencia (consciente) cuando se representa un peligro abstracto; éste es... el momento esencial de la imprudencia"[28].

b) *Zielinski.* Indica que el actuar con inseguridad es caracterizado como dolo eventual, únicamente cuando la inseguridad se refiere a consecuencias colaterales del hecho; al autor, en esa medida, no le interesa la realización del tipo. Si al autor no le interesa la realización del tipo considerada sólo posible, entonces, la previsión no segura debe ser imputada a título de dolo, sólo cuando el autor adopta adicionalmente una posición valorativa frente a la consecuencia del hecho considerada como posible, o bien, si no, la previsión, o el considerar dadas las circunstancias del hecho, alcanza un determinado grado de seguridad. En caso contrario, habría que clasificar esta forma de consciencia como imprudencia consciente. El dolo es decisión a favor de un proyecto de acción, en conocimiento de las modalidades típicamente relevantes y de las derivaciones de la acción: actuar en conocimiento del riesgo típico. Este concepto de dolo es, como elemento del ilícito, independiente de elementos de la culpabilidad. Por ello, en la delimita-

---

representado para hablar de dolo, o no. Fuera de esto, ambas posiciones tienen en común la preponderancia del elemento intelectual sobre el voluntario, es decir, su condición de ser conceptualmente opuestas a las teorías del consentimiento y de la motivación" (*Teoría del delito y disvalor de acción*, p. 155).

[27] Citados por Roxin, *Derecho penal. Parte general*, p. 433.

[28] Citado por Sancinetti, *Teoría del delito y disvalor de acción*, p. 198.

ción entre dolo eventual e imprudencia, hay que descartar todas las teorías que consideran la posición valorativa del autor frente al bien jurídico ("aprobar", "asumir", "resultar indiferente", etcétera). Lo *típico* no es el actuar que lesiona el bien jurídico, sino el *actuar que pone en peligro* a aquél. Si la conducta típica se caracteriza por el riesgo socialmente inadecuado para el bien jurídico, *el objeto del dolo* es, igualmente, *este riesgo*, y no la prevista lesión del bien jurídico como tal. Actúa dolosamente quien se decide a favor de su proyecto de acción, en conocimiento de un riesgo de esa índole.

De ello se desprende que cuando el autor no está seguro de la realización del tipo, considerándolo sólo posible, y crea con su actuar un *riesgo intolerable* para el bien jurídico, estamos en presencia del *dolo eventual*; cuando ese riesgo es *tolerable*, de *culpa con representación*. El límite entre ambos riesgos le compete a las teorías de la probabilidad.

Al momento del hecho es necesario que el autor haya tenido actualmente presente el pensar sobre sus consecuencias, a las que se arriesgaba por medio de su proyecto de acción. Si el peligro manifiesto es percibido vagamente, y no alcanza a entrar en la consciencia actual a consecuencia de distracción, esparcimiento, miedo, represión o indiferencia, este saber no puede llegar a ser rector de la acción; falta la consciencia del riesgo necesario para el dolo[29]. En consecuencia, en el caso del dolo eventual, el elemento volitivo es innecesario, porque quien conoce el peligro concreto de su acción y sabe lo que hace, ya obra con dolo, con el solo conocimiento de la posibilidad concreta de la realización del tipo[30].

c) *Sancinetti.* En este sentido, el autor sigue a Schröder, Schmidhäuser y Jakobs, para lo cual adscribe a la teoría de la

[29] Zielinski, *Dolo e imprudencia*, p. 83 a 90.

[30] TS La Rioja, 22/8/06, "Quinteros, Sergio R.", *LLOnline*, voto en disidencia del doctor Ávila. La Cámara en lo Criminal y Correccional condenó al imputado como autor del delito de homicidio simple, mediante dolo eventual, al haber colisionado con su auto a una moto, produciendo el deceso de su conductor, mientras manejaba a gran velocidad, huyendo luego del lugar. La defensa interpuso recurso de casación. El Superior Tribunal de Justicia -por mayoría- declaró la nulidad de la sentencia condenatoria.

probabilidad. El verdadero problema del dolo eventual tiene que ver con el tipo objetivo y no con el tipo subjetivo. Así, dice: "Allí donde uno identifique un peligro concreto a partir del cual la acción esté prohibida, habrá dolo *ya por el solo hecho de la representación*, y, a la inversa, si el riesgo está por debajo de eso, no habrá dolo aunque el autor desee realmente que se produzca el resultado. Por ello, la única causa real de exclusión del dolo es el *error*. Si el autor creía que el riesgo era remoto, o que no había riesgo, cuando sí había, en realidad, un riesgo ya alcanzado por la norma prohibitiva (o imperativa) entonces falta el dolo (error de tipo)". Por debajo de cierta probabilidad no existe un peligro prohibido por la norma, por lo que no puede haber dolo eventual (tampoco directo). Eso demuestra que la vaguedad o indeterminación que aparentemente afecta al límite entre dolo e imprudencia, no proviene propiamente del *tipo subjetivo*, sino de la construcción del *tipo objetivo*, es decir que el límite mínimo a partir del cual *la norma prohíbe la elevación del riesgo*, es un ámbito no determinado, siempre sujeto a interpretación. Si se resuelve que el riesgo admitido por el autor es ya un riesgo alcanzado por la norma, hay dolo. Un error del autor sobre el no estar alcanzado el riesgo por la norma, sería un error de prohibición. Si, en cambio, no se entra en ese marco *objetivo* de la prohibición, por encima del grado remoto de posibilidades, no se puede tener dolo –supuesto un conocimiento no equivocado de los elementos objetivos–. Y eso con independencia del carácter *directo o eventual* del dolo *aparente*.

Todo comportamiento que llegó a ser doloso pasó primero por el estadio de la imprudencia; cuando la ley penal castiga sólo el dolo para ciertas conductas, lo hace únicamente por una razón de política criminal que deja sin castigo aquellas que ponen en peligro el bien jurídico sólo de un modo lejano.

Para SANCINETTI, la diferencia entre dolo eventual y culpa consciente está dada fundamentalmente por la elevación del riesgo y el riesgo permitido. Cuando una acción genera un riesgo concreto pero dentro del marco permitido, ésta es atípica; la elevación del riesgo por encima del permitido hasta cierto porcentaje o probabilidad, se corresponde con la norma del delito imprudente; por encima de ese límite, la acción es dolosa[31].

Acorde con esta postura, debe sostenerse que comete el delito de homicidio simple, a título de dolo eventual, el miembro del Servicio Penitenciario Federal que disparó a un interno, mientras se daba a la fuga, confiando en la buena puntería que afirmó tener al disparar a las piernas del fugitivo. La bala ingresó en la región glútea afectando zonas vitales, pues en atención al calibre del arma de fuego utilizada, el acusado sin duda tuvo que prever la posibilidad del resultado letal más allá de su alegada y en los hechos desmentida aptitud para el tiro, dado que no podía ignorar que a una distancia de entre quince y veinte metros que mediaba entre él y el occiso, un mínimo desvío de la trayectoria podía ocasionar la muerte de la víctima[32].

d) *Jakobs*. Manifiesta que la actitud interna del autor respecto de cuanto se ha distanciado de la evitación de la consecuencia, ninguna importancia tiene en la delimitación entre dolo e imprudencia, es decir, que no hay que considerar si aprueba o no la producción de la consecuencia, si la asume con indiferencia, si la rechaza o incluso si la lamenta. Lo importante es lo que el individuo conozca. Si sabe que la conexión entre acción y consecuencia no es improbable, para él se deriva, si se guía por un motivo de evitación dominante, sin ulterior reflexión, la necesidad de omitir la acción; mientras que un autor que desconozca la conexión entre acción y consecuencia puede poner en duda el sentido de la omisión. Importa el conocimiento de que no es improbable la realización del tipo. En este conocimiento, se debe tratar de un juicio válido para el autor; no basta el mero pensar en la posibilidad del resultado, pues

[31] Sancinetti, *Teoría del delito y disvalor de acción*, p. 197 a 210.

[32] TOral Crim nº 13, 19/5/04, "Giménez, Jesús P.", *LL*, 2004-F-669. En otro fallo se decidió: "Corresponde condenar como autor del delito de homicidio a título de dolo eventual, al policía que disparó su arma reglamentaria contra varios manifestantes sin que se haya demostrado que hubiera hecho puntería y disparado directamente contra la víctima, toda vez que el autor se representó la posibilidad que el resultado disvalioso se produjera" (C1ªCrim Paraná, Sala I, 16/5/03, "Martínez, Silvio", *LLLitoral*, 2003-1213).

sólo con un conocimiento que se presente al autor como causante del resultado según la experiencia válida, y no especulativamente o por una excesiva escrupulosidad imaginativa, podría surtir efecto el motivo de evitación directamente, es decir, sin necesidad de ulterior reflexión. Así pues, quien no ha decidido entre la representación del peligro y la esperanza de que la acción se desarrollará sin secuelas, tampoco ha decidido que el resultado no sea improbable. Naturalmente, para tal decisión no se requiere que el autor la adopte inmutablemente; éste puede saber que son modificables tanto su estado de conocimiento como los principios de asimilación del estado; lo relevante es el estado válido para el autor en el instante de la acción. *Concurrirá, pues, dolo eventual cuando en el momento de la acción el autor juzga que la realización del tipo no es improbable, como consecuencia de esa acción*. El mero *pensar en* u *ocurrirse*, sin cualidades de juicio, puede denominarse, si se quiere, imprudencia consciente; sin embargo, ha de tenerse en cuenta que la consciencia en este tipo de imprudencia ya en su contenido, no se corresponde con el conocimiento de las consecuencias propias del dolo[33].

Por tanto, su postulado, aplicado al ejemplo de la muchacha de la caseta al que aludimos anteriormente, lo resuelve de la siguiente manera: quien dispara actúa con dolo de lesiones, si se da cuenta que su accionar puede concluir en la lesión, sin requerirse procesos ulteriores o estados de

[33] Jakobs, *Derecho penal. Parte general. Fundamentos y teoría de la imputación*, p. 326 y 327. "Corresponde condenar por homicidio simple con dolo eventual a quien guiando un vehículo a una velocidad excesiva y con una intoxicación alcohólica, provocó un accidente de tránsito, toda vez que conforme la experiencia conductiva del imputado –en el caso, más de veinte años conduciendo camiones–, debió representarse como posible y probable tal resultado" (CCrim nº 1 Trelew, 6/3/02, "Wenner, Francisco A.", *LL*, 2002-B-547, y *DJ*, 2002-1-916). "Si bien debe descartarse que el autor haya actuado con dolo directo, el conocimiento de su parte del conjunto de circunstancias que tornaba peligrosa su conducta permiten establecer a su respecto la representación de la posibilidad cierta de la muerte, lo cual no resultó freno suficiente para su proceder, asumiendo el riesgo de su actitud, por lo cual su quehacer encuadra en el dolo eventual y por lo tanto en la norma del art. 79 del Cód. Penal" (CCrim Santa Rosa, 6/3/79, "Vigna, Walter R.", *RepLL*, 1980-1231, nº 5, voto en minoría del doctor Caligaris).

ninguna clase; el esfuerzo por evitar el resultado no basta para impedir el dolo.

De todos modos, JAKOBS considera que existe un límite inferior de la probabilidad, que depende de la importancia del bien afectado y de la intensidad del riesgo. Este límite se determina mediante la relevancia del riesgo percibido para la decisión. Por debajo de ese límite no hay dolo, pudiendo –claro– haber culpa. La importancia del bien se evalúa objetivamente, sin tener en cuenta la estimación subjetiva del autor. Una situación similar sucede respecto de la determinación de la magnitud del riesgo, que se hace conforme al juicio jurídico y no al individual. "Quien en la circulación rodada –en conocimiento actual del riesgo de resultado– sobrepasa moderadamente la velocidad máxima o se acerca a menor distancia de la seguridad, etc., a pesar de su conocimiento, sólo tiene dolo de un tipo de puesta en peligro abstracto; sin embargo, quien adelanta antes de un cambio de rasante en una carretera estrecha, o quien a ciegas se salta un semáforo en rojo, tiene dolo de lesión; tales situaciones se sienten a menudo incluso como críticas"[34].

e) *GIMBERNAT ORDEIG.* El autor expresa que el rechazo a la teoría del consentimiento no significa adoptar per se la teoría de la probabilidad, la que trata de justificar a partir de una concepción de dolo que prescinde del elemento voluntario. Para éste, es difícil ver voluntad –a pesar de la unanimidad en castigar como dolosos– en el denominado dolo directo de segundo grado. Por ello, cita el siguiente ejemplo de ENGISCH, quien expresa: "Si alguien mata a un padre de familia porque le ha injuriado, seguro que aquél contestará a la pregunta de si ha querido hacer desgraciada a su familia, que no, que él sólo se ha querido vengar y que la familia le da lástima; cierto que ha sabido que ésta lo iba a sentir mucho, que ha prescindido de ello, pero no lo ha querido". Desde un punto de vista jurídico-penal, pese a no haberse "querido", el pesar de la familia se obtiene con dolo directo de segundo grado, pues se sabía que era una consecuencia de aquello que el autor persiguió

[34] JAKOBS, *Derecho penal. Parte general. Fundamentos y teoría de la imputación*, p. 335.

en forma directa (la muerte del padre de familia). De eso concluye en que puede haber dolo directo de segundo grado sin voluntad[35].

La mayoría de las veces no se puede determinar si los resultados no deseados van o no unidos al resultado perseguido. En el ejemplo del terrorista que pone la bomba para matar al ministro, y en el coche viajan el chofer y la esposa del ministro, se pregunta: "¿Es que si se producen las muertes de las dos personas que acompañaban en el vehículo al político vamos a afirmar la existencia de dolo sólo si las consideró necesariamente unidas al fin perseguido, y vamos a negar el dolo respecto de esas otras dos muertes no deseadas en el momento en que comprobemos que la vinculación no le parecía necesaria y que calculó que *sólo* había novecientas noventa y nueve probabilidades entre mil de que perdieran la vida? ¿Es que el autor puede exigir que se le condene sólo por imprudencia por las muertes del chofer y de la esposa del político si consigue demostrar que es un incorregible optimista, que había tenido en cuenta esa única probabilidad entre mil, y que no habría actuado si hubiese tenido la absoluta certeza de que además del político iban a perecer también los dos acompañantes"?.

Si la aprobación del resultado no desempeña ningún papel en los casos de dolo directo de segundo grado (muerte del padre de familia), ni en los que se considera sumamente probable que el resultado querido traiga consigo otros no queridos (caso del terrorista), no existe ninguna razón por la cual esa aprobación desempeñe un papel decisivo en el dolo eventual. Así, si en el dolo directo de se-

[35] GIMBERNAT ORDEIG, *Acerca del dolo eventual*, "Nuevo Pensamiento Penal", 1972-375. Cita a ONECA cuando señala: "Siguiendo a la concepción alemana, se ha pretendido que el Código español, al llamar atención al dolo, deja fuera de él los resultados previstos como eventuales, aunque sean aceptados por la voluntad, dándose entonces la imprudencia temeraria. Pero aceptada esta tesis, no podríamos detenernos aquí y habríamos de excluir también los resultados necesariamente unidos al que entraba en el propósito del agente, pues tampoco ellos determinaron su conducta y no son intencionales en el sentido estricto de la palabra. Este concepto de dolo sería demasiado estrecho y contrario a las exigencias tanto de la justicia como de la defensa social" (*Derecho penal. Parte general*, p. 206).

gundo grado no se requiere voluntad, en sentido estricto, respecto del resultado, no existe motivo alguno por el que haya de exigirla en el dolo eventual. En conclusión, por la grave reprochabilidad del comportamiento, deben imputarse como dolosas las consecuencias que el sujeto estimó que con suma probabilidad irían vinculadas al resultado perseguido. Esta conducta no puede desaparecer porque el sujeto diga que, si en lugar del 99% de probabilidad hubiera un 100%, no hubiera actuado[36].

f) *Sauer*. Se declara partidario de esta teoría por concebir al dolo como un elemento de la culpabilidad y no como un tipo de ella, es decir, como manifestación que acompaña al querer culpable, no como querer mismo. El reproche de culpabilidad se dirige sólo contra el querer y no contra el saber, pues el juez sólo suele y puede determinar el saber, pero no la voluntad. En el hurto, por ejemplo, se logrará sólo la determinación de que el autor ha conocido la apropiación de una cosa ajena, no que la ha querido. Que la cosa está en el patrimonio ajeno puede sólo saberlo el autor, no quererlo. La teoría de la voluntad falla en la culpa y en el dolo eventual; sugiere la confusión de dolo e intención (esto es, precisamente, voluntad). Tiende a construcciones forzadas, sin fuerza vital, sólo para salvar la concepción de la culpabilidad, que ésta ha determinado defectuosamente en el concepto general de culpabilidad y luego tiene que colocar de algún modo en el dolo; una falsa concepción de la culpabilidad se venga en el concepto del dolo[37].

[36] Gimbernat Ordeig, *Acerca del dolo eventual*, "Nuevo Pensamiento Penal", 1972-376 a 379.

[37] Sauer, *Derecho penal. Parte general*, p. 252 y 253. "Corresponde confirmar el procesamiento del imputado como autor del delito de homicidio simple por dolo eventual si la víctima falleció debido a la golpiza que le propinó junto a los demás consortes de causa –en el caso, además de golpes le tiraron con elementos contundentes, uno de los cuales impactó en la cabeza del damnificado–, pues al actuar como lo hizo, no pudo dejar de representarse que podría causarle la muerte" (CNCrimCorr, Sala VI, 22/12/03, "Alegre, Eduardo R.", *LLOnline*).

"Si la víctima es un sujeto octogenario, de constitución débil, no sólo por su edad, sino también por su físico esmirriado y con el menoscabo que en momento del hecho se encontraba presumiblemente ebrio y el

g) *Bacigalupo*. En el dolo eventual, las consecuencias de la acción que el autor no persigue intencionalmente son, al menos, *posibles*. Para el autor citado, la delimitación del dolo eventual requiere dejar de lado las teorías de la voluntad; en consecuencia, se obra con dolo eventual cuando quien actúa haya sabido que las consecuencias accesorias posibles de su acción no son improbables.

"Desde la perspectiva de este concepto de dolo resulta sumamente simple la distinción entre dolo y culpa. Las teorías tradicionales del dolo se planteaban este problema al delimitar el dolo eventual de la llamada culpa consciente o con representación, es decir, los casos en los que el autor obra teniendo conocimiento del peligro de su acción, pero confiando en que el resultado no se produciría. A partir de la concepción del dolo eventual como conocimiento de que el resultado no es improbable, sólo cabe admitir como culpa la inconsciente, es decir aquella en la que el autor no tuvo ese conocimiento"[38].

Así, la comisión del delito de homicidio se alcanza a configurar con dolo eventual, no requiriéndose que se haya planeado o que exista intención previa y directa de matar, sino que basta que las circunstancias lo lleven de un modo apto para producir el resultado mortal que debió ser previsible para el autor[39].

h) *Herzberg*. Sostenía que la solución a los problemas del dolo eventual no debía estar solamente en función de las representaciones del sujeto, sino también a partir de la calidad objetiva del riesgo creado. Por ello dice que "el

---

imputado en cambio, es una persona joven, de fuerte constitución física según pudo apreciar el tribunal en el debate, el sujeto activo que al aplicar el empellón tuvo innegable voluntad de obrar, aunque no exista la directa voluntad del resultado, debió necesariamente representarse la posibilidad de la caída de aquélla y la probabilidad de lesiones, como en realidad ocurrió. Tales circunstancias tipifican el dolo, necesario en el delito de lesiones aunque sea eventual (en el caso, lesiones graves –fractura, con más de sesenta días de inhabilitación para el trabajo– previstas en el art. 90 del Cód. Penal)" (CCrim Concordia, 19/4/78, "O., J.", *Zeus*, 1978- 15-178).

[38] Bacigalupo, *Derecho penal. Parte general*, p. 324.

[39] CPen Instruc Tucumán, 19/6/98, "V., M. A., y otro", *LLNOA*, 1999-357, voto en disidencia parcial de la doctora Jiménez.

dolo no depende de que el autor haya tomado en serio un peligro reconocido, sino de que haya reconocido un peligro a tomar en serio". Para él, dentro de los riesgos no permitidos se pueden distinguir dos modalidades: los peligros cubiertos (*absgeschirmte*) y los peligros descubiertos (*unabgeschirmte*). Estamos en presencia de un peligro cubierto, cuando la víctima puede reconocerlo y, prestando la debida atención, evitar la producción del resultado; o cuando el autor confía en que puede controlar el riesgo que crea, de modo de evitar el resultado. El peligro descubierto existe cuando no se hacen presentes fundamentos objetivos para que el autor pueda confiar racionalmente en la no realización del resultado (v.gr., el que duda sobre la edad de la víctima en los abusos sexuales o el que dispara contra alguien sin que éste tenga posibilidad alguna de evitar que la bala lo alcance). El peligro cubierto da lugar a imprudencia; el descubierto, a dolo. Sin embargo, sostiene que los riesgos descubiertos pero lejanos tampoco dan lugar a dolo, en la medida en que su realización respecto del resultado se considera un caso de auténtico infortunio. El conocimiento del peligro alcanza para afirmar el dolo en tanto el juicio para determinar la cuantía del riesgo es de naturaleza objetiva. Lo decisivo es *el conocer, no la fe*[40].

Conforme lo señalado, se entendió en un fallo que correspondería condenar como autor del delito de homicidio cometido con dolo eventual a quien mató a un amigo mientras jugaba a la "ruleta rusa", pues si bien el imputado no quería matar a la víctima, dadas las circunstancias que rodearon el hecho, conocía el riesgo, estaba consciente del peligro del objeto y pudo representarse intelectualmente el resultado[41].

i) *Puppe*. Destaca que debe ser el derecho, y no el autor, el competente para decidir sobre la relevancia jurídica del peligro de realización del tipo de que aquél es conscien-

[40] Herzberg, *Die Abgrenzung von Vorsatz und bewußter Fahrlässigkeit*, citado por Ragués, *Tres propuestas recientes en la histórica discusión sobre el dolo eventual*, "Cuadernos de Doctrina y Jurisprudencia", 1999, t. 9-A, p. 478 a 480.

[41] TS La Rioja, Sala A, Penal y Laboral, 27/9/07, "Najul Cabrera, Aduar A.", *LLGranCuyo*, 2008-35.

te. Considera que, ya en el plano objetivo, algunos peligros no son aptos para fundamentar la responsabilidad dolosa, pues el dolo no responde a una realidad psíquica, sino a una valoración normativa que parte del presupuesto de que ante ciertos hechos se entiende que alguien *quiso el resultado*. Siguiendo esta línea de pensamiento, refiere la existencia de *peligros (propios) de dolo y peligros (propios) de imprudencia*. Un peligro es propio de dolo cuando en sí expresa un método idóneo para la causación del resultado. Si bien *ese* método idóneo se determina objetivamente[42].

En consecuencia, se dictaminó que aparece como procedente condenar al imputado por el delito de homicidio en ocasión de robo cometido al intentar sustraer a la víctima cierta suma de dinero en la vía pública, por estricta aplicación del "favor rei" y atendiendo a sus explicaciones relativas a que no tuvo intención de matar, dado que a criterio del tribunal existen vehementes sospechas de que pudo mediar dolo eventual, debido a la avanzada edad de la víctima y lo contundente del elemento utilizado, circunstancias que tal vez pudieron ser tenidas en cuenta por el encausado como para prever el resultado que podía tener su accionar[43].

j) *Frisch*. Por su parte, procura brindar a la dogmática un nuevo fundamento para diferenciar al dolo eventual de la imprudencia. Para la configuración del dolo eventual alcanza con el conocimiento del riesgo no permitido. No es preciso, en consecuencia, elemento volitivo de ninguna naturaleza. Únicamente el conocimiento del riesgo justifica la más severa punición del dolo. "Quien se ha percatado de aquel riesgo propio de su conducta que convierte su conducta en prohibida y típica normalmente puede cumplir el mandato de la norma de no originar semejantes riesgos de forma sustancialmente más sencilla que la persona que precisamente no ha aprehendido aún esa peligrosi-

[42] Puppe, *Vorsatz und Zurechnung*, citado por Ragués, *Tres propuestas recientes en la histórica discusión sobre el dolo eventual*, "Cuadernos de Doctrina y Jurisprudencia", 1999, t. 9-A, p. 482 y 483.

[43] TOralCrim nº 4, 11/3/04, "Putallaz, Hugo A.", *LL*, 2004-D-587.

dad amenazante. Quien adopta una decisión de actuar siendo consciente del riesgo típico tomaría por tanto una decisión en contra del bien jurídico. No obstante, esta decisión fundamentadora del dolo presupondría que el sujeto también vea las cosas así por sí mismo. Cuando, tras representarse un peligro concreto, se dice que por esta o la otra razón no puede pasar nada, se decidiría por una conducta (subjetivamente) no peligrosa y no actuaría dolosamente". Por tanto, Frisch también pretende excluir el dolo, pese a existir una representación del peligro, "cuando el sujeto confía en un desenlace airoso". Consecuentemente opina además que, entre "las concepciones presentadas actualmente, la delimitación más útil del dolo la sigue ofreciendo la concepción que exige para el dolo un... tomarse en serio el peligro"[44].

Así, corresponde condenar por homicidio simple, con dolo eventual, a quien retorna al escenario en el cual había participado de una altercado previo con la víctima –en el caso, la madre de su ex novia–, amenaza a ésta de muerte y le dispara, puesto que si bien el imputado pudo no querer el resultado de muerte, aquél no fue el producto de un obrar imprudente sino de una voluntad dirigida a una probabilidad que sabía que podía provocar la muerte de la víctima, a pesar de lo cual continuó con la acción[45].

k) *Críticas.* Son importantes las que siguen.

1) *Herzberg.* Si bien se adhiere a la teoría de la representación, también se mostró crítico respecto de muchos de

[44] Frisch, *Dolo y riesgo*, citado por Roxin, *Derecho penal. Parte general*, t. I, p. 439 y 440.

[45] CCrim nº 1 Corrientes, 3/3/04, "Romero, Víctor J.", *LLLitoral*, 2004-636. "Corresponde confirmar la resolución por la cual se condena al imputado por el delito de homicidio simple, al haber golpeado a un menor de dieciséis meses produciéndole la muerte, si se constató que el niño había sido maltratado con anterioridad, pues no se está ante la hipótesis de que el imputado sólo alcanzó a representarse y consentir un daño o lesión leve como corolario de su actuación –en el caso, se consideró que medió dolo eventual y que debía desecharse la calificación de homicidio preterintencional–, sino que, por el contrario, se trata de un pegador receloso del hijo de su concubina, desplegando una agresión idónea y razonable para causar la muerte del infante, representándose cabalmente el resultado letal" (CPenal Rosario, Sala II, 5/4/06, "López, Miguel A.", *LLLitoral*, 2006-824).

sus exponentes. Considera que construyen la definición de dolo a partir de la representación del sujeto, pero en determinados casos, aunque se cumpla dicha representación, no parecen muy dispuestos a reconocer una realización dolosa, por lo que recurren a mecanismos de tan dudosa exigencia como la "eliminación mental de la representación del riesgo" o el "tomar dicho riesgo a la ligera". Así, cuando se encuentran con riesgos de escasa entidad muestran una clara predisposición a negar el dolo, mientras que si el riesgo es elevado tienden de un modo casi inmediato a afirmarlo[46].

2) *Rodríguez Montañés.* En posición crítica a la teoría de la representación, sostiene que desde los planteamientos de una teoría estrictamente cognitiva del dolo, que prescinde del elemento volitivo y lo reduce al conocimiento del riesgo típico o de la posibilidad de lesión, la única conclusión coherente es la identificación del dolo de peligro, el dolo eventual de lesión y la imprudencia consciente, lo que conlleva una excesiva ampliación del ámbito del dolo y, por tanto, de la responsabilidad penal. Por otra parte, acarrea la confusión de delitos de lesión y de peligro y la práctica inaplicabilidad de estos últimos, pues toda puesta en peligro de la vida o la integridad implicaría ya una tentativa de homicidio o lesiones[47].

3) *Zugaldía Espinar.* En coincidencia con Muñoz Conde y Bacigalupo, realiza dos críticas. La primera radica en que la teoría de la representación considera fundamental, para afirmar el dolo eventual, que el autor haya tomado la decisión de realizar un hecho que implique la lesión de un bien jurídico, pero resulta que la representación de la probabilidad de realización del tipo no es suficiente para acreditar esa decisión cuando el autor, aunque sea de un modo temerario y a pesar de la representación de la probabilidad, piensa que el resultado, de todos modos, no se producirá.

46 Herzberg, *Die Abgrenzung von Vorsatz und bewußter Fahrlässigkeit*, p. 482.

47 Rodríguez Montañés, *Delitos de peligro, dolo e imprudencia*, p. 70, citado por De la Fuente, *El concepto de dolo eventual en la doctrina y jurisprudencia del Tribunal Supremo de España*, "Cuadernos de Doctrina y Jurisprudencia Penal", 2000, t. 10-B, p. 556 y 557.

La segunda se funda en que resulta poco convincente el resultado a que conduce esta teoría, cuando el autor consigue el resultado que desea obtener con medios que hacen sumamente difícil alcanzarlo. En el ejemplo del mal tirador que, apuntando mal, decide dar muerte a una persona que se encuentra muy lejos, da en el blanco y la mata, la teoría de la representación debería condenarlo por culpa[48].

4) *Díaz Pita.* Se apropia de las ideas de Schroth, cuando sostiene que en una sociedad como la nuestra, en la que múltiples formas de actuaciones que pueden suponer un riesgo para los bienes jurídicos protegidos, no sólo están permitidas sino que, en parte, son actuaciones que se esperan de los individuos, la mera representación de la posibilidad de que las circunstancias constitutivas de un injusto penal se realicen no fundamenta una responsabilidad más grave, pues los elementos constitutivos del injusto todavía no están a disposición del sujeto como una contramotivación, cuando éste se los ha representado como posibles. Las representaciones de la posibilidad de producción de los elementos constitutivos de un injusto penal son un fenómeno demasiado frecuente y demasiado cotidiano como para ser la esencia del dolo eventual[49].

5) *Mir Puig.* Puntualiza que a la teoría de la probabilidad le resulta difícil decidir entre dolo eventual o culpa con representación, en los casos en los que la probabilidad advertida no es ni muy elevada ni muy pequeña. Es imposible cuantificar los porcentajes de posibilidad, y aunque no fuere así, no existe razón alguna para determinar una cifra que limite el dolo eventual con la culpa. Además, para afirmar la existencia de dolo, no alcanza con acreditar el *conocimiento* de la peligrosidad de una acción, pues hay que probar además la concurrencia de una verdadera vo-

[48] Zugaldía Espinar, *La demarcación entre el dolo y la culpa: el problema de dolo eventual,* "Anuario de Derecho Penal y Ciencias Penales", 1986, t. 39, nº 2, p. 397.

[49] Díaz Pita, *El dolo eventual,* p. 103, citado por De la Fuente, *El concepto de dolo eventual en la doctrina y en la jurisprudencia del Tribunal Supremo de España,* "Cuaderno de Doctrina y Jurisprudencia Penal", 2000, t. 10-B, p. 555.

luntad. El conocimiento referido también está presente en la culpa consciente[50].

6) *Mezger*. Para este autor, la teoría de la probabilidad fracasa teniendo en cuenta que, por un lado, algo considerado como *muy probable*, puede a veces no ser *querido*. Por ejemplo, la muerte del paciente en una operación muy compleja, que el médico evaluó como el único recurso para tratar de salvarle la vida. Por otro, se puede aspirar a algo que se estima *improbable*, y que, sin embargo, sea *querido*. Por ejemplo, quien desea conseguir una ganancia determinada con su estafa y piensa que la víctima puede darle aún más que lo esperado en un principio, ese plus y el mayor perjuicio causado en el patrimonio de la víctima, son *eventualmente queridos*. Todo ello pone de manifiesto que lo decisivo no es la representación, sino la voluntad[51].

7) *Bustos Ramírez*. Los autores que sostienen la probabilidad como criterio para diferenciar al dolo eventual de la culpa, lo hacen en realidad sobre la base de la *representación subjetiva de la probabilidad del autor*, con lo que, esta vez a nivel del injusto, todo se hace radicar en una posición emocional del autor, dependiendo en última instancia de sus características personales. La teoría de la probabilidad impide diferenciar el dolo eventual de la culpa consciente, pues ésta es absorbida por aquél, resultando que sólo es culpa la inconsciente. Para impedir las críticas al concepto como tal y al aspecto subjetivo emocional que llevaría consigo, muchos autores hablan simplemente de la *conciencia de la posibilidad* –que no puede igualarse a la coconciencia–, con lo cual se acentúan aún más las consideraciones anteriores, en cuanto a absorber dentro del dolo a la culpa consciente. Estas posiciones deben llegar a crear una tercera categoría de relación subjetiva con el hecho, a saber: la primera sería el dolo (= intención), la segunda la conciencia o saber (dolo eventual y culpa consciente) y la tercera la culpa (reducida sólo a la culpa inconsciente); o bien, a modificar el concepto de dolo, fundamentándolo sólo en la conciencia. En definitiva, no se juzgará la responsa-

[50] Mir Puig, *Derecho penal. Parte general*, p. 268.

[51] Mezger, *Derecho penal. Parte general*, p. 232.

bilidad por el hecho, sino la *mala conciencia al actuar* o, lo que es lo mismo, tipos de autor. Esto lleva a contradicciones inevitables, como que el más desconsiderado e irreflexivo en su actuar es premiado, pues sólo actuará con culpa inconsciente[52].

8) *Feijóo Sánchez*. Este autor español precisa que la probabilidad de producción del resultado no es lo que determina el alcance del tipo, sino los criterios normativos extraídos de una interpretación teleológica de los diversos tipos de la parte especial. Por esa razón, las teorías de la probabilidad deben ser rechazadas. Estas teorías no tienen un criterio que sirva para determinar entre dolo e imprudencia, bien sobre la base de la distinción entre conceptos tan poco claros como probabilidad y posibilidad, o bien mediante la determinación de un porcentaje cualquiera, indeterminable en la práctica. Una teoría de orígenes tan remotos todavía no ha podido ofrecer unas pautas con un mínimo de concreción, para delimitar la imputación a título de dolo de la imputación a título de imprudencia. Sólo ofrece fórmulas vacías, manejables para cualquier tipo de solución y que no presentan al juzgador pautas objetivas concretas que posibiliten una distinción materialmente aceptable o segura como mínimo. Además, las teorías de la probabilidad operan sobre datos ficticios: los seres humanos no toman decisiones cotidianas sobre la base de un cálculo matemático de probabilidades. Si alguien no sabe si la pistola que tiene en la mano está cargada o no, pero dispara contra una persona, carece de sentido plantearse, para calificar la conducta como dolosa o culposa, en qué porcentaje el autor había asumido que la pistola estaba cargada. Hay que reconocer que no le falta la razón a esta teoría -y en ello se han escudado siempre sus partidarios- cuando la probabilidad de lesión no sólo es alta sino también evidente, por lo que el autor no tiene ninguna posibilidad de escudarse en un conocimiento erróneo de la realidad. Pero esta teoría no es válida para las demás situaciones.

52 Bustos Ramírez, *Política criminal y dolo eventual*, en "Control social y sistema penal", p. 243.

La gran virtud de las teorías de la probabilidad ha residido en su carácter crítico con los aspectos puramente volitivos o emotivos, como parámetros determinantes para la imputación a título de dolo. Pero a partir de esas críticas es preciso desarrollar una alternativa que no se puede construir desde las teorías de la probabilidad[53].

§ 16. ***Teoría de la indiferencia, del sentimiento o de la motivación.*** – Basan la existencia del dolo eventual en la actitud interna del autor, que aprueba interiormente el resultado posible o se muestra indiferente frente a él.

a) *Soler.* Si bien en algunos pasajes se muestra un poco ambiguo (pareciera seducido por la teoría de la voluntad al alabar a Frank, y por la teoría de la representación al señalar que la cuestión a resolver es la de saber cuándo son queridos aquellos resultados que solamente se presentan al sujeto *como posibles o probables* en el momento de la acción, *y no como necesarios efectos* de ella), resulta indudable que adhirió a la teoría de la motivación. Nos dice que, en el ejemplo del automovilista que apuesta una suma de dinero, habrá que descartar el dolo eventual si el corredor actuó por simple vanidad deportiva. Agrega: "Ello pone en claro que el juicio no resulta prácticamente completo con el procedimiento de la citada fórmula –se refiere a la fórmula hipotética de Frank– y que para decidir, es necesario llegar a un complejo de hechos psíquicos, por los cuales determinamos la *actitud real del autor ante la probabilidad del evento*, más que su *actitud hipotética ante la suposición de la necesidad* de éste. Es en este punto que aparece justificada la designación de Mayer: teoría de la motivación, pues en ella se hace referencia a la situación subjetiva real. Esa situación subjetiva real ante la posibilidad del resultado, en el caso del dolo eventual, es la de *indiferencia*"[54].

[53] Feijóo Sánchez, *El dolo eventual*, p. 91 y 93.

[54] Soler, *Derecho penal argentino*, t. 2, p. 114 y siguientes. "Descartada la intención –directa o de primer grado– homicida, para que al ejecutor de la muerte de otra persona –en el caso, se calificó de homicidio simple el hecho de que el imputado persiguiera a dos personas que sustrajeron una motocicleta del edificio donde habitaba, disparándole al auto en el que

b) *Núñez*. En el dolo eventual, el autor se limita a tomar a su cargo lo que por presentarse como probable puede, frente a su conciencia, eventualmente ocurrir. El resultado que en la mente del autor aparece sólo *eventualmente* ligado al objeto de su querer, no está en el ámbito de ese querer. Es necesario que se lo haya *representado* el agente. No alcanza para imputar la forma dolosa que el delito se le presente al autor como posible. Sólo cuando la representación deja de ser incierta o lejana, para pasar a ser verosímil o fundada, y quien actúa opta entre abstenerse y correr el riesgo, se hace presente el dolo. Por consiguiente, ya no es el *querer* del autor el núcleo de la voluntad delictiva. El querer es sustituido por otra posición afectiva del autor, frente a la conciencia del eventual delito. Pero el autor que no quiere el delito sólo obra con dolo frente a esa eventualidad, si se decide a cometer la acción no por simple ligereza, sino en un *estado anímico delictivamente reprobable*. El *ánimo reprobable*, que constituye el punto de apoyo del dolo ante la eventualidad del resultado, no puede ser el querer del delito, porque entonces se trataría de un dolo directo. El ánimo reprobable caracterizante del dolo eventual puede ser ya el simple estado anímico de la sola indiferencia ante la representación de la probabilidad de que ocurra el delito, como el de la indiferencia *con fines*

éstos viajaban, hasta impactar en uno de ellos, que luego falleció– pueda imputársele a título de homicidio simple por dolo eventual, es menester que concurran los siguientes elementos: previsionalidad de la muerte de la víctima, representación de la eventualidad de la muerte por parte del autor, asentimiento o indiferencia del autor respecto de la probabilidad del resultado" (CNCrimCorr, Sala VI, 23/12/03, "Ranno, Carlos A.", *LLOnline*, voto del doctor González Palazzo). "El elemento subjetivo del delito de homicidio no sólo se satisface con la verificación del agente de una voluntad realizadora directamente encaminada a la producción del resultado mortal –dolo directo–, sino también cuando ese resultado es una consecuencia necesaria de los medios elegidos –dolo indirecto–, o cuando la acción agresiva hacia la integridad física de la víctima –en el caso, los imputados adujeron que al efectuar los disparos no tenían la intención de matar a la víctima– se manifiesta en una intención de dañar en la medida que sea abarcativa de una voluntad realizadora de cualquier resultado: muerte o lesión o porque el resultado mortal al representársele como probable, es aceptado con indiferencia por el autor al incluir esa probabilidad en la voluntad realizadora –dolo eventual–" (CPenal Rafaela, 11/4/02, "Sandoval, Raúl A.", *LL*, 2002-E-517).

egoístas o *malvados*. Pero la sustitución de la indiferencia ante la realización del delito por el deseo de que éste no suceda, no basta para excluir el dolo eventual si, a pesar de ese deseo, el autor prefiere correr el riesgo y, de esta manera, *asiente* implícitamente dirigir su acción hacia el delito. El dolo eventual también puede concurrir con un fin bueno en sí mismo, pero entonces, por regla, el dolo no se basará en la indiferencia del autor, sino en su asentimiento.

A ello agrega que no se le puede endilgar dolo a quien emprende la acción guiado por la esperanza de que el resultado no ocurrirá. Pero ello no implica *temeridad*, pues no es esperanza lo que se nos presenta como posible sin motivo o razón alguna para considerarlo de esa manera[55].

Así, en un fallo se decidió que cabe condenar, en consecuencia, como autor del delito de homicidio cometido con dolo eventual, a un policía que disparó contra un joven que había arrojado una piedra contra su vehículo, pues, visto que la muerte de la víctima era un efecto previsible de la conducta del imputado, debe concluirse que éste se representó la eventualidad del resultado y le fue indiferente la probabilidad de su producción[56].

[55] NÚÑEZ, *Derecho penal argentino. Parte general*, t. II, p. 58 a 60.

[56] C3ªCrimCorr La Rioja, 15/9/08, "Tello, Juan D., p.s.a.", *LLGranCuyo*, 2008-1073. "Comete el delito de homicidio, previsto en el art. 79 del Cód. Penal, aquel imputado que agredió a golpes de puño y puntapié a su madre adoptiva provocándole lesiones graves que desencadenaron en su muerte, pues si bien el autor pudo o no haber tenido intención directa o indirecta de matar, al agente le resultó indiferente que la víctima muera o no como consecuencia de su obrar, consintiendo al menos la eventualidad letal" (TOralCrim nº 25, 13/9/00, "Agreste, Jorge", *LL*, 2001-A-550). "Ha obrado con indiferencia y temeridad configurativas de dolo eventual quien, guiando su rodado con intoxicación alcohólica, colisionó con otro vehículo que se hallaba detenido aguardando la habilitación para doblar, provocando con ello la muerte de una de las personas que viajaban en él, toda vez que el embistente conducía a excesiva velocidad e incontrolable acción de manejo por una avenida de importante flujo vehicular cuya calzada se hallaba húmeda a causa del rocío, sin que hubiera intentado, en ningún momento, frenar su automóvil para evitar la producción del siniestro" (CNCrimCorr, Sala IV, 27/9/99, "Cañete, Sergio", *LL*, 1999-F-377, y *DJ*, 2000-1-670). "Corresponde calificar como homicidio simple el llevado a cabo con dolo eventual por quien, con absoluta indiferencia por lo que pudiera pasarle a la víctima, no desistió de su cometido criminal y, por ende, consintió voluntariamente la eventualidad del gravísimo resultado

c) *Engisch.* Desarrolló esta teoría señalando que hay que entender que hay dolo eventual cuando el sujeto da por buenas o recibe con indiferencia las consecuencias accesorias negativas meramente posibles, y no cuando considera indeseables esas consecuencias y tiene, por ello, la esperanza de que no se producirán[57].

d) *Cury.* Se manifiesta partidario de la teoría del consentimiento, pues destaca que la teoría hipotética de Frank fue mejorada por la segunda, que dio origen a la teoría positiva del consentimiento. No obstante ello, algunos pasa-

---

final" (CNCrimCorr, Sala V, 31/8/94, "Aguilar, Gabriel H.", *JA*, 1996-I-380). "La diferencia entre dolo eventual y la culpa consciente o con previsión radica, precisamente en que en ésta aunque también existe representación del evento posible, el autor obra con la esperanza de que el mismo no se produzca; en cambio, en aquél, la mente del autor se mueve dentro del ámbito de la duda o la indiferencia" (CPenCorr San Juan, 18/4/94, "F. F., G. A.", *RepLL*, 1995-1111, nº 12).

"El criterio que sostiene que existe dolo eventual cuando la certeza del resultado no hubiera hecho desistir al sujeto no es unánime en doctrina y –lo que más importa– del sistema legal integrado por los arts. 34, incs. 1º y 2º, 79 y 84 (por sus efectos limitadores, mediante especialidad, de la figura del art. 79), y ss., del Cód. Penal no resulta que del ámbito del art. 79 deba excluirse la aplicación de la fórmula de Núñez, sobre quien *voluntariamente dirigió su acción hacia el delito*, criterio que incluye en el campo del *homicidio simple* casos que en función de la primera fórmula podrían pertenecer al art. 84" (SCBA, 7/6/91, "Gómez, Oscar", *DJBA*, 147-3863).

57 Engisch, *Untersuchungen uber Vorsatz und Fahrlässigkeit im Strafrecht (Untersuchungen)*, citado por Roxin, *Derecho penal. Parte general*, t. I, p. 432. "Los golpes que propinó la imputada a la menor bajo su guarda, por su diversidad e intensidad, sin que interesara la debilidad propia de una criatura de tres años, constituye la prueba más acabada del dolo eventual en el delito de homicidio simple, pues las connotaciones del castigo muestran que la inculpada aceptó con menosprecio e indiferencia la producción de la muerte de la menor" (CGarPenal Morón, Sala II, 23/11/99, "Lazo, Rosa del Valle, y otro", *LLBA*, 2000-1365). "Si alguien persiste 'por un tiempo bastante prolongado' en circular por el centro de la ruta –como lo hizo el imputado en el caso– y resulta indubitable del relato de los testigos, particularmente de las circunstancias temporo espaciales referida por uno de ellos, es evidente la conducta de indiferencia en el resultado causal que efectivamente produjo el procesado –muerte de varias personas y otras con heridas graves– luego de perturbar peligrosamente el tránsito en la ruta y ante las señales lumínicas de advertencia de otros automotores" (CApel Noreste Chubut, Sala B, 2/6/98, "Ouvrard, Pablo", *LL*, 1998-D-821, y *DJ*, 1998-3-852).

jes de su pensamiento muestran que, en realidad, es partidario de la teoría de la motivación. En efecto, dice que lo que la teoría positiva del consentimiento exige es que se resuelva sobre una situación real. Hay que saber si en el caso concreto el autor se representó la consecuencia *sólo como posible*; y se afirma que ocurrió así cuando, enfrentado a la posibilidad, observó una actitud *real de indiferencia*, se conformó *realmente* con la idea de que el resultado eventualmente se produjese, se resignó, *en realidad*, a que ocurriera tal cosa, si es que sucedía[58]. Así, se entendió que el homicidio es cometido con dolo eventual cuando la muerte es una consecuencia previsible, el autor del hecho se ha representado la eventualidad del resultado letal y, no obstante ello, se coloca en una actitud indiferente frente a la probabilidad de su producción[59].

[58] CURY, *Contribución al debate acerca del dolo eventual*, "Nuevo Pensamiento Penal", 1975-153. SANCINETTI también es de la opinión de que CURY adhiere a la teoría de la motivación (*Teoría del delito y disvalor de acción*, p. 169).

[59] TOral Crim nº 14, 7/2/08, "Llamas, Luis A.", *LLOnline*. "Cabe condenar como autor del delito de homicidio simple cometido con dolo eventual a quien disparó en forma reiterada hacia donde se encontraban reunidas varias personas, hiriendo fatalmente a una de ellas por cuanto, dicho proceder revela el desprecio o indiferencia hacia la producción del resultado muerte" (SC Mendoza, 24/4/06, "Tribiño Bonilla, Gastón G., y otro", *LL*, 2006-E-621). "Comete el delito de homicidio simple, mediante dolo eventual, el imputado que atropelló a cuatro personas en la calle con su auto, arrastrando a una unos metros por haberse quedado enganchada a aquél y que le produjo la muerte a una de ellas, si condujo su automóvil a ciegas, a alta velocidad, por un lugar densamente poblado y una calle habitualmente transitada por peatones, de noche y con abundante lluvia pues no sólo sabe que puede matar sino que muestra, también un desprecio por la vida ajena que explica llanamente su indiferencia ante la posibilidad de un resultado como fue la muerte (CGarPenal Quilmes, Sala I, 26/6/01, "Soto, Diego G.", *LLBA*, 2002-119). "Actúa con dolo eventual el autor cuando se representa como probable la consecuencia lesiva de su accionar y a pesar de ello no desiste del mismo –en el caso se tuvo en cuenta que los agentes, funcionarios del servicio penitenciario, por la instrucción teórica y práctica recibida sobre el manejo de armas y por efectuar prácticas de tiro en forma anual no podían ignorar el efecto destructor del tipo de arma utilizada para reprimir el motín– resultándole entonces indiferente que se produzca o no la muerte de una persona" (TOralCrimFed nº 1 Córdoba, 9/5/00, "Ferro, Luis A., y otro", *LLC*, 2001-381). "Comete el delito de homicidio con dolo eventual quien electrifica el alambrado

e) *Críticas.* Vale señalar las siguientes.

1) *Zugaldía Espinar.* Sostiene que, contrariamente a lo que postula la teoría del sentimiento, lo decisivo para delimitar el dolo de la imprudencia en el ámbito del injusto es el resultado de la toma de posición. La graduación de dolo o imprudencia depende de la entidad de la decisión, no de la clase de sentimientos que experimente el autor[60].

2) *Sancinetti.* Para este autor, debería estar fuera de toda duda que la teoría del sentimiento enjuicia la personalidad del autor o al menos de su hecho, según cánones de *prejuicios espirituales* sobre su buena o mala formación de voluntad. "¿Qué hacer si el coautor *A* no tiene el mismo egoísmo que el coautor *B*, sino que, quizá actúa por compasión? ¿Actúan uno dolosa y el otro culposamente? Se puede imputar al *egoísta* la parte del plan que hizo el *no egoísta*, o esta imputación fracasa, a pesar de la división de funciones, por el hecho de que la imputación recíproca de la coautoría requiera, según la teoría dominante, un comportamiento plurilateralmente doloso".

También critica a Núñez, cuando éste hace depender el dolo eventual de la *indiferencia con fines egoístas y malvados*, al referir que quien mata acompañado de un sentimiento noble también actúa con dolo[61].

---

que rodea su propiedad y como consecuencia de ello se produce la muerte de aquel que intentaba transponerlo al recibir una descarga eléctrica. Ello así, pues es necesario tener presente que es de conocimiento entendido y notorio, lo atinente a la peligrosidad que implica el empleo del fluido eléctrico, aún mayor, obviamente, si quien coloca los cables para electrificar un tejido separatorio es técnico o práctico en esa materia, lo que hace razonable y lógico pensar que el autor debió sopesar y tener en mente la factibilidad de que ocurriera e inclusive que lo fuera con varias personas. El ánimo probable que constituye el punto de apoyo del dolo ante la eventualidad del resultado, no puede ser el querer del delito, porque, entonces, se trataría de un dolo directo. El ánimo reprobable caracterizante del dolo eventual, puede ser ya el simple estado anímico de la sola indiferencia ante la representación de la probabilidad de que ocurra el delito" (ST Entre Ríos, 24/3/86, "T., E. C.", *LL*, 1986-D-661).

60 Zugaldía Espinar, *La demarcación entre el dolo y la culpa: el problema de dolo eventual*, "Anuario de Derecho Penal y Ciencias Penales", serie 1, nº 3, p. 398.

61 Sancinetti, *Teoría del delito y disvalor de acción*, p. 170 y 171.

3) *Malamud Goti.* Destaca que la teoría de la motivación encuentra dos escollos insalvables. El primero es que resulta imposible elevar la *aprobación del resultado* a elemento general del dolo, porque ello significa limitar la voluntad de realización cuando no media dicho consentimiento. El segundo radica en la vinculación existente entre el *asentimiento o aprobación* y la actitud del agente frente al derecho, que no guarda ninguna relación con el concepto de dolo[62].

4) *Bustos Ramírez.* Considera que la teoría del sentimiento se basa en la indiferencia del sujeto frente a la posibilidad delictiva, lo que deja abierto el camino para que la práctica judicial manifieste que indiferente es el *mal ciudadano* y no el *buen ciudadano.* En definitiva, se cae en un derecho penal de autor[63].

62 "En relación a la primera cuestión cabe acudir a las semejanzas entre el dolo eventual y el directo (de segundo grado). ¿Son en la hipótesis del segundo *consentidas o ratificadas* las consecuencias indeseadas tenidas como de segura producción por el agente? En otros términos ¿asiente el beneficiario de un seguro la muerte de una anciana inválida que él quiere pero que sabe no podrá escapar del incendio que él ha provocado? Si se desecha que dicho resultado de muerte sea consentido podrá negarse sin más relevancia a la *aprobación* como integrante del dolo, y por lo tanto, a cualquier teoría que pretenda fundar en ella los alcances del mismo.

Si por el contrario se admite la existencia de un *asentimiento* por parte del autor en el ejemplo propuesto, dicho asentimiento podrá sólo fundarse en el conocimiento del agente de la segura producción del resultado, pues no existe respecto del evento ningún otro aspecto que permita afirmar un querer. ¿De qué manera podrá entonces extenderse dicha *aprobación* a las consecuencias sólo posibles del obrar? De esta forma la teoría se vería en la alternativa de afirmar que todo lo previsto como posible es *aprobado* por la sola circunstancia de haber sido tenido en cuenta por el autor desplazando toda hipótesis de culpa con previsión, o bien hacer depender dicha *aprobación* del grado de probabilidad con que el evento fue anticipado en cuyo caso se dejaría paso a la doctrina de la probabilidad. Como contrapartida, cabe además agregar que la *desaprobación del resultado* no hace desaparecer el dolo como lo enseña el caso Lacmann" (MALAMUD GOTI, *En torno a la problemática del dolo eventual, ED,* 48-846).

63 Agrega que "un análisis de las posiciones que reconducen el dolo eventual a criterios estrictos de culpabilidad ha de llevar necesariamente a la conclusión que el dolo eventual no es dolo, pues no se da en él el querer realizado, sino sólo hipotético y que más aún contradicen un derecho penal democrático, pues inevitablemente han de terminar afirmando en relación al dolo eventual una culpabilidad por el carácter. ¿Qué queda de pie

§ 17. ***Teorías mixtas o eclécticas.*** – Las teorías mixtas o eclécticas son aquellas que procuran combinar elementos de la teoría de la representación y del conocimiento. En el aspecto cognoscitivo, exigen que el individuo conozca la peligrosidad de la conducta que realiza, mientras que en el aspecto volitivo, ya no requieren que el autor *quiera* el resultado (como lo hacía la teoría del conocimiento) sino que les alcanza con que se resigne, lo acepte, se conforme, lo asuma, etcétera. Son muchos los autores que siguen esta escuela, que admite multiplicidad de matices.

a) *Roxin: la decisión en contra del bien jurídico protegido (o del dolo eventual como integrante del plan del autor).* La diferencia material entre el dolo y la culpa es que el dolo importa la realización del plan del autor, mientras que la culpa consciente es negligencia o imprudencia. Quien incluye en su plan la posibilidad de cumplir con un tipo penal, sin que ello lo disuada, se ha decidido conscientemente –aunque sólo sea para el caso eventual e incluso en contra de sus propias esperanzas de evitarlo– en contra del bien jurídico protegido por el correspondiente tipo. Esta "decisión por la posible lesión de bienes jurídicos" es lo que diferencia al dolo de la culpa y lo que fundamenta su mayor punición[64].

En el comentado caso de la correa de cuero (ver § 13, h, 8), los autores obraron con dolo eventual, pues cuando vuelven al proyecto original se arriesgan a la muerte de M,

---

en ellas? Sólo un planteamiento político criminal fundado en la gravedad de ciertos hechos, pero que a su vez obedece a una finalidad represiva y autoritaria en relación a la conciencia de los sujetos y de ahí que no es de extrañar que a fines del siglo xix se aplicara en Alemania a las actividades desarrolladas por los socialdemócratas" (Bustos Ramírez, *Control social y sistema penal*, p. 240).

64 "Corresponde condenar en orden al delito de homicidio cometido con dolo eventual a quien provocó la muerte a una persona que se había enfrentado con él en un boliche, cuando la embistió con su camioneta mientras ésta cruzaba la calle, pues el imputado tuvo conocimiento de la seria posibilidad de realizar el tipo, conforme al plan por él instrumentado, continuando con su actividad pese a que sólo tenía una esperanza de que el resultado no se produjera, y no tuvo un motivo serio para fundamentar que el accionar de la víctima evitaría lo que su concreción del plan le amenazaba" (TImpug Pen, 14/4/08, "P., C. D.", *LLPatagonia*, 2008-372).

por más desagradable que le pareciera. Diferente es el caso de quien conduciendo un automóvil se adelanta de manera arriesgada, pues, pese a conocer las posibles derivaciones de su obrar y a su consciencia de riesgo, confía en evitar el resultado por su pericia en el manejo. Esta confianza, que es más que una débil esperanza, es lo que muestra que el individuo no se decidió en contra del bien jurídico, y por ello sólo merece reproche a título de culpa. Hay que afirmar el dolo eventual cuando el sujeto cuenta seriamente con la posibilidad de la realización del tipo, pero a pesar de ello sigue actuando para alcanzar el fin perseguido, y se resigna así –sea de buena o de mala gana– a la eventual realización de un delito, se conforma con ella. En cambio, actúa con imprudencia consciente quien advierte la posibilidad de producción del resultado, pero no se la toma en serio y en consecuencia tampoco se resigna a ella, en caso necesario, sino que negligentemente confía en la no realización del tipo. Al respecto, debe distinguirse entre la *confianza* y una mera *esperanza*. Quien confía –a menudo por una sobrevaloración de la propia capacidad de dominar la situación– en un desenlace airoso, no toma seriamente en cuenta el resultado delictivo y por tanto no actúa dolosamente. Sin embargo, quien sí valora la posibilidad de un resultado delictivo y no confía en que todo saldrá bien, puede en cualquier caso seguir teniendo la esperanza de que la suerte esté de su lado y no pase nada. Esta esperanza no excluye el dolo cuando simultáneamente el sujeto *deja que las cosas sigan su curso*[65].

Acorde con este criterio, se entendió que corresponde entonces condenar al padre de un menor de cuatro meses de edad por la comisión del delito de lesiones gravísimas, agravada por el vínculo, si presenta todas las características del "síndrome del bebé sacudido", lo que le produjo ceguera en ambos ojos, debiendo responder a título de dolo eventual, pues quien provoca tamañas lesiones a un lactante, que lo mantuvieron diez días en terapia intensiva, no sólo se representó el resultado como ciertamente probable, sino que incluyó esa probabilidad en su finalidad[66].

65 Roxin, *Derecho penal. Parte general*, t. I, p. 424 a 430.

66 TCrim nº 2 Bahía Blanca, 29/8/05, "A., P. A., y otra", *LLBA*, 2006-228.

b) *WELZEL: EL "CONTAR CON" Y EL "CONFIAR EN QUE NO"*. Si, conforme a la representación del autor, la consecuencia concomitante no está unida necesariamente a los medios elegidos, sino que ello es sólo una posibilidad, hay que distinguir dos situaciones.

1) Si el autor *cuenta con que se produzca* el resultado, obra con dolo eventual, pues tiene que haberlo querido realizar eventualmente si emprende la acción.

2) Si el autor *confía en que* el resultado no se produzca, obra con culpa, pues quien actúa de esta manera no lo quiere realizar, del mismo modo que no quiere provocar resultados en que no ha pensado.

Por ello, siguiendo a MAYER, señala que el *contar con* se inicia cuando el autor otorga a la realización del resultado más que una simple posibilidad y menos que una probabilidad absoluta. Los conceptos de *contar con la producción* del resultado concomitante y de *confiar en que no se realice* son complementarios y, por lo tanto, excluyentes. Aquel que cuenta con que el resultado concomitante se produzca, bien puede *esperar*, pero no *confiar* en que no se concrete. A contrario sensu, la precaria confianza en que el resultado concomitante no se realice significa, por lo general, que el autor cuenta con que se plasme. Hay, sin embargo, una excepción: en el caso del *simple parecer posible del resultado concomitante*, sería dable pensar que el autor no cuenta con que se realice el resultado ni confía en su exclusión. Debido a que es esencial, para que haya voluntad de realización, que al menos se cuente con la producción de los resultados concomitantes, en el caso antedicho, estaríamos sólo frente a culpa consciente[67].

Así pues, conforme esta posición, corresponde procesar como autor del delito de homicidio culposo al policía que dio muerte a la víctima que fuera utilizada como escudo humano por un delincuente en un enfrentamiento armado, pues, si bien el imputado se encontraba facultado para repeler la agresión de aquél, la proximidad entre el agresor y el damnificado, sumada al corte de luz ocurrido en el lugar de los hechos, conducen a sostener que el en-

[67] WELZEL, *Derecho penal alemán*, p. 100.

cartado se representó la posibilidad de que pudiera resultar herido quien era utilizado como escudo, pero confió en que tal resultado no se produciría[68].

c) *Mir Puig: el "querer como aceptar" y el "conformarse con"*. En el dolo eventual hay un aspecto cognoscitivo, que requiere el conocimiento de la *concreta* capacidad de la conducta para producir el resultado prohibido fuera del marco permitido. La peligrosidad de la conducta es la base objetiva a que debe referirse la representación intelectual necesaria para el dolo. Pero más importante que una cuantificación probabilística es dirimir si, en el caso concreto, el individuo que advierte la posibilidad del delito cree *que en su caso* puede realizarse dicha posibilidad o la descarta. Lo que importa, en consecuencia, es el *pronóstico concreto en el caso particular*. Es posible que el sujeto crea que, pese a la peligrosidad estadística, el delito no ha de suceder. Esta posibilidad de coexistencia de la conciencia del peligro estadístico y de la creencia que no ha de realizarse, es lo que permite la presencia de la culpa consciente.

En el dolo eventual hay un *querer*, pero como sinónimo de aceptar; es un *conformarse con*, que requiere mucho menos que desear, perseguir, aprobar o consentir con agrado. Quien *toma* en serio la probabilidad del hecho prohibido, en el sentido que no lo descarta, acepta necesariamente dicha probabilidad si realiza la conducta peligrosa.

La aceptación de la concreta posibilidad de que se realice el peligro recae sobre la conducta capaz de producirlo y no sobre el resultado. El dolo se exige como elemento de la conducta peligrosa *ex ante*, que no incluye el resultado. Para que la conducta pueda ser desvalorada intersubjetivamente y sea prohibible al hombre medio como conducta dolosa, basta que el dolo se extienda a ella y, en particular, a su peligrosidad. Cuando el sujeto no descarta que su conducta pueda lesionar un bien jurídico-penal, ni cree posible *confiar* en que no vaya a ser así y, pese a tal consciencia de su virtualidad concretamente lesiva, lleva adelante su acción, realiza dolosamente la conducta peli-

[68] CNCrimCorr, Sala VII, 21/12/07, "Pintos, Omar H.", *LL*, 2008-F-264.

grosa, única cosa que puede prohibir la norma de determinación[69].

En un fallo se entendió que concurre dolo eventual cuando media acuerdo para perpetrar un robo mediante el empleo de armas aptas y en condiciones inmediatas de ser disparadas. El homicidio en ocasión de robo es atribuible a todos los imputados, que participaron activamente del desapoderamiento, no resultando esencial la identidad de la persona que disparó, pues en ese marco de situación debe inferirse que todos los partícipes del hecho previeron y aceptaron de antemano la eventualidad del uso de dichas armas y de la producción de la muerte, cuanto menos a título de dolo eventual[70].

[69] MIR PUIG, *Derecho penal. Parte general*, p. 268 a 270; agrega que, contrariamente a lo sostenido, "la dogmática tradicional, centrada en la causación del resultado, tropezará, en cambio, con la dificultad de que querer –aceptar– la acción reconocida como concretamente peligrosa no implica forzosamente querer el resultado que pueda producir. Ello confirmaría que basta para el dolo querer la conducta prohibida, sin que sea preciso aceptar, además, el resultado. Piénsese en quien, pese a considerar muy probable el resultado y no creer posible confiar en que no se produzca, actúa en la esperanza de que no tenga lugar y hace votos porque no sea así. Este sujeto acepta el riesgo y no le detiene la posibilidad de que se produzca el resultado, pero desea fervientemente que no tenga lugar: sin duda debe afirmarse la presencia de dolo eventual y, sin embargo, es difícil que se quiera el resultado".

[70] TCasPen Buenos Aires, Sala III, 29/11/07, "L., L. s/rec. de casación", *LLBA*, 2008-169. "Quien dispara un arma a una persona que se encontraba ingresando en su automóvil que estaba, por ende, a corta distancia, puede alegar con razones que no desea o persigue producir las lesiones inferidas –en el caso, la pérdida de un riñón– pero no puede invocar que la lesión escapaba a su voluntad de realización típica pues se trató de un obrar, según la experiencia común, con probabilidad próxima y no meramente remota o mínima, de herir o matar" (TOralCrim nº 9, 11/4/03, "Pacífico, Daniel O.", *LL*, 2003-F-198), voto en disidencia del doctor GARCÍA. "Si bien de la circunstancia de que el imputado haya apuntado a la víctima con un arma no puede inferirse la existencia del dolo directo, se conforman los presupuestos del dolo eventual que permiten incriminarlo por el delito de homicidio si tal accionar provocó la muerte de aquélla, pues el autor pudo prever que la acción que iba a realizar podía resultar típicamente antijurídica y –aunque su voluntad no estuviera directamente dirigida a efectuarla con ese carácter– aceptó que ella se produjera con tal adecuación" (CPenal Santa Fe, Sala III, 10/6/97, "Calabrese, Juan M., y otro", *LLLitoral*, 1998-2-920). "La diferencia básica entre el dolo directo y el eventual es que en el uno se quiere y en el otro se acepta

d) *Stratenwerth: el "conformarse"*. Para el dolo eventual (o dolo condicionado) es suficiente con que el autor *se conforme* con la realización posible del supuesto hecho típico. Se incluyen, de ese modo, en la voluntad de realización todas las circunstancias y consecuencias que el autor asume, para llevar a cabo el fin propio de su acción, aunque puedan resultarle indeseables. En consecuencia, falta el dolo cuando el autor actúa confiado en que el hecho típico no tendrá lugar. Si el autor considera seriamente la posibilidad de la producción del resultado, "tendrá que decidirse si el intento de realizar el fin de la acción merece desde su punto de vista, en caso de que ello sea necesario, el pago de semejante precio: si de todos modos decide actuar responde por dolo eventual"[71].

Así, se resolvió que corresponde considerar configurado el delito de homicidio simple, mediante dolo eventual, si de las características de la herida fatal, el lugar en que fue inflingida, su profundidad –en el caso, se produjo una herida en la pierna que penetró más de tres centímetros, que afectó la arteria femoral– y el reconocido manejo del cuchillo que el propio imputado refirió en la audiencia, se concluye que el acusado previó mediante su acción intencional, al menos como posible, el resultado de muerte y se conformó con dicha posibilidad, aun a su eventual disgusto[72].

e) *Corcoy Bidasolo: la imprudencia como error*. Este autor invierte el problema y para diferenciar el dolo eventual de la culpa con representación, parte del concepto de imprudencia. Se pregunta si dada una conducta y un conocimiento similares de la peligrosidad, hay elementos que nos permitan dirimir si hay imprudencia, en lugar de buscar aquellos que nos permitan determinar si hay dolo. En todo acto de imprudencia hay un error, pues no se quiere el resultado lesivo. En consecuencia, si el autor cree errónea-

---

el resultado como consecuencia probable de una conducta no específicamente dirigida a él" (CCrim Santa Fe, Sala I, 20/4/79, "Bello, José L., y otro", *JA*, 1979-IV-586).

[71] Stratenwerth, *Derecho penal. Parte general. El hecho punible*, p. 111.

[72] TCrim nº 2 Mar del Plata, 4/9/06, "Hidalgo, Osmar H.", *LLBA*, 2007-77, voto en disidencia del doctor Simaz.

mente que puede evitar el resultado, hay imprudencia y no dolo. El error sobre la capacidad de evitación es lo que permite calificar los hechos como imprudentes. Se diferencia así de SCHMIDHÄUSER quien, conforme a la teoría estricta de la probabilidad, entiende que siempre que se conozca la concreta peligrosidad de la conducta, ésta será dolosa. Para evitar tal ampliación del dolo eventual, hay que considerar imprudentes aquellos casos en los que exista un error sobre la real peligrosidad de la conducta. En estos casos, el autor yerra sobre el grado de probabilidad de producción del resultado. Ello nunca puede ocurrir cuando el autor no tiene ningún control sobre las consecuencias de su acción.

En síntesis, una conducta es culposa y no dolosa cuando el autor yerra sobre la real peligrosidad de su conducta, o bien cree erróneamente que puede evitar el resultado.

En este sentido, trae a colación un caso resuelto por el Tribunal Superior de España, en el que los cónyuges *A* y *B*, traficantes de heroína, proponen la venta de esta droga a un tercero *X*. Éste, a su vez, lo comunica a tres individuos. De dos de ellos se desconoce el nombre. El otro, *Y*, es un heroinómano con profunda dependencia. Todos ellos realizan los tratos en el domicilio de *X*. Habiéndose retirado *A* y *B* a dormir, los cuatro individuos traman la posibilidad de apoderarse de la droga. Con este fin, deciden narcotizarlos con cloroformo. Así, *X* tapa fuertemente la boca de *B* con algodones empapados en la sustancia, mientras los dos sujetos sin identificar realizan lo mismo con el marido *A*. Hecho esto, se apoderan de la droga y, antes de marcharse, atan al matrimonio de pies y manos en la cama. Para esta última operación recaban la ayuda de *Y*, que se encuentra inyectado, en estado poco consciente. Una vez finalizado ello, abandonan a las víctimas, huyendo con la droga. Como consecuencia de las acciones relatadas, *A* y *B* mueren de asfixia mecánica derivada de la obstrucción de las vías respiratorias. Resulta probado que *X* tiene antecedentes psiquiátricos desde su juventud y es asiduo a la droga dura, con dependencia profunda de la heroína.

El Tribunal Superior no duda de la existencia de dolo eventual, respecto del homicidio del matrimonio. No tiene en cuenta el conocimiento que pudieron tener los autores sobre la peligrosidad de su conducta, ni siquiera si pudieron prever el alcance de sus actos. Fundamenta la calificación de homicidio doloso en el carácter y condición de los autores, traficantes de droga, y su intención de robar. Sobre esa base, presume el dolo sobre su actuar.

Por su parte, CORCOY BIDASOLO aplica su tesis y concluye que en los hechos no cabe fundamentar la imprudencia en un error en la posibilidad de evitación, pues los autores pierden el control del peligro por ellos creados. Considera que sólo se podría fundamentar la imprudencia en un error sobre la real peligrosidad de la conducta. Finalmente, sostiene que la calificación de los hechos es correcta, mas no su fundamentación[73].

f) *CREUS: "ACEPTACIÓN O CONFORMIDAD"*. El autor prevé la posibilidad de que la acción que ha de realizar pueda resultar típicamente antijurídica y, aunque su voluntad no esté dirigida a realizarla directamente, acepta que se produzca con tal adecuación o, dicho de otra manera, el autor prevé el resultado típico como una de las consecuencias de su acción y lo aprueba. Por ejemplo, un cazador dispara contra una bandada de patos sabiendo que puede herir a otro cazador, pero prefiere probar puntería aceptando que se produzca el resultado.

Por ser la posibilidad de realizar la acción típica una característica común, tanto para el dolo como para la culpa, es el elemento volitivo el que marca la diferencia entre ambos (aceptar o conformarse con el resultado)[74]. De con-

[73] CORCOY BIDASOLO, *En el límite entre el dolo e imprudencia*, "Anuario de Derecho Penal y Ciencias Penales", 1985, t. 38, nº 1, p. 54 a 57.

[74] CREUS, *Derecho penal. Parte general*, p. 243 y 244. El autor expresa: "Aunque todos están de acuerdo en que el dolo eventual sólo se puede considerar a partir de la posibilidad de la realización de la acción como típica, prevista por el autor, ya que dicho elemento es común a la culpa con representación, se trata de determinar qué otro requisito se necesita para alcanzar el dolo eventual; para unos bastaría que la posibilidad se representase en el autor como probable, es decir, como posibilidad de normal ocurrencia; para otros se requerirá que el autor haya actuado con indiferencia ante la posibilidad de lesionar el bien jurídico; la tesis que ha terminado por imponerse es la de aceptación o conformidad con la realización del tipo (producción del resultado), que distingue mejor que la primera los casos de dolo eventual de los de culpa consciente y obvia los difíciles problemas de pruebas de la segunda. Las corrientes críti-

formidad con Creus, se sostiene que si el imputado, mientras cometía el delito de robo con armas, se vio sorprendido por un movimiento defensivo de la víctima, accionó el mecanismo de la pistola que llevaba consigo, o bien aplicó un golpe con la punta de ella, mientras la esgrimía en posición apta para el disparo y, como consecuencia del golpe, se produjo el disparo que terminó con la vida de la víctima, comete el delito de homicidio en ocasión de robo, reprimido en el art. 165 del Cód. Penal, mediante dolo eventual –en el caso, al no haberse acreditado la intención directa de matarlo y en virtud de la aplicación del principio del *in dubio pro reo*–, puesto que el agente se representó la posibilidad del disparo, aceptando su producción sin interrumpir el curso causal que lo produce por su propio accionar[75].

---

cas de los últimos tiempos han puesto en entredicho el dolo eventual, sosteniendo que, en realidad, las hipótesis que se tratan como tales son hipótesis de culpa (porque el autor no se dirige a la afectación del bien jurídico), que si bien presentan *mayor intensidad criminal* no por eso cambian su naturaleza, aunque ello justificaría una acentuación de la pena respecto de los casos comunes de culpa. La consecuencia de este modo de ver las cosas, es que el dolo eventual es impensable en los mismos casos en que es impensable un determinado delito como culposo. También se advierte, en la doctrina de los últimos tiempos, una tendencia: la de tratar los casos de duda sobre la existencia de algunas de las características típicas de la acción como casos de dolo eventual, aduciendo que en esos casos el autor actúa aceptando la posibilidad de la existencia de dicha característica (quien penetra en un domicilio desconocido dudando si en él habita o no alguien, comete violación de domicilio con dolo eventual –Zaffaroni–; quien yace con la mujer consentidora, comete estupro con dolo eventual –Zaffaroni, Bacigalupo–), pero se trata de una similitud aparente, porque esa duda o certeza es un problema cognoscitivo y la caracterización del dolo eventual es un problema volitivo. Los ejemplos que se aducen son casos de dolo directo insertado sobre un conocimiento dudoso que equivale a un conocimiento cierto en la faz cognoscitiva".

75 ST Santiago del Estero, Sala Crim Laboral y Minas, 21/3/05, "Demetrio, Emilio, y otros", *LLNOA*, 2005-1084. "En el dolo eventual el autor tiene como seriamente posible la realización del tipo legal y con ella se conforma, el límite entre el dolo y la culpa con representación. El dolo eventual es entonces más que una simple posibilidad y menos que una certeza absoluta, requiriendo no sólo conciencia del peligro concreto sino también su aceptación como probabilidad de resultado" (C1ªCrim Catamarca, 10/9/97, "G., H. E., y otra", *LLNOA*, 1998-1302, y *LL*, 1999-B-

g) *El aprobar en sentido jurídico: el caso de la correa de cuero.* Como se ha dicho al referir este caso (§ 13, h, 8), a partir de ese suceso se intensificaron las críticas hacia la teoría del consentimiento, en tanto una aplicación estricta de ella llevaba a considerar que los autores habían actuado tan sólo culposamente.

Pero no fue esa la resolución del BGH, que los condenó como autores de homicidio doloso, con dolo eventual. Consideró el tribunal que los imputados se *representaron* el peligro que importaba el uso de la correa de cuero en la modalidad que lo hicieron, en tanto tal uso fue descartado en un principio. Por ello, el elemento de representación exigido por el dolo eventual estaba presente.

En este orden, continuó diciendo el tribunal: "es cierto que el conocimiento de las posibles consecuencias de una determinada acción y el consentimiento sobre dichas consecuencias son dos requisitos independientes del dolo eventual, lo que no ha ignorado el tribunal del jurado. Al afirmarse esto no se parte de que el autor quiera en sentido jurídico un resultado cuando solamente lo haya advertido como posible... de las circunstancias reseñadas se puede extraer sin lugar a dudas que los *acusados no deseaban en modo alguno la muerte de M...* El consentimiento del resultado, que según la jurisprudencia del *Reichsericht* y del *Bundesgerichshof* constituye el elemento decisivo para distinguir el dolo eventual de la imprudencia consciente, no implica que el resultado deba satisfacer los deseos del autor: *puede darse dolo eventual incluso cuando el acaecimiento del resultado es algo indeseable para éste.* Sin embargo, dicho autor aprueba el resultado *en sentido jurídico* cuando de acuerdo con el objetivo que ambiciona, esto es, por no poder alcanzar su objetivo de otra manera, necesariamente

---

779, voto en disidencia del doctor Roselló). "Cabe considerar que actuó con dolo eventual quien clava a otro en el vientre un cuchillo de regulares dimensiones pues no puede dejar de prever seriamente la posibilidad de que esa persona muera y si, no obstante ello, lo hace, cualquiera sea la finalidad directa que lo haya movido, demuestra que tomó a su cargo el tal resultado posible y que aceptó el riesgo que implicaba la realización de la acción" (CNCrimCorr, Sala I, 2/4/87, "Aquino, Héctor M.", *LL*, 1987-E-465).

se conforma con que su acción cause el resultado en sí mismo no deseado, y por todo ello, para el caso concreto, lo quiere"[76].

h) *Jescheck: el "considerar seriamente" y el "tomar en serio"*. El autor considera seriamente como posible la realización del tipo legal y se conforma con ella. El contenido del injusto es menor que en las otras clases de dolo, dado que no se persigue el resultado ni tampoco es segura su producción; el autor tan sólo se abandona al curso de las cosas. En el dolo eventual se dan concomitantemente la conciencia de que concurre un peligro concreto de que se realice el tipo penal, y que el autor tome en serio dicho peligro. Tomar en serio el peligro significa que el autor juzga el riesgo de realización del tipo como relativamente elevado. De este modo, se consigue la referencia a la entidad y proximidad objetivas del peligro, necesaria para la presencia del dolo eventual. Por otra parte, el dolo eventual se muestra, así, como parte integrante del injusto de la acción, en cuanto expresa la estimación del peligro para el objeto de la acción protegido. A la representación de la seriedad del peligro debe añadirse, por otra parte, que el autor se conforme con la realización del tipo. Quiere expresarse con ello la necesidad de que aquél, para alcanzar el objetivo perseguido por la acción, decida aceptar la realización del tipo y cargar con el estado de incertidumbre en el momento de la acción. Quien obra de tal forma ante el riesgo de que vaya a realizarse el tipo de acción punible,

[76] En lengua alemana, "Billigung" puede emplearse tanto en sentido de "consentir" como en el de "aprobar", expresiones que en lengua española distan mucho de tener el mismo significado. Tradicionalmente, la doctrina hispanohablante ha traducido la expresión "Billigungstheorie" (así como "Einwilligungstheorie") por "teoría del consentimiento", terminología que aquí se mantiene desde su arraigo. Sin embargo, en el *Lederrieemenfall* se opta por traducir la expresión "Billigung in Rechtssinne" como "aprobar en sentido jurídico", pues gran parte de la doctrina germánica entiende que cuando en el ámbito de la dogmática del dolo eventual se emplean el verbo "billigen" se hace como sinónimo de "gutheißen", verbo que puede traducirse por "aprobar", pero no por "consentir". Conforme Frisch, *Vorsatz und Risijo*, p. 269, citado por Ragués, *Tres propuestas recientes en la histórica discusión sobre el dolo eventual*, "Cuadernos de Doctrina y Jurisprudencia", 1999, t. 9-A, p. 470.

ha introducido tal posibilidad entre las bases de la decisión de su acción y, por ello, ha *querido*[77].

i) *Mezger: el "tomar a su cargo"*. Tras criticar a las teorías del consentimiento y de la probabilidad, manifiesta que "lo representado como posible es *querido* si el autor ha *tomado a su cargo* su realización". A partir de esta fórmula, se puede resolver una serie de casos límites a los que las otras teorías dan respuestas confusas.

Así, el médico que opera conoce el gran peligro de la operación pero, pese a ello, no toma a su cargo el desenlace mortal, no lo causa dolosamente, puesto que quiere evitar el fracaso de su intervención. En el caso de los mendigos, quienes mutilan a sus hijos obran dolosamente, pues al conocer el peligro toman a su cargo el resultado mortal. Si el propietario alquila una casa, sabiendo que está infectada por un virus, sin tomar las precauciones pertinentes, actuará dolosamente si toma a su cargo la posibilidad de contagio del inquilino; si, en cambio, espera evitarlo con alguna medida, lo hará culposamente[78].

También corresponde condenar como autor del delito de homicidio simple a quien apunta un arma, que sabe cargada y apta para su funcionamiento y jala el gatillo disparador, con pleno conocimiento de que la muerte es un resultado altamente probable, lo cual revela el dolo en la actuación del agente –en el caso, funcionario policial que intervino en los disturbios que estaban cometiendo tres jóvenes– porque no puede dejar de prever que la persona muera a raíz del disparo y, si no obstante ello disparó, es indiscutible que tomó a su cargo el resultado, aceptando el riesgo que implicaba la realización de la acción[79].

j) *Zaffaroni: el "aceptar seriamente"*. Para éste, hay dolo eventual cuando "según el plan concreto del agente la realización de un tipo es reconocida como posible, sin que esa conducta sea tomada como referencia para la renuncia al pro-

[77] Jescheck, *Tratado de derecho penal. Parte general*, p. 405 y 406.

[78] Mezger, *Derecho penal. Parte general*, p. 232 y 233.

[79] TCasPen Buenos Aires, Sala III, 5/2/04, "Ministerio Público Fiscal en causa n° 608", *LLBA*, 2004-631.

yecto de acción, dejando a salvo claro está, que esa posibilidad se corresponda con los datos de la realidad. Se trata de una resolución en la que se acepta *seriamente* la posibilidad de producción del resultado".

En consecuencia, el dolo eventual se compone de un elemento cognoscitivo y un fuerte elemento volitivo, que aparece como el vínculo seguro entre el fin perseguido y el resultado producido. Si el autor confía en que puede evitar el resultado, no hay dolo, sin que puedan considerarse válidas las meras apelaciones al azar. Asimismo, sostiene que no puede plantearse ninguna duda entre culpa consciente y dolo eventual, si no hay tipicidad objetiva conglobante en la forma de imputación (dominabilidad del hecho): *"si un tercero observador no afirmaría en el caso que existe un plan dirigido a producir el resultado típico, no es admisible plantear la duda.* Del ámbito de la duda se excluyen las producciones del resultado en donde no existe la dominabilidad del hecho en el tipo objetivo: se trata de supuestos en los que sólo podría llegar a haber culpa. Son los casos de culpa no temeraria que, en consecuencia, quedan excluidos de la discusión desde la misma tipicidad objetiva. *La duda se plantea, pues, entre los supuestos de culpa consciente temeraria y los de dolo eventual,* siendo excluidos desde el tipo objetivo los supuestos de culpa consciente no temeraria y, por efecto de la propia definición de dolo, también la culpa inconsciente o sin representación"[80].

[80] ZAFFARONI - ALAGIA - SLOKAR, *Derecho penal. Parte general*, p. 524 y 525. Cita a CANESTRARI, en *Dolo eventuale e colpa cosciente*, quien señala la necesidad de establecer un umbral mínimo normativo objetivo para el grado de peligro de la actividad sobre la que pueda concebirse el dolo eventual y, para ello, se acude también a un tercero observador. "La diferencia entre el dolo eventual y el homicidio preterintencional –en el caso, el imputado había propinado golpes en la cabeza a la víctima con un arma, la cual se disparó produciendo su muerte– radica en que, mientras que el primero requiere que el autor se represente la realización del tipo como posible o que considere seriamente como posible la realización del tipo legal y se conforme con ella, en el homicidio preterintencional la subjetividad del autor se inserta en un marco distinto, por cuanto el tipo requiere que se trate de un resultado encuadrable dentro de los esquemas de la culpa en el sentido de previsibilidad, concepto éste que fija los límites subjetivos de la figura, desde que si la muerte previsible como resultado, ha sido prevista por el agente que ha querido dañar a la víctima, el tipo se desplaza a la figura

k) *Feijóo Sánchez: la "imputación subjetiva"*. Lo incluimos dentro de las teorías eclécticas, por las consideraciones que hemos de señalar. Si bien se muestra partidario de la creación de un dolo con prescindencia de todo elemento volitivo, no termina descartándolo por completo. Pese a ser, en consecuencia, partidario de la representación es un acérrimo crítico de la teoría de la probabilidad. A tal fin, analizaremos su pensamiento.

Para este autor, el elemento intelectual es preponderante en la conformación del dolo. Para imputar un delito doloso, alcanza con que los conocimientos del autor abarquen intelectualmente el riesgo que permite explicar el posterior resultado, actuando con dolo quien, conociendo el riesgo, lo omite. No existe dolo cuando por error el autor no tiene un conocimiento cierto sobre la realidad. Por tanto, una determinada conducta sólo se considera un injusto doloso (la modalidad más grave de injusto penal) cuando el autor tenía un conocimiento suficiente para planificar el futuro hecho típico. El autor doloso es, al menos, alguien que conoce los elementos objetivos que pertenecen al tipo; es decir, que conoce las circunstancias concretas de un suceso real que se corresponden con la abstracta descripción del tipo penal. No es necesario acudir a un elemento volitivo para imputar un hecho como doloso. Que el autor espere, confíe o no desee el resultado, carece de toda relevancia, considerando que las teorías de la voluntad privilegian de forma injustificada al autor especialmente temerario frente a otros más prudentes. En la diferenciación entre dolo e imprudencia, sólo es determinante el elemento cognitivo o intelectual. En consecuencia, si el dolo es la decisión de realizar un hecho típico, por contar el autor con datos suficientes para calcular dicha posibilidad, la imprudencia supone la decisión de realizar un hecho típico, sin que el autor tenga a su alcance todos los datos relevantes para la norma, pero que esa decisión sea desvalorada por suponer una falta de cuidado. Para que no haya dolo siempre tiene que haber un error de tipo, entendido como un error sobre las circunstancias fácticas que hacen que un

simple" (CNCasPen, Sala II, 26/6/02, "Llambías Pravaz, Marcelo A. s/rec. de casación", *LL*, 2002-F-68, voto en disidencia del doctor Madueño).

determinado comportamiento, en un determinado contexto, implique un riesgo típico.

No obstante todo ello, el elemento volitivo también se hace presente en el dolo, mas no de un modo preponderante. Sólo mediante una correcta determinación previa del alcance del tipo correspondiente es posible imputar un hecho a título de dolo. El tipo objetivo es el sustrato u objeto de referencia del tipo subjetivo. Sólo existe dolo si el autor llega a darse cuenta de que su actividad pone en peligro concreto a otra persona o sus bienes, y a pesar de esto decide seguir adelante. Esa persona ya conoce el riesgo típico (conjunto de condiciones que son idóneas para producir un resultado) y, por tanto, prevé el resultado. Por ejemplo, en los supuestos tradicionales de imprudencia, en el ámbito del tráfico rodado, el conductor desconoce que mientras realiza su maniobra no permitida se va a encontrar con otro coche. No es suficiente para constatar la existencia de un dolo de lesionar conocer la peligrosidad abstracta o estadística de lo que se va a hacer, sino que en realidad, en la situación concreta, se relacione ese peligro con una persona o con los bienes protegidos por la norma penal[81].

l) *Críticas.* Las teorías mixtas también han sido criticadas, a partir del modo en que caracterizan al elemento volitivo ("contar con", "conformarse con", "aceptar", etcétera).

1) *Sancinetti.* Puntualiza que detrás del plus que estas teorías pretenden darle al elemento volitivo ("conformarse con", "confiar en", etc.), con lo que se complementa la representación o grado de probabilidad con que cuenta el sujeto, se esconde en realidad la más pura *teoría del consentimiento* o una *teoría de la motivación*; detrás de la fórmula "no confiar en que no" se esconde la exigencia de una *aprobación* del resultado[82].

2) *Zielinski.* Critica fundamentalmente las posiciones de Welzel y Stratenwerth, al decir que si "en Welzel queda sin aclarar en qué se diferencia, el *confiar en la ausencia* del *contar con la producción* del resultado, ambas veces to-

[81] Feijóo Sánchez, *El dolo eventual*, p. 45 y 131.

[82] Sancinetti, *Teoría del delito y disvalor de acción*, p. 187.

mado como posible, STRATENWERTH no deja ninguna duda de que esa delimitación llega al peligro concreto, a la lesión del *bien jurídico* tomada como posible, no según puntos de vista de la finalidad, sino sobre la base de la opinión valorativo-emocional del autor: si el autor tomara en serio el peligro reconocido, entonces habría aceptado, en su decisión de acción, el resultado previsto como posible. Que con ello, sin embargo, a los presupuestos del tomar el peligro en serio o a la ligera, pertenezca que el que actúa esté consciente de la relevancia valorativa de las consecuencias posibles de su conducta, parece compatible con el mismo STRATENWERTH, inclusive con las premisas de la teoría final de la acción sostenidas por él... Con ello, está convertida expresamente la consciencia del ilícito en criterio de la delimitación del dolo, aunque precisamente era una de las consecuencias esenciales de la teoría final de la acción, para la teoría final del ilícito, que el dolo, como parte integrante del ilícito, se agotara en la mera finalidad, y la consciencia del ilícito, como (posibilidad de) conocimiento de la relevancia valorativa de la conducta propuesta, constituyera la culpabilidad" (teoría de la culpabilidad)[83].

3) *Bustos Ramírez*. Señala que WELZEL recurre a un criterio adicional, el de la sola consciencia (el "contar con"), que importa una determinada *actitud* del sujeto. Es esa actitud, entonces, la que permitirá decir que hay dolo y no el contenido del dolo. Lo que queda claro, de este modo, es que en el dolo eventual lo específicamente relevante en primer término no es la finalidad, sino la existencia de una consecuencia concomitante posible –de la que se es consciente–, es decir, no se ve diferencia de estructura con la culpa. Luego, todo se hace depender de la existencia, dentro de la situación, de un elemento subjetivo específico, la actitud anímica del sujeto *–contar con–*; pero entonces el problema sigue en pie, que justifica que en virtud de este elemento subjetivo se extienda la finalidad a consecuencias sólo posibles.

83 ZIELINZKI, *Handlungs- un Erfolgsunwert im Unrechtsbegriff: Untersuchungen zur Struktur von Unrechtsbegründung und Unrechtsausschluss (Handlung-sunwert)*, p. 103, citado por SANCINETTI, *Teoría del delito y disvalor de acción*, p. 187.

En este sentido, pareciera que nuevamente se trata de abarcar bajo un concepto similar situaciones que se mueven en niveles diferentes. Pero no sólo eso, sino que además, a pesar de que se ha sostenido lo contrario, no se ve mucha diferencia en las consecuencias prácticas con las posiciones que buscan criterios de culpabilidad. En efecto, buscar lo determinante en una actitud personal del sujeto es sumamente vago y amplio, por lo cual nuevamente se deja todo entregado a la cabeza del juez y es posible, así, que la práctica judicial se oriente por criterios de estigmatización cotidianos, según si el sujeto *tiene aspecto de facineroso o de buena persona*. Con lo cual se tendería a transformar los tipos de injusto en tipos de autor.

Respecto de la teoría de ROXIN, sostiene que debiera analizarse más en profundidad la expresión "decidirse en contra del bien jurídico". Si bien permite, por lo menos conceptualmente, una mayor restricción del ámbito de aplicación del dolo eventual, también es merecedora de crítica. En efecto, no aparece claro dónde reside la justificación de incluir como dolo a un proceso referido sólo a la posibilidad o a la probabilidad de una situación, por el hecho de que frente a ella (el riesgo) se tenga una decisión en contra del bien jurídico. Decisión que no se puede decir que sea realizada, porque eso ya sería dolo directo y no se necesitaría echar mano al dolo eventual; y no es decisión realizada por basarse en una hipótesis –la posibilidad o probabilidad–. En consecuencia, no encuentra explicación el salto cualitativo del dolo a la culpa[84].

4) *Jakobs*. Refiere que las teorías de la actitud, y en especial las de la aprobación o de la asunción del resultado ("resignarse", "aprobar" o "querer en sentido jurídico"), apuntan a una "delimitación intelectual vergonzante", que en nada difiere, salvo en lo referido al proceso de fundamentación, a la postura por él sostenida[85].

§ 18. ***LA POSICIÓN DE BUSTOS RAMÍREZ.*** – Hemos anticipado las críticas que realiza este autor citado respecto de las

[84] BUSTOS RAMÍREZ, *Control social y sistema penal*, p. 246 a 250.

[85] JAKOBS, *Derecho penal. Parte general. Fundamentos y teoría de la imputación*, p. 331.

teorías del consentimiento, de la representación, del sentimiento y eclécticas o mixtas. Es tiempo de referirnos a su propia postura, que se tratará por separado dado que tiene algunas particularidades que así lo ameritan.

Así, manifiesta que la controversia respecto del dolo eventual no es sólo conceptual, sino también de carácter político-criminal. En un primer análisis del problema, hay buenas razones tanto para equiparar el dolo eventual con el directo, como para no hacerlo. Si se tratara tan sólo de un sopesamiento de gravedades, habría que concluir que las razones para un lado o el otro son equiparables. Asimismo, dice que "más aún se podría defender que tendrían un mayor peso las razones en contra, pues el dolo eventual serviría en definitiva para corroer completamente el ejercicio del *ius puniendi*, que ha de estar siempre en su aplicación a garantías estrictas, las cuales serían subrepticiamente violadas, mediante el recurso del dolo eventual".

En cuanto al concepto de dolo eventual, tiene una posición bastante particular. En efecto, sostiene que "cuando se dice que el dolo es *querer*, se pone éste en relación a un proceso real de volición de un determinado suceso en la realidad. Juan quiere matar a José, coge para ello el medio apto –una pistola– y dispara sobre él. En cambio en los hechos definidos como dolo eventual se sustituye un proceso real por uno totalmente hipotético; luego no se puede hablar de realización volitiva, sino exclusivamente de hipótesis aceptada. De modo que claramente se trata de cosas totalmente diferentes que, sin embargo, se identifican, sin que para ello se pueda dar una explicación conceptual dogmática y entonces habría que recurrir a un argumento de carácter exclusivamente político-criminal: la gravedad de los hechos que se interpretan bajo la fórmula denominada dolo eventual serían equivalentes a los de dolo general. Y es aquí entonces donde se condicionan mutuamente y se confunden los argumentos conceptuales y político-criminales... Lo que se aprecia realmente es el ánimo criminal como criterio de culpabilidad del individuo... Se trata pues en definitiva de una política-criminal eminentemente autoritaria, represiva y moralizante, para la cual la gravedad se mide por la *maldad subjetiva* del individuo y, por tanto, basta para su castigo cualquier forma de comprobación de ella, sea un procedimiento real o uno hipotético –en este último caso en definitiva el dolo no está en la cabeza del sujeto juzgado, sino en la del juez. Es por eso que desde un punto de vista conceptual se subjetiviza completamente la culpabilidad y el dolo, *el dolo eventual es un ánimo, pero no una voluntad...* No hay pues justificación alguna material para asimilar los casos del llamado dolo eventual con los del dolo, es un salto en el vacío, que a pesar de toda riqueza de argumentos que la dogmática conceptualmente ha gastado en ello, no ha logrado vencer ni está en modo alguno en condiciones de lograrlo. En realidad aparece sólo como el pago a una antigua política criminal autoritaria y moralizante, especialmente en países –como Alemania– con, por una parte, númerus clausus en materia de culpa, que entonces con el recurso al dolo eventual pueden extender los tipos a otras constelaciones de casos, propiamente de culpa".

No obstante lo señalado, lejos está el autor citado de pregonar una postura contraria al dolo eventual. En efecto, tras decirnos que *"en definitiva el dolo eventual es culpa.* Pero con un agregado, *es un comportamiento culposo con un elemento subjetivo agravatorio del injusto"*, trata de fundamentar y definir el mentado "elemento subjetivo agravatorio del injusto".

En esta dirección, dice que el llamado dolo eventual "sólo puede aceptarse conforme todas las reglas que rigen para la culpa, y en ese sentido sólo cabe respecto de aquellos tipos que admiten la imprudencia. Además resulta necesario precisar ese elemento subjetivo agravatorio del injusto, que ciertamente no puede consistir en una simple actitud anímica *contar con*, pues ello es demasiado amplio y vago, sino que ha de buscarse una posición psicológica definida del sujeto, que pareciera que sólo puede expresarse mediante la fórmula *decisión en contra del bien jurídico*"[86].

[86] Bustos Ramírez, *Control social y sistema penal*, p. 238, 239 y 254. En otro de sus trabajos se expide de un modo similar, con la salvedad de que hace referencia a la existencia de un *riesgo especial*. "Lo que pretende el derecho en el injusto y con ello al desvalorizar el comportamiento doloso es proteger bienes jurídicos y, por tanto, se trata de evitar todo proceso que lleve a su afección. Ahora bien, tales procesos pueden ser o

§ 19. *La postura de Kaufmann: la evitabilidad del resultado.* – Para éste el dolo eventual se materializa cuando el autor no exterioriza una voluntad que evite el resultado (voluntad de evitación).

a) *Exposición.* Según su pensamiento, si ante la representación de la posibilidad del resultado en el caso concreto, el autor no corrige la elección de los medios, es decir, no hace lo que está a su alcance para evitarlo, puede deberse a alguna de estas circunstancias: *1*) que la finalidad perseguida por el autor no se alcance por un medio distinto del elegido, pero ella es tan importante que no la abandona con el fin de evitar la consecuencia accesoria; *2*) que realizar la conducta de evitación le resulte demasiado costosa al autor, y *3*) que al autor le resulte indiferente la producción del resultado.

En los tres supuestos mencionados, el autor obra con dolo eventual. A ello cabe agregar que queda excluido el dolo eventual si el autor creyó erróneamente que realizó la acción de evitación conforme con los elementos que estaban a su alcance. "La voluntad de evitación" debe ser real, de modo tal que ésta no se materializa en aquellos casos en los que el autor deja el resultado "abandonado a su suerte"[87].

---

bien aquellos *dirigidos* a la afección del bien jurídico (lesión o puesta en peligro) y que reciben conceptualmente el nombre de *dolo*, o aquellos en que una determinada *actividad implica un riesgo especial* para los bienes jurídicos y por eso se exige un determinado cuidado, que son denominados *culpa*. Estos son los dos procesos que el legislador quiere evitar, no hay una tercera posibilidad. Dentro de ello ¿cuál es el lugar del dolo eventual? Ciertamente en el dolo eventual, *no hay una dirección del proceso a la afección del bien jurídico*; como todos los autores recalcan, en el dolo eventual, ésa es su estructura fundamental. Por lo tanto, el dolo eventual, queda político-criminalmente dentro de los procesos que se quiere evitar que son propios de la culpa" (*Manual de derecho penal español. Parte general*).

[87] Kaufmann, *El dolo eventual en la estructura del delito*, "Anuario de Derecho Penal y Ciencias Penales", 1960, t. 13, nº 2, p. 185 y siguientes. Contrariamente a lo sostenido por Kaufmann, alguna jurisprudencia ha considerado que si el autor deja librada a su suerte la ocurrencia del resultado, existe culpa. "Existe dolo eventual cuando el sujeto se representa la posibilidad del resultado, corre el riesgo e igualmente actúa, con el único afán de obtener un efecto; mas si el autor espera que su fortuna impida el resultado, o confía en su habilidad sólo existe un obrar culposo" (CNCrim Corr, Sala V, 13/3/97, "Alamo, Simón P.", *LL*, 1999-B-773).

En esta inteligencia, se ha sostenido que no media culpa con representación, sino dolo eventual, cuando el agente deja la ocurrencia del resultado dañoso librado al azar y no tiene una chance efectiva para evitar lo que él mismo no puede dominar[88].

b) *Críticas.* A continuación desarrollaremos las críticas elaboradas por distintos autores.

1) *Hassemer.* Dice este autor que Kaufmann objetiviza los límites del dolo sólo sobre la acción de evitación, pues limita con ello el posible recurso de la determinación del dolo a aquello que el agente tiene en su mente, durante y con su acción. En consecuencia, la actividad (que objetivamente va dirigida a evitar un resultado) es el único criterio válido, según Kaufmann, para conocer lo que el autor quería y pensaba subjetivamente. La solución es equívoca. No parece evidente que quien reduce la peligrosidad de su acción merezca por ello un tratamiento menos severo, dado que, desde su punto de vista, actúa de un modo peligroso, con "mala voluntad" (caso 1). Para justificar una exclusión del dolo hay que saber más sobre el autor, la representación que tenía sobre los hechos y sobre todo su objetivo. La acción de evitación no tiene por qué importar una actitud interna conforme a derecho, pues ello puede obedecer a un cálculo estratégico-criminal. El que el sujeto no ponga de manifiesto (y por ello, conforme Kaufmann, ser considerado autor doloso) un comportamiento de evitación, puede deberse simplemente a que no le quedaba otra salida (caso 2). El tratamiento como autor culposo en el primer caso es injusto, como también lo es que en el segundo el autor deba responder a título de dolo[89].

[88] TS Santa Cruz, 15/10/08, "Azúa, Víctor A.", *LLPatagonia*, 2008-1026. "Ni el presidente del directorio ni el coordinador de deportes de la sociedad comercial concesionaria de la pileta actuaron con dolo eventual respecto de la muerte de una niña ocurrida durante una práctica de natación, pues, dada la estructura organizativa con que contaban en la colonia de vacaciones, específicamente en lo que se refiere al personal a cargo de las clases de nado, aquéllos podían estimar la evitabilidad de cualquier infortunio" (TOralCrim nº 1, 2/5/07, "Storchi, Fernando M., y otros", *DJ*, 2007-2-797, y *LL*, 2007-E-493).

[89] Hassemer, *Los elementos característicos del dolo*, "Anuario de Derecho Penal y Ciencias Penales", 1990, t. 43, nº 3, p. 911.

2) *Zielinski.* Dice SANCINETTI que este autor (discípulo de KAUFMANN) señaló con acierto que, si existiera realmente una verdadera voluntad de evitación, evitaría la consecuencia colateral *omitiendo el curso de la acción misma.* Por su parte, ZIELINSKI expresó: "Quien, viendo la situación, pone en marcha la cadena causal, no quedará libre de responsabilidad únicamente porque al poner en marcha esa cadena causal igualmente se esfuerce por impedir las consecuencias de esa cadena causal. Y este tener que responder está también justificado objetivamente sólo porque es el autor quien sigue teniendo plenamente en sus manos el poder evitar las consecuencias colaterales: sólo necesita omitir la finalidad hacia esa meta"[90].

3) *Bustos Ramírez.* Considera que la falta de voluntad de evitación, que es una hipótesis, fundamentaría una nueva hipótesis, la voluntad de realización. De todo ello no es posible sacar el concepto de dolo tradicional, por muchos esfuerzos conceptuales que se hagan. Algo similar se puede decir de la decisión *por* (o el tomar en serio), no sólo porque se basa sobre una hipótesis, sino además porque reconduce a la voluntad de evitación de KAUFMANN. Esto es, ¿cómo se puede determinar por regla general que el sujeto se decidió por o tomó en serio? Sólo en razón de que faltó su voluntad de evitación; en definitiva, éste será el criterio que estará en el fondo. Ahora bien, ¿cuál es la diferencia entre voluntad de evitación y voluntad de tomar los cuidados exigidos? Quien toma los cuidados correspondientes aparece evidente que tiene voluntad de evitación, y tal persona entonces no actuará con culpa y lógicamente tampoco con dolo eventual. Nuevamente se llega a una confusión entre dolo eventual y culpa, pero se está cada vez más cerca de la estructura de la culpa y más lejos de la estructura del dolo. La voluntad de evitación significa sólo una determinada posición del sujeto frente a los cuidados exigidos[91].

4) *Roxin.* Menciona que con la postura de KAUFMANN se consigue tan sólo un indicio con relación a si el sujeto

[90] ZIELINSKI, *Dolo e imprudencia*, p. 166, citado por SANCINETTI, *Teoría del delito y disvalor de acción*, p. 193.

[91] BUSTOS RAMÍREZ, *Control social y sistema penal*, p. 249.

actuó con dolo eventual. Lo fundamenta en dos circunstancias: *a*) muchas veces las personas confían en su buena suerte sin tomar las debidas medidas de precaución, dando como ejemplo quien tira el cigarrillo encendido en un bosque, y *b*) los esfuerzos por evitar el resultado no excluyen el dolo, cuando ni el propio actor confía en su éxito y sigue actuando a pesar de ello. En el ejemplo de la correa de cuero, los autores dosificaron el estrangulamiento con la esperanza de evitar la muerte, con la que siguieron contando seriamente, por lo que el dolo no queda excluido. En efecto, quien establece factores en contra y, pese a ello, incluye en sus cálculos el fracaso con una posibilidad aproximada del 50%, no puede ser tratado de una manera distinta de quien desde el comienzo fija y evalúa la probabilidad de realizar el tipo en un 50%, sin por ello desistir de su proyecto[92].

Cabe destacar que De la Fuente evalúa que las críticas de Roxin no son del todo convincentes, por lo cual responde a sus ejemplos.

En cuanto al primer supuesto, no puede afirmarse que el autor se haya representado el resultado, pues Kaufmann, a la hora de referirse al grado necesario de representación que exige el dolo eventual, menciona correctamente a la teoría de la probabilidad, al señalar que corresponde excluir del dolo eventual aquellas dudas que han sido nuevamente eliminadas, ya sea por una reflexión objetiva, ya por un inocente autoengaño, pues aquí falta el presupuesto más elemental de toda voluntad de realización, a saber, la existencia real de la representación de que una circunstancia posiblemente se produzca. No cualquier representación da lugar al dolo eventual, debe ser una representación seria.

Con respecto a la segunda objeción, De la Fuente sostiene que para la exclusión del dolo eventual es necesario que la voluntad de evitación alcance cierto grado de viabilidad, pues como dice Kaufmann sólo existe una eficaz voluntad de evitar las consecuencias accesorias si el autor, a la puesta de su dirección y a su propia habilidad, atribuye una posibilidad real de evitar el resultado. No es suficien-

92 Roxin, *Derecho penal. Parte general*, t. I, p. 437.

te para la exclusión del dolo eventual con la realización de una acción de evitación, sino que ella debe cumplir con dos requisitos, a saber: desde el punto de vista *subjetivo*, debe haber confiado plenamente en la eficacia de la acción de evitación; si el sujeto no cree en su éxito, hay dolo eventual. Desde el punto de vista *objetivo*, es necesario que el autor tenga el "dominio de la situación", pues sin ello no hay una *eficaz* voluntad de evitación. No se excluye el dolo eventual en aquellos casos en los cuales el autor confía en la actividad de terceros o de la propia víctima.

Por último, expresa: "En resumen, hay que reconocer que la tesis de KAUFMANN tiene un valor trascendental en la caracterización del dolo eventual, y la mayoría de las críticas que contra ella se han formulado no son del todo acertadas. Pero lo correcto no es tomar esta posición como la única pauta válida, sino que lo más adecuado es utilizarla como uno de los indicadores objetivos necesarios para acreditar su existencia, sin descartar la utilidad de otros"[93].

5) *Jakobs*. Para éste, la teoría de KAUFMANN (a la que denomina "autolimitación") no es concluyente. A la representación de un resto de riesgo que queda a pesar del empleo de la voluntad de evitación –p.ej., a pesar del manejo cuidadoso de la luz de llama en la proximidad de materias fácilmente combustibles–, no se corresponde ninguna voluntad de evitación puesta en marcha: en esa medida queda, pues, un "resto de dolo". Además, con arreglo a esta teoría, los resultados dependen de contingencias de la configuración del caso.

En efecto, quien realiza un riesgo insignificante, pero no lo disminuye activamente (p.ej., quien se acerca sin más a material explosivo con una linterna de seguridad),

[93] DE LA FUENTE, *El concepto de dolo eventual en la doctrina y en la jurisprudencia del Tribunal Supremo de España*, "Cuadernos de Doctrina y Jurisprudencia Penal", 2000, t. 10-B, p. 577 a 581. En cuanto a los otros indicadores, dice: "Así, por ejemplo, para acreditar la existencia del conocimiento del peligro o de la posibilidad del resultado, se deberá tener en cuenta el grado de peligrosidad objetiva de la acción; la mayor o menor capacidad para comprender la situación que demuestre el autor, el plan que haya existido respecto del hecho cometido; la complejidad o simplicidad de la situación, el tiempo en que se desenvolvieron los acontecimientos y el necesario para percibir el peligro, etcétera".

obrará dolosamente por no haber puesto en marcha un propósito de evitar, pero no así aquel que realiza una acción similar después de disminuir activamente un riesgo mayor existente al principio (p.ej., aquel que con voluntad de evitación asegura su linterna que antes no lo estaba)[94].

[94] JAKOBS, *Derecho penal. Parte general. Fundamentos y teoría de la imputación*, p. 332.

CAPÍTULO III

DOLO EVENTUAL Y DELITOS DE OMISIÓN IMPROPIA

A) PLANTEO DE LA CUESTIÓN

§ 20. ***LA ESTRUCTURA DEL TIPO OMISIVO.*** – El comportamiento humano no se encuentra limitado al ejercicio activo de la finalidad, sino que éste se completa con un aspecto pasivo, constituido por la omisión. La omisión por sí no existe, pues siempre se considera en función de una acción determinada[1]. Así, como al tipo activo se le antepone una norma no escrita de carácter prohibitivo (v.gr., no matar), en el tipo omisivo se antepone una norma de carácter preceptiva o imperativa (p.ej., auxiliarás). En el tipo activo se prohíbe la realización de una conducta determinada, mientras que en el tipo omisivo lo que se prohíbe es dejar de realizar la conducta exigida. Teniendo en cuenta esta estructura, en la tipicidad omisiva no existe nexo de causación, dado que es reemplazado por un *nexo de evitación*[2].

[1] "Acción y omisión no son, por tanto, dos formas ontológicamente distintas (A y B) del comportamiento humano, sino dos subclases independientes (A y no A) del comportamiento humano, suceptibles de ser regidas por la voluntad final" (MUÑOZ CONDE, *Teoría general del delito*, p. 48).

[2] "El resultado típico siempre se produce por efecto de una causa, pero ésta no es puesta por el agente. La tipicidad objetiva sistemática omisiva, a diferencia de la activa, requiere que el agente no haya puesto la acción que hubiese interrumpido la causalidad que provocó el resultado. La relevancia típica de la causalidad en el tipo objetivo omisivo, no se produce a través del nexo de causación sino del nexo de evitación" (ZAFFARONI - ALAGIA - SLOKAR, *Derecho penal. Parte general*, p. 574).

El tipo omisivo se clasifica en omisión propia y omisión impropia (o comisión por omisión). Ambos son tipos *circunstanciados*, en tanto el *deber* de realizar la conducta se materializa concomitantemente con la existencia de la *situación típica*. En virtud de ello, se concluye que el tipo objetivo se compone de la situación típica generadora del deber, la no realización de la acción mandada, y el poder de hecho de ejecutar la acción mandada. Esto último significa que la persona tiene que estar en condiciones de materializar la acción debida (v.gr., no se le puede exigir a una persona que salve a quien se está ahogando, si no sabe nadar).

§ 21. ***La omisión propia y la omisión impropia.*** – A continuación diferenciaremos ambos tipos.

a) *Omisión propia.* En este tipo de omisión, el autor no realiza la conducta exigida en un tipo penal determinado. *Omite el mandato* (precepto) prescripto por el tipo objetivo. En consecuencia, cualquier persona que se encuentra frente a la situación típica puede infringir el deber de actuar y sufrir el reproche penal. No tiene, por ende, un tipo activo como equivalente.

En nuestro Código Penal, el ejemplo más caracterizado es la *omisión de auxilio* del art. 108, cuyo texto dispone: *"Será reprimido con multa de setescientos cincuenta a doce mil quinientos pesos, el que encontrando perdido o desamparado a un menor de diez años o a una persona herida o inválida o amenazada de un peligro cualquiera, omitiere prestarle el auxilio necesario, cuando pudiere hacerlo sin riesgo personal o no diere aviso inmediatamente a la autoridad"*.

b) *Omisión impropia.* Veremos esta figura con mayor detenimiento.

1) *Concepto.* En la omisión impropia la conducta exigida no se encuentra descripta en un tipo penal determinado, sino que ella resulta de entender que todos los tipos *comisivos* conllevan la punibilidad de determinadas omisiones que coadyuvan a la producción del resultado prohibido. Así, cabe aquí el remanido ejemplo de tipificar como homicidio a la madre que deja morir de hambre a su hijo, no dándole de comer. El resultado de muerte se alcanza no por medio de una acción (disparar), sino de una omisión.

En consecuencia, todos los tipos activos *pueden realizarse de un modo omisivo.* Por eso, a la omisión impropia se la conoce como *comisión por omisión*: se hace algo, dejando de hacer.

2) *Posición de garante.* Claro que la conversión del tipo prohibitivo en un tipo preceptivo cambia la norma que se antepone al tipo penal. Así, el *no matar* del art. 79 se convierte en *respetar la vida del otro*, que importan dos cosas bien distintas, en tanto lo segundo importa una ampliación del tipo objetivo.

En el ejemplo de la madre que no le da de comer al hijo y éste muere en consecuencia, ¿habrá también que culpar de homicidio al vecino que escuchó gritar de hambre al bebé? ¿Estará en idéntica situación que la madre la maestra de la guardería que, ante la ausencia del bebé en los últimos tres días, no se preocupó por saber la causa de ello? En otro caso, ¿cometerá hurto quien en un transporte público observa que una persona le está metiendo la mano dentro de la cartera a otra y no le avisa a la víctima? La respuesta negativa se impone, a excepción de considerar un derecho penal que arrrase con el principio de legalidad.

Por ello, la doctrina se vio obligada a limitar el círculo de autores, al considerar que "sólo pueden ser autores de conductas típicas de omisión impropia quienes se hallan en posición de garante, es decir, en una posición tal respecto del sujeto pasivo que les obligue a garantizar especialmente la conservación, reparación o restauración del bien jurídico penalmente tutelado"[3].

[3] Zaffaroni, *Manual de derecho penal. Parte general*, p. 455. Asimismo, refiere: "Como consecuencia de que la estructura omisiva es aquí equiparada a una estructura activa, requiere una afectación del bien jurídico de la misma forma que en el caso de la estructura activa. Sus autores son siempre calificados, pues la ley no se limita a construir tipos enunciando la norma deducida de modo imperativo, sino que, debido a la mayor amplitud prohibitiva de esa formulación, limita el círculo de autores a quienes se hallan en una particular relación jurídica que se considera fuente de la obligación en la situación típica" (Zaffaroni - Alagia - Slokar, *Derecho penal. Parte general*, p. 575). Para Muñoz Conde, "sujeto activo no puede ser cualquier sujeto que pueda evitar el resultado, sino sólo el que tenga un deber jurídico específico de evitarlo" (*Teoría general del delito*, p. 54).

§ 22. ***Modalidades para establecer la posición de garante.*** – Hemos señalado que el derecho se vio compelido a recurrir a la posición de garante para limitar la autoría en los delitos impropios de omisión. Lo hizo mediante dos modalidades.

a) *Limitaciones normativas (o codificación de la posición de garante).* Algunas legislaciones procuraron incluir en sus códigos penales en qué casos y bajo qué circunstancias una persona reúne la posición de garante.

1) *España.* En este país la posición de garante se encuentra definida en el art. 11 del Cód. Penal, que dice: "Los delitos o faltas que consistan en la producción de un resultado sólo se entenderán cometidos por omisión cuando la no evitación del mismo, al infringir un especial deber jurídico del autor, equivalga, según el sentido del texto de la ley, a su causación. A tal efecto se equiparará la omisión a la acción:

a) Cuando exista una específica obligación legal o contractual de actuar.

b) Cuando el omitente haya creado una ocasión de riesgo para el bien jurídicamente protegido mediante una acción u omisión precedente".

Cabe destacar que este artículo prevé tres fuentes que dan lugar a la posición de garante: la ley, el contrato y el actuar precedente.

2) *Alemania.* El § 13 del Cód. Penal alemán estipula: "Quien omita evitar un resultado que pertenezca al tipo de una ley penal, sólo incurre en un hecho punible conforme a esta ley, cuando debe responder jurídicamente para que el resultado no se produjera, y cuando la omisión corresponde a la realización del tipo legal mediante una acción".

3) *México.* El Código Penal de este país, en el art. 7°, indica: "En los delitos de resultado material también será atribuible el resultado típico producido al que omita impedirlo, si éste tenía el deber jurídico de evitarlo. En estos casos se considerará que el resultado es consecuencia de una conducta omisiva, cuando se determine que el que omite impedirlo tenía el deber de actuar para ello, derivado de una ley, de un contrato o de su propio actuar precedente".

b) *LIMITACIONES DOCTRINALES.* La doctrina también se encargó de definir las fuentes de la posición de garante.

1) *Stratenwerth.* Puntualiza que la omisión impropia sólo puede ser considerada cuando la omisión lesione un deber de garantía, lo que no sucede en los casos en los que sólo lesiona un deber general de ayuda.

En cuanto a las fuentes de la posición de garante (a las que denomina "situaciones particulares de garantía"), se presentan en función de las fuentes del deber. En su opinión, éstas son: *a*) la ley; *b*) el contrato; *c*) las relaciones especiales de comunidad, y *d*) el ámbito de dominio (custodia de una fuente de peligro y los deberes civiles generales de la seguridad en el tráfico)[4].

2) *Bacigalupo.* Divide a la posición de garante en dos grupos.

a) *Cuidado de un bien jurídico determinado frente a los peligros que puedan amenazarlo.* Se incluyen dentro de este apartado varios supuestos en los cuales una persona está obligada por deberes de cuidado y protección de uno o varios bienes jurídicos determinados. A saber:

1) Deberes que provengan del cuidado de personas necesitadas, como pueden ser los niños, ancianos o enfermos o personas expuestas a determinados riesgos (p.ej., el guía de montaña que debe velar por los excursionistas).

2) Deberes de protección y cuidado derivados de una estrecha relación de vida. En este supuesto se incluyen las obligaciones que nacen del matrimonio o de la vida en común.

3) Deberes de protección y cuidado que surgen para el funcionario público por el ejercicio de sus funciones.

b) *Cuidado de una fuente de peligro frente a la generalidad de los bienes jurídicos.* De ello se derivan:

1) Deberes que nacen del cuidado de una fuente de peligro que puede afectar bienes jurídicos indeterminados. Por ejemplo, el guardabarreras que se encuentra a cargo del paso a nivel que cruza una calle de tránsito peatonal y automotor.

4 STRATENWERTH, *Derecho penal. Parte general. El hecho punible*, p. 293.

2) Deberes inherentes a los propietarios o poseedores de cosas riesgosas que, dentro de su ámbito de dominio, están obligados a controlar y evitar determinados resultados.

3) Deberes derivados de peligros emanados de un hecho anterior del omitente, siempre que resulten previsibles y evitables. Por ejemplo, el fabricante de automotores que, consciente de las fallas que presentan para la seguridad del tránsito, vende los vehículos al público.

4) Deberes de vigilancia que provienen de un contrato, denominados también aceptación o asunción voluntaria o libremente querida[5].

3) *Muñoz Conde*. Sostiene que, más allá de la ley, el contrato y el actuar precedente, como fuente de la posición de garante –de lo que da cuenta el art. 11 del Cód. Penal español–, hay otras fuentes.

a) *Función protectora de un bien jurídico*. Ésta, a su vez, se subdivide de la siguiente manera:

1) En virtud de la vinculación natural que se da en el ámbito familiar (entre cónyuges, padres e hijos, etc.), pero que también puede darse en convivencias de facto, ya sea de parejas o de amigos. En estos casos, puede haber, más allá de la ley, del contrato o del actuar procedente, una posición de garante respecto de la vida, la integridad física y la salud de familiares, allegados, compañeros y amigos.

2) El desempeño voluntariamente aceptado de determinadas funciones en una comunidad de peligro también puede traer aparejada una posición de garante, basada más en el principio de confianza que en el contrato o en el actuar precedente. Por ejemplo, deportes como el alpinismo, que impone la realización de determinadas acciones que tienen por finalidad ayudar a los demás.

3) Una aceptación voluntaria de específicas funciones protectoras, que se da en aquellas personas que de forma expresa o tácita asumen la obligación de impedir determinados resultados (médicos, guardavidas, entre otros).

[5] Bacigalupo, *Lineamientos de la teoría del delito*, p. 170. Se refiere a la clasificación referida, Iribarren, *El delito impropio de omisión en la República de Cromañón*, *LL*, 2005-F-578.

b) *Deber de vigilancia de una fuente de peligros.* En esta fuente se destaca la idea del actuar precedente o de la injerencia (posesión de animales domésticos, manipulación de sustancias explosivas o inflamables, etcétera)[6].

4) *Maurach.* Manifiesta que sólo es posible sostener la existencia de una posición de garante cuando, en virtud de una fuente determinada, la que por razones de necesaria claridad y determinación debe surgir del canon *clásico* (la ley, la libre aceptación, la comunidad de vida o de peligro, la injerencia o incluso la combinación de varias de estas fuentes), alguien deba ocupar una posición de protección de determinados bienes jurídicos o de vigilancia de ciertas fuentes de peligro[7].

§ 23. ***El tipo subjetivo en los delitos de omisión impropia.*** En el delito de omisión, el *tipo objetivo* se encuentra conformado por tres elementos, a saber: *a*) situación típica; *b*) ausencia de una acción determinada, y *c*) capacidad de realizar esa acción. En la omisión impropia, se le agrega la presencia de tres elementos particulares necesarios para la *imputación objetiva* del hecho: la posición de garante, la producción de un resultado y la posibilidad de evitarlo. La posición de garante integra la situación típica de los delitos de comisión por omisión no expresamente tipificados. A la ausencia de acción determinada debe seguir, en ellos, la producción de un resultado. Y la capacidad de acción debe comprender la capacidad de evitarlo[8].

En cuanto al *tipo subjetivo*, señala Zaffaroni que en el delito omisivo hay dolo, dado que, si bien éste no se monta

[6] Muñoz Conde, *Teoría general del delito*, p. 56 y 57; señala este autor: "Quien con una acción ha creado el peligro inminente de un resultado, tiene la obligación de impedir su producción. Así, por ejemplo, quien hace fuego en el bosque para calentarse o para preparar una comida tiene la obligación de procurar que el fuego no degenere en el incendio del bosque, respondiendo del incendio en caso de que se produzca; quien atropella con su automóvil a un peatón tiene la obligación de atenderlo o transportarlo a un hospital y si no lo hace responderá del resultado muerte, si éste se produce. Igualmente, quien tiene un perro agresivo tiene la obligación de controlarlo y de procurar que no ataque a nadie".

[7] Maurach - Gössel - Zipf, *Derecho penal. Parte general*, t. 2, p. 251.

[8] Mir Puig, *Derecho penal*, p. 315 a 317.

sobre una causación, la dirige en tanto hay una previsión de la causalidad[9]. Como analizamos, el dolo importa una decisión en cuanto a la lesión del bien jurídico, que no se encuentra en la culpa. Esta decisión, en los delitos de comisión, no requiere nada más que la disposición del autor *durante su obrar* de asumir el resultado del supuesto de hecho típico como consecuencia de su propio comportamiento, es decir, de emplear la energía necesaria para intervenir activamente en el suceso. En los delitos de omisión tendremos una actitud similar del autor, cuando *omita* obrar en una disposición tal que asuma el resultado del supuesto de hecho típico, como consecuencia del propio comportamiento, es decir, cuando *no* emplee la energía requerida para una intervención activa. En esto reside la equivalencia con el dolo del obrar activo[10].

§ 24. ***Inconstitucionalidad de los delitos de omisión impropia.*** – Los delitos de omisión impropia, por su propia estructura, atentan contra el principio de legalidad. En efecto, la conversión de lo comisivo a lo omisivo, con la única salvaguarda de la "posición de garante", cuya estructura, ya sea dogmática o codificada, no deja de ser endeble, es una prueba cabal de ello. Asimismo, el principio de legalidad

[9] "Cabe partir de recordar que la esencia pretípica de la omisión es la conducta efectivamente realizada: ésta es precisamente la acción final que el sujeto realiza y, en la situación típica, esa misma finalidad está prohibida, por no ser la finalidad debida. Esta finalidad también existe en la omisión culposa, de modo que se impone distinguir entre ambas y, para ello, si bien es necesario el conocimiento efectivo de la situación típica y de una posibilidad de representación de la vía de realización de la acción ordenada, no es suficiente, porque en la tipicidad omisiva dolosa, el agente realiza la acción diferente de la ordenada, precisamente porque se representa la causalidad que provocará el resultado y, por ende, sabe que debe dejarla andar para que ésta advenga y que debe realizar la acción diferente para no interferir el curso causal y, de este modo, dirigir esa causalidad hacia el resultado. En el tipo activo tampoco el agente se monta sobre la causalidad real, sino sobre su representación, porque siempre se trata de un curso causal futuro: el dolo en el tipo activo y en el omisivo, se monta sobre una futura causalidad imaginada, y tanto la imagina en uno como en otro, sólo que para obtener el resultado en el tipo omisivo sabe que no debe interferirla y, para eso, debe realizar la conducta diferente de la debida" (Zaffaroni - Alagia - Slokar, *Derecho penal. Parte general*, p. 584 y 585).

[10] Stratenwerth, *Derecho penal. Parte general. El hecho punible*, p 309.

prevé que una persona debe saber a ciencia cierta cuáles son las conductas prohibidas, y ello no ocurre fehacientemente en la omisión impropia.

En esa inteligencia, señala STRATENWERTH que las objeciones a los tipos penales de omisión impropia no pueden contrarrestarse con el argumento de que hayan fracasado los intentos para precisar en mayor medida la regulación legal. Que ciertos comportamientos considerados merecedores de pena tengan que permanecer impunes, si se renuncia a la estructura de los tipos analizados, no justifica la violación al principio fundamental del Estado de derecho, mucho más cuando la falta de límites claros en la práctica amplía la punibilidad de los delitos impropios de omisión de una manera intolerable. En consecuencia, la punibilidad deberá limitarse a los casos en los que la equivalencia entre la acción y la omisión aparece como incuestionable[11].

En igual sentido, ZAFFARONI considera que los tipos omisivos impropios *deben ser tipificados*, por lo cual sostiene, en consecuencia, que la conversión del tipo activo en omisivo, con la fórmula de la posición de garante, resulta a las claras inconstitucional[12]. A ello agrega que en la ley argentina no existe ninguna construcción de la posición de garante, y de existir sería inconstitucional, pues importaría una materialización de la analogía *in mala partem*[13].

[11] STRATENWERTH, *Derecho penal. Parte general. El hecho punible*, p. 293.

[12] Señala ZAFFARONI que en el Código Penal argentino existen delitos de omisión impropia que se encuentran tipificados, a saber: arts. 227, 235, párr. 2º, 239, 249 y 259 (ZAFFARONI - ALAGIA - SLOKAR, *Derecho penal. Parte general*, p. 582).

[13] Agrega el tratadista: "Habiendo tipos omisivos impropios escritos, no se explica la razón por la cual deba existir una fórmula general para elaborar analógicamente los que no han sido escritos. Los argumentos que se basan en supuestas dificultades de técnica legislativa no tienen más sentido que los que se oponían al númerus clausus en los países que consagraban el *crimen culpæ*. La objeción fundada en que llevaría al Código a una extensión desmesurada es insostenible en medio de un proceso de banalización irresponsable de la ley penal. En síntesis, la vía franca a la construcción analógica de tipos penales en esta materia no tiene otra explicación que una pretendida etización que retrocede en varios siglos, a la confusión entre moral y derecho: *qui peut et n'empeche, péche* (quien no evita el crimen, estando obligado a ello por su estado y teniendo

§ 25. ***Dolo eventual en los delitos de omisión impropia.*** Más allá de la problemática que importan los delitos de omisión, son muchos los autores que admiten expresamente que el dolo eventual puede formar parte de su estructura típica. Así, Jakobs menciona que el dolo directo de segundo grado y el eventual no presentan peculiaridades en lo referente a los delitos omisivos. En el primer caso, el autor juzga la realización del tipo objetivo como segura, o como segura en la realización de un suceso pretendido. *En el segundo, la considera seriamente como no improbable*[14].

Para Stratenwerth, el dolo de la omisión abarca más que el mero conocer o la mera conciencia. Las reglas vigentes para la delimitación del dolo eventual son aplicables en los delitos omisivos. *La total indiferencia frente al bien jurídico en peligro también resulta un caso de dolo*[15].

En orden a este punto, Maurach sostiene que en los delitos de omisión impropia el dolo puede presentarse en cualquiera de sus formas, es decir, desde el dolo eventual hasta la intención[16]. Mientras que para Zaffaroni, al igual que en la estructura activa, cuando se realiza la con-

---

el poder de hacerlo, como los padres, maestros, magistrados y maridos eran responsables), pero no delinque, salvo que un tipo penal debidamente escrito lo establezca. Es inadmisible que se pretenda salvar la legalidad penal con el deber emergente de otras leyes, como puede ser la civil: el incumplimiento de un contrato no es materia del Código Penal, sino que se constituye un injusto civil y nada autoriza a convertirlo en penal en ausencia de un tipo escrito; igualmente la violación de un deber impuesto por el derecho de familia tiene sus sanciones reguladas en ese mismo derecho y, en ausencia de tipo legal, no es admisible la construcción judicial de un tipo para imponer una pena, cuando lo único legal sea un divorcio por injuria o la exclusión hereditaria, con su consecuente efecto patrimonial. No en vano la existencia de estos tipos no escritos ha sido rechazada por toda la tradición francesa. Incluso en Alemania se sostuvo su inconstitucionalidad y en la tradición anglosajona ha sido harto discutida y se la acepta con mucha dificultad, habiéndose objetado con razón que, ante la inexistencia de tipos escritos, no puede resolverse la culpabilidad en función de la necesaria ignorancia *iuris*" (Zaffaroni - Alagia - Slokar, *Derecho penal. Parte general*, p. 581).

[14] Jakobs, *Derecho penal. Parte general. Fundamentos y teoría de la imputación*, p. 1017.

[15] Stratenwerth, *Derecho penal. Parte general. El hecho punible*, p. 310.

[16] Maurach - Gössel - Zipf, *Derecho penal. Parte general*, t. 2, p. 268.

ducta para que el resultado se produzca, habrá dolo directo; cuando se la lleva a cabo a costa de la producción del resultado, habrá dolo eventual[17].

B) Reconocimiento jurisprudencial del dolo eventual en los delitos de omisión impropia

§ 26. ***Introducción.*** – A pesar de todas las dificultades que trae aparejada la aplicación del dolo eventual en los delitos de omisión impropia, éste ha sido aplicado por nuestros tribunales, según veremos en los parágrafos siguientes.

§ 27. ***La causa "República Cromañón".*** – Un ejemplo paradigmático de la aplicación jurisprudencial en nuestro país de la problemática tratada, lo encontramos en la tragedia ocurrida en el local bailable conocido con el nombre de "República Cromañón".

El día 30 de diciembre de 2004, el explotador comercial de un predio habilitado como local bailable y los integrantes de un grupo de música organizaron un recital a desarrollarse en dicho lugar. Durante el transcurso del espectáculo, uno de los concurrentes prendió una bengala, la cual impactó en el techo cubierto por un material altamente inflamable, por lo que se originó un incendio que tuvo como consecuencia la muerte de ciento noventa y tres personas y centenares de heridos. Con posterioridad al siniestro se constató que una de las puertas de emergencia estaba clausurada, a pesar de que el cartel de "salida" continuaba prendido, que los matafuegos estaban vencidos, que el número de asistentes al recital había sido muy superior a la cantidad permitida en la habilitación, entre otras deficiencias que resultaron de la lectura del fallo. El juez de primera instancia procesó al explotador comercial como coautor del delito de homicidio simple, con dolo eventual, en concurso real, y a los miembros del grupo musical como coautores del delito de homicidio culposo. La Cámara confirmó los procesamientos decretados

[17] Zaffaroni - Alagia - Slokar, *Derecho penal. Parte general*, p. 585.

pero modificó la calificación legal asignada. Por ello, al explotador del local lo procesó como autor del delito de estrago doloso seguido de muerte *en la modalidad de omisión impropia con dolo eventual*, y a los músicos como coautores del delito de estrago culposo[18].

a) *La resolución de primera instancia*. Intentaremos un breve resumen de la situación procesal de los imputados.

1) *Situación procesal del explotador del local bailable*. En el auto de procesamiento se le imputó a Omar Chabán:

a) Haber permitido que ingresasen al predio alrededor de tres mil personas cuando, en realidad, estaba habilitado y tenía capacidad para mil treinta y una personas, así como también haber dispuesto un lugar específico (supuestamente el baño de damas) para la permanencia de menores de edad a modo de guardería.

b) Haber omitido, en su calidad de organizador del espectáculo, adoptar las medidas de prevención necesarias para contar con una adecuada dotación de personal de seguridad, que garantizase la integridad de las personas y los bienes que concurrieron esa noche al lugar.

c) No haber, en dicha calidad de organizador, dispuesto lo necesario para establecer un cacheo eficiente y minucioso en la entrada del local para impedir que los asistentes, conocidos y distinguidos en el ambiente por la habitual utilización de pirotecnia, ingresaran con elementos de esas características, teniendo en cuenta que se trataba de un lugar cerrado, en el que se reunirían muchas personas, y que había ocurrido anteriormente un incendio de similares características, y que, además, en sus techos y estructuras presentaba materiales altamente combustibles que no se ajustaban a las normas reglamentarias para el caso de incendios.

d) Haber organizado un espectáculo de esas características, aun a sabiendas de que la única puerta/salida de emergencia del local, que debía estar en condiciones de abrirse desde su interior –accionando la barra antipánico que tenía colocada–, se hallaba sellada con un candado y

[18] CNCrimCorr, Sala V, 27/9/05, "Chabán, Omar, y otros", *LL*, 2005-F-67 y 583.

alambre, por no haber dispuesto lo necesario para que ella se encontrase habilitada, durante la permanencia del público en el lugar, a fin de que pudiera ser utilizada para que el público saliera en caso de siniestro y de esta forma salvaran sus vidas, teniendo en cuenta que sabía que en el lugar había más personas que las permitidas por la habilitación municipal.

e) No haber dispuesto lo necesario, en su calidad de organizador del evento y responsable de los bienes y vidas que se encontraban en el lugar, para, una vez desatado el incendio, organizar un egreso ordenado de las personas que permitiese una evacuación más eficiente y pronta del local.

f) No haber dispuesto lo necesario, en la calidad antes apuntada, para que, una vez comenzado el siniestro, se abriese la única puerta/salida de emergencia con que contaba el lugar.

g) Haber organizado el espectáculo de marras aun a sabiendas que el certificado anti-incendio, expedido por la Superintendencia de Bomberos de la Policía Federal Argentina, se encontraba vencido y que, en consecuencia, ningún organismo especializado garantizaba la seguridad del lugar y sus asistentes en lo relativo a ese tipo de siniestros.

h) Haber llevado adelante el mencionado espectáculo aun a sabiendas de que la mayoría de los matafuegos existentes en el predio se hallaban despresurizados o vencidos.

Tras el análisis de la prueba existente, la instrucción concluyó que Omar Chabán, en su calidad de explotador comercial y responsable de "República Cromañón", organizó el recital de la banda "Callejeros", del 30 de diciembre de 2004, sabiendo:

1) Que el local estaba habilitado como de baile clase "C" y no para realizar recitales. Que el lugar estaba habilitado para mil treinta y una personas y que esa noche ingresaron, en el mejor de los casos, cerca de tres mil; al menos dos mil ochocientas once, según el informe del representante de SADAIC. Que, más allá de los problemas técnicos para habilitar el predio con la denominada "puerta alternativa de emergencia", Cromañón se habilitó con esa puerta que, como tal, debía estar expedita ante la posibilidad de producirse una tragedia; lo que era sabido por

8. Tenca, *Dolo eventual.*

Chabán, quien conocía los términos de la "plancheta de habilitación", en la que constaban sus características y, particularmente, sus funciones.

2) Que el día de los hechos, la puerta estaba cerrada con alambres, un candado y un pasador que desnaturalizaron totalmente su función e impidieron que fuera abierta por el público, conforme su finalidad.

3) Que en caso de emergencia el público acudiría directamente a ella para tratar de salir, dado que poseía un cartel luminoso que la indicaba como salida, y que nada se hizo para desactivar esa indicación, pese a haberse anulado la puerta ya hacía mucho tiempo.

4) Que tenía la obligación de supervisar que se mantuvieran sin trabas tanto las puertas que comunicaban el salón con el *hall*, como a éste con la calle; y pese a ello, había pasadores en cuatro de los seis pares de las primeras y los portones que comunicaban la calle con el *hall* estaban cerrados, para impedir el ingreso de la gente que quería entrar y no podía hacerlo, porque estaba colmada la capacidad física del lugar.

5) Que había una relación directa entre cantidad de gente y salidas disponibles, a los efectos de evitar las consecuencias de un posible incendio a causa del uso de pirotecnia, relación ésta que surge de los mismos planos de habilitación de cualquier local bailable clase "C", por lo que multiplicar casi por tres las personas que entraron y, a su vez, reducir casi en un tercio los metros de salida que debía haber ya para un tercio de esas personas (mil treinta y una), potenciaba enormemente los riesgos de que el público no pudiera salir en caso de siniestro.

6) Que el techo estaba revestido con material sumamente combustible.

7) Que pese al énfasis puesto en la realización de cacheos eficientes, era prácticamente imposible evitar el ingreso de pirotecnia.

8) Que esa pirotecnia era encendida por el público –porque en eso radicaba el "show de bengalas" que acompaña a la banda "Callejeros" y a cualquier otra de rock– y, por sus características, era muy probable que llegara al techo, sobre todo en los lugares donde éste era más bajo.

9) Que a la falta de altura suficiente del techo para no ser alcanzado por la pirotecnia, se le sumó la presencia decorativa de una tela conocida como "media sombra", que facilitaba aun más el posible contacto de aquélla con el material inflamable.

10) Que a causa del uso de pirotecnia, se habían producido con anterioridad, al menos, dos incendios.

11) Que los incendios mencionados se produjeron habiendo mucha menos gente en el lugar que la existente el día de los hechos, y que es previsible que a mayor cantidad de gente hubiera más posibilidades de incendio. Del mismo modo, a menor cantidad de personas menor es la dificultad para apagar posibles incendios y mayor la de evitar consecuencias, pues la poca cantidad de gente de esos días facilitó considerablemente la evacuación del público y el acceso a los medios para apagar el fuego.

12) Que los matafuegos no funcionaban y que, por esa razón, uno de los incendios anteriores debió ser apagado con vasos con agua y con el auxilio del público presente.

Con todo ello, Omar Chabán fue procesado como autor del delito de homicidio simple respecto de las ciento noventa y tres víctimas, en la modalidad de *dolo eventual*. El fundamento del dolo eventual estuvo dado en que Chabán: *a*) se representó como probable el resultado y, no obstante ello, prosiguió en su actitud, y *b*) asintió el resultado sin modificar la situación de riesgo previamente creada.

De este modo, sostuvo la instrucción que "en el dolo eventual el autor se representa el resultado y lo acepta, mientras que en la culpa con representación lo rechaza, confiando en que se podrá evitar. Ahora bien, nada permite sostener que O. E. Chabán *confiaba* en que ante la ocurrencia de un incendio podría controlarlo y no sucedería lo que aconteció la noche del 30 de diciembre, aun cuando los días 1º de mayo y 25 de diciembre de 2004 pudo hacerlo, pero es importante destacar que esos focos ígneos fueron sofocados de forma más que precaria, pues –por ejemplo– se efectuó con vasos de cerveza... en este caso, sin hesitación, la acreditación de este extremo no ofrece mayores inconvenientes en tanto O. E. Chabán hizo públicos sus pensamientos en varios eventos acontecidos en el comercio que regenteaba... Con ello si sus palabras fueron *nos vamos a morir todos* (sic), allí mismo queda en evidencia su dolo –eventual– pues demuestra que en el mismo momento de la acción, el autor juzgó que la realización del tipo del art. 79 del Cód. Penal (homicidio, dar muerte) no era improbable como consecuencia de las condiciones del lugar que el acusado había impuesto, ante un siniestro".

En este esquema, teniendo en cuenta las diferentes teorías analizadas en el capítulo anterior, no cabe duda que, en el caso analizado, el dolo eventual ha sido introducido mediante las denominadas teorías mixtas. Dentro de ellas, el fundamento pendula entre las teorías del asentimiento ("asintió el resultado sin modificar la situación de riesgo previamente creada") y la teoría de la evitabilidad de KAUFMANN (se representó como probable el resultado dejando librada a la suerte que éste no se materializara).

2) *Situación procesal de los integrantes del grupo de música.* A los integrantes del grupo musical se le imputó haber llevado a cabo el recital en condiciones sumamente riesgosas que provocaron la muerte de ciento noventa y tres personas y otros tantos heridos, pues:

a) Se pusieron a la venta alrededor de tres mil quinientas entradas cuando, en realidad, el local en donde se llevaría a cabo –República Cromañón– estaba habilitado y tenía capacidad para mil treinta y una personas.

b) No se adoptaron las medidas de prevención necesarias, para contar con una adecuada dotación de personal de seguridad, que garantizase la integridad de las personas y los bienes que concurrieron esa noche al lugar.

c) No se dispuso lo necesario para establecer un cacheo eficiente y minucioso en la entrada del local para impedir que los asistentes, conocidos y distinguidos en el ambiente por la habitual utilización de pirotecnia, ingresaran con elementos de esas características, teniendo en cuenta que se trataba de un lugar cerrado, en el que se reunirían muchas personas y que anteriormente habían ocurrido incendios de similares características.

d) Se permitió que la puerta que estaba ubicada a la izquierda del escenario (visto de frente), que tenía un cartel lumínico "salida" y contaba con una barra antipánico, estuviera sellada con un candado y alambre durante el recital.

e) Se promovió e incentivó el uso de pirotecnia por parte del público, para lo cual los controles de acceso –que estaban a cargo del grupo– permitían disimuladamente su ingreso.

No obstante ello, la instrucción entendió que, a diferencia de Chabán, no se daban los extremos requeridos por el dolo eventual de homicidio, procesándolos, en consecuencia, por homicidio culposo.

b) *La resolución de Cámara.* Lo primero que destaca la Cámara es que el punto de partida para resolver la situación de los imputados resulta de colegir que la conducta reprochable a éstos haya sido causar la muerte de ciento noventa y tres personas y lesiones a un número indeterminado de concurrentes, *no por haber generado el incendio* ellos mismos en el local bailable, sino por haber realizado una conducta equivalente a ello, cual es la organización del recital sin haber tomado las medidas de seguridad correspondientes para evitar que se produjera ese incendio y las consecuentes muertes y lesiones.

1) *Creación de un riesgo jurídicamente desaprobado. Posición de garante.* La perspectiva es completamente diferente. En primera instancia se juzgó un delito de *comisión*, mientras que la Cámara comienza su análisis bajo el paradigma de un delito de *omisión impropia* o *comisión por omisión*.

En este sentido, referimos anteriormente que la omisión impropia requiere que el autor reúna la posición de garante. Así lo entiende la Cámara y desarrolla el concepto. Considera que si bien tradicionalmente se ha sostenido que dicha posición está generada por la ley, el contrato y la conducta precedente (injerencia), hoy se discute que la ley y el contrato puedan generar responsabilidad penal, y existe un amplio consenso en que dicha responsabilidad sí puede ser generada por dos grandes grupos de casos, que son aquéllos en donde existe la asunción de una función de protección y en los que hay un deber de vigilancia de fuentes de peligro (ver § 22). El primer grupo de casos se da, por ejemplo, con relación a los padres respecto de sus hijos o a los médicos respecto de sus pacientes; y el segundo grupo de casos se fundamenta en la idea de que la creación de peligros trae en sí la obligación de prevenir sus consecuencias dañosas[19].

En palabras de Jakobs, el fundamento de la existencia de una obligación de evitar una configuración de la propia organización que exceda del riesgo permitido es el siguiente: todo titular de un círculo de organización es garante de la evitación de un contacto social que exceda del riesgo permitido. "A cada uno compete, en virtud de su estatus general, esto es, como sinalagma de su derecho de organización, garantizar que en el contacto con una organización ajena, la propia tenga una configuración que se mantenga dentro del riesgo permitido... Qué significa este deber de aseguramiento en el caso concreto es algo que depende del respectivo estado de la organización. Si ese estado es inocuo, el aseguramiento se produce sencillamente por el hecho de no modificarlo en un sentido nocivo, es decir, por la omisión de una conducta arriesgada. Si ese estado es, por el contrario, peligroso, el aseguramiento se produce por una reorganización activa, esto es, por medio de una acción"[20].

Ahora bien, un punto a aclarar es el vinculado a las características que debe tener la conducta precedente para generar una obligación de responder por las posibles afectaciones a bienes jurídicos que de ella se puedan desprender. Sobre ello, hay posturas que van desde la mera adecuación de la conducta precedente hasta el requisito de la antijuridicidad, pasando por una serie de casos intermedios, en los que la conducta resulta ser más que causalmente adecuada, pero menos que antijurídica. Respecto del tema, Roxin sostiene que "la condición decisiva para la fundamentación de una posición de garante es la posibilidad de imputación objetiva del comportamiento precedente causante del peligro. Pues sólo aquél a quien se puede imputar confor-

[19] Roxin, *Injerencia e imputación objetiva*, en Lascano (dir.), "Nuevas formulaciones en las ciencias penales", en homenaje a Claus Roxin.

[20] Jakobs, *La competencia por organización en el delito omisivo. Consideraciones sobre la superficialidad de la distinción entre comisión y omisión*, en "Estudios de derecho penal", p. 349 y 350.

me a parámetros jurídicos el peligro creado tiene la responsabilidad de ello, y, llegado el caso, debe prevenir la transformación de la puesta en peligro en una lesión diferente o en otra más grave. Al respecto, deben tenerse en cuenta todas las circunstancias que también, en todo caso, son determinantes para la imputación objetiva...: *1*) No hay posición de garante si el comportamiento precedente no ha creado un riesgo jurídicamente relevante para la víctima... *2*) No hay posición de garante si el comportamiento precedente se mantiene dentro del riesgo permitido... *3*) No hay posición de garante si falta una relación de fin de protección entre el comportamiento precedente y el resultado inminente"[21].

De esta forma, si la posición de garante depende de una conducta previa que implique la creación de un riesgo relevante derivado de una organización defectuosa, y de una ley que atribuye exclusiva responsabilidad a los organizadores de espectáculos de concurrencia masiva, sobre cuestiones como las descriptas, referidas a la protección de la salud y la integridad física de los concurrentes, previo a cualquier análisis habrá que determinar quién desempeñaba el rol de organizador en el contacto social que nos ocupa, y quién o quiénes han creado un riesgo jurídicamente relevante que obligue a impedir un resultado típico que derive directamente de él.

La Cámara concluye que las pruebas incorporadas a la causa permiten sostener que la organización de los recitales de los días 28, 29 y 30 de diciembre del grupo "Callejeros", en "República Cromañón", estuvo a cargo tanto del imputado Omar Chabán –explotador del local–, como de los integrantes del grupo musical, donde cada parte acordó con la otra cuáles serían sus aportes. En síntesis, fueron Chabán y los integrantes de la banda musical "Callejeros", quienes tuvieron el poder de decisión sobre cuestiones de relevancia, en todo lo atinente a la concreción y desarrollo del espectáculo. En consecuencia, a ambos les compete la posición de garante respecto a la evitación de resultados lesivos para los concurrentes al recital.

Los riesgos más relevantes para la generación del resultado, conllevan que quienes resultan autores de su creación

[21] ROXIN, *Derecho penal. Parte general*, t. I, p. 144 a 150.

también deben responder por la evitación de consecuencias, en virtud de una posición de garante por injerencia. En el caso concreto, la realización de una actividad dentro de esos límites hubiera sido, sin lugar a dudas, el uso del lugar de acuerdo con los términos de la habilitación: capacidad máxima de mil treinta y una personas, salidas habilitadas, actividad bailable y no recitales, lo que además implicaba, entre otras cosas, no utilizar pirotecnia.

Los factores de elevación de riesgo fueron los siguientes:

a) La excesiva cantidad de personas que ingresaron al local.

b) El cambio del objeto de la habilitación: el lugar estaba habilitado como local de baile clase "C", lo que impedía la realización de recitales. Ello así, la desnaturalización del objeto de la habilitación, constituida por haber utilizado un lugar habilitado para que la gente bailara o viera espectáculos de variedades, como un lugar para hacer recitales, implicó una considerable elevación del riesgo para los concurrentes al evento.

c) El uso de pirotecnia en el interior del local y la actitud adoptada por la banda musical al respecto. A partir de las pruebas existentes, se concluyó que la banda de rock difundía e incentivaba el uso de pirotecnia, a lo que se sumó que el día de los hechos el cacheo fue deficiente, lo que permitió que el público ingresara con gran cantidad de bengalas. No puede negarse que, a mayor cantidad de pirotecnia que ingrese al lugar, aumentan las posibilidades de que se produzcan accidentes. Así, más allá de que haya sido una sola la candela que dio en el techo, y no corresponda analizar los efectos de la acumulación de pirotecnia, el facilitar el ingreso de ese tipo de material aumenta de manera relevante el riesgo para los bienes jurídicos protegidos.

d) Las condiciones de las vías de salida y de los medios de extinción y prevención de incendios: en el sumario se acreditó que la puerta de emergencia se encontraba cerrada con candados, y que los matafuegos no estaban en condiciones de ser utilizados para su función específica.

e) El peritaje llevado a cabo por el INTI da cuenta de que el material extraído en el lugar, y que estaba colocado en el techo del sector en donde se produjo el incendio, resultó ser espuma de poliuretano, guata y fibra sintética denominada "media sombra". Que esta última es un material combustible, de baja propagación, cuya muestra gotea ardiendo y se consume por completo, por lo que genera gran cantidad de humo. Mientras que la guata, que también es material combustible de muy baja propagación de llama, se encendió y consumió por completo al alejarse la fuente de radiación. El riesgo que generó el uso de pirotecnia, más el originado por la incorporación de la media sombra como elemento decorativo, y la guata como elemento que estaba por encima de la espuma de poliuretano, implicó un alejamiento del riesgo permitido, de tal magnitud que lo transformó en un riesgo intolerable.

2) *Realización del riesgo en el resultado.* Aun cuando pueda afirmarse que la conducta del autor ha creado un riesgo jurídicamente relevante, no cubierto por el riesgo permitido, puede fracasar la imputación al tipo objetivo si el riesgo creado por la acción del autor no es el que finalmente se realiza en el resultado típico.

Así, se sostiene que faltará la realización del riesgo no permitido si el peligro creado por la acción del autor sólo produce el resultado por una conexión casual con él, si el resultado no es la realización del riesgo no permitido, si la realización del riesgo no permitido no está cubierta por el fin de protección de la norma de cuidado limitadora del riesgo permitido, o si la conducta alternativa conforme a derecho no hubiera evitado con seguridad la producción del resultado.

La Cámara dio por probado que una persona no identificada encendió un elemento pirotécnico que desprendía unas bolas de fuego que, al impactar contra la media sombra que recubría parte del techo del local, ocasionaron que se prendiera fuego y éste se trasladara a la espuma de poliuretano y a la guata que se encontraban más arriba, lo cual generó una gran cantidad de humo. Ante esta situación, el público que se encontraba en el lugar comenzó a pugnar desesperadamente por salir, pero esa salida se vio dificultada porque la cantidad de personas que se encontraban allí era excesivamente superior a la permitida y tanto la puerta alternativa de emergencia, como varias de las que comunicaban al *hall* de entrada con el salón, e incluso el portón principal de ingreso al local, se encontraban cerradas cuando todo comenzó. Mientras tanto, las personas inhalaban los gases tóxicos que se desprendían de la combustión sufriendo sus efectos, entre los que se destacan el agotamiento físico y el desvanecimiento.

La Cámara concluyó, teniendo en cuenta todo lo que hemos referido, que ninguna duda cabía en cuanto a que el riesgo creado se vio plasmado en el resultado.

3) *Conocimiento que tenían los imputados sobre el riesgo creado.* Sobre esto se resolvió lo siguiente.

a) *La representación de Chabán.* La Cámara tuvo por probado que Chabán se representó fehacientemente el riesgo jurídicamente desaprobado, por lo siguiente.

1) Sabía que a causa del uso de pirotecnia se habían producido dos incendios anteriores en el local "República Cromañón".

2) Sabía que los matafuegos no estaban en condiciones de ser usados.

3) Sabía que la puerta de emergencia no podía ser utilizada como tal ante una emergencia.

4) No podía desconocer la posibilidad de que pese a la realización de un cacheo al público ingresante, el material pirotécnico fuera ingresado de igual manera.

5) Los términos de su arenga frente al uso de pirotecnia durante la actuación de la banda de soporte, cuando manifestó "nos vamos a morir todos".

6) Sabía del exceso en la concurrencia de público respecto al máximo permitido.

7) Sabía que el techo estaba revestido por material sumamente inflamable, a lo que se le sumó la "media sombra", que frente a la acción de la pirotecnia facilitó la combustión.

Por todo ello, la Cámara consideró que no podía sino concluirse y tenerse por acreditada la representación de Chabán sobre el riesgo que todo ello implicaba y su decisión de asumirlo en consecuencia.

b) *La representación de los integrantes del grupo de música.* La Cámara consideró que los integrantes del grupo de música se representaron fehacientemente el riesgo jurídicamente desaprobado, teniendo en cuenta lo siguiente.

1) Con respecto al conocimiento de las condiciones de la puerta alternativa de emergencia, corresponde afirmar que si bien no existe la misma certeza acerca de ese conocimiento que puede haber respecto del imputado Omar Chabán, tampoco hay motivos para descartar de plano que no tuvieran noción sobre la inutilidad de esa puerta, a los efectos de una evacuación en caso de producirse un siniestro, fundamentalmente porque, conforme la prueba existente en el sumario, es muy difícil no advertir desde el escenario que dicha puerta estaba cerrada.

2) Tenían pleno conocimiento de que el cacheo se hacía en forma deficiente.

3) Respecto al punto anterior, lejos de hacer algo para evitar el ingreso de pirotecnia o para brindar un recital en el que no se utilizara, pese a la representación que efectivamente tenían acerca de su prohibición y del perjuicio que su uso podría causarle al público y a ellos mismos, buscaron puntualmente un lugar en el que pudieran manejar la seguridad para evitar conflictos con las personas asistentes a raíz del ingreso de pirotecnia.

4) Con relación a la gran cantidad de gente que el grupo permitió que asistiera y cómo ello incidió en los hechos, se encuentra acreditado en autos que los integrantes del grupo musical eran los encargados de emitir las entradas, habiéndose vendido dos mil ochocientas once. Asimismo, corresponde sumar a ello la gente que ingresó sin entradas, por figurar en las listas de invitados, y las que se vendieron en las boleterías el día del recital.

5) Tenían conocimiento de la existencia de material inflamable en el local. Ello se colige de que no les resultaba ajena la ocurrencia de incendios anteriores durante los recitales de otros grupos, por el uso de pirotecnia por parte del público.

4) *Imputación objetiva.* Como hemos referido, la Cámara entendió que, en el caso analizado, se estaba frente a

un delito de *comisión por omisión*. Por ello es que a lo largo del fallo los jueces procuraron acreditar la posición de garante, el riesgo creado y el *nexo de evitación*, por parte de cada uno de los imputados. Se valieron para ello de la denominada *teoría de la imputación objetiva*. Según ésta, la relación que debe existir entre el resultado no evitado y la omisión no es una relación de causalidad sino, precisamente, de imputación objetiva. Dicha relación se presenta cuando la acción omitida hubiera evitado (nexo de evitación) el resultado producido. En estos términos, no se trata ya de sostener la causalidad real de la omisión respecto del resultado, sino la causalidad potencial de una acción no realizada[22].

La imputación objetiva se vale de cuatro presupuestos, a saber:

a) No forma parte del rol de cualquier ciudadano eliminar todo riesgo de lesión de otro.

b) Cuando el comportamiento de los seres humanos se entrelaza, no forma parte del rol del ciudadano controlar de manera permanente a todos los demás; de otro modo, no sería posible la división de trabajo. *Existe un principio de confianza*.

c) El carácter conjunto de un comportamiento no puede imponerse de modo unilateral-arbitrario. Por tanto, quien asume con otro un vínculo que de modo estereotipado es inocuo, no quebranta su rol como ciudadano aunque el otro incardine dicho vínculo en una organización no permitida. Por consiguiente, *existe una prohibición de regreso* cuyo contenido es que un comportamiento que de modo estereotipado es inocuo no constituye participación en una organización no permitida.

d) Puede que la configuración de un contacto social competa no sólo al autor, sino también a la víctima, incluso en un doble sentido: el propio comportamiento de la víctima puede fundamentar que se le impute la consecuencia lesiva, o la víctima se puede encontrar en la desgraciada situación de hallarse en esa posición por obra del destino,

22 Al respecto, ver JAUCHEN, *Posición de garante e imputación objetiva en la causa de Omar Emir Chabán*, *LL*, 2005-F-62.

por infortunio. *Existe, por tanto, una competencia de la víctima*[23].

De todo ello se concluye que:

1) La vida social no puede organizarse sin una permisión de riesgo.

2) Lo permitido se rige, principalmente, por la configuración social generada a lo largo del tiempo, y no por un cálculo de costes y beneficios que se puede aislar de lo anterior.

3) El riesgo permitido excluye el tipo.

4) El carácter contrario a la norma de una puesta en peligro abstracta excluye, en todo caso, una permisión de riesgo: las permisiones positivas sólo rigen bajo condiciones ideales.

5) El riesgo permitido sólo puede determinarse de modo relativo, de conformidad con el rol de quienes en cada caso pueden lícitamente organizar un ámbito vital.

6) Los conocimientos especiales no han de tomarse en cuenta, pero existen supuestos de organización e instituciones que privan de su carácter especial a conocimientos que son especiales en los demás casos[24].

Ahora bien, en cuanto al *riesgo creado*, la Cámara no habla de *conocimiento, sino de representación de aquél* por parte de los imputados. El *dolo eventual* hace, así, su aparición.

c) *El dolo eventual en los delitos de omisión impropia (o comisión por omisión) en la opinión de la Cámara.* Al referirse al dolo eventual, la Cámara hace una serie de salvedades que entendemos de suma importancia, sobre las que volveremos más adelante. Dijo expresamente: "La distinción entre dolo eventual y culpa con representación es uno de los temas más problemáticos del derecho penal moderno; y lo es, sobre todo, por la falta de claridad de las fórmulas que permiten llevarla adelante y por los problemas que acarrea la utilización de aquéllas en los casos concretos. Las fórmulas para distinguir si existe dolo eventual o culpa con representación están de por sí frecuentemente compuestas

[23] Jakobs, *La imputación objetiva en derecho penal*, p. 28 a 36.

[24] Jakobs, *La imputación objetiva en derecho penal*, p. 67 y 68.

por términos demasiado abiertos, que a la hora de su aplicación a un caso concreto permiten al intérprete darles un rendimiento tal que el mismo caso puede ser visto como cometido con o sin dolo. Asimismo, la mentada amplitud, lleva más de una vez a una manipulación en función de objetivos de política criminal o de incorporación de factores que tienen que ver con la discrecionalidad, o arbitrariedad del juzgador, muchas veces producto de intenciones vindicativas que dejan de lado un análisis adecuado a las categoría e instituciones elaboradas por la dogmática penal, en sus diferentes manifestaciones.

Pese al panorama planteado, la práctica judicial demostró cierto consenso a la hora de aplicar esas fórmulas, mas lo hizo sobre la base de casos más o menos claros, en los que la forma en que se llevó adelante el plan del autor y las características del riesgo generado hacían pensar, no que había dolo eventual, sino que era imposible que no lo hubiera. Esta clase de casos, generalmente son, por ejemplo, del tipo del ladrón que dispara para generar una vía de huida, o el de quien le clava a otro un cuchillo en el estómago de manera repentina sin reflexionar sobre el alcance de su conducta. Sin embargo, a poco que se empiecen a presentar variantes de esos casos, la solución empieza a ser más discutible, y en esa discusión cobran un papel fundamental no los hechos en sí, sino el propio contenido de las fórmulas utilizadas para afirmar o negar el dolo, que obran como tamiz en la interpretación de aquéllos. Piénsese, por ejemplo, en el caso de quien contagia a su pareja el virus HIV y no le avisó antes que estaba infectado. Si alguna doctrina exige que el autor acepte la producción del resultado como consecuencia de su actuar, ¿se puede pensar que quien ama a su pareja acepte realmente las consecuencias de un posible contagio? Se podrá sostener que no importa que el autor acepte o no el resultado, sino que solamente interesa que se lo represente como muy posible. Pero entonces, imaginemos que el autor no le informó de su condición a la pareja porque tenía miedo de ser abandonado: ¿pudo ese miedo generar algún mecanismo inconsciente que le permita al autor quitar esa representación de su mente? Y si ello ocurre, ¿tiene alguna relevancia para el análisis del caso? Con situaciones de hecho no tan claras como aquellas sobre las que ha existido el mentado consenso de doctrina y jurisprudencia, empiezan a abrirse interrogantes que van poniendo en crisis la distinción que nos ocupa, y a medida que esos interrogantes afloran, las respuestas comienzan a resultar menos aceptables para un interlocutor crítico y sin ninguna decisión valorativa del caso tomada de antemano.

Si a este tipo de casos se le suman las problemáticas propias del delito de omisión, y en particular, las que derivan de los casos de omisión fundados en una posición de garante por organización, el problema empieza a ser cada vez más difícil de resolver".

1) *Crítica al fallo de primera instancia.* Para la Cámara, surge del sumario que Chabán explotaba "Cromañón" desde comienzos del año 2004, y ya en mayo se produjo un incendio. Luego, en diciembre, el día 25 se produjeron otros dos. Es indiscutible que el hecho de que en tan poco tiempo el local haya estado expuesto a este tipo de siniestro en dos recitales, y en uno de ellos dos veces, hizo que el imputado se representara, cuanto menos, que el riesgo de incendios en el lugar era muy superior al normal. En el esquema de WELZEL, la representación de esta probabilidad es equiparable a decir que el autor "cuenta con que el resultado se produzca", y aquel que cuenta con ello puede esperar o desear que el resultado no ocurra, pero de ninguna manera puede confiar. Para la jueza esa confianza no puede darla el hecho de que los incendios anteriores se hayan apagado –uno de ellos, con vasos con agua y cerveza–. En efecto, y como bien sostiene la Cámara, una confianza de este tipo sería sumamente precaria y no se trataría de la confianza requerida para descartar el dolo eventual[25].

Es importante destacar aquí que la imputación a Chabán *no es el haber causado el incendio, sino, por omisión impropia, el no haber tomado las medidas para que éste no ocurriera.* La relevancia de esta aclaración es que, en general, en los casos de acción es el propio imputado el que

[25] WELZEL sostiene que no puede hablarse de la existencia de una confianza en evitar, cuando el autor deja el resultado librado al azar y no tiene una chance efectiva para evitar lo que él no pueda dominar (*Derecho penal alemán*, p. 100).

domina los riesgos que se desprenden de su plan de acción; sin embargo aquí, el fundamento de la imputación es que él sabía que no podía dominar el hecho de que los asistentes al recital ingresaran y prendieran elementos pirotécnicos, motivo por el cual, debió haber contado con ello a la hora de calcular los costes del contacto social afrontado.

Entonces, en el esquema de la jueza, Chabán no hizo nada para neutralizar el riesgo creado para los bienes y las personas, con la organización del recital en las condiciones en que estaba el local el 30 de diciembre de 2004, y no pudo por ello confiar en que no se produjeran resultados perjudiciales. Éstas son las razones que la llevaron a sostener la calificación de homicidio doloso.

La Cámara critica el razonamiento seguido por la instrucción, al señalar: "El primer motivo por el cual se puede cuestionar la solución dada al caso por la jueza es que ésta en su razonamiento trató de igual manera la representación de Chabán sobre el incendio y sus posibles consecuencias y la representación del nombrado sobre el resultado de muerte de los asistentes, porque no se hace cargo de la distinción entre el dolo de peligro –que recaería sobre el incendio– y el dolo de lesión –referido al resultado de muerte–, que no son lo mismo. Dicha distinción no es de manera alguna menor o carente de consecuencias, ya que, en caso de ser aplicada al supuesto de hecho que nos ocupa, implicaría la posibilidad de subsumirlo en alguna otra figura con mejor derecho de ser aplicada. Nos estamos refiriendo concretamente a la posibilidad de que el caso sea analizado como un supuesto de estrago doloso con resultado de muerte, tipificado por el art. 186, incs. 1°, 4° y 5° del Cód. Penal, o, incluso, bajo su forma imprudente, descripto en el art. 189".

2) *Diferencia entre el dolo de lesión y el dolo de peligro. Posibilidad de aplicar al caso la figura del estrago seguido de muerte con dolo eventual.* La Cámara realiza una particular interpretación de los elementos de juicio existentes en el sumario, para concluir que la calificación que corresponde a la conducta desplegada por Chabán es la prevista en el art. 186, inc. 5°, del Cód. Penal.

a) *El dolo eventual respecto al delito previsto en el art. 186, inc. 5º (calificación legal de Chabán).* El art. 186, inc. 1º, reprime la conducta de quien *"causare incendio... si hubiere peligro común para los bienes"*, previendo una pena que va de tres a diez años de reclusión o prisión. Por su parte, en el inc. 4º se agrava la pena en su máximo a quince años, en caso de que el peligro fuera de muerte para alguna persona, y según el inc. 5º, las escalas son de ocho a veinte años de reclusión o prisión, *"si el hecho fuere causa inmediata de la muerte de alguna persona"*.

Al respecto, señala Creus que "el incendio sólo se pune como delito contra la seguridad común, si es un medio empleado o que haya repercutido en la creación de un peligro común". Los resultados arrojados por los peritajes mencionados permitirían concluir que se trató de un incendio, en el sentido jurídico penal del término, capaz de producir un peligro común[26].

En el caso del inc. 5º, por su parte, se requiere que el peligro creado por el incendio se haya concretado en el resultado de muerte. En este caso, el resultado debe ser una consecuencia directa del riesgo creado por el incendio. Como dijimos, si se repara en los incs. 4º y 5º del art. 186, se verá que se trata de figuras agravadas, en el primer caso, por la producción de un riesgo particular y, en el segundo, por la producción de un resultado determinado. Se trata, en ambos casos, de delitos preterintencionales.

A partir de estos supuestos, concluye que la muerte por asfixia (que fue la causa determinante en la muerte de un importante número de víctimas) es una consecuencia absolutamente vinculada a la producción de un incendio de determinadas características (especialmente en lugares cerrados). No se requiere que el autor tenga que conocer la totalidad de las circunstancias concretas que ocasionan la muerte, es decir, no debe contar necesariamente con que la muerte se produzca por quemaduras o por la asfixia ocasionada por determinado componente químico que contienen los objetos existentes en el lugar. También señala que la característica principal en el esquema de los delitos pre-

26 Creus, *Derecho penal. Parte especial*, t. 2, § 1363, p. 4.

terintencionales es que sólo el peligro es realizado con dolo, mientras que el resultado, por el contrario, se realiza por imprudencia.

Por su parte, el art. 189 del Cód. Penal reprime la conducta del que *"por imprudencia o negligencia, por impericia en su arte o profesión o por inobservancia de los reglamentos u ordenanzas, causare un incendio"* y agrava la pena en el caso de que *"el hecho u omisión culpable pusiere en peligro de muerte a alguna persona o causare la muerte de alguna persona"*. Sostiene la Cámara que en lo que respecta al tipo objetivo del delito tipificado por el art. 79 del Cód. Penal y el del art. 186, inc. 5°, de ese cuerpo legal, serían prácticamente idénticos, dado que describirían la conducta de quien produjera la muerte de una persona, aunque el último es más específico en cuanto al medio, que debe ser uno que genere un peligro común para los bienes y las personas.

En virtud de ello, y dada la posición de garante de Chabán, éste habría creado un peligro para las personas que la noche del 30 de diciembre concurrieron al recital de la banda "Callejeros" y, a consecuencia de ese peligro, se habría producido la muerte de ciento noventa y tres personas, por lo que sería aplicable, hasta aquí, tanto la figura de homicidio como la de estrago (incendio) con peligro para las personas agravado por el resultado de muerte. A partir de ello, manifiesta que "para determinar qué tipo penal debe aplicarse al caso, queda por analizar entonces, en primer término, si el delito de peligro fue llevado a cabo de manera intencional o imprudente. Si se llega a la conclusión de que fue llevado a cabo de manera imprudente, no se aplicará ya ni el art. 79 ni el 186, sino el art. 189 del Cód. Penal. En cambio, si se sostiene que el incendio fue llevado a cabo de manera dolosa, habrá que verificar si ello se extiende al resultado de muerte, supuesto afirmado por la jueza, o si corresponde que se realice alguna diferenciación en la forma de representación que el autor tuvo del incendio y la que tuvo con respecto al resultado de muerte fruto de aquél".

Por tanto, Chabán debió representarse el acaecimiento de un posible incendio con consecuencias para los bienes y personas, pues él sabía que el lugar estaba excedido en la cantidad de gente que podía entrar; sabía que las salidas de emergencia no eran suficientes para esa gente; sabía que se podían prender bengalas; sabía que podían dar en el techo que estaba recubierto con material inflamable, etcétera. "La representación del síndrome de riesgo, más la inexistencia en el caso de razones que permitieran al imputado confiar –no desear– que no se produjera un incendio, llevan a sostener que el imputado debió contar con la producción de un nuevo incendio en caso de repetirse las circunstancias que dieron lugar a otros anteriores. En conclusión, pese a las dudas y debates que el caso puede plantear, este tribunal, en base a la prueba obrante en el sumario hasta este momento, *no encuentra razones para descartar que el imputado haya actuado con dolo eventual de incendio.* Empero, las conclusiones son otras al tratarse el *dolo del imputado con respecto al resultado de muerte*".

b) *Inexistencia de dolo eventual por parte de Chabán respecto al resultado muerte.* También mediante una particular interpretación, la Cámara sostuvo que no hubo por parte de Chabán dolo eventual respecto al resultado muerte. Para ello destaca:

1) La propia personalidad del imputado, que por su egocentrismo bien podría haber generado un mecanismo inconsciente que le haya hecho creer que a él las cosas no pueden salirle mal.

2) La habituación al riesgo por parte del imputado, que con sus años de experiencia en la organización de recitales, en idénticas condiciones a las del 30 de diciembre, pudieron hacer desaparecer de su mente una seria representación de la posibilidad de que el peligro se produzca efectivamente, y ello, incluso, más allá de sus propios dichos.

3) La incidencia, en el caso, del contenido de *pœna naturalis* para el autor.

4) La circunstancia de que se encontraba dentro del local cuando ocurrieron los hechos, que ubicaría el caso en un supuesto de tentativa de suicidio, a estar a la forma en que la imputación global se traslada a su persona.

5) El haber apagado dos incendios anteriores, echando agua al fuego con una manguera para tal fin o con vasos para cerveza llenos de agua, pudo haberle generado al imputado un mecanismo psíquico que le permitía creer que, si bien era cierto el riesgo de incendio, éste podría neutralizarse siempre de alguna forma.

En consecuencia, si a fin de afirmar que el imputado obró con dolo eventual de incendio se sostuvo que era relevante la experiencia previa dada por los dos incendios anteriores, no puede omitirse en la valoración justamente esa experiencia, puesto que le demostró al imputado que, pese a que el lugar se incendiara, no había ningún perjuicio para las personas que estaban en él. Ello así, porque los incendios fueron de una dimensión pequeña que permitieron al imputado y sus colaboradores evacuar el lugar y apagar el fuego rápidamente, tras lo cual, incluso, se continuó con el espectáculo como si nada hubiera pasado. En este sentido, varios testigos han manifestado, a propósito de los incendios anteriores, que pensaron que se apagaría rápidamente como ya había ocurrido y, en algunos casos, que por ese motivo no era conveniente retirarse del lugar, debido a que, por los controles de entradas, después no podrían volver a ingresar. Asimismo, el imputado vivenció que, en caso de prenderse fuego el techo por acción de las bengalas, las llamas no se expandían de manera tal de abarcar rápidamente todo el lugar, sino que se apagaban cuando el material combustible se consumía, lo que no tardaba mucho en ocurrir.

Con respecto al humo que el material que recubría el techo emanaba tras su contacto con el fuego, que desprendió tanto el 30 de diciembre como en los incendios anteriores, el imputado no pudo experimentar sus consecuencias tóxicas para la salud de las personas, dado que la rápida evacuación del lugar impidió que los gases surtieran efecto sobre aquéllas.

En definitiva, la experiencia vivida con anterioridad por el imputado pudo haberle hecho suponer que, de producirse un incendio, no sería nunca de las dimensiones que tuvo el del *shopping* del Paraguay, al que Chabán hizo referencia en sus dichos la noche de los hechos. Por esos motivos, la muerte por quemaduras de los asistentes, a la que también hizo alusión, no aparecería como una representación seria, equiparable a un "contar con" que ese resultado se produzca; dado que si había un incendio, la evacuación podría efectuarse en un tiempo tal que no llegaría nunca a causar ese resultado.

En ese marco, los dichos de Chabán aparecen más como una exageración tendiente a lograr de manera más efectiva la reacción del público, generando una imagen de tragedia para hacerlo poner en esa situación, que como un verdadero vaticinio de lo que él creía que iba a suceder. Cabe remitir nuevamente: Chabán se encontraba dentro del lugar, ¿su intención era suicidarse?, porque al afirmar un nivel subjetivo en un sentido, lo debemos trasladar en otro, lo que no tiene lógica. Aquí es, por otra parte, donde toman relevancia los planteos de la defensa vinculados a los efectos del cianuro de hidrógeno y al desconocimiento que de éstos tenía, tanto el gerenciador como la mayoría de la población, dado que es de venta libre y, principio de confianza mediante, al ser adquirido para su colocación y controlado por el organismo respectivo, no fue objetado como isonorización.

El imputado no tuvo entre sus cálculos las dificultades que podrían generar para la evacuación del público, no las llamas, sino los efectos de los gases tóxicos, que fueron debilitando a los asistentes de manera tal que se produjeron desmayos que generaron un taponamiento de las salidas por amontonamiento de cuerpos, lo que concluyó de la manera en que se desencadenaron los acontecimientos. No se puede ignorar, en ese sentido, que el incendio del día de la tragedia fue efectivamente muy parecido a los anteriores, no solamente en lo que hace a su origen, sino también en lo que respecta a su desarrollo y extinción. La gran diferencia fue, obviamente, la imposibilidad de evacuar el lugar como sí se lo hizo en las anteriores ocasiones, dado que la cantidad de gente y la falta de luz imposibilitó que se produjera de manera similar. Dichas circunstancias nunca hubieran producido la muerte de los asistentes por quemaduras, lo que daba la razón al imputado en cuanto a su representación de los efectos que un eventual incendio podría tener, puesto que la forma en que finalmente se produjo el resultado de muerte, si bien ingresaba dentro de lo posible, no fue nunca efectivamente prevista por él, circunstancia ésta que implica una diferencia sustancial con la representación de la entidad del riesgo, que sí fue tenida en cuenta por éste.

En consecuencia, analizar las características de los incendios anteriores a los fines de afirmar, como lo hizo la jueza, que no existían razones para que el imputado tuviera una confianza seria en la no producción del incendio, y no analizarlas para evaluar la representación del resultado de muerte para alguna persona que éste pudo haber tenido, resulta una forma arbitraria de tratar la prueba, dividiéndola de manera perjudicial para el imputado. Por ello, de lo expuesto tenemos que Chabán se representó efectivamente la posibilidad de que, como consecuencia de sus defectos de organización, se produjera un incendio que, por las características de las circunstancias en que se podría dar, generaría inevitablemente un peligro para las personas y los bienes que hubiera en el lugar. Sin embargo, no se representó de igual manera la posibilidad de muerte de las personas, las que si bien fueron en el caso una consecuencia previsible del incendio, no fueron previstas por el imputado por la forma en que éste efectivamente experimentó los incendios anteriores que sufrió "República Cromañón", y por el conocimiento que éste tenía de las derivaciones que podría tener un incendio como los que preveía que podría haber en el lugar, que no le permitió contar con las derivaciones que la emanación de gases tóxicos podría generar para la vida de los asistentes, él incluido. Es así que, si se sostiene, tal como la Cámara lo entiende, que el dolo de peligro y el de lesión no son idénticos y que si bien el segundo puede abarcar al primero, ello no ocurre a la inversa, una vez determinado, como se lo hizo, que el dolo eventual abarca solamente la situación de peligro, y no así el resultado, que se produjo –de acuerdo al desarrollo de las teorías diferenciadoras entre uno y otro supuesto– con culpa con representación, debe descartarse la figura descripta en el art. 79 del Cód. Penal y aplicarse al caso la del art. 186, inc. 5°, es decir, la del incendio doloso agravado por el resultado de muerte, por ser la especie que concurre en el caso la del dolo eventual, en calidad de autor (art. 45, Cód. Penal).

c) El error en la valoración del riesgo, acorde con el art. 189, párr. 2°, del Cód. Penal (calificación legal de los integrantes del grupo de música). Para la Cámara, tanto Chabán como los integrantes de la banda musical tenían una posición especial derivada de su condición de coorganizadores, que los hacía garantes de la evitación de riesgos para el público concurrente que derivaran de los defectos de la organización.

Por un lado, todos estuvieron de acuerdo en la realización del recital que llevó al incendio que produjo la muerte de parte del público que concurrió a él; por el otro, el deceso de esas personas no se produjo por una fatalidad, sino como consecuencia de una serie de irregularidades que tornaban predecible el resultado de incendio. Los imputados integrantes del grupo musical conocían efectivamente que dejaban entrar pirotecnia a un lugar cerrado; que el público que los seguía encendía gran cantidad de ésta durante el desarrollo de los recitales y que parte de ella podía impactar en el resto de la gente o en el techo, el cual estaba revestido con un material que, ignífugo o no, se había prendido en dos ocasiones anteriores; que era probable la producción de un incendio porque ello ya había sucedido en dos oportunidades a causa del uso de pirotecnia; que más allá de la cantidad exacta de gente que admitía, el lugar estaba colmado de público, a punto tal que se debieron cerrar las puertas y dejar público afuera; que, según lo manifestado por Chabán en el recital del 30 de diciembre y en los dos anteriores del 28 y 29, no alcanzarían las salidas para la cantidad de gente que había si se producía un siniestro.

No obstante ello, consideró la Cámara que "el hecho de que carecieran de algunos conocimientos específicos que Chabán sí tenía, como los vinculados a los términos de la habilitación en cuanto a cantidad de gente y objeto de la explotación comercial; estado de las condiciones de seguridad para evitar incendios, entre las que se encontraba la existencia de matafuegos listos para ser accionados en caso de ser necesario; la condición del material que revestía el techo; las cosas que sobre el lugar les pudo haber dicho Chabán para que hicieran allí los recitales; el desconocimiento sobre la forma concreta que tendría Chabán para apagar incendios si estos se producían; y, principalmente, la falta de una experiencia como la que tuvo Chabán con los incendios anteriores que le permitió conocer que todo aquello que podría ser considerado en teoría como peligroso, también lo era en la práctica, *pudieron haber llevado a los imputados a una valoración errónea del alcance del riesgo creado"*.

Por ello, entendió que la calificación aplicable era la de estrago culposo, previsto en el párr. 2° del art. 189 del Cód. Penal.

d) *El fallo del Tribunal Oral*. El Tribunal Oral n° 24 condenó a Chabán a la pena de veinte años de prisión como coautor responsable del delito de estrago doloso calificado (art. 186, inc. 5°, Cód. Penal) por haber causado la muerte de ciento noventa y tres personas y lesiones a por lo menos mil cuatrocientos treinta y dos, en concurso real con el delito de cohecho activo (art. 258, Cód. Penal); a Argañaraz (*manager* de la banda) a la pena de dieciocho años de prisión como coautor del delito de estrago doloso calificado, en concurso real con el delito de cohecho activo en calidad de partícipe necesario (art. 258, Cód. Penal), y al subcomisario Díaz a la pena de dieciocho años de prisión como autor del delito de cohecho pasivo (art. 256, Cód. Penal), en concurso real con el delito de estrago doloso calificado en calidad de partícipe necesario. Los miembros de la banda fueron todos absueltos. El Tribunal Oral se esforzó en fundar su sentencia, de manera tal de no mostrar fisuras desde el punto de vista dogmático. Realizó, en consecuencia, un pormenorizado, preciso y extenso desarrollo de todos y cada uno de los elementos de la teoría del delito aplicada al caso en cuestión. Básicamente señaló lo siguiente.

1) El delito de incendio previsto en el art. 186 del Cód. Penal permite su atribución a título de comisión por omisión.

2) El art. 186 reprime aquellos incendios que, por su incontrolabilidad y poder expansivo, son aptos para generar un peligro común para bienes o personas indeterminadas.

3) La comisión por omisión no es inconstitucional cuando se muestra estructuralmente idéntica a la realización activa del tipo, por resultar directamente subsumible en los tipos activos de la parte especial, y si esto es así, el castigo de este reducido número de omisiones no requiere la existencia de ninguna cláusula de equivalencia.

4) Dado que en la comisión por omisión se pretende castigar al omitente según un tipo comisivo de la parte especial, para afirmar la tipicidad de la omisión no basta con la mera infracción al deber especial de actuar del garante, sino que resultará necesario hallar una identidad material y estructural entre la acción y la omisión, que sólo puede encontrarse en el plano normativo; caso contrario, se afectaría el principio de legalidad.

5) Sólo cuando de la posición ostentada por el sujeto surge un dominio sobre el riesgo típico normativamente idéntico al que se obtiene por vía del movimiento corporal que pone en marcha el proceso causal, se puede afirmar la identidad entre la omisión y la comisión activa.

6) Si un sujeto tiene la capacidad de acción de dominio de la causa fundamental del resultado y, además, asume mediante un acto personal ese dominio de modo efectivo, se sitúa en la posición específica de garantía del tipo de comisión por omisión y, así, su omisión podrá ser idéntica a la realización del tipo mediante una acción positiva.

7) Esa posición específica de garante fue revestida por Chabán y Argañaraz, como únicos organizadores del recital.

8) Los integrantes del grupo musical no revistieron la posición de garante.

9) Las contravenciones verificadas aquella noche, sobre las que el subcomisario Díaz asumió el compromiso de no actuar, están directamente relacionadas con algunos de los riesgos típicos sucedidos. En el caso concreto, el exceso de concurrentes y el acceso con pirotecnia y su uso en el interior del local comercial. El imputado brindó un aporte eficaz al hecho de los autores. Actuó con un doble dolo, consistente en el conocimiento y la voluntad de aportar esa colaboración, y en que ésta se refería al hecho principal doloso de los coautores del incendio.

A continuación abordaremos el tratamiento del *dolo eventual* en esta sentencia. Contrariamente a lo sostenido en las dos instancias anteriores, el Tribunal Oral consideró que respecto al delito de estrago doloso calificado había mediado por parte de los autores dolo *directo* y no *eventual* (coincidió con aquellas instancias en que había culpa respecto de la muertes).

Como primera cuestión, el Tribunal pone de resalto un error conceptual que, desde su óptica, comete la doctrina nacional, al tratar el tipo subjetivo del delito de incendio. Señala que las posiciones diferenciadas en cuanto a si se requiere dolo directo o alcanza con el dolo eventual, tienen su origen en la confusión de los conceptos de *dolo de lesión* y *dolo de peligro*. "En efecto, si bien los autores nacionales son contestes en afirmar que el delito de incendio es un delito de peligro concreto, a la hora de analizar el aspecto subjetivo de la figura, recurren a las categorías clásicas del dolo de lesión, sin reparar en que este concepto no es el mismo que el de dolo de peligro. De ahí las dificultades y discrepancias que muestran cuando intentan describir los elementos del dolo necesario para la concreción del tipo. La cuestión, entonces, pasa por distinguir la diferencia entre el dolo de lesión y el dolo de peligro, porque si bien el primero implica el segundo, no pasa lo mismo a la inversa. Brevemente, el dolo de peligro parecería ser siempre un estadio previo al de lesión. Una autora española que ha sabido ver con claridad el tema y cuya estructura vamos a tomar como punto de partida para nuestro esquema teórico de análisis, es TERESA RODRÍGUEZ MONTAÑÉS, quien en su trabajo sobre los 'Delitos de peligro, dolo e imprudencia' expuso magistralmente la distinción apuntada. Y comienza a explicarnos el punto de partida de la distinción cuando refiere: 'Es cierto que el momento de representación exigida para el dolo de peligro y el dolo de lesión es idéntico: en ambos basta con la representación del peligro concreto, de la posibilidad concreta de la lesión. Y, desde esa representación, las posibles posturas del autor, a los efectos de delimitación que aquí interesan, son las siguientes: que se tome en serio tal posibilidad, conformándose, resignándose con ella (supuesto en el que habrá dolo eventual de lesión y dolo de peligro), o bien que no se conforme con tal posibilidad, sino que confíe en poder controlar el peligro y evitar finalmente la lesión. En este supuesto no hay dolo eventual de lesión. ¿Y dolo de poner en peligro? Sí lo habrá, tanto cuando el autor lo acepte y se conforme con él (o incluso lo busque, casos –excepcionales– de dolo directo de peligro), como cuando por los datos de la situación objetiva no le queda más remedio que aceptarlo. Existe un determinado momento en el desarrollo del curso causal en el que el autor deja de estar ya en situación de poder confiar de manera fundada en la evitación del peligro concreto, si bien aún puede seguir confiando en evitar la lesión. Ése es el ámbito del puro dolo de peligro sin dolo de lesión'... Continúa con el desarrollo de la idea y marca la diferencia con las posturas primeramente reseñadas, al decir que 'es cierto, como sostiene HIPPEL, que el peligro es un estadio previo a la lesión y que la producción de la lesión no va necesariamente unida a la puesta en peligro, pero no puede olvidarse que el peligro es un concepto referencial, necesariamente, referido a la lesión. Por tanto, no puede interpretarse el querer el peligro como algo absolutamente independiente del querer la lesión. La cuestión clave, por tanto, más que la dirección de la voluntad a la lesión o al peligro, es la de determinar las posibilidades objetivas en las que el sujeto puede basar su confianza y el distinto marco de confianza admisible respecto del peligro y respecto de la lesión'... Para echar mayor claridad al asunto, RODRÍGUEZ MONTAÑÉS trae a colación dos casos concretos. Uno, el famoso caso 'Tell' del tirador experto que lanza la flecha hacia la manzana apostada en la cabeza de su hijo; el otro, una referencia a los ejemplos de conducciones automovilísticas temerarias. Al respecto dice: 'En el caso Tell, Tell confía fundadamente en no matar a su hijo, basándose en que es un experto arquero, pero, consciente del elevadísimo grado de peligrosidad de su acción, desde el momento en que decide lanzar la flecha ya no puede confiar en la no producción del peligro, conforme al concepto del mismo aquí defendido. Por supuesto que no lo desea, como no desea la lesión, pero si decide actuar no tiene más remedio que conformarse con él. El 'no quererlo' escapa al ámbito de su capacidad: No puede 'no quererlo' si quiere actuar, y efectivamente, quiere actuar. En los supuestos de maniobras peligrosas en el ámbito de la circulación, con conciencia del peligro concreto, normalmente el sujeto no acepta o no se conforma con la lesión (pues ello significaría la propia autolesión) y confía en su no producción, pero a partir de un cierto nivel de riesgo y en la medida en que decide seguir adelante, no tiene más remedio que conformarse con la puesta en peligro propia y ajena. No es que el sujeto actúe confiando en poder evitar el concreto peligro, sino que asume esa autopuesta en peligro, confiando en que, finalmente, pueda dominarlo y evitar la lesión'... Y concluye, de manera definitiva, sobre los parámetros que han de tenerse en cuenta para la distinción entre el dolo eventual de lesión y el verdadero dolo de peligro al sostener que 'desde el momento en que el objeto del bien jurídico atacado que entra en el ámbito de eficacia de la acción peligrosa deja de poder ser defendido con seguridad si el sujeto sigue actuando y éste, pese a ser consciente de ello, actúa, puede afirmarse el dolo de poner en peligro (no queda margen de confianza racional respecto a las posibilidades de evitación del peligro). Si, pese a todo, el sujeto confía fundadamente en poder dominar el curso causal y evitar la lesión, habrá de negarse dolo eventual respecto de ésta. Dolo de lesión y dolo de peligro no son, pues, conceptos idénticos y la diferencia estriba en el elemento volitivo, pero interpretado en la forma aquí propuesta y no como mera contraposición de voluntad de lesionar frente a voluntad de poner en peligro'... Pues bien, nos resulta por demás evidente que si por un lado afirmamos que dogmáticamente el incendio es un delito de peligro, el dolo como aspecto subjetivo de lo injusto típico tiene que guardar la estructura del verdadero dolo de peligro. Desde esta perspectiva, no podemos confundirlo con el dolo eventual de lesión, porque ésta se trata de una categoría distinta, cuya aplicación importaría aceptar la construcción de una figura delictiva heterogénea, donde la lesión no sería parte del tipo objetivo (el resultado típico del incendio es el peligro común, no la lesión), pero sí del subjetivo, al requerir su presencia en la representación y voluntad del autor. Por lo tanto, la cita de autores que se ha traído a colación a lo largo de este proceso, relativa a la determinación de los elementos del dolo eventual y su distinción con la culpa consciente, no serán analizadas aquí en esos términos. En otras palabras, debemos establecer cuáles son los requisitos del dolo de peligro (dentro de éste también puede haber dolo directo, de segundo grado y eventual), y no del dolo eventual de lesión. Ya para ello, nada mejor que recurrir nuevamente a RODRÍGUEZ MONTAÑÉS. La nombrada jurista española sostiene que, como punto de partida es posible recurrir a la estructura comúnmente aceptada del dolo, pensada, ciertamente, para el dolo de lesión. De esta manera, comenzando con el análisis, dice que el dolo de peligro tendría dos elementos: uno cognitivo –conciencia concreta de la peligrosidad de su actuación– y un elemento volitivo –voluntad de poner en peligro, como elemento distinto del conocimiento–... Respecto al contenido del primer elemento, esto es, el cognitivo, RODRÍGUEZ MONTAÑÉS refiere 'la comisión dolosa de un delito de peligro concreto exige, en primer lugar, que el autor conozca o se represente todos los elementos del tipo objetivo, incluyendo la acción típica peligrosa y la puesta en peligro concreto, y que tal representación coincida con la realidad'... Tratando de precisar el significado de la representación del peligro concreto, explica que no basta la conciencia de la peligrosidad de la acción en el caso puntual, sino que es necesario que la misma se refiera al concreto bien jurídico protegido... Continúa diciendo que el grado de individualización o concreción de ese objeto de protección depende y viene dado por cada tipo penal. Y refiere, puntualmente, el supuesto de los tipos que exigen un peligro común o general para un ente colectivo más o menos amplio o determinado, como es en nuestro caso el delito de incendio; allí el conocimiento o representación del autor ha de referirse a la vida o integridad de alguna de esas personas. Por otra parte, la posible lesión del concreto objeto de ataque ha de presentarse con una cierta proximidad física e inmediatez temporal, pues, de lo contrario, no podría hablarse de un peligro concreto... Sigue detallando los elementos de la representación y dice 'El autor ha de conocer o representarse, además, las circunstancias de las que se deriva el concreto peligro, reflexionar mínimamente sobre ellas y ser consciente de que el objeto de bien jurídico prometido entra en el ámbito de eficacia de su actuación peligrosa, dejando desde ese momento de ser segura su protección con los medios del ámbito organizativo al que pertenece, que deja de encontrarse en situación de controlar y evitar con seguridad su lesión, conforme a las reglas de la experiencia (conocimiento nomológico). No basta, pues, el mero conocimiento de la peligrosidad sino que es necesario que el autor emita un 'juicio de peligro', como relación de pronóstico entre una situación presente y futura.

Ese juicio de peligro del autor ha de ser asertivo positivo (cuando el autor valora la producción del peligro como segura; éste es el conocimiento requerido para el dolo directo de primer grado) o problemático (el autor valora la producción del peligro como posible o probable, pero no como segura); éste es el conocimiento requerido para el dolo eventual –de peligro, aclaramos nosotros– y suficiente también para los casos de dolo directo de segundo grado, aunque en éstos es también posible el conocimiento seguro. Si el juicio de peligro fuera asertivo negativo (el autor, tras valorar las circunstancias y, en su caso, las medidas por él tomadas, afirma que no pasará nada y actúa en ese convencimiento) no hay dolo de peligro por falta de conocimiento o representación de peligro. Ahora bien, lo exigible al autor en ese juicio de peligro es la afirmación de su inseguridad sobre la capacidad de evitación segura de la lesión si sigue actuando'... Siempre partiendo de la base de que el contenido de cada representación dependerá, en definitiva, de cada caso, Rodríguez Montañés sintetiza su posición y destaca cuáles son las exigencias mínimas de conocimiento o representación del autor en el dolo de peligro, a saber: '*1*) Conocimiento fáctico de la posibilidad de una concreta lesión, lo que supone: *1.1*) Percepción del objeto susceptible de ser lesionado y entrada en el ámbito de eficacia de la acción peligrosa. El concreto peligro exige un concreto objeto de ataque, que el autor debe representarse como cierto (dolo directo de segundo grado) o como posible (dolo eventual). El grado de concreción en la representación de dicho objeto viene determinado por la redacción del tipo. *1.2*) Percepción de las circunstancias que convierten la acción en peligrosa. *1.3*) Proximidad física e inmediatez temporal de la posible lesión. *2*) Juicio de peligro: El autor debe afirmar, ante tales circunstancias su inseguridad sobre la capacidad de evitación de la lesión, su falta de control sobre la situación, que deja de estar en sus manos, conforme a las leyes de la experiencia'... Esto último que sostiene Rodríguez Montañés acerca del juicio de peligro no debe llevar a confusión con la distinción que se viene haciendo entre el dolo de peligro y el dolo eventual de lesión. Uno de los elementos que debe concurrir en el aspecto cognoscitivo para afirmar el dolo de peligro es que el autor, cuando se representa el juicio de peligro, efectivamente haga un pronóstico sobre la inseguridad de evitar la lesión. Pero ello no significa que acepte tal lesión como consecuencia probable o posible de su obrar, porque aún puede confiar racionalmente en poder dominar de todos modos el curso causal y evitar que no se produzca finalmente, aunque no esté del todo seguro de ello. Aclarado ello, veamos qué nos explica RODRÍGUEZ MONTAÑÉS acerca del elemento volitivo del dolo de peligro. Sobre el punto refiere: 'la peculiaridad del dolo de peligro consiste, a mi entender, en que el momento volitivo viene dado siempre desde que el sujeto se representa el peligro en los términos aquí expresados y que, pese a esa representación, sigue actuando. Tal decisión de actuar pese a la representación del concreto peligro es expresión por sí sola –aquí– de la 'decisión contra el bien jurídico' característica del dolo. Ante esa representación el sujeto no puede hacer otra cosa que 'consentir', aceptar o conformarse con la puesta en peligro en concreto, pues no tiene posibilidad alguna de confiar fundadamente en la no producción del peligro mismo'... Es que cuando el objeto del bien jurídico entra en el ámbito de la acción peligrosa y deja de poder ser defendido de forma segura, ya no existe margen de confianza racional respecto de la evitación del peligro, el 'no querer' el peligro escapa a la capacidad del autor. Si éste conoce el peligro y, pese a ello, decide seguir actuando, expresará así de forma necesaria, su aceptación o conformidad con la puerta en peligro concreto... En el derecho español existe el delito de conducción temeraria previsto en el art. 340 bis a, 2° del Cód. Penal de ese país, el cual es interpretado como un delito doloso de peligro concreto. Al respecto RODRÍGUEZ MONTAÑÉS da el ejemplo del conductor que realiza una maniobra de adelantamiento peligrosísima en una carretera de montaña muy estrecha. Indica que para poder afirmar la comisión dolosa de dicho ilícito, el autor, en el momento en que decide llevar a cabo su acción, ha de conocer (elemento cognitivo) que conduce un vehículo de motor, que lo hace en forma temeraria y que con esa conducta pone en concreto peligro la vida o la integridad de las personas... Continúa la explicación y remata la idea que venimos tratando de exponer, cuando dice 'la actuación pese a tal representación lleva implícita necesariamente la aceptación de la puesta en peligro concreta. En la mayoría de los casos el sujeto confiará en poder evitar finalmente la colisión y la lesión (por lo que no habrá dolo sino imprudencia respecto de la misma, si llega a producirse), pero en lo que no puede confiar es en la evitación del peligro mismo, pues ello escapa a su capacidad: la puesta en peligro concreto se produce con seguridad si sigue actuando; por tanto, o se abstiene de actuar o su actuación será dolosa'... El ejemplo brindado por Rodríguez Montañés resulta por demás ilustrativo, si se piensa en la figura que nos toca analizar. Alcanzará con que el autor se represente el peligro común que puede generar un incendio en un lugar cerrado hacia las personas y bienes que allí se encuentran. Si así lo hace y sigue actuando, habrá dolo de peligro; con ello basta para dar por satisfecho el tipo de incendio, porque el elemento volitivo está comprendido en esa actuación. El resultado lesivo, es decir, las muertes y en su caso las lesiones, no forman parte del tipo básico y por ello no deben estar comprendidas en el dolo de peligro. Como veremos más adelante, se imputan a título de imprudencia de lesión, pues se trata de agravantes propias de un delito cualificado por el resultado. En definitiva y para no ser más reiterativos, 'para afirmar el dolo de peligro basta con que el sujeto decida seguir actuando, pese a la presentación del peligro concreto. Ello no significa que se prescinda del elemento volitivo, sino tan sólo que su mínimo exigible viene implícito a tal representación'".

§ 28. ***El caso "Sosa".*** – En el marco de una causa en la que se investigaba la muerte de una menor, producida al dispararse con el arma dejada a su alcance por el imputado en el automóvil en que aquélla viajaba, el Ministerio Fiscal promovió recurso de casación por errónea calificación de la conducta atribuida al encausado en cuanto responsable a título de culpa, al entender que existía dolo eventual. El imputado era retirado de Gendarmería Nacional y, en consecuencia, tenía un conocimiento cabal en cuanto al funcionamiento de las armas.

El tribunal, por mayoría, rechazó el recurso intentado, pero la opinión minoritaria propuso que se calificara el hecho como homicidio simple por *omisión impropia con dolo eventual*[27].

a) *VOTO DE LA MINORÍA. HOMICIDIO SIMPLE POR OMISIÓN IMPROPIA CON DOLO EVENTUAL.* En su voto, el doctor ONTIVEROS propuso la calificación referida, con los siguientes fundamentos. El resultado de muerte de la víctima encuentra su relación causal en el accionar del imputado, integrado por comisiones y omisiones que coadyuvaron para la ocurrencia del accidente que concretó el resultado dado, pues el condenado previó como posible la actitud de la joven y su consecuencia, a pesar de lo cual la aceptó. La circunstancia de no haberse opuesto a la manipulación del arma por parte de la víctima, que actuaba con error por desconocimiento sobre el funcionamiento de tal objeto y creyendo que la pistola estaba descargada porque Sosa le había sacado el cargador, resulta determinante en el resultado. Pese a ello, el encartado, habiendo escuchado que la víctima había manifestado su convencimiento en cuanto a que el arma estaba sin proyectiles, ni siquiera contradijo a la joven, cuando de esta manera debió y pudo evitar que ella accionara el disparador. Esta omisión muestra claramente la aceptación del curso normal previsto, según las circunstancias concurrentes, que conducían al resultado, y no trató de repelerlo ni siquiera con una mera advertencia.

Si nos atenemos, en la conducta desplegada por Sosa, al conocimiento profano, cualquiera podría representarse la posible producción del resultado como un acaecer causal normal. Con mayor razón si quien realizó la acción inicial, que fue la entrega del arma a una persona inexperta, era una persona experimentada en el uso de armas de fuego y altamente ilustrada de las consecuencias posibles en que su manejo podría derivarse y de las previsiones que, para evitar resultados dañosos, se debían adoptar. El estado militar del condenado no hace más que confirmar tal tesitura.

En conclusión, Sosa no sólo violó su deber de cuidado, no queriendo el resultado y estimando que éste no operaría. Por el contrario, puso una condición sin la cual aquél no se

27 ST Formosa, 15/2/02, "Sosa, Néstor M., y otro", *LLLitoral*, 2002-1339.

hubiera dado, porque entregó el arma con un proyectil en recámara sacándole el cargador, lo que inducía al error en que incurrió la víctima al creer que el arma estaba descargada y, al manifestar esto, Sosa no advirtió sobre tal equivocación, ni actuó haciéndose de su arma, actitud que debió haber tomado para evitar el probable resultado que se dio. No lo hizo porque actuó con indiferencia y desinterés hacia el desarrollo del curso causal que conocía como posible y que conducía al hecho "muerte de la joven".

Una persona con su edad e instrucción militar conocía perfectamente el poder letal de un arma de guerra como la que irresponsablemente portaba siempre en su cintura; y al decir de él, lo hacía con un proyectil en recámara, por lo que la controlaba con frecuencia. Es decir que sabía que la pistola podía ser disparada con facilidad; más aún porque no le ponía seguro.

Por ello, resulta obviamente incomprensible que en tales condiciones entregara el arma a inexpertos, sacándole previamente el cargador pero dejándole un proyectil en recámara, sin colocarle alguno de los seguros, lista para ser accionada y, por ende, con el probable resultado letal para cualquiera que la manipulara o se encontrara a su alrededor. En tales circunstancias, no pudo dejar de prever la posibilidad del resultado, cuando vio que la víctima empuñaba el arma convencida de que ésta estaba descargada porque su dueño le había sacado el cargador. Tal actitud sobrepasa la mera violación del deber de cuidado propio del obrar culposo, para ubicarse en el plano del dolo eventual, porque Sosa actuó omisivamente ante la acción de la joven, en su gesto voluntario claramente desinteresado o despreciativo hacia el resultado posible que se dio.

Cabe destacar que si bien el juez no desarrolla la posición de garante que le competía al autor respecto de la víctima, ésta se desprende del modo en que fundamenta la existencia de dolo eventual.

b) *Correlato con la causa "República Cromañón".* Entendemos importante resaltar que, más allá de la sustancial diferencia existente entre los hechos de la causa "República Cromañón" y de la causa "Sosa", los fundamentos brindados en ambas para fundar el dolo eventual en la modalidad de omisión impropia han sido similares, a saber: *1*) creación de un riesgo jurídicamente desaprobado; *2*) posición de garante del autor; *3*) conocimiento del riesgo (representación fehaciente del riesgo); *4*) imputación objetiva, y *5*) nexo de evitación.

Capítulo IV

AUTORÍA, PARTICIPACIÓN Y DOLO EVENTUAL

§ 29. *Introducción.* – Las complejas características del dolo eventual también se ven reflejadas en todo lo atinente a cuestiones de autoría y participación (instigación y complicidad). Analizaremos por separado los diferentes conflictos que suelen presentarse.

§ 30. *Coautoría.* – La coautoría es autoría, con la particularidad de que el dominio del hecho unitario (característica que distingue la autoría de la participación) es común a varias personas. Coautor es quien, en posesión de las cualidades personales del autor, es portador de la decisión común respecto del hecho y, en virtud de ello, toma parte en la ejecución del delito[1].

En efecto, cuando en la realización del hecho los intervinientes ejecutan cada uno de ellos la totalidad de la acción típica, estamos en presencia de lo que se conoce como autoría *concomitante* o *paralela*. En cambio, cuando en el plan común existe una división de tareas, nos encontramos en presencia de la denominada *autoría funcional*, pues lo que cada uno de los coautores tiene es el dominio funcional del hecho[2]. En consecuencia, el coautor individual comparte con otros el dominio del hecho[3].

[1] Welzel, *Derecho penal alemán*, p. 154.

[2] Zaffaroni - Alagia - Slokar, *Derecho penal. Parte general*, p. 784 y 785.

[3] "Resulta ilustrativo a estos efectos, el ejemplo de los ladrones de banco de los cuales uno amenaza al cajero y al público, mientras el otro se apodera del dinero. Los actos requeridos por el supuesto de hecho de

El dominio final del hecho se presenta cuando los concurrentes coordinan sus respectivas acciones hacia un resultado anticipado en forma igualitaria por ellos, de una manera tal que dicho resultado se manifiesta como un producto de la actividad unificada. Por ello, coautoría es la *división de trabajo* tendiente a un resultado, donde cada uno de los concurrentes tiene el dominio final del hecho con respecto a la globalidad del acontecer. A ello cabe agregar que el fenómeno de la codelincuencia muestra que, en la realización colectiva de un hecho, no siempre los actos literalmente ejecutivos constituyen la parte más difícil o insustituible y que, por el contrario, el éxito del plan depende de todos quienes asumen una función importante en su seno. En consecuencia, deben considerarse coautores no sólo a los que ejecutan en sentido formal los elementos del tipo, sino a todos quienes aportan una parte esencial de la realización del plan durante la fase ejecutiva[4].

En nuestro país, todo lo referido a la autoría (y coautoría) lo encontramos en el art. 45 del Cód. Penal que dice: *"Los que tomasen parte en la ejecución del hecho o prestasen*

---

robo –por un lado la amenaza de un peligro actual para el cuerpo o la vida y, por el otro, la sustracción de la cosa mueble ajena– se llevan a cabo por distintas personas, sin que una de ellas pueda ser considerada instrumento de la otra. Por tanto ninguno de los partícipes ejerce la totalidad del dominio sobre el hecho. El dominio del hecho, se encuentra en las manos de un sujeto *colectivo*: el autor individual participa únicamente como miembro de este sujeto colectivo" (STRATENWERTH, *Derecho penal. Parte general. El hecho punible*, p. 247).

4 MIR PUIG, *Derecho penal. Parte general*, p. 393; señala el siguiente ejemplo: "En el atraco a un banco el jefe de la banda asume el papel que entiende más difícil y apropiado a su mayor experiencia, a saber, desconectar el sistema de alarma además de dirigir a otros dos que se encargan de amenazar con armas de fuego a los presentes y a un cuarto sujeto, el de menos experiencia, que tiene encargada la parte más sencilla: tomar el dinero. Sería absurdo considerar al jefe sólo como partícipe y no autor. Véase, además, cómo el acto consumativo puede ser el más elemental y menos *importante* en el conjunto del plan. Un caso especialmente discutido es el del *jefe de la banda* que no acude al lugar del hecho. Un sector de la doctrina alemana lo considera autor si asume la planificación del hecho. Debe serlo sin duda si sólo él conoce la totalidad del plan, del que los demás no son sino piezas parciales –del mismo modo que el arquitecto es el autor de la casa antes que el albañil–, y también si sigue controlando el hecho a distancia y no deja en manos de otro u otros su dirección última".

al autor o autores un auxilio o cooperación sin los cuales no habría podido cometerse, tendrán la pena establecida para el delito. En la misma pena incurrirán los que hubiesen determinado directamente a otro a cometerlo".

a) *Plan previo.* La coautoría requiere de un plan previo entre los intervinientes. La decisión común del hecho es el acuerdo expreso o concluyente sobre la distribución de las aportaciones singulares a un hecho[5]. Quienes toman parte del dominio del hecho de una pluralidad de personas, al mismo tiempo deben querer el dominio colectivo del hecho; no es posible querer participar de un objeto y no querer su propio objeto. El elemento subjetivo de la coautoría exige, simultánemente con la voluntad de participación en el dominio colectivo del hecho, la voluntad del dominio común del hecho por la comunidad de personas. Ello requiere de un plan y una resolución delictiva comunes a todos los coautores que forman parte del ente colectivo. La coautoría requiere, además, una actuación conjunta querida, en virtud de la cual cada coautor particular efectúe su aporte objetivo al servicio de la realización del plan común. Ambos elementos, la voluntad de dominio del hecho por la colectividad de personas y la voluntad de participación en ella, reciben el nombre de *conexión de voluntades*[6].

No obstante lo señalado, cabe considerar que el *acuerdo previo* no resulta suficiente para que una persona sea coautora del delito de que se trate. Es necesario, además, que se contribuya de algún modo a la realización del delito (no necesariamente con actos ejecutivos), de tal modo que dicha contribución pueda estimarse como un eslabón importante de todo el acontecer delictivo. La necesidad debe medirse con una consideración concreta atendiendo a las circunstancias del caso[7]. Por lo general, el acuerdo será

[5] Se distingue del acuerdo de voluntades propio de la participación por su contenido (versa sobre aportaciones en plano de igualdad) y por su reciprocidad (carácter común). Todo interviniente debe saber que otros cooperan dolosamente (Jakobs, *Derecho penal. Parte general. Fundamentos y teoría de la imputación*, p. 746).

[6] Maurach - Gössel - Zipf, *Derecho penal. Parte general*, t. 2, p. 379.

[7] Muñoz Conde, *Teoría general del delito*, p. 207. Así, por ejemplo, una misma contribución, la del vigilante o la del que espera en el coche

precedente y expreso, pero alcanzará que éste se produzca durante la ejecución (coautoría sucesiva)[8].

b) *Exceso en la coautoría.* Los coautores responden penalmente por el delito acordado. La conexión de voluntades fundante de la coautoría está ausente en aquellas acciones en que uno de los intervinientes, si bien motivado por el propósito común, ejecuta a título personal algún acto fuera del marco de responsabilidad vigente para todos los involucrados. Es lo que se conoce como *exceso del autor*. En estos casos, el autor que incurre en exceso responde como autor individual por la parte que va más allá del plan común[9]. Si bien cada uno responde sólo hasta donde alcanza el acuerdo recíproco, el error en el objeto de uno de los coautores es también irrelevante para los otros[10].

La responsabilidad la limita el dolo y la delimitan otros elementos delictivos personalísimos. Por una acción no prevista y, por ende, tampoco cubierta por la decisión de ajuste o encaje, no cabe responder en concepto de coautor por falta de dolo. Tampoco se requieren conocimientos más

---

al autor directo de un atentado terrorista, sólo puede considerarse coautoría si, aparte del acuerdo, constituye una ayuda esencial en la concreta realización del delito y, conforme al dominio funcional del hecho, cada uno cumple con el papel previamente acordado. Con ayuda de este criterio, también pueden considerarse coautores al jefe y a los miembros de una banda que asumen funciones directivas u organizativas estrechamente relacionadas o que son parte integrante fundamental en la realización del delito, aunque no estén presentes en su ejecución.

[8] Mir Puig, *Derecho penal. Parte general*, p. 394. El caso límite es aquel en que el sujeto sabe que otro u otros están realizando un delito y contribuye a él por iniciativa propia. Si los demás advierten y aceptan, siquiera tácitamente, su intervención, no hay duda de que existe coautoría –aunque no lleguen a conocerse–. No bastará, en cambio, que el sujeto sepa que contribuye, si los otros no lo saben o no lo admiten.

[9] Maurach - Gössel - Zipf, *Derecho penal. Parte general*, t. 2, p. 382.

[10] Welzel, *Derecho penal alemán*, p. 155. Al respecto, menciona Jakobs que el error en la persona del ejecutor constituye un exceso si éste, de haberse esforzado por atenenerse a los criterios acordados, no habría actuado en la situación dada, de modo que la acción ejecutada sólo se lleva a cabo porque él individualiza el objeto del hecho por su propia cuenta. No obstante ello, agrega que si el autor que ejecuta se ajusta, poniendo todo de su parte, al programa acordado, su acción ejecutiva se imputa a los demás intervinientes.

concretos de los que bastan en general para el dolo. Si un interviniente ha contado, de modo fundamentador del dolo, con determinadas acciones del otro, la responsabilidad depende, además, de si junto a la decisión de ajuste concurre una coconfiguración suficiente para la coautoría[11].

En definitiva, no se hace más que consagrar la responsabilidad por el hecho propio, que en nuestro país se encuentra materializada en el art. 18 de la Const. nacional y en el art. 47 del Cód. Penal, que dice: "*Si de las circunstancias particulares de la causa resultare que el acusado de complicidad no quiso cooperar sino en un hecho menos grave que el cometido por el autor, la pena será aplicada al cómplice solamente en razón del hecho que prometió ejecutar. Si el hecho no se consumase, la pena del cómplice se determinará conforme a los preceptos de este artículo y a los del título de la tentativa*". Si bien el artículo sólo se refiere a la complicidad, también se hace extensivo a la instigación y al coautor, en virtud de una aplicación analógica *in bonam parte*[12].

§ 31. ***Conflictiva relación entre coautoría y dolo eventual.*** – Hemos señalado que la coautoría funcional requiere de un plan previo, en el que se diriman las tareas a realizar por cada uno de los coautores, en el delito de que se trate. También, que cada uno de ellos responde penalmente conforme al plan acordado, limitado a éste, en tanto por el exceso de un interviniente se responde en forma personal.

El dolo eventual confiere, en este aspecto, una nueva problemática. Pareciera que para la conformación de un plan, de un acuerdo en cuanto a las modalidades y los alcances del delito a cometer, no alcanzaría con su mera *representación*. Debemos, en consecuencia, dar respuesta a la siguiente pregunta: ¿el plan previo de la coautoría puede conformarse con dolo eventual?

§ 32. ***La interpretación jurisprudencial. El plan del autor y el modo de acreditarlo. Dolo eventual en la coauto-***

[11] Jakobs, *Derecho penal. Parte general. Fundamentos y teoría de la imputación*, p. 748.

[12] Núñez, *Derecho penal*, t. II, p. 302; De la Rúa, *Código Penal argentino*, p. 649.

RÍA. – Hemos de analizar algunos fallos, que darán respuesta a la pregunta formulada en el parágrafo anterior.

Causa "L., L.". Seis personas armadas ingresaron en una finca donde se encontraba la víctima y, ante el intento de ésta de detener su entrada, uno de los atacantes le efectuó dos disparos, que finalmente provocaron su deceso. Todos fueron condenados por el delito previsto en el art. 165 del Cód. Penal (homicidio en ocasión de robo) por un tribunal oral. El abogado de uno de ellos interpuso recurso de casación, aduciendo que su defendido no había disparado, por lo que su conducta debía encuadrarse dentro de lo previsto en el art. 166, última parte, atento a la responsabilidad por el hecho propio[13].

El Tribunal de Casación consideró que el plan previo puede consagrarse mediando *dolo eventual* por parte de quienes lo formulan. Asimismo, puntualizó que, en casos como el analizado, en el que medió acuerdo para perpetrar un robo mediante el empleo de armas aptas y en condiciones inmediatas de ser disparadas, y todos los imputados participaron activamente del desapoderamiento, realizando los tramos típicos centrales del delito, no resulta esencial la identidad de la persona que finalmente dispara, puesto que en ese marco de situación resulta legítima la inferencia de que todos los partícipes del hecho previeron y aceptaron de antemano la eventualidad del uso de dichas armas y de la producción de la muerte, cuanto menos a título de dolo eventual.

Causa "Meza". A la salida de un banco, los imputados interceptaron a quienes habían extraído dinero con el fin de robarles. Ante la resistencia opuesta por una de las víctimas, que comenzó a gritar en la calle, uno de los encartados le ordenó al otro que le disparara y el disparo le provocó la muerte. Luego, escaparon del lugar en una motocicleta conducida por un tercero que los estaba esperando. El tribunal oral condenó por el delito de homicidio en

[13] TCasPen Buenos Aires, Sala III, 29/11/07, "L., L. s/rec. de casación", *LLBA*, 2008-169. En igual sentido, SCBA, 23/2/05, "S., S. G.", *LLBA*, 2005-682; CNCasPen, Sala I, 29/3/07, "Buttiglieri, Miguel Á. s/rec. de casación", *LL*, 2007-F-213.

ocasión de robo, en calidad de autor, a quien efectuó el disparo, y en calidad de instigador, a quien dio la orden. Asimismo, condenó por el delito de robo con armas, en calidad de coautores, a los tres sujetos que intervinieron en el hecho.

Específicamente en cuanto a la participación de quien manejaba la motocicleta, consideró que no era posible, cuanto más no sea por aplicación del beneficio de la duda en favor del procesado, atribuirle participación en la circunstancia no prevista de antemano, consistente en la utilización del arma que llevaban para intimidar a las víctimas, que acabó con la muerte de una de ellas, condenándolo en definitiva por el delito de robo con armas, previsto en el art. 166, inc. 2°, del Cód. Penal.

En consecuencia, aplicó el principio del *exceso en la coautoría* (ver § 30, b)[14].

La Cámara Nacional de Casación Penal entendió que, aun cuando haya quedado acreditado que el conductor de la motocicleta no fue quien realizó el disparo, existió una división de tareas entre los tres sujetos que perpetraron el robo que terminó con la muerte, puesto que desarrollaron cada uno una actividad complementaria de la de los demás, de manera tal que cada uno tenía el dominio final del hecho, siendo el rol del motociclista el de conducir hasta el lugar la motocicleta en la que se desplazaron los tres y proporcionar los medios para lograr su rápido alejamiento. En efecto, si tomamos como base lo expuesto, no quedan dudas con respecto a que el homicidio cometido por dos de los coautores es perfectamente acreditable a quien manejaba la motocicleta, *aun a título de dolo eventual*, puesto que al integrar el acuerdo de voluntades previo cada coautor cede entre sí una parte del dominio del suceso, y es por ello que se considera que de antemano prevé y asume toda ulte-

[14] CNCasPen, Sala IV, 7/9/06, "Meza, Armando s/rec. de casación", *LL*, 2007-A-542. En igual sentido, TCasPen Buenos Aires, Sala III, 1/12/05, "P., S. D. s/rec. de casación", *LLBA*, 2006-623; CNCas Pen, Sala I, "López, Viviana y Silva, Laura D. s/rec. de casación", c. 337, reg. 457; íd., Sala II, "Sayago, Marcela s/rec. de casación", c. 1150, reg. 1519; íd., Sala IV, "Villada, Roberto O. s/rec. de casación", c. 1453, reg. 2556; íd., "Sidorak, Juan R. s/rec. de casación", c. 603, reg. 113/96.

rioridad más grave que pueda acontecer por parte de los otros coautores.

§ 33. ***La coautoría en la omisión.*** – Conforme señala Mir Puig, la coautoría también tiene lugar en los delitos omisivos. El supuesto más evidente aparece en aquellos casos en los cuales el deber infringido sólo podría ser cumplido por la actuación conjunta de varias personas[15].

Por su parte, Maurach sostiene que la lesión del bien jurídico puede ser provocada mediante acciones por omisión (comisión por omisión) que estén bajo el dominio del hecho de una colectividad de personas y de la intervención de un miembro individual, por la vía de acciones omisivas. Entiende que la coautoría por omisión puede materializarse mediante dos formas: *a*) cuando cada colaborador, además del dominio del hecho, tiene una posición de garante por el bien jurídico amenazado (v.gr., ambos padres dejan morir de hambre a su hijo), o *b*) cuando el colaborador que incurre en ella es garante de la evitación de la situación[16].

§ 34. ***La conflictiva relación entre coautoría omisiva y dolo eventual.*** – Si nos hemos preguntado acerca de si el plan previo que exige la coautoría puede conformarse con dolo eventual, la pregunta formulada y el cuestionamiento se agigantan para los casos de coautoría por omisión.

a) *La misma pregunta y la misma respuesta. El caso "República Cromañón".* Al realizar el análisis de esta causa, señalamos que la calificación que le atribuyó la Cámara a Chabán fue la de estrago doloso seguido de muerte (art. 186, inc. 1°, Cód. Penal), mientras que al conjunto musical se le endilgó el art. 189, párr. 2° (estrago culposo) por haber sufrido *un error en la valoración del riesgo* (ver § 27, c, 2).

Independientemente de ello, la Cámara consagró que Chabán y "Callejeros" fueron coautores de omisión, que exis-

[15] "Cuando concurran sujetos que actúan unos positivamente y otros omisivamente, será preferible considerar al omitente como partícipe (cooperador) de un delito de comisión positiva" (Mir Puig, *Derecho penal. Parte general*, p. 395).

[16] Maurach - Gössel - Zipf, *Derecho penal. Parte general*, t. 2, p. 391.

tió un plan previo pergeñado entre ellos, y que ese plan se consagró mediante dolo eventual.

b) *Lo referido por la Cámara.* Debido a la particularísima modalidad de coautoría que estamos tratando, consideramos de suma utilidad reproducir textualmente los argumentos vertidos por la Cámara. Oportunamente hemos de abordar el comentario a dichos fundamentos.

La Cámara dijo: "Difícilmente pueda decirse que no haya existido en el caso un plan previo conforme al cual cada uno de los autores se dividió la tarea para la realización del recital que nos ocupa. Lo que ocurre, es que ante un esquema en el que se sostiene, como lo hace el a quo, que no todos los autores obraron dolosamente, presentaría alguna dificultad sostener la existencia de una coautoría, que presupone, de acuerdo a la doctrina dominante, el acuerdo de todos los partícipes en la realización de un hecho doloso. Sin embargo, en el caso parece menos sostenible decir que no hubo plan previo ni división de tareas que hacer lo contrario. En efecto, el plan previo es en este caso la organización del recital que, objetivamente, generó un riesgo tal que produjo la muerte de las ciento noventa y tres víctimas. En este sentido, resulta hasta contradictorio decir que fueron coorganizadores del recital y sostener al mismo tiempo que no hubo plan previo, atribuyéndoles responsabilidad sólo a título de imprudencia. También resulta difícil sostener que no hubo división de tareas, cuando del análisis de la causa surge claramente que Chabán se encargó de todo lo relativo al funcionamiento del lugar; la banda se ocupó de todo lo atinente al concierto y su seguridad, compartiendo decisiones y tareas. Sostener aquí que no hay plan previo, es partir de la base de que sólo puede haber este tipo de plan en los delitos dolosos, lo cual no necesariamente es así, en virtud de que la distinción entre el dolo y la culpa tiene que ver, tal como se dijo, con la representación del autor sobre los factores que componen el síndrome de riesgo y no con la configuración objetiva del hecho que puede ser planificado con una base común pese a los distintos niveles de conocimiento. De esta manera, incluso en caso de mantenerse la calificación legal dada a los hechos por el a quo, puede sostenerse que existiría al menos una base común entre los autores dolosos e imprudentes, cual es la organización del recital sabiendo que se permitiría el ingreso de muchas más personas que las que admite el lugar; que se iba a prender pirotecnia; que hubo incendios anteriores a causa del uso de pirotecnia y que la puerta alternativa de emergencia estaba cerrada. La organización del recital en estas condiciones alcanzó al a quo para imputarle a los integrantes del grupo 'Callejeros' la autoría, aunque culposa, del homicidio de ciento noventa y tres personas, lo que implicaría que si Omar Chabán comparte tanto la calidad de organizador como el conocimiento de esos factores de riesgo y, a su vez, existe una división de tareas entre ellos, no existirían obstáculos para hablar de un plan común al menos en lo que hace a los aspectos conocidos por todos. Ahora bien, el requisito de acuerdo común que exige la coautoría es lo que permite vincular el aporte que realiza cada autor con el que realizan los otros.

En esa inteligencia, se puede concluir, conforme lo expuesto hasta ahora, que existió un plan previo; que hubo división de tareas y que en función de ser los únicos que actuaron con posición de garante, tanto Omar Chabán como los integrantes de la banda musical 'Callejeros', resultarían coautores del hecho que generó la muerte de ciento noventa y tres personas".

§ 35. ***Participación.*** – La participación es la intervención en un hecho ajeno. El hecho principal pertenece al autor, no al partícipe. Éste no realiza el tipo principal, sino un tipo dependiente de aquél[17].

En consecuencia, lo realizado por el partícipe es *accesorio* a la conducta del autor. Ello es lo que se denomina *teoría de la accesoriedad*. Esta teoría se subidive en tres, a saber: *a*) teoría de la accesoridad mínima: la participación es accesoria de una conducta típica; *b*) teoría de la accesoriedad limitada: la participación es accesoria de un injusto penal (conducta típica y antijurídica), y *c*) teoría de la accesoridad extrema: la participación es accesoria de una conducta típica antijurídica y culpable (delito).

[17] Mir Puig, *Derecho penal. Parte general*, p. 396.

La teoría de la accesoriedad limitada es la que aparece como dogmáticamente más acertada. Requerir la *culpabilidad del autor* resulta desacertado, pues las causas que excluyen la culpabilidad son personales y no tienen ninguna relevancia para el tercero que participa. En el otro extremo, la teoría de la accesoriedad mínima convertiría en partícipe a quien, por ejemplo, interviene en un hecho en el que el autor realiza una acción típica pero *justificada*, lo que la convierte en lícita, no sólo para el autor, sino para todos aquellos que intervinieran. A ello cabe agregar que, conforme se encuentra redactado el art. 47 de nuestro Cód. Penal, ninguna duda cabe que adopta la teoría de la accesoriedad limitada, pues dispone: *"Si de las circunstancias particulares de la causa resultare que el acusado de complicidad no quiso cooperar sino en un hecho menos grave que el cometido por el autor, la pena será aplicada al cómplice solamente en razón del hecho que prometió ejecutar. Si el hecho no se consumase, la pena del cómplice se determinará conforme a los preceptos de este artículo y a los del título de la tentativa"*.

Por ello, podemos decir que para nuestro Código Penal la participación es "el delito doloso cometido por vía de un injusto doloso ajeno, consistente en un aporte al mismo, hecho en forma de instigación o de complicidad"[18].

La participación puede adoptar dos modalidades: instigación y colaboración o complicidad. Las analizaremos por separado.

§ 36. ***Instigación***. – Instigador es quien motiva dolosamente a otro a cometer un delito determinado. Procura inducir a quien aún no se encuentra resuelto a cometer el hecho, bajo su propia responsabilidad, es decir, para actuar con dominio del hecho[19].

Por su propia génesis, la instigación no es en sí un delito, precede a su comisión y no consiste en un auxilio o cooperación material, sino en una influencia de carácter psíquica, que procura persuadir a otro a cometerlo o consolida con eficacia decisiva la resolución del autor material, para

[18] Zaffaroni - Alagia - Slokar, *Derecho penal. Parte general*, p. 791.

[19] Maurach - Gössel - Zipf, *Derecho penal. Parte general*, t. 2, p. 437.

el caso de que la iniciativa partiera de éste[20]. Resulta decisivo *originar la decisión* en el autor, pero no necesariamente *dar origen al plan del hecho*[21]. No es necesario que el instigador venza alguna resistencia por parte del autor[22]. Claro que quien está decidido a cometer el hecho de todos modos (*omnimodo facturus*) ya no puede ser inducido con éxito[23]. Diferente es el caso en el que una persona se encuentra decidida a cometer un delito, y es inducida a cometer otro diferente o cualitativamente más gravoso. Así, si *A* se encuentra decidido a estafar a *B*, pero es determinado por *C* a que lo extorsione, *C* ha de responder por instigación de extorsión a *B*. Una situación similar sucede si *A* está dispuesto a lesionar gravemente a *B*, pero es instigado por *C* a que le de muerte[24].

Al respecto, señala Jakobs que, a los fines de dar una solución apropiada a la problemática referida, hay que tener en cuenta cuatro circunstancias, a saber: *a*) el cambio de autor modifica siempre, por definición, el hecho para el influido, aun cuando para otros intervinientes se mantenga

20 Breglia Arias - Gauna, *Derecho penal*, t. 1, comentario al art. 45 del Cód. Penal, § 8, p. 482.

21 Welzel, *Derecho penal alemán*, p. 166. Por eso es instigador quien da el precio exigido al asesino que se ha ofrecido por dinero para cometer el hecho.

22 Fierro, *Teoría de la participación criminal*, p. 417 y siguientes.

23 Jakobs, *Derecho penal. Parte general. Fundamentos y teoría de la imputación*, p. 806.

24 Para Zaffaroni el problema planteado es sumamente complejo. Señala que "la hipótesis en la que al sujeto se le disuade de que cometa el injusto que tenía decidido para que cometa otro agravado (se disuade del hurto para que cometa un robo) es bastante discutido, pues mientras algunos piensan que debe considerárselo instigador del injusto agravado, otros consideran que sólo debe responder como instigador por el excedente y como cómplice intelectual respecto de lo que ya tenía decidido, como formas de participación que concurren idealmente, en tanto que otros opinan que sólo debe responder por la instigación a la parte que no tenía decidida, siempre que configure un injusto autónomo, debido a que no aceptan que el reforzamiento de la decisión del autor sea una complicidad intelectual. Esta última posición es la correcta, en la medida en que no haya una verdadera complicidad o aporte psíquico, es decir, en tanto el reforzamiento no consista en un consejo técnico o en la promesa de que se le prestará ayuda después del hecho" (Zaffaroni - Alagia - Slokar, *Derecho penal. Parte general*, p. 803).

idéntico; *b*) el cambio de objeto del hecho modifica la identidad, aun cuando al autor no le importe la identidad del objeto; *c*) el cambio del medio, del tiempo o del lugar del hecho modifica la identidad igualmente, siempre que no se trate de una circunstancia secundaria, y *d*) el cambio del fin del hecho (del fin intermedio o del móvil) constituirá por lo general disuasión unida a nueva inducción[25].

a) *Medios*. El medio utilizado para instigar al otro debe contener una influencia de carácter espiritual (del pensamiento). No resulta suficiente hacer caer al otro en la tentación de realizar un delito por medio del ofrecimiento de una oportunidad que resulte atrayente, pues en ese caso estaríamos en presencia de complicidad[26].

La causación de la resolución de delinquir debe obtenerse entonces mediante un *influjo psíquico*. Este influjo podrá consistir en un consejo, una solicitud, una provocación, siempre que tengan identidad suficiente para poder fundar la imputación objetiva respecto del inductor[27].

Lo importante es que el medio utilizado haya *determinado* en el otro la ideación de realizar el hecho *inducido*. Por ello, se sostiene que "las tentaciones, las sugerencias y todo aquello que sea planteado de forma ambigua, no debe ser considerado como medio hábil para instigar"[28].

b) *A un autor determinado y a un hecho determinado*. La instigación debe estar dirigida a un delito concreto y a un autor determinado, pues no basta una mera provocación dirigida a una masa indeterminada de personas[29].

25 Jakobs, *Parte general. Fundamentos y teoría de la imputación*, p. 807 y 808.

26 Welzel, *Derecho penal alemán*, p. 166.

27 Mir Puig, *Derecho penal. Parte general*, p. 404. La presencia de precio o promesa reforzará en este sentido el influjo psíquico, pero también la mera autoridad moral, la influencia en la personalidad del autor, la insistencia, la amenaza, etcétera. Este autor brinda el siguiente ejemplo: "Tras reiteradas solicitudes, la mujer casada convence al amante, que al principio se resistía, a que de muerte al marido. *A* ofrece una cantidad de dinero a *B* para que mate a *C*".

28 Fernández - Pastoriza, *Autoría y participación criminal*, p. 130.

29 Mir Puig, *Derecho penal. Parte general*, p. 405; Núñez, *Derecho penal*, t. II, p. 300.

El dolo del inductor debe estar dirigido a un determinado hecho y a un determinado autor, de lo que se desprende que la instigación desaparece cuando no puede individualizarse la persona a quien se instiga, o bien da lugar a una tipicidad diferente cuando es pública e indeterminada[30].

Una excepción a esta regla está dada por el art. 209 del Cód. Penal, que prevé la indeterminación en cuanto a la persona a instigar: *"El que públicamente instigare a cometer un delito determinado contra una persona o institución, será reprimido, por la sola instigación, con prisión de dos a seis años, según la gravedad del delito y las demás circunstancias establecidas en el art. 41"*.

c) *El delito instigado debe ser al menos tentado.* El autor principal debe, al menos, haber tentado el delito para el que fue instigado. De no ser así, la instigación queda impune[31]. Otros derechos castigan expresamente lo que se conoce como *tentativa de inducción*[32].

En nuestro derecho penal, el tipo previsto en el art. 209 prevé expresamente la aplicación de pena *por la sola instigación*.

d) *La posibilidad de instigar omisivamente.* Para Maurach, la inducción puede ser cometida por omisión en la forma de la *no evitación de la adopción de la resolución por el autor por parte del garante*[33].

En cambio, Mir Puig niega esta posibilidad, al referir que no es lo mismo inducir a delinquir que no impedir la aparición en otro de la resolución delictiva. Ello sería punible, si se admite, como cooperación por omisión[34].

e) *El exceso en la instigación.* Al igual que en la coautoría, y por fundamentos similares, el instigador sólo es res-

30 Zaffaroni - Alagia - Slokar, *Derecho penal. Parte general*, p. 802.

31 Bacigalupo, *Manual de derecho penal. Parte general*, p. 208; Jiménez de Asúa, *La orientación moderna de las nociones de autor de la infracción y de participación en la infracción*, "Cuadernos de Ciencia Penal y Criminología", nº 3, p. 101.

32 En Alemania se castiga expresamente, conforme el § 301 del StGB (Mir Puig, *Derecho penal. Parte general*, p. 406).

33 Maurach - Gössel - Zipf, *Derecho penal. Parte general*, t. 2, p. 440 y 441.

34 Mir Puig, *Derecho penal. Parte general*, p. 405.

ponsable del delito por el que instiga, no debiendo hacerse cargo de los excesos en los que incurriese el autor[35]. Una parte de la doctrina considera la posibilidad de que pueda castigarse por imprudencia al instigador, si el exceso era previsible[36]. Como hemos señalado (ver § 30, b), en nuestro ordenamiento penal esta garantía se desprende de lo previsto en el art. 18 de la Const. nacional y en el art. 47 del Cód. Penal.

§ 37. ***La instigación en el Código Penal argentino.*** – El art. 45 del Cód. Penal (ver § 30), luego de referirse a la autoría y la complicidad necesaria (que trataremos más adelante), concluye señalando: *"En la misma pena incurrirán los que hubiesen determinado directamente a otro a cometerlo"*. Muchos autores creyeron ver en este párrafo la definición de la instigación para nuestro ordenamiento[37].

Por su parte, otros tienen una postura diferente. Así, Righi y Fernández consideran que "una interpretación gramatical del verbo usado por el legislador autoriza a sostener que el comportamiento que describe el art. 45 *in fine* se

35 Maurach - Gössel - Zipf, Maurach, *Derecho penal. Parte general*, t. 2, p. 447 a 450; Bacigalupo, *Manual de derecho penal. Parte general*, p. 208; Mir Puig, *Derecho penal. Parte general*, p. 407; Stratenwerth, *Derecho penal. Parte general. El hecho punible*, p. 267.

36 Señala Jakobs que "si la acción a la que se indujo acarrea una consecuencia accesoria no abarcada por el dolo, pero evitable, en esa medida viene en consideración la responsabilidad por el delito imprudente. En los *delitos cualificados por el resultado* con delito doloso base, ello supone que quien induce al delito base responda por el delito cualificado por el resultado, si la acción que determina el resultado está abarcada por el dolo. Si en delitos cualificados por el resultado se da inducción al delito base e imprudencia con respecto a la consecuencia, el partícipe por el delito base responde por participación en el delito cualificado por el resultado, tratándose de participación en el delito base y de autoría imprudente en relación con la consecuencia. Dado que sólo se da la intervención accesoria en relación con el delito base, no es necesario que el ejecutor responda más por el delito base. El delito base debe realizarlo como hecho doloso, pero puede que en relación con la consecuencia le falte la imprudencia. En las *combinaciones dolo-imprudencia no cualificantes*, el autor principal –por falta de otro hecho principal– debe realizar en su persona tanto la parte dolosa del tipo como la imprudente" (*Derecho penal. Parte general. Fundamentos y teoría de la imputación*, p. 809).

37 Soler, *Derecho penal argentino*, t. 2, p. 274.

adecua más al de un autor mediato, la posibilidad de seguir sosteniendo que la base legal para incriminar la instigación en el derecho argentino está dada por la referida norma, no puede apoyarse en lo que dice el texto, sino en todo caso en una interpretación histórica. Es evidente que el legislador tuvo el propósito de prever la instigación con la fórmula que utilizó en el art. 45 *in fine* del Cód. Penal, aunque no haya sido afortunada"[38].

Cabe puntualizar que ZAFFARONI crea una novedosa categoría en materia de participación: la figura del *determinador*. Al respecto, destaca que "se ha pretendido que determinar a otro es instigar, lo que si bien es cierto en el sentido de que el instigador determina a otro, no lo es en cuanto a que todo el que determina a otro sea instigador. Instigación es una forma de determinación, pero no es la única"[39].

En continuidad con esta línea de pensamiento, refiere: "La instigación no está definida en la parte general ni tampoco se la menciona en ella. El concepto está reconocido en la parte especial, donde el art. 83 pena al *que instigare a otro al suicidio* y el art. 99 al *que instigare a otro a provocar o a aceptar un duelo*. De estos tipos –y de los arts. 148 y 209– resulta claro que el Código argentino no cae en el absurdo de alterar el *sentido semántico de la instigación*, entendido como *inducir a alguien a hacer algo*"[40].

§ 38. ***La conflictiva relación entre instigación y dolo eventual.*** – Hemos dicho que la instigación importa determinar o inducir a otro a cometer un delito. También que las tentaciones, las sugerencias y todo aquello que sea plan-

[38] RIGHI - FERNÁNDEZ, *Derecho penal. La ley. El delito. El proceso y la pena*, p. 308 y 309.

[39] ZAFFARONI - ALAGIA - SLOKAR, *Derecho penal. Parte general*, p. 769.

[40] ZAFFARONI - ALAGIA - SLOKAR, *Derecho penal. Parte general*, p. 770. "Es claro que Lady Macbeth determinó a su marido a matar al rey, con lo que de ese modo lo instigó, pero también resulta claro que quien pone en manos de otro un florete envenenado, sin que quien lo esgrime conozca esa circunstancia, como sucede en Hamlet, también lo está determinando, pero no porque esté instigando". De ese modo, la figura del determinador es comprensiva de la del *instigador*, del *autor mediante determinación* (autor mediato) y del *autor de determinación* (casos de "delicta propia" o delitos de propia mano).

teado de forma ambigua, no debe ser considerado como medio hábil para instigar.

Por ello es que, en un principio, pareciera que la estructura del dolo eventual no se compadece con la estructura de la instigación. Pero la doctrina no lo ha entendido así; por el contrario, son muchos los doctrinarios que han manifestado que *el dolo eventual resulta suficiente para materializar la instigación*[41].

§ 39. ***La interpretación jurisprudencial. Aceptación del dolo eventual en la instigación.*** – Nuestros tribunales han considerado que la instigación puede ser llevada a cabo mediante dolo eventual.

Causa "B., J. E., y otros". Dos personas, acompañadas de otros cinco sujetos, atacaron a golpes de puño y amenazas a unos vendedores ambulantes en la estación ferroviaria de Constitución, por la disputa de espacios en lo que a la venta ambulante se refería. Los atacantes lucían remeras de la firma Ferrovend SA. Las amenazas y lesiones tuvieron como marco una disputa ya antigua y jamás resuelta entre vendedores ambulantes que actuaban por su cuenta y riesgo, sin ningún tipo de permiso o derecho formalmente otorgado, y otros encolumnados bajo la protección de una empresa concesionada por Trenes de Buenos Aires (TBA), para la venta ambulante en el interior de las formaciones ferroviarias, Ferrovend SA, representada en la especie por un sublocatario del depósito sito en aquella estación central de la ciudad de Buenos Aires y a la vez subconcesionario de esa venta ambulante en materia de panchos, gaseosas y golosinas. Esta persona, de apellido Acorsi, fue imputada de instigar al grupo de atacantes.

En lo que aquí interesa, cabe señalar que el sublocatario del depósito fue condenado como instigador del delito de

[41] Bacigalupo, *Manual de derecho penal. Parte general*, p. 207; Welzel, *Derecho penal alemán*, p. 167; Mir Puig, *Derecho penal. Parte general*, p. 407, quien da el siguiente ejemplo: "*A* cuenta a *B* las continuas infidelidades de su esposa *C* sin pretender directamente que ello lleve a *B* a agredir a *C*, pero sabiendo perfectamente y aceptando que tal cosa puede suceder fácilmente habida cuenta del carácter y el comportamiento habitual de *B*; en efecto, éste causa a *C* lesiones graves".

amenazas, en concurso real con lesiones en agresión (arts. 26, 29, inc. 3°, 45, 96, en función del art. 95 y 149 bis, párr. 1°, Cód. Penal).

Para ello, el tribunal se basó en los dichos de los damnificados, quienes manifestaron haber escuchado por parte de los atacantes, mientras todos estaban en la comisaría, que le avisaran a Acorsi para que los sacara, y manifestaron también haber escuchado versiones de que Acorsi les había pagado doscientos pesos a los atacantes. También consideraron que el acometimiento fue realizado por un total de cinco o seis individuos, de los cuales sólo uno se podía llegar a individualizar, aunque de manera somera y efímera, como un empleado siquiera irregular de la firma sublocataria y subconcesionaria de la empresa Ferrovend en la estación Retiro del antiguo Ferrocarril Mitre, cuyo único socio o dueño es Claudio Néstor Acorsi. Con todo ello, el tribunal concluyó: "No hay entonces dudas de que Acorsi –estrictamente– creó el delito en la mente de aquellos que luego lo ejecutaron, y debe responder *siquiera a título de dolo eventual* por todo lo que ellos después realizaron en orden al tipo objetivo de las figuras penales que se han señalado. Es que, conocedor como pocos del medio donde opera y de la índole de los 'personajes' que desfilan por su oficina en procura de éste y otros 'rebusques', en el sórdido mundo de las estaciones terminales de trenes en épocas de 'plena desocupación', no puede dejar de valorar los riesgos no permitidos que con esas 'aventuras' genera, y por lo tanto debe hacerse cargo de los resultados posibles que de antemano consiente"[42].

Caso "Cabezas". Entre el mes de septiembre y los primeros días de diciembre de 1996, un poderoso empresario, con fuertes intereses en Pinamar en donde transcurrían sus vacaciones estivales, juntamente con el jefe de los vigiladores que custodiaban su persona, su familia y sus bienes y preservaban su intimidad, determinaron directamente a un oficial principal de la policía de la provincia de Buenos Aires, que desempeñaba funciones en la zona, para que secuestrara, privando de su libertad, al fotógrafo José L. Cabezas y

[42] TOralCrim n° 7, 10/4/03, "B., J. E, y otros", *LLOnline*.

atentara contra su integridad física, para de tal forma impedir que cumpliera su labor profesional en aquella ciudad.

Ese oficial principal mantuvo reuniones previas y permanentes comunicaciones con sus dos instigadores en el cuerpo de todo el *iter criminis*. Éste asumió decididamente la misión encomendada, en su condición de director-organizador del complot. Contemporáneamente, puso en conocimiento de sus propósitos a otros dos oficiales de ese cuerpo que, con pleno conocimiento del objetivo del complot y sus motivaciones, aceptaron participar en él.

El oficial principal se reunió con cuatro personas a las que propuso trasladar a la costa atlántica a los fines de "asustar", "golpear", "apretar" o "levantar", lo que no puede sino traducirse como privar ilegítimamente de su libertad a José L. Cabezas y atentar contra su integridad física, con el objeto de interrumpir la labor profesional que llevaba a cabo en Pinamar.

Los cuatro miembros del grupo fueron alojados en un departamento cuyo alquiler había sido convenido previamente por el jefe del destacamento policial del lugar. Con el objeto de conocer sus movimientos, vehículo, compañías y domicilio, contaron también con la colaboración de los funcionarios policiales aludidos partícipes de estos hechos.

La víctima fue interceptada por dos de los integrantes del grupo, uno de los cuales exhibía un revólver calibre treinta y dos suministrado con anterioridad *por el funcionario policial que los reclutara*, y previo amenazarlo con esa arma lo redujeron e introdujeron en el asiento trasero del mismo automóvil. Los otros tres, conforme lo acordado previamente, apoyaban tal accionar desde un segundo vehículo.

Ambos vehículos se detuvieron frente a una excavación y el policía introdujo el automóvil en el que permanecía la víctima en el interior de la cava. El jefe del grupo esposó al periodista con el fin de evitar cualquier movimiento de resistencia y le efectuó dos disparos de arma de fuego utilizando un revólver calibre treinta y dos, los que le ocasionaron la muerte en forma casi inmediata por destrucción de la masa encefálica.

Acto seguido, introdujeron a la víctima en el interior del rodado, rociaron el automóvil y el cuerpo de la víctima con combustible y uno de ellos encendió el fuego que provocó la casi completa incineración del rodado y del cadáver. Los dos restantes sujetos del grupo permanecieron en el interior del vehículo, vigilando y controlando la aparición eventual de cualquier imprevisto que pudiera malograr los criminales propósitos que los convocara, continuando de este modo con la colaboración comprometida.

En lo que es de nuestro interés, el tribunal fundamentó lo siguiente: "Cabe preguntarse ¿qué otra persona que Alfredo E. Nallib Yabrán, aparece simultáneamente, con agravios y concretas posibilidades de conflictos permanentemente renovados con José L. Cabezas y a la vez manteniendo una vinculación habitual directa o por intermedio de su jefe de seguridad con Gustavo D. Prellezo a quien he tenido como organizador del complot que tenía por objeto interrumpir aquella molestísima actividad gráfica, y a la vez con suficiente solvencia económica como para financiar el proyecto? Sostengo, conforme lo afirma la acusación, que fue Alfredo E. Nallib Yabrán quien instigó a Gustavo D. Prellezo por intermedio de Gregorio Ríos y lo determinó directamente a secuestrar y privar de su libertad a José L. Cabezas. En esa tarea contó con el concurso imprescindible de Gregorio Ríos, quien tenía a su cargo todo lo referido a la seguridad del empresario y su familia y la protección de su intimidad.

Sin embargo voy a dejar sentado, que no advierto que la instigación comprendiera el objeto de darle muerte. Tal circunstancia que necesariamente se previó como posible por parte del instigador en razón de que como hombre de armas, debía de conocer los efectos y probables consecuencias de las agresiones, a la integridad física de las personas.

El homicidio de José L. Cabezas le es atribuido únicamente a título de dolo eventual" (voto del doctor BEGUÉ).

Por todo esto, Gregorio Ríos fue condenado por el delito de sustracción de persona, agravada por la muerte de la víctima, en calidad de instigador en concurso ideal con homicidio simple por dolo eventual en la misma condición (arts. 45, 54, 142 bis y 79, Cód. Penal), a sufrir la pena de prisión perpetua[43].

§ 40. ***Complicidad.*** – Cómplice es el sujeto que, sin tener el dominio del hecho, favorece a su ejecución con el aporte que le hace al autor o coautor. *Es quien auxilia o coopera dolosamente al injusto doloso de otro*[44].

La cooperación debe importar un aporte real a la concreción del suceso prohibido, que de acuerdo con la concepción tradicional puede consistir tanto en una intervención exterior como en un apoyo psicológico[45].

a) *Formas.* El cómplice puede ser primario (o necesario) o secundario. El primario se encuentra definido en el art. 45, que expusimos al referirnos al autor, cuando estipula: *"Los que tomasen parte en la ejecución del hecho o prestasen al autor o autores un auxilio o cooperación sin los cuales no habría podido cometerse, tendrán la pena establecida para el delito"*.

Para Bacigalupo, son dos los elementos que caracterizan a esta forma de complicidad, a saber: *1) la intensidad objetiva de su aporte al delito*; sin él el hecho no hubiera podido cometerse, y *2) el momento en que realiza el aporte*; quien pone una condición sin la cual el delito no hubiera podido cometerse *sólo será cómplice si no toma parte en la ejecución*, sino sólo en la preparación del hecho. Si intervino en la ejecución será coautor, pues con un aporte decisivo hubiera tenido el dominio del hecho[46]. De modo tal que el aporte es necesario cuando, suprimiéndolo hipotéticamente, el hecho delictivo no hubiera acontecido[47].

43 CApel GarantíasPen Dolores, 3/2/00, "Cabezas, José L.", *LL*, 2000-A-501, y *LLBA*, 2000-124.

44 Zaffaroni, *Manual de derecho penal. Parte especial*, p. 598.

45 Stratenwerth, *Derecho penal. Parte general. El hecho punible*, p. 898.

46 Bacigalupo, *Manual de derecho penal. Parte general*, p. 211. El autor da el siguiente ejemplo: el gerente de un banco que brinda a los autores, *antes de la ejecución*, la clave de la cerradura del tesoro que éstos utilizarán en la ejecución del asalto, es cómplice primario. Si, en cambio, el gerente concurre con los autores a la ejecución del hecho y abre el tesoro, aprovechando su conocimiento de la clave, será coautor.

47 "Para evaluar la *participación necesaria* debe considerarse la eficiencia del aporte de suerte tal que omitiéndola en el caso concreto y con

El cómplice secundario es quien presta cualquier tipo de colaboración que no resulte indispensable en lo que a la ejecución del hecho se refiere. Si, aun sin el accionar del cómplice, el hecho se hubiera cometido de todos modos, estamos en presencia de una complicidad secundaria. También lo es el que brinda una ayuda posterior a la consumación del delito, pues cumple con una promesa anterior al comienzo de su ejecución. Eso es lo que diferencia a esta modalidad de complicidad secundaria del delito de encubrimiento (art. 277, Cód. Penal), el que tiene la reducción de pena de la tentativa.

La complicidad secundaria se encuentra definida en el art. 46 del Cód. Penal que dice: "*Los que cooperen de cualquier otro modo a la ejecución del hecho y los que presten una ayuda posterior cumpliendo promesas anteriores al mismo, serán reprimidos con la pena correspondiente al delito, disminuida de un tercio a la mitad. Si la pena fuere de reclusión perpetua, se aplicará reclusión de quince a veinte años y si fuere de prisión perpetua, se aplicará prisión de diez a quince años*".

b) *Exceso en la complicidad.* Tal como señalamos en el § 30, b, el art. 47 dispone que el acusado de complicidad sólo responde por el hecho respecto del cual se había comprometido a colaborar, de modo tal que no se responsabilizaba por el exceso en que pudiera haber incurrido el autor o coautor.

§ 41. ***Aplicación del dolo eventual en la complicidad.*** – La jurisprudencia considera que el dolo eventual puede ser aplicado a la actuación del partícipe.

---

arreglo a sus características, el autor hubiera tenido que valerse del auxilio o cooperación de otras personas, o hubiera necesitado esperar otra oportunidad u otras circunstancias en pos de consumar el hecho tal como se realizó. La necesidad del aporte debe valorarse *ex ante* y en concreto, y jamás *ex post* y en abstracto. No es posible dudar –en el caso– del aporte realizado por los imputados de elementos necesarios para la comisión del hecho del transporte de estupefacientes que se tuvo por comprobado, justamente, por el apoyo que significó al participante activo, la expectante escolta de la camioneta y de sus ocupantes en el desarrollo del mentado accionar ilícito" (CNCasPen, Sala IV, 31/3/05, "Polus, Slawomir A., y otros", c. 4413, reg. 6489, citado por Breglia Arias - Gauna, *Código Penal*, t. 1, comentario al art. 45 del Cód. Penal, § 6, p. 477).

Causa "Mercenaro". En esta causa se entendió que "para encuadrar la conducta del coprocesado en la hipótesis del art. 46 del Cód. Penal, la voluntad de intervención en el suceso debe ser intencionalmente dolosa, para que se dé la convergencia subjetiva, siempre claro que sea de igual grado, o sea descartada en este caso la culposa, porque se trata de delito doloso. *Pero la participación no reclama privativamente como la tentativa el dolo directo, sino que se puede coincidir a través del dolo eventual*. De tal modo que si el coprocesado acepta que el vendedor de droga vendía habitualmente a una tercera persona mercadería, aun antes de conocerlo a él, el hecho de que lo haya llamado a pedido de este último hasta el auto, no lo aparta por ello de la integración de su conducta con el todo del hecho criminoso, y la aceptación de servir de cualquier modo a que se concretase la operación del ilícito comercio, ya que no hizo nada para evitarlo, representándose como posible el resultado (*definición pacífica del dolo en segundo grado o sea el eventual*)"[48].

Causa "Pérez". En esta oportunidad sostuvo la Cámara: "Si el partícipe en el robo conocía que sus coprocesados portaban armas y sabía de la resistencia de la víctima, que determinó a éstos a dispararle causándole la muerte, ha de responder el primero por su intervención en un homicidio agravado *criminis causa* y no en un robo con homicidio *en tanto cabe atribuirle responsabilidad cuando menos a título de dolo eventual*"[49].

Causa "Martínez". Un grupo de personas decidieron perpetrar un robo a un banco, a sabiendas de que para obtener la clave de la bóveda sería necesario tomar rehenes y presionar a los empleados a fin de que den la información solicitada. Los ladrones emprendieron la huida a bordo de un vehículo, para lo cual utilizaron rehenes como escudos humanos, a pesar de que sabían que había gran cantidad de personal policial apostado en las inmediaciones de la enti-

[48] CNCrimCorr, Sala IV, 9/12/85, "Mercenaro, Leonardo", *LL*, 1986-A-538, y *DJ*, 1986-1-699, voto en disidencia del doctor CAMPOS.

[49] CPen Morón, Sala II, 9/6/88, "Pérez, Miguel Á.", *LL*, 1990-A-694, nº 6949.

dad bancaria. Como consecuencia de un enfrentamiento armado entre los delincuentes y la policía fallecieron varios rehenes.

La Cámara resolvió: "Cabe condenar como partícipe necesario del delito de robo con armas en grado de tentativa en concurso ideal con el de privación ilegítima de la libertad, a quien facilitó su domicilio para la realización de reuniones tendientes a planificar el atraco a un banco y suministró los teléfonos celulares con los cuales se comunicarían los miembros de la banda, desde que tales aportes resultan necesarios para que los ejecutores del hecho concretaran el resultado, de conformidad con lo establecido en el art. 45 del Cód. Penal. Reviste el carácter de partícipe necesario del delito de robo con armas en grado de tentativa en concurso ideal con el de privación ilegítima de la libertad, quien efectúo tareas de distracción sobre los empleados de los comercios adyacentes al banco objeto del robo, a fin de que no pudieran visualizar las maniobras desplegadas por los otros miembros de la banda, y proveyó su automóvil para emprender la huida del lugar del hecho, ya que su colaboración fue prestada durante la fase ejecutiva del hecho. La limitación de la responsabilidad penal prevista por el art. 47 del Cód. Penal se aplica para el caso de establecerse que el acusado de complicidad no quiso cooperar o no ha previsto como posible la realización de un hecho más grave que el cometido por el autor, pero el querer del cómplice comprende al dolo eventual, y por tanto cuando de las características del hecho surge que sus consecuencias más graves eran previsibles, entonces quienes prestaron colaboración para que éste se concretase recibirán la misma pena correspondiente al delito"[50].

[50] CNCasPen, Sala IV, 11/6/08, "Martínez, Carlos S., y otros", *LL*, 2008-F-264.

Capítulo V

DOLO EVENTUAL Y LA VIABILIDAD DE SU APLICACIÓN EN ALGUNOS DELITOS EN PARTICULAR

§ 42. ***Introducción.*** – Hemos analizado anteriormente las múltiples problemáticas que conlleva la aplicación del dolo eventual. Independientemente de todas y cada una de ellas, hay ciertos delitos respecto de los cuales se discute específicamente la viabilidad de esta modalidad de dolo, por lo cual hemos de tratarlos por separado.

§ 43. ***Homicidio calificado.*** – Estudiaremos la institución regulada por el art. 80 del Cód. Penal en sus diversos incisos.

a) *Homicidio con ensañamiento, alevosía, veneno u otro procedimiento insidioso.* En la causa "Banchero" se entendió: "Configura el delito de homicidio calificado por suministro de veneno, reiterado en tres oportunidades (art. 80, inc. 2°, Cód. Penal), la acción del procesado que para lograr un ascenso en el trabajo aplicó 'folidol' a una parte de un bizcochuelo que llevó para sus compañeros, separando con cartones la parte que contenía el tóxico, pero sin tomar recaudos para que otras personas pudieran servirse de dicha parte sino que por el contrario permitió que los otros dos damnificados se la repartiesen y la comieran. Con relación a la primera de las víctimas –la que el encausado quería que falleciera– surge el dolo directo, mientras que con relación a las otras dos surge el *dolo eventual,* dado que el procesado debió representarse el resultado que no involucraba su plan y lo admitió permitiendo el efecto fatal respecto de los dos compañeros que ante sus ojos comieron de la fracción que no estaba destinada a ellos"[1].

b) *Homicidio con el concurso premeditado de dos o más personas.* La Cámara de Santa Fe señaló en la causa "Molina": "El art. 80, inc. 6° del Cód. Penal rechaza la posibilidad de *dolo eventual* respecto a la muerte como resultado"[2].

c) *Homicidio "criminis causæ".* Respecto del art. 80, inc. 7°, cabe citar los siguientes pronunciamientos.

Causa "Pérez". "Quienes concurren a perpetrar un robo cada uno munido con un arma de fuego en condiciones de ser disparada, asumen desde el inicio la posibilidad de utilizarlas en contra de quien se oponga a sus designios criminosos, de donde surge *el dolo eventual de homicidio* que permite considerarlo *criminis causæ* y no robo con homicidio cuando se da muerte a la víctima a raíz de su resistencia"[3].

Causa "B., D. H". "El homicidio como medio para concretar otro acto ilícito está receptado en el Código argentino adoptando el sistema de la *conexión* que representa algo más que la existencia y aplicación de las normas del *concurso de delitos.* Lo relevante es la doble intención que en lo referente a la comisión del homicidio, *se alcanza a configurar con el dolo eventual,* pues la muerte es el medio para cometer el otro hecho ilícito, que generalmente será doloso. Esta conexión aparece indudable, sin necesidad de una preparación o premeditación previa, si se demuestra que el otro delito es la causa o motivo del homicidio, porque la conexión surge cuando la muerte es el medio para cometer el otro hecho, no es necesario una preordenación anticipada, deliberada y resuelta de antemano. La ley sólo exige que el deseo del autor de cometer un delito funcione como motivo que lleve al homicidio, ya que el agravamiento se fun-

[1] CNCrimCorr, Sala V, 23/3/82, "Banchero, E. A.", *RepLL,* 1982-1175, n° 1.

[2] CCrim Santa Fe, Sala I, 2/11/78, "Molina, Juan B.", *RepLL,* 1980-1231, n° 6.

[3] CPen Morón, Sala II, 9/6/88, "Pérez, Miguel Á.", *LL,* 1990-A-694.

damenta en la *conexión ideológica finalísticamente dirigida* entre uno y otro hecho. La ley no exige que el homicidio haya sido concebido, planeado o preordenado antes del otro hecho punible, o siquiera previsto como posible durante su ejecución. Puede nacer y ocurrir en el momento mismo en el que se ejecuta el otro ilícito, basta pues que los actos se cumplan objetivamente, siempre que exista un nexo causal de medio a fin, y que el autor, al menos, *pueda prever el resultado letal de su acción*. No es por tanto necesario exigir ese ánimo o propósito homicida cuando se trata de preparar o consumar otro delito cualquiera"[4].

Causa "Bueno, Roberto". Se condenó como coautores de los delitos de robo con armas y homicidio *criminis causæ* a quienes dieron muerte al guarda de un colectivo mientras se disponían a perpetrar un robo. La defensa interpuso recurso de casación. El Superior Tribunal de la provincia de Misiones hizo lugar al recurso incoado y encuadró la conducta en el delito de homicidio en ocasión de robo. Así, dictaminó: "Cabe condenar en orden al delito de homicidio en ocasión de robo previsto en el art. 165 del Cód. Penal, a quien mientras se disponía a robar a los pasajeros de un colectivo dio muerte al guardia que viajaba en el mismo ya que, dadas las particularidades que rodearon el hecho, no surge que el objetivo perseguido fuera matar a la víctima para robarle, sino que la intención fue el robo y no el homicidio. El homicidio *criminis causæ* procede cuando el objetivo perseguido por el autor fue matar a la víctima para robarle, en cambio si el reo se propuso el robo y al cometerlo se presentaron circunstancias ajenas al plan criminoso que diera lugar al homicidio su conducta resulta encuadrable en el delito de homicidio en ocasión del robo. La esencia de todos los supuestos comprendidos en el art. 80, inc. 7º, del Cód. Penal reside en la preordenación de la muerte a la finalidad delictiva o posdelictiva, o a la satisfacción de despecho que mueve al imputado, *por lo que no se admite el dolo eventual*"[5].

[4] CPen Rosario, Sala I, 3/7/88, "B., D. H.", *RepLL*, 1990-930, nº 17.

[5] ST Misiones, 10/5/07, "Bueno, Roberto", *LLOnline*. En igual sentido, CNCrimCorr, Sala I, 1/7/94, "Rodríguez, Gabriel", *JA*, 1966-IV-99, secc. índice, nº 99.

§ 44. ***Abandono de persona.*** – Analizaremos la interpretación jurisprudencial más destacada del art. 106 del Cód. Penal.

Causa "G., H. E.". "El autor de abandono de persona siempre se representará como posibilidad más o menos cierta –que desdeña– el que pudiese sobrevenir la muerte, lo cual implica que la figura delictiva prevé el *dolo eventual.* El abandono de persona puede perpetrarlo el agente apartándose de la víctima o quedándose con ella, pero sin prestarle los auxilios o cuidados necesarios por lo que no es necesario que el autor se aleje del sitio donde está la víctima, ni que la traslade a otro sitio, siendo estos últimos algunos de los modos comisivos del delito. El dolo eventual en la figura del abandono de persona, en razón de estar contemplado en el delito el peligro de que sobrevenga la muerte de otro, surte un efecto distinto del que normalmente debería tener ya que de él se hace una circunstancia agravante, de lo contrario en todos los casos de muerte sobreviniente de la persona abandonada, el hecho será calificado como homicidio y la figura agravada del párrafo final del art. 106 del Cód. Penal nunca tendrá aplicación. Si bien el menor, cuya guarda de hecho detentaban los imputados, padecía afecciones de varios días de evolución –grave infección y traumatismo de cráneo– que nunca fueron atendidas o asistidas médicamente y que finalmente causaron su muerte, sólo puede atribuírsele a ese accionar la intención de crear una situación de peligro y a lo sumo un dolo eventual con relación al resultado configurando el delito de abandono de persona seguido de muerte (art. 106, párr. último, Cód. Penal), mas no el dolo directo de ocasionar la muerte por lo que no resulta encuadrado en la figura del homicidio"[6].

Causa "M. O. P.". El imputado P convivía con la víctima S, a quien durante mucho tiempo trató de modo humi-

[6] CCrim 1ª nominación Catamarca, 10/9/97, "G., H. E., y otra", *LL NOA*, 1998-1302, y *LL*, 1999-B-779. "La lesión y el agravamiento persistente del niño, a la postre fallecido, y la desatención rayana con la indiferencia por parte del acusado, que de hecho tenía la guarda, definen su eventual actitud homicida, encuadrándose tal accionar en la figura del homicidio simple con dolo eventual" (voto en disidencia del doctor Roselló).

llante, propinándole malos tratos y golpes. Una noche, luego de ser atendida en el hospital del pueblo, falleció tras sufrir una descompensación hemodinámica. Durante el sumario, se acreditó que fue el imputado quien había trasladado a la víctima al mentado hospital. El imputado P fue condenado en primera instancia por lesiones leves calificadas. El juez de primera instancia consideró que ésta era la calificación correcta, y descartó el abandono de persona previsto en el art. 106 del Cód. Penal, teniendo en cuenta que P había permanecido al lado de la víctima. La fiscal del caso apeló la sentencia de primera instancia, pues juzgó que cualquier ciudadano debía saber que ante un cuadro como el de S debe solicitarse asistencia médica. Finalizó requiriendo que se condenara a P como autor material penalmente responsable de los delitos de homicidio simple por *dolo eventual* y abandono de persona, en concurso real, a la pena solicitada en la anterior instancia.

El tribunal de alzada tuvo por probado que el imputado maltrataba y golpeaba a la víctima. Pero tuvo muy en cuenta el informe médico que decía: "luego de efectuado el procedimiento se puede aseverar que las lesiones traumáticas descriptas en examen bien pueden haber sido ocasionadas por golpes de terceros o autoinfligidos, no son lo suficientemente idóneas como para producir el óbito y que la muerte a prima facie obedece a un trastorno hemorrágico difuso con afección polisistémica a determinar de acuerdo al resultado anátomo-patológico, si puede ser de origen infeccioso, metabólico, etcétera. Causa de la muerte: muerte por proceso hemorrágico sistemático de causa a determinar que no aparenta de origen traumático".

La Cámara resolvió: "Creemos necesario para separar las aguas que no estamos de acuerdo con la sentencia dictada y con la Fiscalía coincidimos con una sola de las figuras penales solicitadas. En primer lugar entendemos que nunca pueden darse las dos figuras juntas. Así, cita ZAFFARONI en su Código Penal: 'Si el agente actúa con dolo eventual de causar la muerte se trata del abandono del art. 106, párr. 3° y no de homicidio, pues de otro modo la figura nunca sería aplicable' y agrega 'la muerte de un menor, cuya guarda de hecho detentaban los imputados, a causa de la grave infección originada varios días antes, que nunca fue tratado –igual que nuestro caso– y derivó en su muerte configura, *con dolo eventual*, el delito de abandono de persona, con resultado de muerte –art. 106, párr. último del Cód. Penal– pero de ninguna manera hubo dolo directo de ocasionar la muerte, por lo que cabe descartar la figura de homicidio'. Y agrega '*el dolo eventual* en la figura del abandono de persona, en razón de estar contemplado en el delito de peligro de que sobrevenga la muerte de otro, surte un efecto distinto del que normalmente debería tener ya que de él se hace una circunstancia agravante, de lo contrario en todos los casos de muerte sobreviniente de la persona abandonada el hecho sería calificado como homicidio y la figura agravada del párrafo final del art. 106 del Cód. Penal nunca tendría aplicación'. Además en el tipo de delito que nos ocupa, P tenía la posición de garante o situación de garante –siendo que la conducta está constituida por un hacer, sólo puede ser autor quien no debe omitir, quien no tiene esa obligación no responde en ningún sentido por la consecuencia de su inacción. La doctrina emplea la expresión *posición de garante* para referirse al grupo de autores que pueden serlo de estos delitos. Es decir, que quien está en esta posición sólo tiene la obligación jurídica de preservar el bien de que se trata, mediante un hacer modificatorio de la realidad o impeditivo de esa modificación. Tradicionalmente se reconoce que la posición de garante se da en los casos en que la obligación es taxativamente impuesta a cargo de un sujeto por la ley; o cuando es asumida contextualmente; o le es exigida porque ha sido el sujeto que ha creado la situación de peligro que puede desarrollarse hasta producir el menoscabo del bien jurídico. Estas fuentes son válidas para los delitos de comisión por omisión. Los tipos omisivos aparecen como el agotamiento necesario del contenido prohibitivo del tipo escrito. Dejar de reconocerlos importaría dejar un amplio margen de permisividad al ataque al bien jurídico que el tipo protege. De modo que está francamente aceptado que es un procedimiento no reñido con el principio de legalidad. Además, es un significado socialmente adecuado en la acción de matar, pues tanto mata el que le quita la vida a otro, como el que permite que se le extinga la vida cuando puede impedirlo.

Gran parte de la doctrina actual considera que la cuestión debe plantearse como un problema de imputación objetiva, lo que importa es la causalidad potencial, no la causalidad real. ¿Habría evitado el resultado la acción que el omitente podía realizar? Lo que deberá contestarse positivamente cuando la acción omitida habría reducido considerablemente el peligro que luego se concretó en el resultado. El deber de actuar es consecuencia de la situación típica descripta en la ley. La antijuridicidad no tiene ninguna particularidad con respecto al concepto general así que, antijurídica será toda omisión no justificada.

Se considera garante a quien se encuentra en una posición estrecha de vinculación con el bien jurídico, entre la producción activa y la omisión de impedir el resultado, quiere decir que se produce una estrecha vinculación del omitente con el bien jurídico protegido y de ello se deduce que su omisión es equivalente a la realización activa del tipo. Se ubican en estos deberes los que tienen por objeto el cuidado de personas necesitadas, o las que están expuestas a determinados riesgos y los deberes de cuidado y protección emanados del parentesco o de una estrecha relación de vida. Muchas veces en los casos concretos, no es fácil saber cuándo ha habido una acción, cuándo una omisión. Para resolver esta cuestión se ha impuesto el llamado criterio de la causalidad. De acuerdo con ello deberá acreditarse en primer lugar, que el autor aparezca poniendo una causa en la cadena causal que produjo el resultado. Si el autor no aparece impulsando la cadena causal que acabó en el resultado, no estará en un hecho omisivo. Si no impulsó activamente la cadena causal que acabó con la muerte de la víctima, no cabe duda que su conducta cae en la categoría de la omisión impropia, por omitir la realización de una acción, que habría podido evitar el resultado (en nuestro caso, P fue varios años concubino de la víctima, con quien tuvo varios hijos)".

El tribunal condenó al imputado por el delito de abandono de persona seguido de muerte (art. 106, párr. 3°)[7].

[7] CCivComLab Venado Tuerto, 3/10/08, "M. O. P. s/lesiones leves calificadas", *LLLitoral*, 2009-114.

Causa "S., M. S., y otro". "Si bien el delito de abandono –art. 106, Cód. Penal–, en su aspecto subjetivo se conforma con el *dolo eventual*, en el caso de agravación por el resultado –por la muerte–, el dolo no puede extenderse al mismo, ni eventualmente, sin provocar el cambio del encuadramiento legal, que en tal caso debería considerarse homicidio calificado"[8].

§ 45. **Injurias.** – Cabe analizar aquí la doctrina jurisprudencial en relación con el art. 110 del Cód. Penal.

Causa "Editor responsable y/o director del diario La Nación". La Sala III de la Cámara Nacional Criminal y Correccional revocó la sentencia de primera instancia y condenó al director del diario "La Nación" por el delito de injurias en perjuicio de una persona a quien equívocamente habían llamado "delincuente", en una nota aparecida en el periódico, fundando dicha sentencia en *el dolo eventual*. El defensor del imputado interpuso recurso extraordinario, aduciendo que los términos en que la Cámara dio por acreditada la existencia de *dolo eventual* para fundar el reproche penal de su asistido constituían una verdadera presunción que invertía el *onus probandi* y conllevaba a la atribución de una responsabilidad de tipo objetivo, violatorio del principio consagrado sobre el punto en materia penal por el art. 18 de la Const. nacional. Como fundamento de este agravio sostuvo que para valorar el extremo en cuestión se tuvieron en cuenta elementos de juicio ajenos al hecho y no las pruebas antecedentes y coetáneas, como el origen y caracteres de la noticia. Así, objetó la ponderación que, como prueba de cargo, realizó el a quo de la actitud asumida por el querellado durante el trámite del juicio, su desinterés por conciliar, la ausencia de todo elemento explicativo referente a una imposibilidad o dificultad de control directo sobre lo publicado y el amparo bajo una suerte de inmunidad en su calidad de director. En virtud de ello, el tribunal apelado incurrió en la arbitrariedad que agravia al querellado, a partir del examen que efectuó de las circunstancias fácticas del caso, para atribuirle responsabili-

[8] CPenal Santa Fe, Sala III, 16/11/83, "S., M. S., y otro", *ED*, 109-175.

dad penal a título de *dolo eventual*. Tal la hipótesis de autos, en que el a quo, a los fines de tener por acreditado el *dolo eventual* del acusado, incurre en un grave defecto de fundamentación ya que, al apartarse manifiestamente de lo prescripto por el art. 358 del Código de forma, en cuanto exige que, a los fines de tener por plena prueba aquella que reposa en presunciones o indicios, resulta necesario, entre otros recaudos, que éstos sean "varios, reuniendo, cuando menos, el carácter de anteriores al hecho y concomitantes con el mismo" (inc. 2°), priva de apoyo normativo a la sentencia.

Al resolver la Corte Suprema, el doctor BOGGIANO señaló en su voto: "No corresponde atribuir al querellado por injurias responsabilidad a título de *dolo eventual* fundándose en la actitud procesal asumida por éste –desinterés por conciliar, omisión de concurrir a la audiencia de conciliación y brindar explicaciones–, pues exigir una actitud conciliatoria al imputado de un delito de acción privada puede interpretarse como una manera de obligarlo a declarar en su contra". En ese mismo voto se dijo: "Considerar que hubo de parte del querellado por injurias un aporte subjetivo dirigido a la producción del resultado, en razón de haber reconocido ser el director del diario que publicó la noticia con términos ofensivos, supone invertir la carga de la prueba en perjuicio del procesado y resolver la cuestión con prescindencia de lo preceptuado por el art. 468 del Cód. de Proced. en Materia Penal, frustrando de manera directa concretas garantías constitucionales". Por último, el ministro citado explicó: "Inferir el *dolo eventual* del querellado por injurias de la circunstancia de no haber comparecido a la audiencia de conciliación constituye una equivocación tan grosera, que es inconcebible dentro de una racional administración de justicia". Del voto del doctor FAYT surge que "los indicios reunidos por el tribunal a quo para atribuir al querellado la comisión del delito de injurias a título de *dolo eventual* –omisión de concurrir a la audiencia de conciliación y de ejercer defensas relativas a su imposibilidad de controlar la totalidad de lo publicado en el diario del que es director–, no se ajustan a la exigencia legal contenida en el art. 358, inc. 2° del Cód. de Proced. en Materia Penal, pues todos ellos son posteriores al hecho que originó la litis y se refieren a la conducta asumida por el querellado durante el proceso"[9].

Causa "Córdoba, Jacinto". Un oficial de policía, en una nota periodística brindada a un diario, deslizó frases injuriantes contra un abogado. Éste, previo intimarlo a que ratifique o rectifique sus dichos, querelló al policía por el delito de injurias. La Cámara condenó al querellado a pena de prisión en suspenso y al pago de una indemnización por daño moral. En el fallo se estableció: "Para determinar la antijuridicidad del accionar de quien ha sido imputado por la presunta comisión del delito de injurias, debe tenerse en cuenta el nivel cultural del agente que exterioriza las palabras o frases, la oportunidad en que lo hace, el sentido de las expresiones utilizadas y el medio elegido para ello. *La responsabilidad por el delito de injuria es compatible con el dolo directo, indirecto o eventual*, bastando con que el procesado haya tenido conciencia de que su manifestación era ofensiva". El imputado fue condenado a dos meses de prisión en suspenso[10].

Causa "Cirielli, Ricardo". Un dirigente gremial fue querellado por el delito de injurias, a raíz de la publicación de un comunicado dirigido por correo electrónico a un número indeterminado de personas y difundido por medio de escritos y en una página *web*, en el que se utilizaban expresiones que asignaban al querellante la calidad de "mentiroso", entre otras. Dictada la absolución del encausado, se interpuso recurso de casación. El tribunal hizo lugar al remedio intentado y revocó la sentencia. Señaló: "El tipo penal de las injurias no requiere para su configuración subjetiva la existencia en el sujeto activo de un dolo directo, pues, basta a tales efectos que haya actuado con dolo indirecto o aun eventual, dado que, particularmente en el marco del dolo eventual, la conducta injuriante no precisa de una aprobación interna del resultado agraviante, sino que basta para su configuración que el sujeto activo tenga co-

[9] CSJN, 8/6/93, "Editor responsable y/o director del diario La Nación", *LL*, 1994-D-489.

[10] CCrim 1ª nominación Catamarca, 30/10/02, "Córdoba, Jacinto H.", *LLNOA*, 2003-554.

nocimiento sobre la concreta y específica potencialidad lesiva del honor de aquella expresión que conscientemente utiliza"[11].

§ 46. *Exhibiciones obscenas*. – Respecto de la figura del art. 128 del Cód. Penal, cabe citar la causa "Musotto". En ella se dictaminó: "El editor de la revista es, sin ninguna duda, máxima autoridad controlante de los artículos, fotografías y demás material que imprime la revista, siendo responsable de su publicación, pues ejerce el gobierno y la dirección de los escritos o imágenes que se difunden, sin que quepa admitir excusa de grado alguno en cuanto a su supervisión, debiendo cargar con las consecuencias de su omisión, si ella da lugar, justamente, a la publicación obscena. Si bien es cierto que el delito no es imputable a título de culpa, no es necesario, sin embargo, el dolo directo, sino que basta el *dolo eventual*"[12].

§ 47. *Privación ilegítima de la libertad*. – En la causa "López, Norberto J.", se entendió aplicable el dolo eventual al delito previsto en el art. 141 del Cód. Penal.

Un colectivero no permitió el descenso de dos pasajeros en las paradas que fueran indicadas por cada uno de ellos, haciendo caso omiso y siguiendo de largo. Se le imputó el delito de privación ilegítima de la libertad.

La Cámara determinó: "En el delito de privación ilegítima de la libertad, el dolo está constituido por el conocimiento cierto, actual y concreto de que se impide a otro hacer uso de su libertad ambulatoria. El aspecto subjetivo de la privación de la libertad, como el del rapto y el del secuestro extorsivo, admite el dolo eventual y también el indirecto o de segundo grado"[13].

§ 48. *Hurto*. – Respecto del delito que regula el art. 162 del Cód. Penal, es pertinente la cita de la causa "P. L.". En ella se resolvió: "Al precedente aspecto objetivo del apo-

11 TribCasPen Buenos Aires, Sala II, 18/8/05, "Cirielli, Ricardo", *JA*, 2006-I-366.

12 CNCrimCorr, Sala II, 24/10/85, "Musotto, Néstor J.", *LL*, 1986-D-445.

13 CNCrimCorr, Sala IV, 21/12/89, "López, Norberto J.", *LL*, 1991-C-277.

deramiento corresponde un aspecto subjetivo constituido por el conocimiento y la voluntad de someter la cosa al propio poder de disposición. Este aspecto subjetivo supone especiales componentes anímicos, *que llevan a autores de nuestra doctrina a sostener que el delito de hurto resulta incompatible con el dolo eventual*"[14].

§ 49. ***Homicidio en ocasión de robo.*** – Analizaremos las distintas aplicaciones de la figura de homicidio en ocasión de robo (art. 165, Cód. Penal).

Causa "Leiva". "Corresponde calificar la conducta del procesado en la figura del robo con homicidio del art. 165 del Cód. Penal y no en la de homicidio *criminis causa* del art. 80, inc. 7°, si no está acreditado que obrara con dolo de matar, *ni aun en su modalidad eventual*"[15].

Causa "Putallaz". Una persona fue atacada para sustraerle la suma de dinero que poco antes había retirado de una institución bancaria, por dos individuos, uno de los cuales lo habría sujetado inmovilizándolo, mientras que el otro la golpeó reiteradamente con un caño en la cabeza, causándole gravísimas lesiones que días después lo condujeron a la muerte. En tanto ello sucedía, un tercer individuo los aguardaba cerca de allí montado en una motocicleta de gran cilindrada, en la que escaparon dos de los intervinientes en el hecho, esto es, el motociclista y el delincuente que sujetó a la víctima y que habría también revisado sus ropas. El despojo no llegó a consumarse por la intervención policial. La persona que golpeó a la víctima con el caño fue detenida.

El Tribunal Oral resolvió: "El hecho atribuido y por el cual Putallaz debe responder en calidad de coautor material constituye el delito de homicidio cometido en ocasión de robo, previsto en el art. 165 del Cód. Penal. Claro que a esta solución arriba el Tribunal por estricta aplicación del art. 3° del ordenamiento formal, y atendiendo a las explicaciones brindadas por el encausado al deponer durante el debate, en el sentido de que no tuvo intención alguna de

[14] CFed Rosario, Sala B, 9/5/88, "P., L.", *RepLL*, 1988-968, n° 12.

[15] CNCrimCorr, Sala I, 12/2/88, "Leiva, Oscar A.", *LL*, 1990-A-694, n° 6946.

matar a Munilla, sino que su único propósito era el de sustracción, que se vio dificultado por la resistencia del nombrado y que el castigo que entonces le aplicó estuvo dirigido al fin indicado, sin suponer siquiera que podía llegar a tener las lamentables consecuencias que se derivaron del ataque. Concordando entonces con las distinguidas fiscal y defensora oficial, se tendrá por establecido que el único móvil fue el robo y que el desenlace fatal fue consecuencia no querida del torpe accionar del encausado. Sólo por imperio del *favor rei* se llega a esta calificación, dado que a juicio de los suscriptos se dan en el caso *sub examine* vehementes sospechas de que pudo existir *dolo eventual en la causación de la muerte de Munilla Vizcaya*, dada la avanzada edad de la víctima –que conlleva una obvia fragilidad– y lo contundente del instrumento utilizado, circunstancias que tal vez pudieron ser tenidas en cuenta por Putallaz como para prever el resultado que podía tener su accionar; máxime, si se advierte que uno de los testigos dijo que el otro ladrón –un sujeto robusto que luego se dio a la fuga– sujetaba al anciano, impidiéndole muy probablemente todo movimiento o maniobra de protección, por lo que la versión menos grave dada por Putallaz sobre el punto, y que recién se ha mencionado, no parece tener mucha consistencia"[16].

Causa "Demetrio, Emilio, y otros". "Si el imputado, mientras cometía el delito de robo con armas, se vio sorprendido por un movimiento defensivo de la víctima, accionó el mecanismo de la pistola que llevaba consigo, o bien, aplicó un golpe con la punta de la misma, mientras la esgrimía en posición apta para el disparo y, como consecuencia del golpe, se produjo el disparo que terminó con la vida de la víctima, *comete el delito de homicidio en ocasión de robo, reprimido en el art. 165 del Cód. Penal, mediante dolo eventual* –en el caso, al no haberse acreditado la intención directa de matarlo y en virtud de la aplicación del principio del *in dubio pro reo*, puesto que el agente se representó la posibilidad del disparo, aceptando su producción sin interrumpir el curso causal que lo produce por su mismo accionar"[17].

[16] TOralCrim nº 4, 11/3/04, "Putallaz, Hugo A.", *LL*, 2004-D-587.

[17] ST Santiago del Estero, Sala CrimLab y Minas, 21/3/05, "Demetrio, Emilio, y otros", *LLNOA*, 2005-1084.

§ 50. ***Estafa***. – La estructura de este delito –previsto en el art. 172 del Cód. Penal–, fue interpretada en los siguientes fallos.

Causa "Salviani, Omar". La forma en que está estructurada la estafa no admite ni la culpa *ni el dolo eventual*[18].

Causa "Mercado, Hugo". La Cámara en lo Penal absolvió al imputado, acusado del delito de estafa, al haber permutado con la denunciante una casa por otra, sin supuestamente haberle informado que ésta se encontraba hipotecada, por considerar atípica la conducta enrostrada. En este sentido, expresó: "Para que haya estafa se requiere de maniobras ardidosas idóneas, que confundan a la víctima de tal modo que sean suficientemente engañosas para llevarla a decidir una prestación onerosa, que a su vez le ocasione un perjuicio económico –en el caso, se consideró atípica la conducta del imputado que había permutado su casa con la de la víctima, supuestamente ocultándole la existencia de una hipoteca, extremo que no pudo ser probado– todo lo cual debe ser acreditado" (voto del doctor Vital Graneros).

Según el voto del doctor Pellegri, "la figura de la estafa necesita, para su configuración, el elemento intencional del ardid o engaño, por lo que si se concluye que el negocio se realizó con evidente negligencia del acreedor, por no tomar los recaudos del caso, no puede tenerse por probado el dolo del deudor", conforme lo exige el Código Penal.

"El delito de estafa exige el dolo directo y no admite el eventual, pues la estructura del tipo es marcadamente intencional, es decir, que el agente es consciente y quiere engañar por medio de manifestaciones falsas, representándose el resultado de su conducta y obrando con la finalidad especial de obtener un lucro indebido"[19].

§ 51. ***Administración fraudulenta***. – El alcance de la figura, regulada por el art. 173, inc. 7°, del Cód. Penal, fue analizado en la causa "Bianco, Carlos". La Cámara de Apelaciones confirmó la resolución que había sobreseído a los imputados, acusados de los delitos de administración frau-

18 CNCrimCorr, Sala III, 18/8/92, "Salviani, Omar", *JA*, 1993-II-60.

19 CPen Concepción, Sala II, 27/3/06, "Mercado, Hugo E.", *LLOnline*.

dulenta y violación de los deberes de funcionario público. La querella interpuso recurso de casación.

El Tribunal Superior de Justicia rechazó la impugnación deducida. En este sentido, dispuso: "El tipo de la administración fraudulenta requiere que la acción haya sido encarada por el autor para lograr un lucro indebido para él o para un tercero o emprendida para dañar el patrimonio de la víctima y tales direcciones del elemento subjetivo del tipo indican la exclusividad del dolo directo, *no siendo admisible el dolo eventual,* ni siquiera cuando no se busca un lucro indebido, porque la acción tiene que ser emprendida con la voluntad expresa de daño"[20].

§ 52. ***Apropiación ilícita de cosas perdidas o tesoros.*** – El art. 175, inc. 1°, del Cód. Penal prevé esta figura delictiva, que se estudió en la causa "W., H. A., y otros". "El tipo del art. 175, inc. 1°, del Cód. Penal es imputable sólo a título de dolo, es decir la conciencia de que se trate de una cosa perdida, y la intención de adueñarse; no es necesaria la certeza, *sino basta que se presente como probabilidad despreciada por el autor –dolo eventual–*"[21].

§ 53. ***Incendio y otros estragos.*** – El art. 186 del Cód. Penal penaliza esta figura, analizada en la causa "Bello, José L., y otro" (aunque con referencia al texto legal vigente en ese momento).

"El art. 186, inc. *a,* del Cód. Penal pone el 'peligro de muerte' como resultado preterintencional; si la creación de ese peligro fue perseguida, querida o admitida *bajo la forma del dolo eventual,* estamos en el campo de los atentados personales, pero no ante el incendio agravado; con el homicidio o con las lesiones de carácter doloso puede concurrir el incendio como figura básica, pero no el incendio agravado por resultados preterintencionales contra las personas"[22].

[20] TS Córdoba, Sala Penal, 16/5/07, "Bianco, Carlos A., y otro", *LLOnline.*

[21] CCrim Concordia, 12/6/78, "W., H. A., y otros", *RepLL,* 1980-807, n° 60.

[22] CPenal Santa Fe, Sala I, 20/4/79, "Bello, José L., y otro", *JA,* 1979-IV-586.

§ 54. ***Propagación de enfermedades.*** – Esta figura delictual está prevista en el art. 202 del Cód. Penal.

Causa "Lunardón, Roxana, y otros". El Ministerio de Salud y Acción Social de la Nación formuló una denuncia contra las autoridades de un banco de sangre, en razón de haberse detectado irregularidades, a partir de una auditoría efectuada respecto de los libros que la entidad se encuentra obligada a llevar. Después de dicha auditoría se determinó que se habrían entregado unidades de sangre que deberían haberse descartado, por resultar su serología positiva frente a determinadas patologías contagiosas. Decretado el procesamiento de la directora del banco aludido y otros agentes, en orden a los delitos previstos por el art. 91 de la ley 22.990 y el art. 202 del Cód. Penal, se interpuso recurso de apelación. La Cámara confirmó la resolución al entender que "*dado que la figura de la propagación de enfermedades peligrosas prevista en el art. 202 del Cód. Penal admite el dolo eventual,* no cabe descartar tal posibilidad –a los efectos del procesamiento–, atento la especificidad de las funciones desempeñadas por los encartados en el banco de sangre, sus conocimientos en la materia, así como la gravedad de las conductas investigadas, consistentes en la entrega de unidades de sangre que deberían haberse descartado por resultar su serología positiva frente a determinadas enfermedades peligrosas y contagiosas, habiendo sido a la vez transfundidas a diferentes pacientes"[23].

Causa "Aguirre, José M.". "Para que sea reprochable la conducta de quien, sabiendo que padece una enfermedad venérea, permite el uso de instalaciones sanitarias de su domicilio, *aquél debe actuar con un mínimo de dolo eventual,* es decir representándose como posible el contagio que de dicho uso derivó para la víctima y despreciando su resultado"[24].

§ 55. ***Asociación ilícita.*** – Este delito está previsto en el art. 210 del Cód. Penal.

[23] CNCrimCorrFed, Sala I, 18/10/05, "Lunardón, Roxana, y otros", *JA*, 2006-I-449.

[24] CCrim 6ª nominación Córdoba, 7/5/84, "Aguirre, José M.", *LLC*, 1985-78.

Causa "Agüero, Nicolás, y otro". "El delito de asociación ilícita es imputable a título de dolo, pero no exige dolo específico sino sólo genérico y *aun admite el eventual*"[25].

Causa "Caserta, Mario, y otros". El juez de primera instancia condenó a los imputados como coautores de los delitos de asociación ilícita, en concurso real con hechos de introducción de dinero proveniente de actividades de narcotráfico, al haber procedido a lavar dinero, mediante una agrupación de más de tres personas, que provenía de la comercialización de estupefacientes en los Estados Unidos de América. Las defensas y el Ministerio Público Fiscal interpusieron recurso de apelación. La Cámara de Apelaciones confirmó la resolución impugnada y señaló: "Para la configuración del delito previsto en el art. 25 de la ley 23.737 debe existir un hecho precedente, constitutivo de un delito previsto y reprimido por la propia ley 23.737, que haya generado los bienes, las cosas o las ganancias que mediante el hecho posterior se procede a legitimar –en el caso, se confirmó la resolución que condenó a los imputados por los delitos de asociación ilícita en concurso real con lavado de dinero proveniente del narcotráfico–, crimen en el cual el autor de la conducta de lavado de dinero no debe haber participado ni cooperado en su ejecución. El ilícito previsto en el art. 25 de la ley 23.737 es un delito doloso, *pero que admite plenamente la posibilidad de un obrar con dolo eventual*, no siendo requisito para su configuración, la demostración acabada del conocimiento por parte del sujeto activo en torno a la ilegal procedencia del dinero que se está blanqueando, sino que resultará suficiente acreditar, a partir de las particularidades del caso, que debió sospechar de la ilicitud de ese capital. Entre el delito de asociación ilícita y el reprimido en el art. 25 de la ley 23.737 media un concurso real o material de ilícitos, pues el hecho de tomar parte en la asociación constituye un delito per se y la persona es punible por el solo hecho de ser miembro de aquélla, independientemente de que, llevándose a ejecución el pacto, se consumen o intenten los delitos que constituyen su objeto"[26].

[25] CCrim 9ª nominación Córdoba, 14/9/98, "Agüero, Nicolás R., y otros", *LL*, 1999-B-798, y *LLC*, 1999-232.

[26] CNCrimCorrFed, Sala I, 28/9/06, "Caserta, M. J., y otros", *LLOnline*.

§ 56. ***Apología del delito.*** – El art. 213 del Cód. Penal mereció un amplio análisis jurisprudencial en la causa "Jorge Antonio". El imputado escribió un libro intitulado "Ahora o nunca", donde hacía referencia a las prácticas de poner bombas, vidrio molido en los tarros de mermelada, actos de sabotaje y a la existencia de las denominadas *formaciones especiales* de indudable participación en la guerrilla de los años 70.

En primera instancia el imputado fue absuelto. La Cámara confirmó el fallo por mayoría. En lo que al tema en cuestión se refiere, consideró que la apología del delito admite el dolo eventual.

Así, el doctor Mántaras, en su voto, resolvió: "Considero que el espíritu que domina el artículo ya mencionado, consiste en una instigación indirecta a la comisión de ilícitos que vulneren la tranquilidad pública mediante la tributación de elogios a un delito o a un condenado por delito en forma pública con motivo de ese hecho, o enaltecimiento de hechos delictuosos que, como modelos legítimos, promuevan su imitación. Esa noción, en su sentido y alcance, no implica hacer punible opiniones o juicios que cualquier persona pudiera expresar en forma probatoria de aquellas conductas que la ley califica como delito, pues no dejan de ser expresiones ilícitas de las propias ideas aunque pueden no ser socialmente aceptables. Existe el derecho de cada uno de expresar las ideas que concibe y esta libertad no puede estar encasillada y determinada por la afinidad o contraposición que manifiestan respecto de lo impuesto por el legislador, en razón del mérito o desmérito social que comporten, ya que en tal calidad ha de surgir de la relación conjuntiva de propósitos señalados por esa expresión de ideas y que justifica o no el imperio de esa libertad. Una fervorosa opinión política podría ser considerada como lesiva del orden social en sus extremos imprudentes en tanto no justifique, a su modo, los hechos que la ley reputa como delito, pues entonces conllevaría una incitación al delito y, por ende, una apología. La apología de un hecho delictuoso consiste en presentar actos criminosos como legales y dignos de encomio en forma pública. Ello implica una incitación por demás perniciosa, pues la exaltación que comporta, conduce a la confusión del sentido moral del deber y la legalidad en el grupo social indeterminado al que presuntamente se dirige, torciendo su comprensión mediante la justificación aviesa de un delito como meritorio. Indudablemente quienes así publiciten tal calidad de actos, exceden los cánones que la norma determina, pues nada hace razonablemente aceptables tales propósitos. La figura del art. 213, sobre la que se discurre, no exige una determinación precisa, directa a instigar, por medio del elogio de un hecho punible, la imitación de conductas ilícitas como legítimas, *sino que admite el dolo eventual, pues basta para configurarla la ponderación de un hecho comprendido como delictuoso, sin que requiera que el mismo haya sido declarado delito judicialmente.* El valor del bien jurídico tutelado, se pone en crisis por el público elogio de delitos, pues trastoca el nivel axiológico que inmodificablemente lo sustenta: por ello toda acción, en tal sentido, es reprochable y legalmente inadmisible, pese a lo cual los móviles o motivos y aun los propósitos son ajenos a la responsabilidad del autor. Lo que se juzga no es la intención ni el hecho, sino que haya introducido valores en los hechos que presenta laudables. Lo que la ley condena es el acto de alzamiento que constituye la actitud voluntaria manifestada y declarada públicamente, por encima de la voluntad de la ley: su punibilidad recae en el poder de homonimia del ejemplo que, al ser enaltecido, es puesto concretamente como enseñanza: lo que se pretende castigar no sólo es el daño, sino el peligro inmanente a ese daño, habida cuenta de la importancia del bien que se protege"[27].

§ 57. ***Atentado a la autoridad.*** – El art. 237 del Cód. Penal regula este tipo delictual. En la causa "Monje, Juan C." se dijo: *"Es responsable de atentado calificado a la autoridad a título de dolo eventual,* el imputado que reconoce que la ingestión alcohólica, aun en escasa medida, lo transforma en una persona agresiva, a pesar de no haberse probado con evidencia que el mismo haya actuado en estado de ebriedad completa"[28].

[27] CNCrimCorr, Sala I, 13/12/79, "Jorge Antonio".

[28] CPen Rosario, Sala II, 10/10/84, "Monje, Juan C.", *RepLL*, 1986-149, nº 1.

§ 58. ***Peculado.*** – Este delito, previsto en el art. 261 del Cód. Penal, fue analizado en la causa "Barbaresi y otros".

"El delito de peculado queda consumado con la utilización de los trabajos o servicios, cuyo precio haya sido satisfecho o se deba a una Administración pública en provecho del funcionario disponente o de un tercero, en cuyo caso, éste es un interviniente en el hecho delictivo que puede considerárselo inculpable o partícipe necesario. *El delito, imputable a título de dolo, admite el dolo eventual,* esto es que a la par de la conciencia de la naturaleza de los trabajos o servicios, requiere la voluntad (aunque probable) del provecho que el autor o un tercero obtiene de los trabajos o servicios"[29].

§ 59. ***Encubrimiento. Receptación.*** – Veremos algunos casos jurisprudenciales que tratan este delito contemplado en el art. 278 del Cód. Penal.

El delito de receptación sospechosa sufrió varias modificaciones. Durante la vigencia de la ley 23.468 se encontraba en el art. 278 y decía: "El que, con fin de lucro, adquiriere, recibiere u ocultare dinero, cosas o efectos que de acuerdo con las circunstancias debía sospechar provenientes de un delito, será reprimido con prisión de tres meses a dos años. Si el autor hiciere de ello una actividad habitual, la pena se elevará al doble".

Luego, la ley 25.247 lo trasladó al art. 277, inc. *c*, con la siguiente redacción: "1) Será reprimido con prisión de seis meses a tres años el que, tras la comisión de un delito ejecutado por otro, en el que no hubiera participado:... c) Adquiriere, recibiere u ocultare dinero, cosas o efectos provenientes de un delito". Actualmente, tras la sanción de la ley 25.815, se encuentra en el art. 277, inc. 2°, que dice: "*En el caso del inc. 1°, c precedente, la pena mínima será de un mes de prisión, si, de acuerdo con las circunstancias, el autor podía sospechar que provenían de un delito*". El inc. 1°, *c*, dice por su parte: "Será reprimido con prisión de seis meses a tres años el que, tras la comisión de un delito ejecuta-

[29] CCrim 9ª nominación Córdoba, 23/12/97, "Barbaresi, Carlo, y otros", *LL*, 1998-E-754, y *LLC*, 1998-503.

do por otro, en el que no hubiera participado: *c*) Adquiriere, recibiere u ocultare dinero, cosas o efectos provenientes de un delito".

Causa "Calderón, Diego". "La receptación de cosa de procedencia sospechosa prevista por el art. 278 del Cód. Penal *admite solamente el dolo eventual*, que puede ser deducido de las condiciones de la operación, de la calidad de las personas de las que recibe las cosas, o de la naturaleza de los objetos"[30].

Causa "Okun, Mario". "Para que se configure la sospecha del delito de encubrimiento del art. 278 del Cód. Penal, no es imprescindible la acreditación de su vigencia subjetiva, bastando con que las circunstancias obligasen al autor a presumir el origen ilícito de las cosas, *ya que es admisible tanto el dolo eventual como la culpa*, en tanto la ley castiga la temeridad y el desprecio voluntario en el intercambio comercial"[31].

Causa "Jeny, Zuei Yu". "La acción del procesado quien, a pesar de sospechar que el producto embotellado que se le ofrecía podía ser falso, concretó la compra a un precio muy inferior al de plaza, adulterando el libro 'IVA Compras' para asentar posteriormente la operación, no puede sino acreditar que el acusado actuó con el fin de lucro *y el dolo eventual sobre el posible origen delictuoso de la mercadería*, previstos para la configuración del encubrimiento descripto en el art. 278 del Cód. Penal, según reforma de la ley 23.468"[32].

Causa "Manassero, Héctor L.". "En la figura de la receptación de cosas de procedencia sospechosa legislada en el art. 278 del Cód. Penal, la culpabilidad del sujeto activo no sólo se puede concretar mediante dolo directo *ya que la figura admite la concurrencia de dolo eventual*"[33].

30 CNCrimCorr, Sala I, 25/8/89, "Calderón, Diego J.", *LL*, 1990-B-605.

31 CNCrimCorr, Sala IV, 17/3/92, "Okun, Mario", *LL*, 1995-A-492, y *DJ*, 1995-2-132.

32 CNCrimCorr, Sala I, 8/6/94, "Jeny, Zuei Yu", *LL*, 1994-E-192, y *DJ*, 1995-1-66.

33 CPen Rafaela, 12/12/96, "Manassro, Héctor L.", *LLLitoral*, 1998-1-360.

§ 60. *Falsificación de moneda.* – El delito previsto en el art. 282 el Cód. Penal fue objeto de análisis en la causa "Reartes, Carlos A.": "Debe diferenciarse el contenido del art. 282 del art. 284 del Cód. Penal. Así, corresponde presumir que el dinero se recibe de buena fe, salvo prueba en contrario. Para que la conducta prevista por el art. 282 del Cód. Penal concurra con el delito de estafa se requiere el conocimiento positivo de la falsedad de la moneda, ulterior al acto de su recepción y al menos coincidente con el de circulación; *la duda, no equivale a ese conocimiento y por eso se considera excluido el dolo eventual.* Éste consiste en desembarazarse de la moneda si resulta falsa"[34].

§ 61. *Falsificación ideológica.* – En un fallo se entendió que "si los actos de la escribana procesada son, en principio, y a la luz del art. 293 del Cód. Penal, objetivamente típicos, en tanto han consistido en la inserción en instrumentos públicos de declaraciones falsas, concernientes a hechos que los documentos debían probar y ello podía causar perjuicio, como nadie ha pretendido que la encartada haya actuado con voluntad directa, segura y determinada al logro final de mentir instrumentadamente de la manera como objetivamente aparece en los documentos cuya falsía se le achaca, pues si así hubiera ocurrido, por vía de su dolo directo en la falsedad de la documentación de transferencia del automotor en discusión, hubiera sido ineludible su relación como cómplice necesaria de la defraudación, por lo que si fue autora de las falsedades, *lo fue bajo las modalidades volitivas del dolo eventual*" (del fallo de primera instancia). La Cámara resolvió: "El dolo de la acusada, por cierto que no es menester que abarque el perjuicio que pudiera sufrir eventualmente la persona particularmente damnificada; basta el conocimiento y la voluntad de instrumentar una falsedad idónea para perjudicar a un tercero. Sostener lo contrario importaría exigir una finalidad más allá del dolo simple, sólo compatible con el dolo específico y directo y no con el eventual, que es suficiente para la comisión del delito previsto en el art. 293 del Cód. Penal. O sea, basta

[34] TOralCrimFed nº 2 Córdoba, 22/8/96, "Reartes, Carlos A.", *LLC*, 1997-113.

que se prevea como probable la simple posibilidad de un perjuicio y que ello le resulte indiferente, ejecutando la falsedad"[35].

§ 62. ***Libramiento de cheques sin provisión de fondos.*** – Esta figura penal esta prevista en el art. 302, inc. 1°, del Cód. Penal.

Causa "Di Santo, José, y otro". "El librador que gira sabiendo que pagos anteriores se realizaron, no por autorización expresa, sino por una discrecional elasticidad en el tratamiento de la cuenta corriente, *no ignora el riesgo que corre e incurre en dolo eventual,* sin que lo amparen ni el error excusable del art. 34, inc. 1° del Cód. Penal, ni el error de tipo, máxime, a mayor abundamiento, si debidamente interpelado, tampoco hace uso de la excusa absolutoria prevista por el art. 302, inc. 1° del Cód. Penal"[36]. En igual sentido se expidió la Cámara en un fallo posterior[37].

Causa "Podestá, Jorge, y otro". "La entrega del cheque en garantía no es obstáculo para la represión del delito de libramiento de cheques sin fondos, en tanto la naturaleza de medio de pago atribuida por la ley no puede ser cambiada por la voluntad de las partes de una transacción comercial. El titular de una cuenta corriente bancaria que firma un cheque y lo pone a disposición de otro, autorizándolo a completar sus textos manuscritos y a ponerlo en circulación por cualquier concepto y luego no se ocupa de la suerte corrida por el documento, *obra con dolo eventual que admite el delito de libramiento de cheques sin fondos*"[38].

Causa "Sanz, Sergio R.". "Comete el delito de libramiento de cheques sin fondo del art. 302, inc. 1° del Cód. Penal la persona que efectúa una denuncia policial de extravío –cuando habría sido víctima de un robo– sin adoptar los debidos recaudos para corroborar lo ocurrido, lo cual dio lugar a que el titular de la cuenta diera la con-

[35] CNCrimCorr, Sala I, 21/12/82, "B., A. A.", *LL*, 1984-A-47.

[36] CNPenEcon, Sala I, 11/3/87, "Di Santo, José, y otro", *LL*, 1987-D-178.

[37] CNPenEcon, Sala B, 9/12/97, "Daiez, Mauricio", *LL*, 2000-A-582.

[38] CNPenEcon, Sala II, 7/8/91, "Podestá, Jorge E., y otro", *LL*, 1992-B-579, y *DJ*, 1002-2-27.

traorden de pago, frustrando el cobro del cheque, *pues habría actuado con el dolo eventual suficiente para configurar el tipo penal*"[39].

Causa "Frigorífico HV SA". Una persona libró cheques que fueron rechazados por la entidad girada por las causales de "suspensión servicio de pago –sin provisión de fondos y cuenta cerrada– sin fondos disponibles en cuenta". El librador fue procesado en orden al delito previsto en el art. 302, inc. 1°, del Cód. Penal. Contra tal pronunciamiento la defensa interpuso recurso de apelación, en el que sostuvo que el imputado libró los cartulares en la creencia de que el banco los pagaría, dado que así lo había hecho en otras oportunidades. El procesamiento fue confirmado. "La circunstancia de haber librado cheques cuando se encontraban superados los montos de la autorización para girar en descubierto es demostrativa, a los fines de configurar el delito previsto en el art. 302, inc. 1° del Cód. Penal, que el imputado asumió, *al menos a título de dolo eventual*, la posibilidad que los cheques no fueran abonados, sin que el hecho que la entidad bancaria haya abonado con anterioridad cheques con los montos de tales autorizaciones holgadamente superados permita afirmar que las mismas no tuvieran límites"[40].

Causa "Cavanagh de Casabal, María". Una mujer entregaba a su marido cheques firmados y en blanco. Al ser presentados al cobro, algunos de ellos fueron rechazados por encontrarse sin fondos suficientes. La libradora de los cartulares fue procesada en orden al delito previsto en el art. 302, inc. 1°, del Cód. Penal. La Cámara confirmó el pronunciamiento apelado por la imputada, al disponer: "El voluntario incumplimiento de la obligación de control respecto a la presentación al cobro de los cheques firmados y entregados en blanco implica –en el caso, a los efectos de decretar el procesamiento en orden al delito previsto en el art. 302, inc. 1°, Cód. Penal– asumir el riesgo de la producción del resultado típico *por el cual se caracteriza el dolo eventual y*

39 CNPenEcon, Sala B, 2/3/01, "Sanz, Sergio R. s/inc. de apel. prom. por: R. M., G.", *LL*, 2001-D-828.

40 CNPenEcon, Sala B, 6/2/02, "Frigorífico HV S.A.", *LL*, 2002-E-861.

permite descartar que la imputada hubiera actuado como un instrumento"[41].

Causa "Karam Korkes". En primera instancia se decretó el procesamiento del imputado por el delito de libramiento de cheques sin fondo. La defensa apeló la resolución del a quo y la Cámara resolvió confirmar la sentencia apelada. "Corresponde confirmar el procesamiento del imputado en orden al delito previsto en el art. 302 del Cód. Penal si éste no actuó con la debida diligencia para mantenerse informado sobre cualquier eventualidad que pudiere sufrir su cuenta corriente bancaria, pues el no haber obrado con la debida diligencia implica haber actuado previendo las circunstancias de cuyos efectos pretende desinteresarse, *lo cual es característico del dolo eventual"*[42].

§ 63. ***Bloqueo y frustración de cheque.*** – El inc. 3° del art. 302 del Cód. Penal se ocupa de esta figura.

Causa "Fernández, Néstor, y otro". "Basta el dolo eventual para la configuración del tipo penal previsto en el art. 302, inc. 3° primer supuesto del Cód. Penal, en el caso libramiento de cheque y posterior contraorden de pago fuera de los casos que la ley autoriza"[43].

Causa "Olsewicz, Ofelia L.". La Cámara de Casación Penal, por un lado, rechazó el recurso interpuesto contra la sentencia que condenó a los imputados como autores del delito del art. 302, inc. 3°, del Cód. Penal, al considerar que la resolución no era arbitraria y que aquel ilícito podía ser cometido mediando dolo eventual. Por otro lado, hizo lugar parcialmente al recurso, absolviendo a los acusados respecto de unos de los cartulares en juego por considerar que, al no tener la fecha de creación, no podía ser considerado cheque, conforme la ley 24.452. En orden a esto, dicha Cámara señaló: "El tipo penal previsto en el art. 302, inc. 3°

[41] CNPenEcon, Sala B, 7/6/02, "Cavanagh de Casabal, María", *LL*, 2003-A-669.

[42] CNPenEcon, Sala A, 8/4/03, "Karam Korkes s/inc. de apel. del auto de proces. en: Balut, Marta S., y otro", *DJ*, 2003-2-760.

[43] CNPenEcon, Sala B, 25/8/00, "Fernández, Néstor O., y otro", *LL*, 2000-F-989, 43.254-S, y *DJ*, 2001-1-378.

del Cód. Penal –en el caso, por haber denunciado el extravío de los cheques dados a un tercero en pago de un automóvil sin cerciorarse si esa versión era cierta, los cuales fueron rechazados posteriormente por el banco– es un delito doloso pero la ley no exige especialmente el conocimiento por parte del autor de la ilegalidad de la orden, *bastando el dolo eventual para realizar el tipo*"[44].

Causa "Saramaga, Reynaldo". Una persona fue procesada en orden al delito previsto en el art. 302, inc. 3°, del Cód. Penal al dar una contraorden de pago de un cheque, aduciendo en el caso que lo había extraviado. Apelado el pronunciamiento, éste es confirmado por la Cámara que resolvió: "La duda o la sospecha acerca de la existencia de una circunstancia que autorice la contraorden de pago de un cheque –en el caso, el imputado manifestó encontrarse en la falsa creencia de haber extraviado los cartulares– *cargará en perjuicio del autor pues basta el dolo eventual para constituir el tipo penal*"[45].

Causa "Outeda, Ernesto". La defensa del imputado por el delito previsto por el art. 302, inc. 3°, del Cód. Penal interpuso recurso de apelación contra la resolución por la cual se decretó el procesamiento sin prisión preventiva de éste. La Cámara confirmó la resolución del a quo, pues dispuso: "El tipo penal previsto en el art. 302, inc. 3° primera hipótesis, del Cód. Penal no exige, especialmente, el conocimiento por parte del autor de la ilegalidad de la orden, *por lo que basta el dolo eventual para constituir el tipo*; la duda, la sospecha acerca de la existencia de una circunstancia que autorice la contraorden de pago del cheque, cargará en perjuicio del autor"[46].

[44] CNCasPen, Sala I, 29/8/01, "Olszewicz, Ofelia L.", *LL*, 2002-B-720. En igual sentido, CNPenEcon, Sala B, 29/6/00, "Kovo, Hernán", *DJ*, 2001-1-996; íd., íd., 25/8/00, "Fernández, Néstor O, y otro", *LL*, 2000-F-989, 43.254-S, y *DJ*, 2001-1-378. En sentido contrario, CNPenEcon, Sala A, 9/4/99, "Loderer, Juan J.", *LL*, 1999-E-43; *DJ*, 1999-3-354, y *JA*, 1999-IV-121; íd., Sala B, 11/8/00, "Zaidman, Jorge", *LL*, 2000-F-455, y *DJ*, 2002-1-371.

[45] CNPenEcon, Sala B, 25/10/02, "Saramaga, Reynaldo R. s/inc. de apelación en Jorsar SA", *DJ*, 2003-1-827.

[46] CNPenEcon, Sala B, 7/4/03, "Outeda, Ernesto", *LLOnline*.

Causa "Enriquez de Juárez, Aurora R., y otros". "Corresponde confirmar el procesamiento decretado a quienes formularon denuncia de extravío de un cheque y no lo abonaron una vez que tuvieron conocimiento de la frustración –en el caso, el banco girado dio aviso del rechazo–, *toda vez que dicha conducta no resulta meramente negligente sino propia de quien obra con dolo eventual, al desinteresarse completamente de las consecuencias de su accionar*"[47].

Causa "Musmanno, Héctor V.". "Corresponde confirmar el procesamiento decretado en orden al delito previsto en el art. 302, inc. 3°, primera hipótesis respecto de quien formuló una denuncia por extravío de cheques entregados a terceros, sin comprobar de manera fehaciente que habían sido perdidos, toda vez que la ley no exige el conocimiento por parte del autor de la ilegalidad de la orden, *por lo cual bastaría el dolo eventual para constituir este tipo penal*"[48].

Causa "Traslux SA". "A los fines de la configuración del delito previsto en el inc. 3° del art. 302 del Cód. Penal, *basta el dolo eventual del autor*, por lo que no es suficiente invocar un extravío de los cheques para dar una contraorden de pago válida, sino que se requiere acreditar la existencia del hecho como una de las causales autorizadas por la ley a aquel efecto, de modo que aquella invocación no se constituya en una artimaña urdida para obstaculizar el pago de los cartulares. Es improcedente el planteo de inconstitucionalidad efectuado contra la disposición legal contenida en el art. 6° de la ley 24.452 en cuanto establece que los cheques de pago diferido pueden constituir los tipos legales previstos en los incs. 2°, 3° y 4° del art. 302 del Cód. Penal, pues el argumento se basa en considerar que aquéllos serían instrumentos de créditos y esto no sería así porque por el art. 1° del anexo I de la ley citada se establece que tales títulos constituyen una clase de cheques y por el art. 54 se especifica que son órdenes de pago libradas a días vista"[49].

[47] CNPenEcon, Sala A, 26/6/03, "Enriquez de Juárez, Aurora R., y otra s/inc. de apel.", *DJ*, 2003-3-775.

[48] CNPenEcon, Sala B, 8/8/03, "Musmanno, Héctor V.", *LL*, 2004-B-525.

[49] CNPenEcon, Sala B, 30/11/04, "Traslux SA", *DJ*, 2005-2-622, 2924-S.

§ 64. **Contrabando.** – La figura del delito de contrabando está prevista en la ley 22.415.

Causa "Santos, José M.". "Es procedente decretar el procesamiento del imputado por el delito de contrabando (art. 864, inc. *b*, Cód. Aduanero) si se comprueba que el imputado al momento de documentar una importación –en el caso, de motocicletas– declaró ante el servicio aduanero un valor de compra menor al abonado por los vehículos, acompañando declaraciones falsas referentes al valor de la mercadería con la finalidad de obtener un tratamiento fiscal favorable". Se entendió también: "El inc. *b* del art. 864 del Cód. Aduanero, a través de una fórmula simple pretende aprehender y reprimir como contrabando aquellas conductas dolosas que apuntan a variar el tratamiento aduanero o fiscal de la mercadería documentada –en el caso, se confirmó el procesamiento del imputado– sin tener que entrar a analizar la idoneidad del ardid desplegado". Por último, se dijo: "*Admite el dolo eventual la comisión del delito de contrabando en los términos del art. 864, inc. b, del Cód. Aduanero* –en el caso, se confirmó el procesamiento del justiciable–, *pues es suficiente que el imputado haya tomado seriamente en cuenta la posibilidad de lesionar el bien jurídico tutelado y esté conforme con la misma*"[50].

Causa "Furst Zapiola, Guillermo". El juez de primera instancia procesó a los imputados por el delito de contrabando. Para ello, estableció que los imputados –importador y despachante de aduana– habrían participado en el ingreso irregular al país de dos automóviles usados presentando documentación que habría contenido datos falsos porque, ante la prohibición absoluta de importar vehículos usados cuya antigüedad no superara los veintidós años, en los despachos de importación se habría consignado un año distinto del de fabricación. Apelaron ambos procesados. La Cámara confirmó los procesamientos: "El tipo penal del art. 865, inc. *f* del Cód. Aduanero requiere como elemento subjetivo que quien presenta la documentación falsa conozca dicha falsedad, por lo que en la especie ello se encontraría

[50] CNPenEcon, Sala B, 28/2/01, "Santos, José M. s/av. de contrabando s/inc. de apelación", *LL*, 2001-D-793, y *DJ*, 2001-2-1272.

acreditado a los fines del procesamiento del despachante de aduana en tanto, con independencia de la verosimilitud de sus dichos en punto a que habría recibido la documentación del importador, debería haber averiguado o constatado la autenticidad de los datos consignados, atento la prohibición de importar vehículos usados cuya antigüedad no superara los veintidós años (res. 56/93, Secretaría de Industria y Comercio). La explicación del despachante de aduana relativa a que la tramitación de los despachos de importación de automóviles usados, presentando documentación que habría contenido datos falsos, fue realizada con documentos dados por el importador, es insuficiente para revocar el procesamiento como partícipe necesario del delito de los arts. 864 inc. *b*, y 865 inc. *f* del Cód. Aduanero, pues su actuación como auxiliar del servicio aduanero debe ser observada con un mayor grado de responsabilidad. Los trámites de importación no sólo generan responsabilidades para los funcionarios del servicio aduanero que en ellos intervienen, sino también para quien resulta el titular de la importación y para quien documenta –declara– ante la aduana aquellas operaciones, lo cual surge inequívocamente del examen de las disposiciones del Código Aduanero que se vinculan con quienes hayan intervenido en una operación de importación de mercaderías. *Para la configuración del delito descripto en el art. 865 inc. f* del Cód. Aduanero, basta con tener acreditada la intervención del imputado a título de dolo eventual"[51].

Causa "Perego, Alberto, y otros". Un despachante de aduana que declaró ante el organismo mercadería importada por un valor menor al facturado, fue procesado como partícipe necesario del delito de contrabando agravado. La Cámara confirmó el procesamiento dictado: "Cabe procesar como partícipe necesario del delito de contrabando agravado al despachante de aduana que posibilitó el ingreso de mercadería subfacturada mediante la presentación de una *offer sheet* que tenía una fecha posterior a la del embarque de la mercadería y que además, se encontraba redactada en

[51] CNPenEcon, Sala B, 14/10/03, "Furst Zapiola, Fernando, y otro s/inc. de apel. en: Furst Zapiola, Guillermo", *LL*, 2004-D-224.

castellano a pesar de que la mercadería provenía de una empresa coreana, *pues dichas circunstancias resultan suficientes para tener por acreditada la intervención del imputado a título de dolo eventual, en tanto debieron haberle suscitado cierta sospecha sobre la ilegitimidad de la mentada documentación*"[52].

§ 65. **Estupefacientes.** – La ley 23.737 regula el régimen penal en materia de estupefacientes.

Causa "Sosa, Gustavo A.". El juez de primera instancia decretó el procesamiento del imputado por el delito de transporte de estupefacientes, al haberse aprehendido al acusado a bordo de un automotor de transporte público trasladando dos bolsos que contenían marihuana. La defensa interpuso recurso de apelación. La Cámara de Apelaciones confirmó la resolución impugnada: "Resulta improcedente revocar el auto de procesamiento decretado en orden al delito de transporte de sustancia estupefaciente, por el hecho de que el acusado manifieste que aceptó trasladar los dos bolsos que contenían marihuana, a pedido de un desconocido y a cambio de una suma de dinero, *pues resulta evidente que el acusado obró, cuando menos, con dolo eventual al aceptar el encargo de transportar objetos, sin tomar el más mínimo cuidado de cerciorarse acerca de la naturaleza de éstos*, más aún si se tiene en cuenta que la propuesta de efectuar dicha tarea provino de una persona desconocida"[53].

Causa "Carrión, Rubén D., y otros". "Para la aplicación del párr. 2° del art. 14 de la ley 23.737 debe surgir sin duda alguna, de manera evidente, que la droga estaba, o era tenida para el propio consumo. Si ésa no fuera la hipótesis, la duda ya no se valorará en favor del imputado, y entonces, será de aplicación la primera parte del citado artículo. Ello, no sólo porque el párr. 2° es de excepción, que como tal exige certeza, sino porque las excepciones deben interpretarse restrictivamente. Si para analizar el transporte de

[52] CNPenEcon, Sala B, 15/11/04, "Perego, Alberto A. s/inc. de apel. en: Norca SRL", *LL*, 2005-C-194.

[53] CFed Corrientes, 22/12/08, "Sosa, Gustavo A., y otros", *LLOnline*.

estupefacientes se parte de la acepción vulgar, significa llevar una cosa de un lugar a otro, siendo a requerimiento de la ley su destino ilegítimo. Así, lo transportado debe hallarse en tránsito para configurarse la acción con el traslado, ya que no importan los medios, ni es necesario tampoco que arribe a destino, pues no se requiere el cumplimiento del objetivo final. Para distinguir entre el transporte y el simple desplazamiento que realiza el consumidor de estupefacientes con su mercadería, deben analizarse las circunstancias que rodean el suceso, pues así se establece la diferencia. *Transportar en los términos de la ley 23.737, es llevar estupefacientes de un lugar a otro, con conocimiento de que se trata de materia prohibida, conciencia del desplazamiento y posibilidades de contribuir o facilitar el tráfico ilícito, basta para este último, el dolo eventual.* El transporte de estupefacientes es el paso anterior a la comercialización por parte del transportista o de un tercero. La cantidad de estupefaciente transportada por sí misma no implica la configuración al tipo penal, en tanto dicha acción no esté relacionada con todas las circunstancias que rodean al caso"[54].

§ 66. ***Delitos contra la libertad de elección de AFJP.*** – El art. 135 de la ley 24.241 (derogado por el art. 17 de la ley 26.425) establecía: "Será reprimido con prisión de seis meses a dos años el que por imposición de requisitos no contemplados en la presente ley y sus normas reglamentarias para la incorporación o traspaso a una AFJP o valiéndose de cualquier otro medio, no admitiera la incorporación a una administradora o el traspaso a otra, de un trabajador obligatoria o voluntariamente incorporado al SIJP. La misma pena sufrirá quien incorporare a un trabajador a una AFJP sin contar con la pertinente solicitud suscripta por el mismo o lo diera de baja de su registro de afiliados sin observar los requisitos de la presente ley y sus normas reglamentarias. Igual pena sufrirá quien, empleando medios publicitarios o denominaciones engañosas, o falseando o induciendo error sobre las prestaciones del SIJP o de una determinada administradora, o efectuando prome-

[54] TOralCrimFed nº 2 Córdoba, 29/10/97, "Carrión, Rubén D., y otros", *LL*, 1998-C-481, y *LLC*, 1998-970.

sas de prestaciones complementarias inexistentes o prohibidas por esta ley o sus normas reglamentarias, o mediante promesas de pago en efectivo o de cualquier otro bien que no sean las prestaciones contempladas en esta ley, o mediante abuso de confianza, o de firma en blanco o valiéndose de cualquier otro abuso, ardid o engaño, limitara de cualquier modo el derecho de elección del trabajador a elegir libremente la administradora de fondos de jubilaciones y pensiones a que desee incorporarse. Será reprimido con prisión de uno a cuatro años, el que engañare a un trabajador que en forma obligatoria deba incorporarse al SIJP, adhiriendo a un servicio que no sea establecido en la presente ley o vendiéndole cualquier otro servicio o producto".

Causa "Montini, Ignacio J.". Un promotor de una AFJP completó y suscribió una solicitud de afiliación a aquélla, sin estar suscripta por el trabajador. Fue procesado en orden al delito previsto en el art. 135 de la ley 24.241. Apelado el pronunciamiento, éste fue confirmado por la Cámara que dispuso: "Corresponde decretar el procesamiento en orden al delito previsto por el art. 135 de la ley 24.241 en concurso ideal con el de estafa al promotor de una AFJP que, actuando con dolo eventual, completó el texto de una solicitud, suscribiéndola pese a que pudo representarse la posibilidad de que tal formulario no fuera completado por el trabajador y asumiendo el riesgo de producción del resultado típico"[55].

Causa "Ramírez, Roberto A.". "Corresponde disponer el procesamiento en orden al delito previsto en el art. 135 de la ley 24.241 respecto del promotor de una AFJP que a pesar de poder representarse la posibilidad que la solicitud de afiliación a la misma no haya sido suscripta por el trabajador, decidió suscribir aquel documento y asumir el riesgo de producción del resultado típico"[56].

[55] CNPenEcon, Sala B, 18/4/02, "Montini, Ignacio J.", *DJ*, 2002-2-1238.

[56] CNPenEcon, Sala B, 14/6/02, "Ramírez, Roberto A.", *LL*, 2002-F-426. En igual sentido, CNPenEcon, Sala A, 22/10/07, "Incidente de apelación de Norberto Pareja, Marcelo Bubis, y otros", *LL*, 2008-B-532; íd., Sala B, 10/7/01, "Lerner, Marina E. s/inf. ley 24.241 s/inc. de apelación", *DJ*, 2001-3-337; íd., íd., 10/10/97, "Pereyra Iraola, Mariano", *LL*, 1998-B-854.

§ 67. ***Evasión simple.*** – La ley 24.769 (régimen penal tributario) penaliza los supuestos de evasión simple. El art. 1° establece: "Será reprimido con prisión de dos a seis años el obligado que mediante declaraciones engañosas, ocultaciones maliciosas o cualquier otro ardid o engaño, sea por acción o por omisión, evadiere total o parcialmente el pago de tributos al fisco nacional, siempre que el monto evadido excediere la suma de pesos cien mil por cada tributo y por cada ejercicio anual, aun cuando se tratare de un tributo instantáneo o de período fiscal inferior a un año".

En un caso, la AFIP formuló una denuncia penal contra una contribuyente, su hijo y el contador por la presunta comisión del delito previsto en el art. 1° de la ley mencionada. El juez ordenó el procesamiento de la contribuyente como autora del ilícito, de su hijo como partícipe primario y sobreseyó al profesional.

Así, se juzgó: "Corresponde procesar como autora del delito de evasión tributaria simple, a quien habría disminuido la base imponible del tributo a pagar a partir del insostenible encuadre exentivo para las rentas emergentes de dividendos distribuidos por una sociedad ubicada en un paraíso fiscal, pues, si bien manifestó que delegaba el pago de sus impuestos en sus hijos, ello refleja que tenía conocimiento del deber de pagarlos, y al no controlar en quien delegó la tarea lo hiciera en su justa medida, independientemente del dominio del hecho, provocó una objetiva afectación al deber extra penal, lo cual sumado a la constitución de una sociedad en un paraíso fiscal, que no podía ignorar, evidencia su responsabilidad penal, al menos, *a título de dolo eventual*"[57].

[57] JNPenTrib, 8/3/07, "N. N.", *LLOnline*.

Capítulo VI

DOLO EVENTUAL Y TENTATIVA

§ 68. *Introducción.* – Un dilema que se ha planteado tanto en la doctrina como en la jurisprudencia, con relación al tema tratado, es el de si el dolo eventual admite la tentativa. Hemos de abordar ambos puntos de vista.

§ 69. *Un fallo paradigmático.* – El Tribunal Oral en lo Criminal nº 2 de la Ciudad de Buenos Aires condenó a Juan Carlos Suárez a la pena de seis años y seis meses de prisión, accesorias legales y costas, por resultar autor penalmente responsable del delito de lesiones leves agravadas por el vínculo, en concurso real con lesiones leves, en concurso material con homicidio simple en grado de tentativa *con dolo eventual*. Dicha pena la unificó con la de tres años de prisión de cumplimiento efectivo dictada el 15 de octubre de 2002 por el Tribunal Oral en lo Criminal nº 22 (art. 58, Cód. Penal de la Nación) y, en definitiva, le impuso ocho años de prisión, accesorias legales y costas.

Contra tal pronunciamiento, el defensor oficial interpuso recurso de casación por el motivo previsto en el inc. 1º del art. 456 del Cód. Proc. Penal de la Nación, que fue concedido por el tribunal.

El recurrente señaló que el Tribunal Oral aplicó erróneamente la ley sustantiva (inc. 1º, del art. 456, Cód. Proc. Penal de la Nación). Sostuvo que, según como quedaron fijados los hechos, calificó erróneamente la conducta desplegada por Suárez como constitutiva de delito de tentativa de homicidio, en calidad de autor. Dijo que debía tenerse en cuenta que, según los dichos de la propia víctima, el acusado le propinó un solo golpe en la cabeza, por lo que debía descartarse de plano la intención de darle muerte. A ello adunó que no existió ningún hecho externo ajeno a la voluntad del autor que interrumpiera su accionar, por lo que no podía, desde este punto de vista, configurarse una tentativa en los términos del art. 42 del Cód. Penal. Si Suárez hubiera golpeado a Ibalo con el filo del hacha, las manchas de sangre encontradas en dicho elemento deberían haber sido mayores. También debía considerarse, expresó, que de los informes médicos no podía concluirse que existiera riesgo para la vida, por lo que sólo podía reprochársele el delito de lesiones graves. De todo ello coligió que de los elementos de prueba enumerados en la sentencia no podía inferirse con certeza que Suárez obró con "intención de matar" a Ibalo, y puesto que el reproche que se le hizo a su defendido fue a título de *dolo eventual*, que resulta incompatible con la tentativa, consideró que el sentenciante incurrió en el referido yerro de subsunción.

Por todo ello, sostuvo la defensa que aun cuando pudiera considerarse como lógica y razonable la posición doctrinal adoptada por el Tribunal Oral, nuestro ordenamiento legal no permite tal interpretación, por lo que el hecho debía ser calificado como lesiones graves, según el art. 90 del Cód. Penal.

El fiscal general de la Cámara Nacional de Casación Penal postuló el rechazo del remedio extraordinario. Se expresó en el sentido de que *si para la consumación es suficiente el dolo eventual, también lo es para la tentativa*.

El representante del Ministerio Público Fiscal agregó que en el dolo eventual las consecuencias de la acción no perseguidas intencionalmente por el autor son, al menos, posibles. El autor obra con dolo eventual cuando sabe que las consecuencias accesorias posibles de su acción no son improbables. Éste, además, sintetizó su opinión al expresar que en el dolo eventual hay voluntad entendida como decisión cierta e incondicional por la posible lesión del bien jurídico, aunque la producción del resultado sea incierta; entonces, esta forma de dolo queda comprendida en la fórmula del art. 42 del Cód. Penal. Concluyó que la calificación jurídica del hecho que le fue reprochado a Suárez es la correcta. Después de establecer la materialidad del ilícito y de acreditar el aspecto cognitivo del dolo, el a quo sostuvo que el nombrado "tomó a su cargo el resultado posible y aceptó el riesgo que implicaba la realización de la acción... se desentendió del resultado que su brutal golpe (un hachazo en la cabeza) podría causar a Ibalo pero lo aceptó como posible".

Finalmente, añadió el fiscal, el sentenciante acreditó el elemento volitivo que, *en la modalidad de dolo eventual, requiere el art. 42 del Cód. Penal, para que un hecho pueda ser calificado como tentativa de homicidio.*

La Sala I de la Cámara Nacional de Casación Penal compartió la postura del Tribunal Oral y del fiscal general, pues entendió que la tentativa de homicidio admite la modalidad de dolo eventual. Para ello citó abundante doctrina y jurisprudencia que sostienen tal posición, resumiendo que el dolo de la tentativa es el mismo que el de la consumación y, en consecuencia, si se admite el dolo eventual para la consumación, no hay por qué descartarlo para la tentativa.

No obstante ello, también refirió la opinión de ciertos autores que, aun admitiendo el dolo eventual para la tentativa, lo descartan para el derecho penal argentino, según la redacción del art. 42 del Cód. Penal.

§ 70. ***La tentativa y su problemática.*** – Conforme lo prescripto en el art. 42 del Cód. Penal, habrá tentativa cuando el autor, con el fin de cometer un delito determinado, comienza su ejecución pero no lo consuma por circunstancias ajenas a su voluntad[1].

La tentativa genera una serie de dificultades y problemáticas, a las que nos referiremos liminarmente.

a) *Fundamentos de su punición.* Desde siempre, el fundamento de la punición de la tentativa ha dividido a los autores. El tema excede ampliamente el marco teórico y dogmático, pues la posición que se adopte tiene importantes

[1] CNCasPen, Sala I, 5/5/04, "Suárez, Juan C. s/rec. de casación", *LL*, 2004-F-598.

implicancias prácticas. Básicamente, existen dos posiciones que dan respuesta a la problemática referida.

1) *Postura objetiva.* Uno de sus máximos exponentes fue Carrara, quien sostenía que la razón de ampliar la punibilidad en la tentativa radicaba en el peligro corrido por el bien jurídico. Esta teoría no permite castigar la denominada "tentativa inidónea" o "delito imposible", puesto que la misma no cumple con la génesis que habilita su punición[2].

2) *Postura subjetiva.* Su principal expositor fue von Buri cuando integraba el Tribunal Supremo de Alemania. Sostenía: "mas al hecho objetivo del delito consumado, por el contrario, la tentativa no lo contiene, ya que precisamente la esencia de la tentativa está en que en ella falta alguno de los elementos del hecho objetivo del delito consumado. Pero si falta en el aspecto objetivo del delito consumado aun el más insignificante elemento, toda la exteriorización objetiva se torna absolutamente irrelevante; objetivamente no existe una lesión jurídica ni en todo, ni en la mitad, ni en parte. Por eso, es indiferente que el autor se sirva de medios idóneos o inidóneos para la realización de su querer, o que haya dirigido esos medios a un objeto idóneo o inidóneo"[3].

Por su parte, señala Zaffaroni que esta tesis subjetiva es "una concepción típica del régimen totalitario, y que no por azar la Alemania nazi procuró organizar el derecho penal en esta dirección, tomando como punto de referencia de la punibilidad la manifestación de una voluntad individual rebelde a la voluntad general del Estado"[4].

Al entender la tesis subjetiva que lo que se castiga en la tentativa es la voluntad criminal de quien comienza la ejecución de un delito, considera que la punición debe equipararse al delito consumado, pues la pena no puede ser disminuida por razones aleatorias (no producción del resultado por razones ajenas al agente).

[2] Carrara, *Programa de derecho criminal*, t. II, p. 250 y siguientes.

[3] Citado por Soler, *Derecho penal argentino*, t. 2, p. 223. Al respecto, ver también, Struensee, *Dolo, tentativa y delito putativo*, p. 59 y siguientes.

[4] Zaffaroni - Alagia - Slokar, *Derecho penal. Parte general*, p. 813.

3) *Teoría de la impresión.* Esta tercera posición sostiene que la punibilidad de la tentativa se admite cuando el acto tentado conmueva la confianza en la vigencia del orden normativo y el sentimiento de seguridad jurídica de la sociedad[5].

En cuanto a cómo el Código Penal resuelve la problemática referida, cabe señalar en primer lugar lo que dice la parte última de su art. 44: *"Si el delito fuera imposible, la pena se disminuirá en la mitad y podrá reducírsela al mínimo legal o eximirse de ella, según el grado de peligrosidad revelada por el delincuente"*[6].

Cabe colegir que, al prever la punibilidad de la tentativa inidónea, el Código Penal recepta la teoría subjetiva de la tentativa. Mas ello no significa, de manera alguna, que puedan tener lugar en nuestro ordenamiento penal las arbitrariedades a que puede dar lugar esa teoría, por las circunstancias que expondremos a continuación: *a*) en primer lugar, y conforme lo referencia el art. 42 citado, para que pueda considerarse la punición de la tentativa, debe haber comienzo de ejecución de un delito, lo que desde el inicio importa una limitación de carácter objetiva; *b*) en segundo lugar, y como un doble reaseguro de lo referido, en una sociedad democrática el derecho penal sólo protege bienes ju-

[5] ZAFFARONI - ALAGIA - SLOKAR, *Derecho penal. Parte general*, p. 814.

[6] "Si el objeto de la estafa era la adquisición de doce máquinas de escribir, que en ningún momento estuvieron amenazadas, ni siquiera remotamente de salir de la esfera de custodia del dueño, por cuanto éste ya se hallaba alertado de la maniobra ardidosa del pago anterior efectuado por el encartado con cheques falsificados, el medio utilizado carecía entonces de idoneidad suficiente para provocar el engaño, lo que permite calificar el evento como tentativa inidónea del delito de estafa" (CNCrim Corr, Sala IV, 22/4/86, "Vosilla, Bruno", *LL*, 1986-D-353, y *DJ*, 1987-1-259). "La punibilidad de un hecho tentado radica en la puesta en peligro del bien jurídico, en tanto en la tentativa inidónea hay en realidad una perturbación de él, entendiéndose por tal la afectación a la seguridad jurídica, al producir la acción alarma social" (TOralCrim nº 14, 8/3/00, "Blanco, Sebastián R.", *LL*, 2000-D-299, y *DJ*, 2002-2-1064). "En la falsedad documental si el objeto fue burdamente adulterado, se trata de un caso de inidoneidad, lo que excluye su consideración como tentativa inútil, pues ésta tiene lugar, únicamente, cuando el medio elegido es idóneo para lograr su consumación. Por ello, se está en presencia de un caso de atipicidad por ausencia de uno de los elementos del tipo" (CNCasPen, Sala I, 19/3/98, "Luna, Oscar A.", *LL*, 1998-D-372).

rídicos y no pueden crearse tipos penales que no tengan como exclusiva finalidad la protección de ellos, y *c*) en tercer lugar, esta función garantizadora tiene rango constitucional, a partir de lo prescripto en el art. 19 de la Const. nacional que estipula: "*Las acciones privadas de los hombres que de ningún modo ofendan al orden y a la moral pública, ni perjudiquen a un tercero, están sólo reservadas a Dios, y exentas de la autoridad de los magistrados. Ningún habitante de la Nación será obligado a hacer lo que no manda la ley, ni privado de lo que ella no prohíbe*".

Por último, cabe señalar que cuando el art. 44 se refiere al grado de peligrosidad del autor, no lo hace conforme los parámetros lombroso-biologicistas de la escuela positiva, sino a la luz de la teoría resocializadora de la pena (que es la que rige nuestro ordenamiento conforme la ley penitenciaria nacional), de modo que el término "peligrosidad" debe entenderse como "mayor o menor posibilidad de resocialización" y se tiene en cuenta para cuantificar la pena, no pudiendo superar ésta la culpabilidad del autor.

Por todo ello, consideramos que el Código Penal adopta una posición subjetivo-objetiva en materia de tentativa.

b) *El comienzo de ejecución*. Otro de los principales problemas que ha enfrentado la dogmática es el de dirimir cuáles son actos preparatorios y cuáles actos ejecutivos. Desde Carrara y Carmignani, quienes se referían a actos "unívocos y equívocos" de ejecución (convirtiendo sus conclusiones en meras aproximaciones procesales), fueron muchas las teorías que procuraron resolver el tema en cuestión.

En la actualidad, la doctrina ampliamente mayoritaria entiende que la problemática se dirime teniendo en cuenta el tipo penal de que se trate y *el plan concreto del autor*. De ese modo, "la tentativa comienza con aquella actividad que inicia un curso de acción peligroso para la lesión del bien jurídico (comienzo de la realización del tipo) según el plan concreto del autor"[7].

[7] Zaffaroni - Alagia - Slokar, *Derecho penal. Parte general*, p. 828. El criterio objetivo individual tampoco proporciona una regla cierta para señalar el límite preciso entre actos preparatorios y de ejecución. En la doctrina se reconoce esta carencia, lo que ha dado lugar a que en algu-

La jurisprudencia también se muestra adepta a esta postura[8].

---

nos casos se señalaran directrices interpretativas o bien variables, según el caso concreto. En cuanto al plan del autor, haremos referencia a él en el § 101.

[8] "En el caso de la comisión del delito de contrabando mediante la modalidad de un envío postal, el inicio del trámite seguido de la entrega de la mercadería que se pretende enviar, constituye el comienzo de la ejecución de la conducta típica" (CNPenEcon, Sala B, 18/7/08, "Vigueras Vera, Alberto A.", *LLOnline*). "Si lo único efectivamente acreditado en las actuaciones es que los imputados forzaron la persiana de un negocio, intentando levantarla con la aparente finalidad de ingresar, que una de las vidrieras del local presentaba un orificio y que los encausados fueron detenidos a los pocos minutos, y a unos metros del lugar, sin que se les secuestrara objeto alguno perteneciente al comercio, ante la imposibilidad de condenarlos por el delito de daño, por la falta de impulso fiscal, corresponde considerar que han desarrollado actividades inherentes al comienzo de ejecución del delito, pero desistieron voluntariamente de tal designio criminoso, deviniendo atípica la conducta atribuida (CNCasPen, Sala III, 11/6/08, "G., N. D.", *LL*, 2008-F-261, voto en disidencia de la doctora LEDESMA). "Corresponde condenar a la imputada como autora del delito de aborto, en grado de tentativa –en el caso, porque la muerte del feto se debió al fallecimiento de la madre y no a las maniobras practicadas–, seguido de la muerte de la mujer, si se encuentra comprobado que el deceso ocurrió como directa consecuencia de la administración, por parte de la acusada, de un inductor anestésico, que proporcionó sin contar con el ambiente adecuado y sin tomar los recaudos que su uso controlado requiere, pues basta que se haya comprobado el comienzo de ejecución del aborto, para que sea de aplicación el art. 85, inc. 2°, parte última del Cód. Penal y la muerte que opera como agravante puede haber sucedido, inclusive, de forma imprudente, siempre que se pueda establecer una relación objetivamente imputable entre el fallecimiento y las acciones tendientes al aborto" (CCrim n° 2 Resistencia, 22/3/06, "Bazán, María C.", *LLLitoral*, 2006-1305). "La conducta llevada a cabo por quienes mediante un llamado telefónico exigieron a la víctima dinero a cambio de la devolución de cheques que le habían sido sustraídos, denota el comienzo de ejecución típico del delito de extorsión a los fines de reunir las exigencias de la tentativa, pues el medio empleado intimidó y sirvió como medio atemorizante" (TS Córdoba, Sala Penal, 10/2/06, "Aballi, Daniel A., y otro", *LLC*, 2006-813). "El delito de abuso sexual con acceso carnal tuvo comienzo de ejecución si el imputado ingresó sorpresivamente a la vivienda de la víctima y llevó a ésta a una de las habitaciones mediante engaño, en donde procede a actuar –en el caso, luego de bajarle la ropa, introdujo sus dedos en la vagina– y luego intentó mediante el uso de la fuerza llevarla a otra habitación, lo que no logró por circunstancias ajenas a su voluntad –en el caso, la víctima le advirtió que podía llegar su hermano–, toda vez que son actos ejecutivos del delito aquellos que aunque no sean

§ 71. ***La tentativa con dolo eventual. Su factibilidad en el derecho penal argentino.*** – Tras haber desarrollado algunos elementos esenciales para abordar la problemática trazada, nos encontramos ahora en condiciones de contestar si el dolo eventual admite la tentativa.

a) *El fallo de la Cámara de Casación. Sus argumentos.* El fallo del tribunal de casación expuesto en el § 69 fundó la tentativa de dolo eventual en el homicidio básicamente en dos presupuestos, que tienen correlato entre sí, a saber: *1*) el dolo directo y el dolo eventual tienen la misma estructura; ergo, si para la consumación es suficiente con el dolo eventual, también lo será para la tentativa, y *2*) existe identidad entre el dolo de la tentativa y el dolo del delito consumado.

---

directa o inmediatamente consumativos, implican que el autor comenzó las acciones idóneas que representan para el bien protegido penalmente, el peligro objetivo y presente de una ofensa" (CCrim 1ª nominación Catamarca, 2/4/04, "Cardozo, Marcelo F.", *LLNOA*, 2004-1413). "Se configura concurso real entre los delitos de robo calificado por el uso de arma en grado de tentativa y tenencia ilegítima de arma de guerra –arts. 42, 55, 166, inc. 2° y 189 bis, Cód. Penal–, pues la tenencia en cuestión, que es un delito de peligro abstracto y carácter permanente, precede en el tiempo al comienzo de la ejecución del robo, ejerciéndose y consumándose con independencia y en un momento distinto al de éste" (TOralCrim n° 7, 15/4/03, "Zito, Walter A.", *LLOnline*). "Corresponde confirmar el procesamiento del imputado por el delito de supresión de documento en grado de tentativa, en tanto utilizando la credencial de un abogado solicitó un expediente que se encontraba reservado –en el caso, había sido reconstruido– y al ser advertida la maniobra se dio a la fuga, pues tratándose de quien era demandado en el juicio, la única explicación probable de la finalidad contenida en la actividad exteriorizada era su plan de sustraer el expediente, resultando su solicitud por mesa de entradas como una perturbación del bien jurídico penalmente tutelado que constituye comienzo de ejecución de esa conducta en la medida en que pueda demostrarse el dolo" (CN CrimCorr, Sala VII, 27/6/02, "Silva, Néstor E.", *LL*, 2003-A-768). "Si bien el comienzo de ejecución del delito de tentativa de contrabando de importación se produjo en Uruguay, es competente el juez argentino, pues en su territorio es donde debía producirse su consumación y donde el delito debía producir sus efectos, en los términos del art. 1° del Cód. Penal. Ello así, pues cuando el delito importa una lesión al orden jurídico nacional es indiscutible la competencia nacional para juzgar y castigar a quien lo cometió. Tal es el sentido que debe asignarse al concepto de *lugar de comisión de delito de contrabando*, previsto en el art. 1° del Cód. Aduanero" (CSJN, 7/5/98, "Dotti, Miguel A., y otro", *LL*, 1999-A-199, voto del doctor Petracchi).

Ambas premisas son discutibles.

El dolo directo y el eventual tienen estructuras diametralmente opuestas. Como hemos analizado, en el dolo directo el autor quiere el resultado prohibido, mientras que en el dolo eventual ello no sucede. En este último caso, conforme la posición del autor de que se trate, se lo "representará", se lo "consentirá", se lo "aceptará", se lo "tolerará", se lo "asentirá", pero nunca se "querrá" el resultado prohibido y se elegirá un medio para conseguirlo. En cuanto al segundo de los considerandos, cabe decir que la estructura del dolo del delito consumado y la del dolo de la tentativa son completamente diferentes.

Esta diferencia es claramente resaltada por ZAFFARONI, quien dice que "la tentativa de un delito de lesión representa una tipicidad diferente aunque de formulación general, cuya sanción penal sólo es posible en razón de la proximidad de la conducta con el resultado... la tentativa no constituye una parte punible del hecho consumado en razón de un dolo completo... Lo que decide una consideración diferente de la tentativa respecto del hecho consumado es la diversa naturaleza del conflicto que expresan, no sólo desde la perspectiva del resultado para la víctima o el autor, sino también desde la representación del agente, es decir desde lo subjetivo. Nadie duda de que lo externo (conflictividad lesiva) que perturba, no es igual para el autor (y con más razón para la víctima) en la tentativa que en el hecho consumado, pero tampoco se puede dudar de que lo subjetivo es por entero diferente también en ambos casos, si es que se quiere evitar incurrir en elementales errores lógicos y ontológicos... la contradicción que en lo objetivo enfrenta la tentativa con el respectivo hecho consumado, es paralela a lo subjetivo... El dogma de identidad lleva al error de considerar al dolo siempre equivalente (el dolo en la tentativa y en el delito consumado) y, como inmutable, no permite que se conciba su alteración en el curso de un proceso en que aún no es lo que tiende a ser. Pero la conducta humana en tanto temporal es eminentemente dinámica y, por ende, cambia confrontándose identidad y diferencia"[9].

[9] ZAFFARONI - ALAGIA - SLOKAR, *Derecho penal. Parte general*, p. 817 a 819.

En igual sentido opina De Farías Costa, quien considera que el dolo en la tentativa tiene una estructura diferente que en el delito consumado[10].

También Struensee es de la opinión que el tipo subjetivo no es el mismo en la tentativa que en el delito consumado. Según este autor, el dogma de que "el tipo subjetivo tiene que existir completamente y por cierto, del mismo modo que tiene que aparecer en el delito consumado no sólo casi no es discutido en doctrina sino que también subyace como presupuesto en la jurisprudencia alemana: Es característico de una tentativa punible, conforme al § 22, StGB, que, frente a la completa realización del tipo subjetivo en el autor, haya una carencia en el tipo objetivo".

Si bien es cierto que Struensee hace girar su trabajo en torno a la diferencia entre tentativa acabada e inacabada, una lectura pormenorizada otorga sólidos argumentos para confrontar con el segundo de los presupuestos sostenido en el fallo de Casación. Señala el autor que el dogma de la identidad de los tipos subjetivos se muestra como desacertado desde distintos puntos de vista. Incluso en la doctrina se alude a esto esporádicamente y en la discusión de los casos en que el resultado se produce antes de lo planeado. Así, por ejemplo, Schröeder y Wolter niegan el "dolo de consumación", a pesar de que también el dolo del autor de tentativa tiene que estar dirigido a la consumación. Y Kaufmann, en la tentativa acabada del dolo "completo" del hecho, al cual echa de menos en los casos de producción anticipada del resultado. Pero falta la explicación conceptual acerca de cómo está constituido un "dolo de tentativa" o un dolo "no completo", que tenga por objeto simultáneamente la consumación, o sea, el hecho completo; y no se repara en que un dolo incompleto, o sea, un dolo de tentativa, anula el dogma de identidad. A la inversa, se deduce que, en la fase de la tentativa inacabada, el tipo subjetivo no está cumplido aún completamente. La tentativa inacabada se distingue, por tanto –y, como todavía hay que demostrar, únicamente–, porque su tipo subjetivo es un torso que

[10] De Farías Costa, *Tentativa de dolo eventual*, citado por Tamarit Sumalla, *La tentativa con dolo eventual*, "Anuario de Derecho Penal y Ciencias Penales", 1992, t. 45, nº 2, p. 527.

se halla rezagado con relación al producto psíquico que está en el acabamiento de la tentativa. Este déficit debe ser caracterizado más precisamente mediante la relación subjetivo-interna entre decisión y actos de voluntad relevantes para la realización.

El acto de ejecución individual contiene un componente retrospectivo referido a la decisión y se entiende justamente, por medio de ello, como cumplimiento de esta decisión. Mientras que la tentativa acabada y la consumación están caracterizadas por la representación de la realización completa de los actos decididos, en la ejecución inacabada la conciencia se dirige, retrospectivamente y hacia el futuro, a un deber de realización puesto por sí misma, pero todavía abierto. El acto individual está guiado por la conciencia de que la decisión está, en su conjunto, todavía insatisfecha. El tipo subjetivo, antes del acabamiento de la tentativa, queda identificado, por eso, por medio de un contenido especial del componente intelectual. Con la ausencia de una parte de los actos de ejecución decididos, falta a la vez una parte de la voluntad del movimiento corporal, a saber, aquella que debería desencadenar y conducir los actos aún pendientes según el plan del hecho. Estructuralmente, la tentativa inacabada es, con ello, un "delito atrofiado de dos actos"; la medida de la atrofia admisible no está fijada, por cierto, legalmente. A la tentativa la caracteriza la no realización del tipo objetivo, con una realización incompleta (comenzar directamente el hecho) o con una realización completa (ejecución acabada) del tipo subjetivo. Esta consecuencia muestra que están en lo cierto aquellos que niegan el dolo completo o el dolo de consumación en los casos de producción anticipada del resultado de modo contrario a lo previsto por el plan[11].

b) *El artículo 42 del Código Penal.* En nuestro país las posturas contrarias (restringidas) o favorables (amplias) a la tentativa con dolo eventual, tanto en la doctrina como en la jurisprudencia, giraron en torno al concepto "determi-

[11] Struensee, *Dolo, tentativa y delito putativo*, p. 59 y siguientes. El § 22 del Cód. Penal alemán (StGB) dispone: "Intenta un hecho punible quien, según su representación del hecho, comienza directamente la realización del tipo".

nado" del art. 42 del Cód. Penal. Haremos una breve síntesis de ambas.

1) *Posturas restringidas.* Desde antaño sostenía JOFRÉ la tesis restrictiva, al señalar que "los actos de ejecución deben ser practicados con dolo determinado, vale decir, que deben tener relación con un delito determinado"[12].

Para CREUS, en atención a la disposición taxativa de la ley argentina, el comienzo de ejecución importa tentativa cuando el autor realiza el o los actos con el "fin de cometer un delito determinado". Asimismo, expresa: "En principio, el que quiere consumar un particular delito y actúa con esa finalidad, lo hace con dolo directo, pero no con *dolo eventual* ya que en éste su querer no puede contener el *fin* de cometer un delito, sino la *previsión* de cometerlo: el autor no se dirige a la 'comisión' con su conducta, sino que sólo admite la perpetración del delito como una contingencia de la actividad que despliega en procura de otro fin. En nuestro derecho al menos, dado lo estricto de la definición legal del art. 42 del Cód. Penal, la tentativa aparece incompatible con el *dolo eventual*"[13].

Al referirse al texto del artículo citado, NÚÑEZ dice que "el lenguaje de la ley habla claramente a favor de que la tentativa requiere que su autor tenga por objeto motivo de su acción el logro de un determinado delito. *Este contenido especial del dolo sólo es compatible con el dolo directo*"[14].

Sumamente interesante es un voto del doctor CAMPOS en un fallo, pues pese a mostrarse a favor de la tentativa con dolo eventual, entiende que ello no puede aplicarse al derecho penal argentino, por la redacción del art. 42, puesto que dice: "Estoy de acuerdo con que lo razonable *es aceptar el dolo eventual en la tentativa, pero nuestra ley no admite esta vital y renovada interpretación del texto*, que por defectuoso que sea así está redactado, y dice claramente que sólo será atrapable una conducta (que se halla notoriamente fuera del marco típico del art. 79 del Cód. Penal que literalmente la describe como consumada), cuando quien comen-

[12] JOFRÉ, *El Código Penal de 1922*, p. 109.

[13] CREUS, *Derecho penal. Parte general*, p. 424 y 425.

[14] NÚÑEZ, *Derecho penal argentino. Parte general*, t. II, p. 317.

zó a obrar como en este caso, lo ha hecho con la finalidad de provocar la muerte a un semejante, o sea, consumar un delito determinado que sería sinónimo de identificado, y que se llama homicidio doloso para los penalistas, y no lesiones (leves, graves o gravísimas) que se caracterizan por otros elementos que nada tienen de indeterminados, sino que difieren del primero de los nombrados, en que sólo se quiere producir un daño en el cuerpo o en la salud del otro. Pienso que el legislador equivocadamente quizá quiso poner una valla más a la discrecionalidad interpretativa de los jueces, en el tratamiento de temas tan difíciles de determinar cuando se trata de ampliar la aplicación de los tipos penales, o de extender en la práctica la punibilidad de las acciones en ellos previstas, a etapas previas a la consumación dentro del desarrollo del iter criminis"[15].

2) *Posturas amplias.* Refiere brevemente BACIGALUPO que "si para la consumación es suficiente con el dolo eventual, también lo será para la tentativa". A ello agrega en referencia al artículo aludido: "La dogmática argentina ha sostenido que el texto del art. 42 excluiría la posibilidad de concebir una tentativa con dolo eventual. La opinión se apoya en que el texto mencionado dice: 'fin de cometer un delito *determinado*'. La derivación de una conclusión como ésta, de la palabra *determinado*, se funde en un grueso error de concepto. En efecto, si el fin *determinado* es una expresión que no alcanza al dolo eventual es porque éste no implicaría querer algo determinado, es decir que un *querer indeterminado debería ser también dolo*, y precisamente, el dolo eventual. La sola formulación demuestra la falta de fundamento de la afirmación, pues en el dolo eventual el autor quiere sin duda algo *determinado* a cuya realización se vincula la posible o probable producción de un hecho típico, que también es *determinado*"[16]. Como ejemplo, BACIGALUPO refiere el caso de quien no sabe si la joven con la que va a yacer tiene o no más de quince años y piensa que es posible que tenga menos de esa edad; entiende que obra con dolo eventual si comienza la ejecución porque quiere

[15] CNCrimCorr, Sala IV, 5/9/88, "Selpa, Andrés A.", *LL*, 1989-E-437.

[16] BACIGALUPO, *Derecho penal. Parte general*, p. 167.

yacer con la joven (fin determinado) y piensa que ello podría *eventualmente* realizar el tipo de estupro (delito determinado). Independientemente de la crítica que realizaremos a las posturas amplias, no está de más decir que el ejemplo es equívoco, pues el conocimiento del tipo objetivo hace al aspecto cognoscitivo del dolo, y la modalidad del dolo (directo, indirecto o eventual) hace al aspecto volitivo[17].

También RIGHI es partidario de la tentativa con dolo eventual, al señalar que "en primer lugar el Código sanciona al que tenga el *fin* de cometer un delito. El segundo requisito, lógico por cierto, es que el autor comience la ejecución de un delito *determinado*. En orden a la primera exigencia legal las aparentes dificultades no son tales, dado que toda forma de acción dolosa supone una dirección de voluntad hacia el resultado querido. Ello no es característica exclusiva del dolo directo, sino común a toda forma de obrar dolosa. La relación volitiva con el resultado existe también en el dolo eventual. *Quiere el resultado el que actúa con dolo directo, como el que realiza el tipo con dolo eventual.* Por consiguiente toda conducta dolosa, sea directa o eventual, nos indica que el autor tiene el fin de cometer un delito, y si el resultado no se produce, el hecho será tentativa, no existiendo razón atendible para no aplicar el art. 42 del Cód. Penal"[18].

Al respecto, ZAFFARONI dice que "la referencia a *delito determinado* no excluye la posibilidad de una tentativa con dolo eventual, pues la palabra *determinado* del art. 42 tiene otro sentido, dado que de ninguna manera puede haber un fin de cometer un delito indeterminado, lo que sería una monstruosidad ontológica"[19].

[17] Tal circunstancia es destacada también por CREUS, *Derecho penal. Parte general*, p. 247. En el mismo error incurre ZAFFARONI, *Manual de derecho penal. Parte general*, p. 418, al referir: "Uno de los casos más usuales de dolo eventual es el que se da cuando el sujeto activo no conoce con certeza la existencia de los elementos requeridos en el tipo objetivo, pero duda acerca de su existencia, aunque no obstante esa duda, actúa aceptando la posibilidad de su existencia". En *Derecho penal. Parte general*, este autor no reproduce el párrafo anterior.

[18] RIGHI, *El dolo eventual en la tentativa*, "Nuevo Pensamiento Penal", 1972-303.

[19] ZAFFARONI - ALAGIA - SLOKAR, *Derecho penal. Parte general*, p. 823.

§ 72. ***Jurisprudencia***. – Independientemente del fallo "Suárez" y de las posiciones doctrinales a favor de la postura amplia, nuestra jurisprudencia se ha manifestado reticente a admitir la tentativa con dolo eventual.

Causa "García, Roberto M". "Si al imputado se le adjudicó el delito de homicidio por dolo eventual, respecto de una de las víctimas, resulta improcedente condenarla por tentativa de homicidio, con relación a otra, pues la expresión *fin* del art. 42 del Cód. Penal, que el legislador ha impuesto como condición en la tentativa, es regularmente interpretada como un componente del tipo intencional que especializa el dolo, resultado incompatible con modalidades eventuales"[20].

Causa "Selpa, Andrés A". "El 'fin de cometer un delito determinado' al que alude el art. 42 del Cód. Penal excluye el dolo eventual del concepto de tentativa"[21].

Causa "Rodríguez, Juan B". "Aunque el prevenido haya actuado con dolo eventual ello no basta para achacarle una tentativa de homicidio; ni el dolo indirecto es suficiente, ya que se requiere el dolo directo"[22].

Causa "Bello, José, y otro". "Si la tentativa rechaza el dolo eventual en la fórmula de nuestro art. 42 del Cód. Penal –cosa que no todos admiten–, nadie puede sostener que no admite el dolo necesario, que, al fin, es un dolo 'directo' (por más elíptica que sea la dirección), en cuanto importa el querer el resultado imprevisto como posibilidad necesaria"[23].

Causa "Lahitte, Carlos R". "El dolo eventual no sirve para llegar al homicidio tentado"[24].

[20] ST Río Negro, 31/5/04, "García, Roberto M.", *LLPatagonia*, 2005-995.

[21] CNCrimCorr, Sala IV, 5/9/88, "Selpa, Andrés A.", *LL*, 1989-E-437.

[22] CCivComCrimCorr y Trab Cruz del Eje, 23/8/84, "Rodríguez, Juan B.", *LLC*, 1985-61.

[23] CCrim Santa Fe, Sala I, 20/4/79, "Bello, José L., y otro", *JA*, 1979-IV-586.

[24] CNCrimCorr, Sala IV, 21/12/78, "Lahitte, Carlos R.", *LL*, 1979-A-447.

Capítulo VII

EL TIPO CULPOSO. CULPA CONSCIENTE E INCONSCIENTE. DIFERENCIAS CON EL DOLO EVENTUAL

§ 73. *Caracterización.* – A diferencia del tipo doloso, en el tipo culposo el agente no direcciona su conducta para alcanzar el fin prohibido. El autor persigue un fin lícito, pero lo hace por medio de una conducta *negligente* o *imprudente*. Podemos decir, en consecuencia, que "el tipo culposo no castiga al autor por la forma en que un fin es perseguido, sino porque el resultado distinto al final presupone de parte del causante un peligro prohibido previsible y evitable, y ello se explica porque la mera creación de un peligro no es suficiente para la imputación culposa. Por supuesto que esto no significa que la acción no tenga una finalidad, sino sólo que no está prohibida en razón de esa finalidad"[1]. Mientras que el delito doloso supone la realización del tipo de injusto respectivo con conocimiento y voluntad, en el delito imprudente existe una infracción a la norma de cuidado[2]. El fundamento de la imputación está dado por el desprecio que el autor demuestra respecto de los bienes jurídicos ajenos[3].

§ 74. *El tipo objetivo.* – Atenderemos a sus principales elementos caracterizantes.

1 Zaffaroni - Alagia - Slokar, *Derecho penal. Parte general*, p. 549.

2 Mir Puig, *Derecho penal. Parte general*, p. 286.

3 Bacigalupo, *Manual de derecho penal. Parte general*, p. 211.

a) *Resultado.* El resultado constituye una limitación en el tipo objetivo del delito culposo. No hay tipo culposo sin resultado. De todos modos, cabe resaltar que lo jurídicamente desvalorado es la conducta[4].

[4] Zaffaroni - Alagia - Slokar, *Derecho penal. Parte general*, p. 555. "Si bien el tipo culposo no puede entenderse exagerando la importancia del resultado, tampoco puede serlo extremando la posición contraria y centrando la atención en forma excluyente en la creación de un peligro. Esta otra posición extrema lleva a negar al resultado toda importancia limitadora típica, desaparece la función reductora de la conexión de antijuricidad y termina por admitir la tentativa culposa. Esta tesis radical pretende que el resultado no integra el tipo culposo, con lo que se lo reduce a una condición objetiva de punibilidad".

Al respecto, se pregunta Mir Puig si el resultado *fundamenta* el injusto del hecho imprudente, y contesta: "Si el delito imprudente es esencialmente infracción de la norma de cuidado ¿por qué ha de depender el injusto de la imprudencia de la circunstancia, a menudo fortuita, de que tal infracción cause un resultado? Tan imprudente es la acción de quien pasa a gran velocidad con semáforo en rojo un cruce concurrido si causa un resultado, como *si tiene la suerte de no causarlo*. Y más imprudente es esta conducta no seguida de resultado en una hora punta de máximo tráfico que por la noche, cuando no hay apenas circulación de vehículos, aunque se siga algún resultado lesivo. Por ello ha destacado Exner cómo en toda causación imprudente de resultado hay un *momento de azar*. Ello ha llevado a un sector doctrinal a considerar el resultado en la imprudencia una pura *condición objetiva de punibilidad*, fuera, por tanto, de injusto y culpabilidad. Tal dirección arranca de Welzel, que reservó al resultado la sola función de conceder *relevancia jurídico-penal* a la infracción de la norma de cuidado, cuya gravedad no aumentaría ni disminuiría con la presencia o ausencia del resultado. Por mi parte, creo que, ciertamente, la causación del resultado *no aumenta* la gravedad de la infracción de la norma de cuidado. Eso no significa que la gravedad de la imprudencia no dependa del bien jurídico a que se refiere: el legislador no podría castigar igual un descuido de la misma entidad frente a la vida de otro que ante una cosa de insignificante valor, por la misma razón que no puede castigar igual la lesión intencional de ambos bienes jurídicos. Pero esto explica únicamente que la imprudencia *frente* a determinados bienes jurídicos sea más grave que frente a otros bienes de menor importancia, y no que se exija la *efectiva lesión* de tales bienes. En suma: la gravedad de la imprudencia depende, sí, del bien jurídico a que afecta, pero no de su efectiva lesión. ¿Cuál es, entonces, la razón de la exigencia de efectiva lesión? Por una parte puede ser una manifestación del pensamiento causalista, que toma como objeto de valoración no la acción, sino el resultado. Pero, por otra parte, creo que puede justificarse como *garantía de seguridad*, como *prueba necesaria* para dirigir un proceso (ya un daño en sí mismo) contra una persona y entrar a decidir acerca de la importancia de un hecho. Porque la exigencia del resultado sólo li-

La gran mayoría de la doctrina considera, en consecuencia, que no existe tentativa del tipo culposo (ZAFFARONI dice que la tentativa culposa es un *monstruo lógico insostenible*)[5]. Una minoría sostiene lo contrario[6].

b) *VIOLACIÓN AL DEBER DE CUIDADO. EL PRINCIPIO DE CONFIANZA.* El deber de cuidado opera como un componente normativo del tipo culposo. No existe un deber de cuidado genérico, de modo tal que cada conducta conlleva el suyo. Claro que para saber cuál es el deber de cuidado de la conducta, primero tenemos que conocer cuál es la "conducta final" del agente[7].

Existen ciertas conductas cuyos deberes de cuidado se encuentran normativizados por medio de la ley. El caso de la conducción de vehículos es uno de ellos, mediante las distintas leyes de tránsito. La violación al deber de cuidado da origen a lo que se conoce como "principio de confianza", cuyo significado es que una persona considera que la otra ha de comportarse conforme al deber de cuidado que le compete, mientras que no haya motivos suficientes para considerar lo contrario. Así, quien va a cruzar una calle con el semáforo en su favor entiende que quien viene por la calle opuesta ha de frenar, a excepción, por ejemplo, que venga tocando bocina y agitando un pañuelo, en señal de que transporta a un herido.

---

mita la responsabilidad, excluyendo la de hechos tal vez igualmente imprudentes pero que no causan un resultado lesivo: *no extiende* la responsabilidad a supuestos en que no hay imprudencia. Esta función de *límite de garantía* tiene un sentido político-criminal positiva en la mayor parte de los sectores" (MIR PUIG, *Derecho penal. Parte general*, p. 296 y 297).

5 ZAFFARONI - ALAGIA - SLOKAR, *Derecho penal. Parte general*, p. 565.

6 ZIELINSKI, *Dolo e imprudencia*, p. 108, y JAKOBS, *Derecho penal. Parte general. Fundamentos y teoría de la imputación*, p. 395.

7 La determinación de la conducta exigida en el caso concreto se rige, independientemente de la situación, por las capacidades individuales del autor. El que sabe que, en un determinado lugar, se encontrará con niños que, al terminar sus clases, corren descuidadamente por la calle, no podrá sostener que el conocimiento de esta situación no hubiera sido reconocible de la misma manera que si él no lo supiera. Del mismo modo, un conductor de poca experiencia deberá tomar en cuenta su capacidad y, por tanto, conducir más lentamente, mantener mayor distancia, frenar antes, de lo que lo haría un conductor avezado (STRATENWERTH, *Derecho penal. Parte general. El hecho punible*, p. 325 y 326).

c) *Nexo de determinación (imputación objetiva en el tipo culposo)*. El resultado debe poder *imputarse objetivamente* a la conducta que viola el deber de cuidado. Ello no sucede cuando entre uno y otro no media lo que se conoce como *nexo de determinación* o *relación de determinación*. La violación al deber de cuidado debe ser *determinante* del resultado acaecido. Ello no sucede, por ejemplo, en el caso de quien conduce a excesiva velocidad y atropella a un peatón que imprevistamente aparece en la carretera. El nexo de determinación se acredita a través de una hipótesis mental (nexo hipotético). Si se llega a la conclusión de que aun si se hubiera cumplido con el deber de cuidado debido, el resultado se hubiera producido de todos modos, no hay tipo culposo[8].

[8] Para Mir Puig, el resultado no es imputable objetivamente a la conducta en tres casos: *a*) cuando, pese al riesgo creado, no era previsible el concreto resultado causado. Por ejemplo, si eran previsibles unas lesiones leves, pero no la muerte, pues la norma de cuidado infringida no se dirigía a evitar la muerte –no puede regularse lo imprevisible–, sólo se podrán imputar las lesiones; *b*) cuando el resultado nada tenga que ver con la infracción cometida. Por ejemplo, si conduciendo a velocidad excesiva, A atropella a un suicida que se hecha bajo sus ruedas, la prohibición de velocidad excesiva no se dirigía a evitar el atropello del suicida, o si un conductor carece de permiso de conducir y de los necesarios conocimientos, lo que hace imprudente su conducción, pero la colisión que sufre se debe al hecho de que otro vehículo se salta una señal de "alto", y *c*) cuando el resultado sea causado por la conducta imprudente, pero *se hubiese causado igual* con otra conducta no imprudente (casos de comportamiento alternativo correcto). Por ejemplo, el paciente muere en la mesa de operaciones a causa de la cocaína que le suministró como narcosis el anestesista en lugar de novocaína, que era lo indicado, pero hubiera muerto igual aunque le hubiese suministrado novocaína. En la jurisprudencia alemana existen tres casos que han sido tratados por la doctrina como paradigmas del nexo de determinación. Tenemos: *1*) El caso del ciclista (1957) al que un camión atropelló mientras lo adelantaba a una distancia antirreglamentaria, pero porque el ciclista, ebrio, se abalanzó sobre él en condiciones en que muy probablemente también habría sido arrollado aunque el camión hubiera observado la distancia requerida; *2*) el caso del farmacéutico (1887) que despachó varias veces un medicamento que determinó el envenenamiento del paciente, con una receta que sólo lo prescribía una vez, pero que se comprobó luego que el médico habría renovado de habérselo solicitado, y *3*) el caso del pelo de cabra (1929), en que una fábrica de pinceles utilizó sin desinfectar, pese a que debía hacerlo, pelos de cabra cuya manipulación ocasionó la muerte de cuatro trabajadoras, pero que se comprobó después que portaban gérmenes que pro-

§ 75. ***Tipo subjetivo.*** – Éste requiere por parte del agente el elemento *positivo* de haber querido la conducta violatoria del deber de cuidado, ya sea con conocimiento del peligro que ella importa (culpa consciente) o sin él (culpa inconsciente), y el elemento *negativo* de no haber querido causar el resultado[9].

§ 76. ***Culpa consciente y culpa inconsciente. Definición.*** Como referimos en el parágrafo anterior, desde el punto de vista del tipo subjetivo, el delito culposo se clasifica en culpa consciente y culpa inconsciente.

En la culpa consciente, el agente actúa con conocimiento que pone en peligro un bien jurídico determinado. Generalmente la fórmula se completa señalando que, *no obstante ello, el autor confía en que el resultado no se producirá*. Esto último, se dice, es lo que diferencia a la culpa consciente del dolo eventual.

En cambio, en la culpa inconsciente, el agente cuenta con los elementos necesarios para representarse el resultado (previsibilidad) pero no lo hace. La culpa consciente es un defecto del querer, pues el autor actúa pese a haber previsto la posibilidad de configuración del tipo. La inconsciente es un defecto en la representación y la voluntad: el autor actúa porque no previó la realización del tipo[10].

§ 77. ***Razones para su diferenciación.*** – Las posturas de los estudiosos presentan matices diferenciales.

a) Para Zaffaroni, la distinción entre una y otra no tiene otra utilidad que la de distinguir al dolo eventual de la culpa consciente, pues considera que no es cierto que esta última sea más grave que la inconsciente, pues muchas veces aparece con mayor contenido del injusto la de quien actúa sin siquiera representarse la creación de un peligro con altísima probabilidad de concreción[11].

---

bablemente no habrían podido ser eliminados por la desinfección (Mir Puig, *Derecho penal. Parte general*, p. 299).

[9] Mir Puig, *Derecho penal. Parte general*, p. 291.

[10] Maurach - Gössel - Zipf, *Derecho penal. Parte general*, t. 2, p. 180.

[11] Zaffaroni - Alagia - Slokar, *Derecho penal. Parte general*, p. 550. Agrega que "desde el punto de vista del injusto la gravedad de la culpa

b) En igual sentido se pronuncia Bacigalupo, quien sostiene que las especies de culpa referidas no guardan entre sí una relación de mayor o menor gravedad, pues ello no depende de la representación del peligro ocasionado por la acción. No obstante ello, considera que la punibilidad de la culpa inconsciente no es obvia. *No es seguro que sea compatible con el principio de culpabilidad.* El autor que no se representa el peligro de su acción difícilmente pueda motivarse para la corrección del curso de dicha acción[12].

c) Por su parte, Jakobs, quien define a la imprudencia como "aquella forma de la evitabilidad en la que falta el conocimiento actual de la que ha de evitarse", también considera que carece de sentido la separación de la imprudencia en consciente e inconsciente, y aclara además que no se corresponde con la distinción entre imprudencia grave (temeraria: *Leichtfertigkeit*) y leve (simple: *leicht*)[13].

d) Manifiesta Maurach que la división de las formas de culpa, conforme el grado de conocimiento, carece de im-

---

está señalada por su temeridad, que tiene lugar cuando hay dominabilidad".

Mir Puig señala que la culpa temeraria puede confundirse con el dolo eventual. La legislación española, entre otras, utiliza la clasificación de "imprudencia grave" e " imprudencia leve", que reemplaza en el Código Penal actual las tradicionales de "imprudencia temeraria" e "imprudencia simple". La imprudencia grave es la única que puede dar lugar a delitos (no a faltas). Para la gravedad se tiene en cuenta tanto la peligrosidad de la conducta como la valoración social del riesgo. Para determinar la peligrosidad de la conducta deben combinarse dos variables fundamentales: el grado de probabilidad de la lesión y la mayor o menor importancia del bien jurídico afectado (a igual probabilidad de lesión, mayor gravedad, si se refiere a un bien jurídico más importante). La valoración social del riesgo depende de si se produce en ámbitos en que se admiten determinados grados de riesgo permitido: un grado de peligrosidad que podría ser grave fuera de uno de estos ámbitos puede ser leve dentro de ellos. Tanto la culpa consciente como la inconsciente pueden dar lugar a la culpa grave, siendo en ocasiones gravemente imprudente el emprender una conducta muy peligrosa sin haberse preocupado de advertir siquiera los riesgos que evidentemente supone. La imprudencia leve, por su parte, sólo puede dar lugar a "faltas", no a "delitos" (Mir Puig, *Derecho penal. Parte general*, p. 288).

12 Bacigalupo, *Manual de derecho penal. Parte general*, p. 219.

13 Jakobs, *Derecho penal. Parte general. Fundamentos y teoría de la imputación*, p. 382.

portancia. Es un error considerar más grave la culpa consciente por su *naturaleza cercana al dolo*, pues la estructura de uno y otro es completamente diferente. "Ello por cuanto, bajo ciertas circunstancias también para la culpa inconsciente rige el dicho de Fouché: '*C'est plus qu'un crime, c'est une faute*', ya que frecuentemente la omisión en la utilización de las capacidades de comprensión y de voluntad resulta mayor que la ligereza contenida en la culpa consciente"[14].

e) En este sentido, STRATENWERTH tiene una opinión similar, pues entiende que no hay ningún vínculo entre la gravedad de lo ilícito y la distinción entre ambos tipos de culpa (ni tampoco con respecto a la gravedad de la culpabilidad). Prestar atención a los delitos es una exigencia moral y no darse cuenta de ello puede responder a la indiferencia frente a los bienes jurídicos ajenos. Pero a diferencia de las posturas anteriores, concluye que *la culpa inconsciente es más gravosa que la consciente*, pues importa una mayor falta de respeto al otro[15]. JIMÉNEZ DE ASÚA también considera que la culpa inconsciente es más grave que la consciente[16].

f) En posición contraria, MIR PUIG considera que la distinción condiciona la imputación subjetiva de la infracción del deber objetivo de cuidado, lo que tiene por consecuencia que a igual gravedad de la infracción, hay mayor imputación subjetiva de ella en la culpa consciente[17].

§ 78. ***PUNIBILIDAD DE LA CULPA INCONSCIENTE.*** – Para el causalismo, el injusto importaba la causación física del resultado y la culpabilidad el nexo psicológico de ese mismo resultado (teoría psicológica de la culpabilidad). La teoría psicológica de la culpabilidad impedía, entre otras cosas, el poder castigar la *culpa inconsciente*, pues en ella no había nexo psicológico alguno.

14 MAURACH - GÖSSEL - ZIPF, *Derecho penal. Parte general*, t. 2, p. 181.

15 STRATENWERTH, *Derecho penal. Parte general. El hecho punible*, p. 326.

16 JIMÉNEZ DE ASÚA, *Tratado de derecho penal*, t. V, p. 1009 y 1010.

17 Aclara que la culpa inconsciente podrá ser tan grave o más que la consciente si la infracción del deber objetivo de cuidado que supone es mayor que la realizada con culpa consciente (MIR PUIG, *Derecho penal. Parte general*, p. 287).

El advenimiento de la teoría normativa de la culpabilidad, según la cual la culpabilidad es *reproche*, despejó el camino para poder castigar con pena a la culpa inconsciente. En la actualidad, la doctrina mayoritaria justifica su punibilidad. No obstante ello, el tema no ha dejado de ser opinable.

a) *Posiciones a favor de la punibilidad*. Veremos las distintas posturas que han defendido esta opinión.

1) A partir del surgimiento de la teoría normativa de la culpabilidad, comenzó a verse especialmente en la culpa inconsciente la más pura representación de un concepto de culpabilidad no psicológico, en tanto que el dolo siguió manteniendo su doble naturaleza. Con el surgimiento de la teoría final de la acción se estableció que la culpabilidad era reproche. Según Maurach, "a partir de entonces, la pregunta de la 'culpabilidad de voluntad' se encontraba igualmente respondida, tanto para los hechos punibles dolosos como culposos: culpabilidad no es el querer del perjuicio descuidado del bien jurídico, sino el juicio de que el autor quiso descuidadamente, una constatación que también es acertada para la culpa inconsciente. Aquello que el autor del delito inconscientemente culposo 'quiere' es algo indiferente para el tipo concreto, algo que se encuentra fuera de él"[18].

2) Por su parte, Sancinetti refiere que no hay que confundir los delitos cometidos con culpa inconsciente con los denominados "delitos de olvido", en tanto no hay ningún problema en punir a los primeros, mientras que los segundos no pueden constituir ilícito alguno. Así, proporciona un ejemplo para sostener su postura: "El autor deja la pava al fuego para calentar agua, y se retira de la cocina hacia su escritorio, donde trabaja más concentrado que de costumbre, y totalmente abstraído, hasta el punto en que llega tarde, después, para impedir el incendio ocurrido finalmente en la cocina". Con base en este ejemplo, señala que quien sostenga la tipicidad por imprudencia de tal comportamiento, no puede llegar a esa conclusión *en razón del olvido*, sino por la acción consciente de poner la pava en el fuego, con riesgo de olvidarse.

[18] Maurach - Gössel - Zipf, *Derecho penal. Parte general*, t. 2, p. 182 y 183.

En consecuencia, indica que "la denominada imprudencia *inconsciente* –en el sentido de falta de representación del resultado– no encierra pues, ningún problema especial. Por el contrario, también allí habría que construir un 'tipo objetivo' e imprudencia, al cual se hubiera referido un conocimiento efectivo y actual (mini-dolo), no una mera 'cognoscibilidad'. En cambio, la imprudencia 'inconsciente' –en el sentido de no darse cuenta de lo que se hace– no puede constituir ningún ilícito"[19].

3) Considera PITLEVNIK que sostener la inoperancia de la norma en aquellos casos en que el sujeto se olvida o desatiende, de modo que se desconecta de una situación de riesgo a su cargo, enerva el efecto disuasorio de los distintos valores sociales que trae consigo la norma. De ser así, la norma contendría un mandato débil en cuanto a la realización de acciones cuidadosas, siempre que el autor no se olvide o no haya sido desatento.

Luego justifica la culpa inconsciente a partir de una teoría utilitaria de la pena: "Al menos según una tesis utilitaria de la pena, ésta se justificaría si, aun en los olvidos, el efecto disuasor operara sobre el sujeto para imponer un cuidado que de otra forma se debilitaría. Esta justificación del castigo permitiría construir el tipo subjetivo, exigiendo que el sujeto reconozca como mínimo que actúa en un contexto que exige ciertos recaudos. La regla de la *omisión de actuar y deber de informarse* serviría como puerta de ingreso a la aceptación de un tipo subjetivo, de manera que bastaría con que el sujeto reconozca, sino el riesgo específico existente, al menos, un contexto o situación que evidencia el deber de actuar con cautela, de informarse o de abstenerse de operar. La percepción de una situación de estas características debe ser interpretada como riesgo mínimo reconocido por el agente"[20].

b) *POSICIONES CONTRARIAS A LA PUNIBILIDAD.* Sostiene MALAMUD GOTI que en la culpa inconsciente no hay voluntad re-

[19] SANCINETTI, *Teoría del delito y disvalor de acción*, p. 286 y 287.

[20] GARIBALDI - PITLEVNIK, *Delimitación del dolo y la culpa en el ilícito penal*, p. 154.

prochable y, en definitiva, la retribución recae sobre una "voluntad mala". En consecuencia, la pena no cumple con finalidad resocializadora alguna, puesto que "carece en realidad de sentido pretender resocializar o reeducar al imprudente mediante la aplicación de medidas asegurativas en lugar de penas. De esta forma, en la medida en que el agente contradiga las reglas básicas de convivencia se hará merecedor de una pena como forma de reforzar la naturaleza inhibitoria de la prohibición. Pero sería necesaria en todo caso la previsibilidad del resultado, ya que la misma operará como el requisito mínimo para que la prevención general resulte eficaz. Si no es previsible se estará castigando a una 'víctima' no a un 'culpable': un verdadero despropósito". Agrega que "desde esta posición, la pena nada tendrá que ver con la retribución de una voluntad mala, ni tendrá efecto moralizador alguno sobre el agente. En alguna forma la sanción sacrificará el autor en aras de la convivencia social que se ve amenazada frecuentemente por conductas intolerables como lo son numerosos casos de culpa inconsciente. De no ser así, es altamente probable que los requisitos de atención perderán toda eficacia en un mundo que exige cada vez más diligencia y cuidado"[21].

Al citar a WELZEL y JESCHECK, puntualiza el autor citado que en la culpa inconsciente la lesión del cuidado objetivo no es reconocida, pero es reconocible para quien actúa, tornándose en consecuencia dificultoso fundamentar la aplicación de penas en esta clase de conductas. Asimismo, divide a la culpa inconsciente en dos hipótesis: *a*) el autor desconoce u olvida que tiene que observar un determinado deber de cuidado, y *b*) el autor reconoce la existencia del deber objetivo de cuidado, pero cree que su conducta se ajusta a él, cuando en realidad ello no es así. Respecto de ambas se pregunta si es posible hallar en estas hipótesis algún momento de voluntad dirigida contra el valor.

Al respecto, descarta las concepciones que ven en el carácter o en la conducción de vida del agente una expresión genérica de voluntad, pues el derecho penal juzga actos y además la pena carecería de sentido, pues *reforzaría una*

[21] MALAMUD GOTI, *La estructura penal de la culpa*, p. 129 y 130.

prohibición de lo que aparece como inevitable. Se expresa de manera similar con relación a quienes pretenden fundar el reproche en la "culpabilidad de autor".

No resulta convincente ninguna explicación que reproche la culpa inconsciente. Se pregunta Malamud Goti: "¿Puede aceptarse la idea de Schmidhäuser de que la culpabilidad radica en no tomar en serio el requerimiento de cuidado del bien jurídico? Si el autor advierte, o sospecha al menos, que el desarrollo de los acontecimientos le exige alguna 'seriedad' o cuidado, se tratará ya probablemente de un caso de culpa consciente. ¿Qué seriedad puede, por el contrario, requerírsele a quien precisamente cree que es cuidadoso por no haber entendido la situación?"[22].

§ 79. ***La culpa en la jurisprudencia.*** – La línea divisoria entre el dolo eventual y la culpa con representación es sumamente sutil. Independientemente de volver sobre este punto más adelante, hemos de referir algunos casos jurisprudenciales.

Causa "Pintos, Omar H.". Un policía que se encontraba en un ciber mientras se perpetraba un atraco, se identificó como tal ante los delincuentes y, luego de verse inmerso en un enfrentamiento armado, dio muerte a uno de ellos y a un cliente que era utilizado como escudo humano. El juez de instrucción procesó al imputado en orden al delito de homicidio simple cometido con exceso en la legítima defensa, en concurso ideal con el de homicidio simple con dolo eventual. La Cámara procesó al encartado en orden al delito de homicidio culposo, al dictaminar: "Corresponde procesar como autor del delito de homicidio culposo al policía que dio muerte a la víctima que fuera utilizada como escudo humano por un delincuente en un enfrentamiento armado, pues, si bien el imputado se encontraba facultado para repeler la agresión de aquél, la proximidad entre el agresor y el damnificado sumada al corte de luz ocurrido en el lugar de los hechos conducen a sostener que el encartado se representó la posibilidad de que pudiera resultar herido

[22] Malamud Goti, *Cuestiones relativas a la punibilidad de la culpa inconsciente*, *ED*, 51-937.

quien era utilizado como escudo, pero confió en que tal resultado no se produciría"[23].

Causa "Ranno, Carlos A.". El Tribunal Oral condenó como autor del delito de homicidio simple en grado de *dolo eventual* a quien dio muerte a un delincuente mientras intentaba evitar que éste se fugara. La Cámara de Casación Penal modificó la sentencia recurrida y lo condenó en orden al delito de homicidio culposo. Expresó: "Cabe condenar como autor del delito de homicidio culposo a quien, con la finalidad de impedir la fuga de unos delincuentes que habían sido sorprendidos in fraganti, les disparó en varias oportunidades ocasionando la muerte de uno de ellos pues, el hecho de que los proyectiles disparados por el imputado hayan sido dirigidos a las ruedas del automotor en el cual aquéllos se daban a la fuga sumado a su habilidad en el manejo de armas de fuego, permite afirmar la confianza del imputado en la no producción del resultado lesivo, lo cual otorga credibilidad al descargo en cuanto a que su verdadera intención era evitar la fuga de los delincuentes y no provocarles la muerte"[24].

Causa "Socio, Mariano D.". Un policía disparó su arma reglamentaria mientras perseguía a un delincuente; un proyectil impactó sobre un peatón, provocándole la muerte. El Tribunal Oral condenó al agente como autor del delito de homicidio culposo. El delincuente perseguido fue aprehendido por personal policial y fue condenado como autor del delito de tenencia de arma de guerra. El tribunal resolvió: "Corresponde condenar como autor del delito de homicidio culposo al agente policial que efectuó varios disparos contra un delincuente que se daba a la fuga, impactando uno de los proyectiles sobre un transeúnte, pues si bien no es posible afirmar que al momento de disparar el imputado haya visto a la víctima y consecuentemente se haya representado el peligro que generaba, su antigüedad como policía y su experiencia en el manejo de armas, pone en evidencia que estuvo en condiciones de prever la lesión a terceras personas"[25].

23 CNCrimCorr, Sala VII, 21/12/07, "Pintos, Omar H.", *LL*, 2008-A-454.

24 CNCasPen, Sala I, 3/10/05, "Ranno, Carlos A.", *DJ*, 2006-1-629.

25 TOralCrim nº 7, 19/5/05, "Socio, Mariano D., y otro", *LL*, 2005-D-138.

Causa "Vigna, Walter R.". "Admitiendo las referencias proporcionadas por el imputado en cuanto a que el disparo no llegaría a herir (por aplicación del principio *in dubio pro reo*), su accionar se halla en el límite entre la culpa con representación y el dolo, no ingresando en el terreno de este último por cuanto su proceder no llegó a contener su consentimiento para la hipótesis de que lo posible se transformara en cierto, por lo que su actividad encuadraría en la forma culposa (en el caso medió homicidio)"[26].

Causa "Storchi, Fernando M., y otros". Una niña (que no sabía nadar muy bien) falleció al ahogarse en una pileta durante una práctica de natación que se estaba llevando a cabo en la parte profunda. El Tribunal Oral condenó por el delito de homicidio culposo al presidente de la sociedad concesionaria de la pileta, al coordinador de deportes de la colonia de vacaciones, a la profesora de natación y a la guardavidas. En su dictamen sostuvo: "Ni el presidente del directorio ni el coordinador de deportes de la sociedad comercial concesionaria de la pileta actuaron con dolo eventual respecto de la muerte de una niña ocurrida durante una práctica de natación, pues, dada la estructura organizativa con que contaban en la colonia de vacaciones, específicamente en lo que se refiere al personal a cargo de las clases de nado, aquéllos podían estimar la evitabilidad de cualquier infortunio. Ni la profesora de natación, que tenía a su cargo a la niña que falleció al ahogarse durante una práctica en la parte profunda de la pileta, ni la guardavidas encargada de la seguridad del natatorio actuaron con *dolo eventual* respecto de dicha muerte, pues, dada su capacidad técnica ambas llevaron a cabo sus actividades creyendo que ante un suceso determinado podían preservar la integridad física de los participantes de la colonia de vacaciones"[27].

Causa "Sosa, Néstor M., y otro". En el marco de una causa en la que se investigaba la muerte de una menor, producida al dispararse con el arma dejada a su alcance por el

[26] CCrim Santa Rosa, 6/3/79, "Vigna, Walter R.", *RepLL*, 1980-1238, nº 69, opinión de la mayoría, doctores FLOREZ DE FORASTIERI y DÍAZ-ZORITA.

[27] TOral Crim nº 1, 2/5/07, "Storchi, Fernando M., y otros", *DJ*, 2007-2-797.

imputado en el automóvil en que aquélla viajaba, el Ministerio Fiscal promovió recurso de casación por errónea calificación de la conducta atribuida al encausado en cuanto responsable a título de culpa, al entender que existe dolo eventual. Se objetó además la absolución del conductor del automóvil, porque su demora en acudir a la policía configuró encubrimiento. El Superior Tribunal, por mayoría, rechazó el recurso intentado al disponer: "El no saber o no recordar que existía una bala en la recámara del arma dejada al alcance de la víctima *no constituye dolo eventual sino un acto de seria irresponsabilidad*, razón por la cual el imputado es responsable por su falta de previsibilidad de un resultado que con diligencia hubiera podido y debido prever, siendo ese acto culposo la causación voluntaria del mismo"[28].

§ 80. ***La problemática de los accidentes de tránsito.*** – La delgada línea que separa al dolo eventual de la culpa con representación, se hace manifiesta en los accidentes de tránsito. Sin perjuicio de volver sobre esta problemática más adelante, consideramos importante analizar el trato que le ha dado la jurisprudencia a esta temática.

a) *Casos resueltos a partir de la culpa con representación.* Veamos a algunos ejemplos.

Causa "Figueroa, Edgardo E.". "Cabe condenar como autor del delito de homicidio culposo, y *no de homicidio simple con dolo eventual*, a quien habiendo consumido estupefacientes circulaba con su rodado a una velocidad excesiva, oportunidad en la cual, embistió a un peatón ocasionándole la muerte pues, la capacidad de previsión del imputado al momento del accidente se vio disminuida por efecto de las drogas y en consecuencia no pudo representarse el resultado de su acción"[29].

Causa "Vaschkor, María G.". "Incurre en el delito de homicidio culposo, *y no de homicidio simple cometido mediante*

[28] ST Formosa, 15/2/02, "Sosa, Néstor M., y otro", *LLLitoral*, 2002-1339, voto del doctor Tievas.

[29] CCrim 1ª nominación Catamarca, 5/9/07, "Figueroa, Edgardo E.", *LLNOA*, 2008-73.

dolo eventual, quien habiendo ingerido bebidas alcohólicas circulaba con su rodado a excesiva velocidad cuando colisionó contra una motocicleta provocando la muerte de su conductor pues, no es posible inferir que el encartado se hubiere representado el resultado de muerte y que lo despreció por cuanto, el haber frenado después del impacto es un indicador de su intención de afrontar la situación"[30].

Causa "Echazú, Rodolfo". Una persona que en estado de ebriedad manejaba un vehículo a excesiva velocidad y contramano, colisionó con otro rodado y causó la muerte de uno de sus ocupantes. La Cámara lo condenó como autor del delito de homicidio culposo en concurso ideal con lesiones culposas, a la pena de cinco años de prisión de cumplimiento efectivo. En su resolución manifestó: "El tránsito en contramano es una imprudencia de alto grado, un quebrantamiento de las normas de cuidado exigidas a quien conduce un rodado, pero no constituye una evidencia de la voluntad del sujeto de dañarse a sí mismo o a otros pues, si bien pueda dar lugar a la representación en la conciencia del sujeto del posible encuentro con rodados que transiten en sentido contrario, ello no abarca la inevitable colisión con el resultado de lesiones y/o muerte de los ocupantes del otro rodado"[31].

Causa "Aldao, Cristián A.". Corresponde condenar como autor del delito de homicidio culposo, en concurso ideal con lesiones culposas, al imputado que, conduciendo con suma imprudencia su vehículo, dado que se encontraba bajo los efectos de una intoxicación alcohólica, sin llevar puestos los anteojos que debía utilizar para manejar, y a una velocidad por encima de la permitida y sobre pavimento mojado, embistió a dos mujeres, produciéndole la muerte a una y lesiones a la otra, si no hay elementos probatorios de peso que den certeza de que el acusado se haya representado la posibilidad de causar el desastre que finalmente provocó y, menos aun, que habiéndose representado, haya actuado con

[30] JuzgInstr nº 2 Villa Ángela, 10/5/07, "Vaschkor, María G.", *LL Online*.

[31] CPenal Jujuy, Sala I, 27/3/07, "Echazú, Rodolfo", *LLNOA*, 2007-1037.

desprecio de esa posiblidad, pues debe descartarse la existencia de dolo eventual[32].

b) *Casos resueltos a partir del dolo eventual.* Rescatamos las siguientes aplicaciones jurisprudenciales en materia de accidentes de tránsito.

Causa "Wenner, Francisco A.". Una persona que conducía un camión de gran porte a contramano, a una velocidad excesiva y con un alto grado de alcohol en sangre, colisionó con un automóvil y provocó la muerte de uno de sus ocupantes y lesiones graves a otro. La Cámara lo condenó por el delito de homicidio simple con dolo eventual a la pena de ocho años de prisión; sostuvo: "*Corresponde condenar por homicidio simple con dolo eventual* a quien guiando un vehículo a una velocidad excesiva y con una intoxicación alcohólica, provocó un accidente de tránsito, toda vez que conforme la experiencia conductiva del imputado –en el caso, más de veinte años conduciendo camiones–, debió representarse como posible y probable tal resultado"[33].

Causa "Soto, Diego G.". El Tribunal Oral condenó al imputado como autor del delito de homicidio simple, cometido mediante dolo eventual, al haber considerado que quien conducía un automóvil sin luces, a alta velocidad, a pesar de que sabía que por allí caminaban peatones que no podían usar la calzada, con lluvia y sin que funcionaran sus limpiaparabrisas, y que luego de que atropellara a cuatro personas, llevó a una de ellas enganchada del cabello a su automóvil, sabía de la posibilidad de que ocurriera el homicidio y no le importó. En su resolución manifestó: "*Comete el delito de homicidio simple, mediante dolo eventual,* el imputado que atropelló a cuatro personas en la calle con su auto, arrastrando a una unos metros por haberse quedado enganchada a aquél y que le produjo la muerte a una de ellas, si condujo su automóvil a ciegas, a alta velocidad, por un lugar densamente poblado y una calle habitualmente transitada por peatones, de noche y con abundante lluvia pues no sólo sabe que puede matar sino que muestra, tam-

[32] TCrim nº 6 Morón, 2/5/06, "Aldao, Cristián A.", *LLBA*, 2006-822.

[33] CCrim nº 1 Trelew, 6/3/02, "Wenner, Francisco A.", *LL*, 2002-B-547, y *DJ*, 2002-1-916.

bién un desprecio por la vida ajena que explica llanamente su indiferencia ante la posibilidad de un resultado como fue la muerte"[34].

Causa "Ouvrard, Pablo". "La conducta desplegada por el imputado –quien conduciendo un camión a una velocidad de 90 kilómetros por hora, previo cruzarse al carril opuesto, impactó con un vehículo que circulaba en dirección opuesta, en el que viajaban varias personas provocando la muerte de diez de ellas y cuatro con heridas graves– que evidencia un contexto de desidia y negligencia, pues pudiendo en todo momento representarse como probable la consecuencia dañosa a la vida de terceros, no desistió de su obrar, permiten encuadrarla en el tipo de culpabilidad por *dolo eventual*, configurando el delito de homicidio simple (art. 79, Cód. Penal) en concurso ideal (art. 54, Cód. Penal), con lesiones graves (art. 90, Cód. Penal)"[35].

Causa "Cañas, Eduardo". "No puede englobarse en el ámbito del delito culposo la conducta del conductor del automotor en virtud de que: *a*) el inculpado vive en la Argentina, es decir que no puede ignorar lo que la prensa y la propia experiencia diaria informa sobre los accidentes causados por automotores; *b*) porque la alcoholización que lo aquejaba no lo privó de conciencia de la antijuridicidad de su proceder ni de su sentido de orientación; *c*) no poseía registro de conductor, vale decir que tenía representación clara y concreta de que no debía transitar al comando de automóvil alguno, y *d*) el encartado se emborrachó voluntariamente y tenía conciencia de su estado"[36].

Causa "L., A. R". "*Existe dolo, al menos dolo eventual*, en la conducta de quien embiste a una persona en lugar oscuro y solitario, de tráfico casi nulo abandonándola a su suerte, aun cuando presume que puede estar en grave peligro"[37].

[34] CGaranPen Quilmes, Sala I, 26/6/01, "Soto, Diego G.", *LLBA*, 2002-119.

[35] CApel Noreste Chubut, Sala B, 2/6/98, "Ouvrard, Pablo", *LL*, 1998-D-821, y *DJ*, 1998-3-852.

[36] C 3ª CrimCorr La Plata, Sala II, 14/3/95, "Cañas, Eduardo", *LLBA*, 1995-410.

[37] CPen Santa Fe, Sala I, 26/11/86, "L., A. R.", *RepLL*, 1988-2, nº 3.

§ 81. *La causa "Cabello"*. – El denominado caso "Cabello" es un caso paradigmático en lo que a accidentes de tránsito se refiere. Se trató de un joven que al volante de un vehículo "preparado", corriendo supuestamente una "picada" por Avenida Cantilo con otro automovilista que se dio a la fuga, embistió a un vehículo desde atrás, lo que trajo como consecuencia que este último se incendiara, por lo cual murieron sus dos ocupantes. El caso tuvo gran repercusión pública. El Tribunal Oral interviniente consideró que se trataba de un doble homicidio simple con dolo eventual y condenó a Cabello a la pena de doce años de prisión e inhabilitación especial para conducir vehículos por diez años[38]. Luego la Cámara Nacional de Casación Penal revocó el fallo, calificando el hecho como homicidio culposo y condenando, en consecuencia, a Cabello a la pena de tres años de prisión e inhabilitación especial para conducir automóviles por diez años[39].

a) *El fallo del Tribunal Oral*. Se transcriben a continuación las partes decisivas en cuanto al tema que nos interesa. Cabe destacar que el tribunal fundó el dolo eventual en la denominada "teoría de la indiferencia", de la que dimos cuenta en el § 16.

1) *Hecho que el tribunal tuvo por probado*. Quedó probado con certeza que el 30 de agosto de 1999, con excelente visibilidad, Sebastián Cabello (al que acompañaba su amigo Daniel Pereyra Carballo) decidió sin motivos de apuro y con aceptación del riesgo por ambos, correr una anormativa "picada" por Avenida Cantilo, a velocidad antirreglamentaria, inusual, impropia y extralimitada para la zona, hora y circunstancias y en ese contexto, efectuando una abrupta maniobra hacia la derecha, embistió por atrás al Renault 6 en el que circulaban –a menor velocidad y con sus luces reglamentarias encendidas– Celia E. González Carman y su hija Vanina Rosales, provocando la muerte por carbonización de ambas a raíz del rápido incendio que produjo el impacto. Dada su educación, conocimientos, volición y lucidez, Cabello se representó estos resultados finales como

[38] TOralCrim nº 30, 21/11/03, "Cabello, Sebastián", *LL*, 2004-B-615.

[39] CNCasPen, Sala III, 2/9/05, "Cabello, Sebastián", *LL*, 2005-E-342.

posibles consecuencias de su participación voluntaria en la "picada" y optó por esa conducta de correr, al resultarle indiferente el prójimo y los resultados que –previamente– despreció y asumió, preocupándose luego del luctuoso hecho sólo por el estado dañado de su rodado Honda embistente y no por las víctimas.

2) *Resolución y calificación del tribunal.* "Es autor no sólo quien cumple actos típicamente consumativos sino también quien, con su presencia activa cumple los actos adecuados que integran la objetividad y la subjetividad del suceso. C. Roxin... considera que el hacer es un gasto de energía en una dirección determinada, y en tal sentido, la intervención de Sebastián Cabello en el hecho enjuiciado se encuentra probada, siendo indudable –con absoluta certeza– que él y nadie más que él, puso su energía al momento del hecho pues –quedó probado–... sólo él decidió apretar fuerte el pedal –sin ninguna razón motivante que no fuera su propio querer– al conducir vertiginosamente el Honda Civic... en una inocultable picada... y –como corolario de ello– sólo él pudo tener facultades de dominio interruptivas de su acelerada acción sobre el pedal del auto, estando probado que su voluntad le indicó no cesar ni evitar la misma, asumiendo con ello –dada su volición, conocimientos e indiferencia– los riesgos delictivos de su propia conducta gustosamente aceptada.

Para ese análisis de decisiones libres iniciales, es decir, sin coerciones vividas y/o sufridas por Cabello de ningún tipo (jamás se arguyó que hubiera una fuerza irresistible y/o que alguien le obligara a ir a la increíble velocidad que iba), merituamos desde la voluntad de realización del imputado (como metas extratípicas –correr una picada–) en su curso no casual, todo ello buscado conscientemente en la iniciación voluntaria de su conducta, desde que asume, con aquiescencia y decisión lúcida –sin otra razonable justificación– una velocidad excesiva e inapropiada para el lugar urbano, hora y circunstancias, con el Honda Civic que permisivamente autorizaron que manejara, tanto su padre como su madre.

Allí, en esa acción de correr que es extratípica (pero dañina y riesgosa hacia terceros, art. 78 Cód. Contravencio-

16. Tenca, *Dolo eventual.*

nal) circula su intención directa, volitiva y razonada, motivando sus propios actos de pedal una rapidez electrizante al rodado, fuera de parámetros comunes de circulación, velocidad dinámica de disparo y de fuerza –repetimos– elegida decisoriamente como acto funcional propio y aceptado, y hermanado ello a una abierta subvaloración normativa y menosprecio al prójimo, hasta que ese curso causal dañó finalmente el bien jurídico protegido vida, subvalorándolo...

Atento lo expuesto y dada la alta velocidad implementada..., el Honda Civic obró como arma letal en el resultado obtenido, al superar holgadamente los límites legales de velocidad precaucional que indica el art. 50 de la ley 24.449, rodado que desde antes y al momento del suceso obraba expresamente bajo su esfera expresa de custodia y dominio volitivo técnico, potenciado, con anuencia familiar.

Esa aceptación, ese asentimiento participativo, esa participación en una carrera espontánea o picada callejera urbana, elaborada en forma racional y consciente, también posee ínsito, dado el *thema decidendum* analizado, un basamental desprejuicio o despreocupación egoísta del imputado por el suceso eventual a realizarse, pero –no obstante– se deja aclarado que asintió originariamente su resolución volitiva de llevar adelante la acción de velocidad extralimitada de cualquier modo y ante cualquier riesgo, acción con la que participa activa, voluntaria y conscientemente en el hecho anormativo inicial de la picada, reconocida incluso dicha velocidad... anormativa e incuestionada, por su defensa letrada.

Conforme alegato fiscal, ante una picada espontánea y urbana, anormativa, en contra de las reglas, sería un prurito formal inaceptable deba tener la prueba de un acuerdo, dado su circuito irregular, siendo la argumentación defensista un verdadero contrasentido, si la evidencia callejera se vio por los creíbles testigos, ya referidos.

Dada esa acabada decisión volitiva y cognoscitiva automotriz, con racional discernimiento y conciencia del peligro concreto que –esencialmente– toda máquina en movimiento posee, y habiendo internamente aceptado la mera posibilidad productiva de los resultados acaecidos (pues no evita la supuesta picada), es racional y lógicamente entendible su inicial pasmosa indiferencia no sólo ante el valor vida (bien jurídico protegido) sino también ante lo eventual de su producción, pues –desde un comienzo y como acto exclusivo propio– en forma consciente Cabello seleccionó, eligió y dirigió a su placentero arbitrio su velocidad impuesta... sin causales razonables y explicadas que avalen o justifiquen un apuro racional concreto por algo trascendente o relevante en llegar al lugar buscado..., de lo cual los testimonios de sus propios amigos que lo esperaban..., dan prueba verbal elocuente de su total inexistencia.

De suyo, era correr por el correr mismo, y al letal resultado se llega (conforme reglas de la sana crítica –art. 398, Cód. Proc. Penal–) pues la prueba demuestra que Cabello conducía su auto deportivo, ajeno a otro interés que no fuera el suyo, inmerso en el estado de egocentrismo de vida..., centrado en sí –en estado de indiferencia a los otros y al valor vida– y proyectando esa arbitraria y decisoria conducta de manejo como si Avenida Cantilo –conocida por él– fuera, no una autopista, sino una pista.

No podemos admitir tan siquiera que por un error de derecho (inexcusable, arg. arts. 20 y 923, Cód. Civil, normas territoriales de fondo), aun si fuera determinada ruta una eventual autopista, pueda dar el derecho una luz verde de impunidad para la suerte del prójimo.

Ni Avenida Cantilo era ni es urbanamente autopista, ni tampoco son dos cosas o dos objetos los daños producidos: son dos vidas tronchadas. Son dos vidas perdidas: madre e hija menor que iban tranquilas dentro de una urbe –donde no se admite jurídicamente la picada– ajenas al frenesí de un vértigo volitivo decisivo y luctuosamente fulminante, e incluso con sus luces posicionales reglamentarias.

La acción valorada en Sebastián Cabello, en calidad de único autor, es constitutiva de doble homicidio cometido con dolo eventual (arts. 45 y 79, Cód. Penal).

El rico debate realizado posee elementos indicadores revelando matices objetivos y subjetivos merituados, mediante los cuales surge claramente que la lesión al bien jurídico protegido vida no es precisamente la consecuencia fortuita de un placentero paseo automovilístico de amigos, efectuado en forma tranquila, sensata y normal.

Aunque el factor determinante –el rodado– ha sido decisoriamente potenciado por la voluntad directa del imputado, la consecuencia producida es eventual. Advertimos una conglobación interrelacionada entre los matices expuestos, indicando una búsqueda consciente y lúcida del riesgo asumido con desaprensión e indiferencia subjetivas y –a la postre– el desprecio hacia los valores del prójimo, en ese deseo irrefrenable de correr arbitraria y extralimitadamente en un lugar urbano, sabiendo que el derecho no lo permite (arg. arts. 20 y 923, Cód. Civil).

No es irrazonable establecer que decisiones volitivas tomadas con indiferencia fáctico-normativa al prójimo y a la ley, dentro del tránsito, constituyen manifiestos comportamientos antisociales y verdaderos riesgos urbanos, encuadrándose ab initio como biológicamente peligrosos, al ser cristalinos pasos consentidos iniciales de conducta –nacidos de una voluntad que omite pensar en el otro a quien no se lo piensa ni se lo respeta– pasos éstos previos aprobados y asumidos, que logran eficazmente –como en la causa sucede– llegar a obtener encuadre en el art. 79 del Cód. Penal.

¿Es decisión razonada y consciente la que decide correr, la que motiva cerebralmente realizar la picada dentro del egido urbano? Creemos que sí. La picada se prohíbe por un básico resguardo a la urbe y también a la vida humana, aun la del propio conductor. Hay límites impuestos de velocidades precaucionales por algo en la ley 24.449. Quien decide hacer picadas y –pese a la anormatividad de su conducta– la acepta conoce el riesgo de muerte (arts. 20 y 923, Cód. Civil), y –producido ello– no puede ser ello ya extraño a su conocimiento, motivo de estupor inexplicable o de asombro.

Es así que, luego de una noche de diversión entre amigos, resulta evidente que la voluntad preferencial de Cabello fue correr y ello vulneró dos vidas, y eligió libremente para sí como valor selectivo, tanto el disparo como la velocidad (arg. arts. 900 y 903, Cód. Civil). Éstos fueron sus objetivos directos extratípicos buscados, en los que puso discernimiento, intención, conocimientos y –como se dijo– fundamental libertad.

Como dijimos, no estamos ante un homicidio culposo, sino ante una primigenia decisión volitiva, lúcida y consciente de calidad anormativa que lo conduce a la comisión de un delito doloso, cometido con dolo eventual. Tampoco pudo ser probado por la defensa del incuso, la forma culposa, pese a sus dialécticos esfuerzos.

Es así que todo acto voluntario –como la decisión motriz y la velocidad implementada– tiene su génesis en una actitud volitiva interna del incuso con destino inequívoco a exteriorizarse ante el mundo exterior y –en tal sentido– la aprobación razonadamente consciente a esa conducción extrema, nace anormativa sólo por su exclusiva voluntad con órdenes directas cerebrales expresas al pedal, energía impregnada de poseída indiferencia al otro, y ello es causalmente apto –en el caso de marras– en producir el resultado, donde se aprecia que ese asentimiento selectivo inicial –causalidad dirigida– supo convivir *ex ante* en la óptica de su autor con una inusual indiferencia irrespetuosa previa hacia semejantes (seres humanos) dado que el resultado letal es no querido...

Advertimos aquí, que el dolo a nivel eventual se configura dado que: *1º*) el fenómeno de negación del derecho fue previsto por Cabello como una negación jurídica asumida y como consecuencia cierta o probable de un movimiento espontáneo de su organismo, y *2º*) que Cabello quiso aquel movimiento de su organismo, del que deriva, como el efecto de la causa, el fenómeno de la negación del derecho...

Sebastián Cabello –dados sus conocimientos, volición y lucidez– se representó perfectamente el resultado de muerte en esa acción extratípica –anormativa– que él cumplía, y que podía tener dañosamente hacia terceros y no obstante eso continuó adelante, continuó pisando el acelerador y tratando de ganar en esa competición callejera. Recordemos que en la picada prohibida contravencionalmente por el art. 78 del Cód. Contravencional, como las velocidades precaucionales expresas determinadas por el art. 51 de la ley 24.449, está implícitamente subyacente como bien jurídico protegido la vida y seguridad urbana.

La indiferencia previa es cristalina y supera con holgura inexistentes distracciones. En tal sentido, hay existencia de dolo eventual 'cuando asentimos al mismo, cuando nos da lo mismo que suceda o no, cuando seguimos en el camino delictivo aun en el caso de que al fin de cuentas se produzca'...

La conducta de Sebastián Cabello, dadas las pruebas incorporadas al debate, encuadra así en ese conocimiento de todas las circunstancias de hecho correspondientes a la definición legal que acompaña a la actuación voluntaria asintiendo la producción eventual del hecho ilícito por no desistir de su acción, pues resulta jurídicamente querido aquello representado como posible, siempre que esa representación no sea causa de abstenerse de obrar...

Por ende, se tuvo conciencia del riesgo emprendido y a pesar de ello el experto obró, siguiendo la barbarie decidida de un manejo intrínsecamente despiadado, picado y finalmente sangrado.

El hecho producido mediante el voluntario disparo del rodado –como arma– es obvio que conllevaba implícita la posibilidad de actuar conductualmente de manera opuesta (evitación inicial soslayada), pues no todos los Honda se conducen a nivel de bólido, generando peligrosos riesgos individuales y sociales.

Por ello, es que las consecuencias son consentidas. Cabello optó –actos voluntarios categóricos– al aprobar su velocidad por él elegida, contra el bien jurídico protegido, pues quien cuenta con la posibilidad de un resultado típico, y, a pesar de todo, ello no le hace desistir de su proyecto, se ha decidido así –mediante actos concluyentes– en contra del bien jurídico protegido...

De un sujeto imprudente se esperaría por el derecho que tenga más cuidado en sus acciones futuras, no así de un individuo anormativo, con el debido conocimiento *ex ante* del riesgo y peligro existente para un bien jurídico penalmente relevante, indiferente a ello, cuyo disvalor de conducta nos indica la gravedad del encuadre y del reproche.

Cabe preguntarse –racionalmente– para qué objetivos directos se buscaron por Cabello ex profeso tantos complementos deportivos y objetos ajenos a la fabricación de Honda, como por ejemplo el turbocompresor, variador de avance de encendido, las gomas especiales de carrera o elementos nuevos en la suspensión. Había un deseo irrefrenable de experimentar a través de la velocidad una satisfacción personal en el incuso.

Así siguiendo a NÚÑEZ, el ánimo reprochable que caracteriza al dolo eventual puede ser ya el simple estado anímico de la sola indiferencia ante la representación de la probabilidad de que ocurra el delito...

En tales objetivas y subjetivas circunstancias entendemos demostrado, con el grado de certeza que la etapa oral requiere, que el encausado previó la posibilidad del resultado y –con pasmosa indiferencia al valor vida humana (bien jurídicamente protegido)– asintió al hecho para que ocurriera como se dio, obrando así con dolo homicida eventual".

b) *FALLO DE LA CÁMARA NACIONAL DE CASACIÓN PENAL*. "Del estudio de la sentencia se aprecia que la misma no cumple con el requisito exigido por los arts. 123 y 404 del Código ritual, particularmente en lo que se refiere a la defectuosa fundamentación y elección del encuadramiento jurídico otorgado al hecho.

En efecto, los magistrados intervinientes brindaron a nuestro juicio un desajustado tratamiento a una cuestión de vital importancia, cual es la de despejar adecuadamente si el accionar del imputado en autos debía subsumirse en el delito de homicidio culposo o bien, como lo hicieron, en el de homicidio simple con dolo eventual...

Es que la mera circunstancia de circular a una alta velocidad violando conscientemente el deber de cuidado, confiado en su habilidad o destreza como conductor no resulta per se determinante de la existencia del dolo eventual, pues debe demostrarse que el autor fue consciente del riesgo, lo asumió y no tuvo una verdadera renuncia en la evitación del resultado, extremos que por cierto, no han sido acreditados, más allá de las numerosas oportunidades, en que en la sentencia se sostiene que es así.

Sobre el particular debe puntualizarse que, sin que alcance al nivel de una contradicción invalidante del fallo, se desliza que 'el delito de homicidio consiste en poner fin a la vida de una persona, un ser humano, en aniquilar la vida de otro, y en esta causa han sido dos (madre e hija) las víctimas inocentes de un rodado utilizado con conciencia, indiferencia legal y social como arma ofensiva y vulnerante, siendo esta consecuencia no directamente querida por el imputado aunque sí actuando y aceptando en sus absolutas preferencias el riesgo, a todo lo cual nos referiremos en el siguiente punto'.

En definitiva, estimamos que los magistrados extrajeron sus conclusiones personales, más guiados por un afán de justificar la subsunción del caso en el homicidio simple, que en valorar si medió o no imprudencia consciente...

En nuestro parecer, el imputado actuó en el episodio que nos ocupa, con un alto grado de imprudencia, con extrema inobservancia de las normas que debía cumplir al mando de un rodado, pero descartamos que haya habido de su parte intención de dañarse a sí mismo o a terceros. Es que no se advierte en qué elemento acreditativo han fincado los jueces su convencimiento acerca de que Cabello al conducir su automóvil de la manera en que lo hiciera había previamente conocido y aceptado que iba a embestir a otro rodado, provocando la muerte de seres humanos y lograr salir él indemne del episodio. Es que estos extremos deben ser probados para poder afirmar con certeza la existencia del dolo, y ello no ha ocurrido en el expediente.

Toda acción de contenido culposo implica una actitud de menosprecio hacia el orden jurídico, que en materia penal, encuentra su límite en la descripción que formula el Código, en el caso en el art. 84 del Cód. Penal.

En el decisorio analizado, de modo insistente, se repiten conceptos incriminantes hacia Cabello, como si con la sola reiteración se lograran convencer los jueces y convencer a los terceros del acierto de lo dicho.

Entre las afirmaciones con las que se machaca, se advierte la sinonimia automóvil-arma, otorgándole al rodado una condición, que más allá de su acierto o error, no convierte de por sí al hecho en delito intencional, desde que con un arma en sentido propio, por ejemplo una pistola nueve milímetros, pueden cometerse tanto delitos dolosos como culposos...

En conclusión habrá de encuadrarse la conducta de Sebastián Cabello en el art. 84 del Cód. Penal, versión ley 21.338 vigente por ley 23.077".

§ 82. ***El delito culposo de omisión.*** – El delito culposo de omisión sólo se diferencia del de comisión en que el autor no infringe el cuidado debido con un acto positivo, sino con un acto omisivo[40].

Para Zaffaroni, ello puede darse en cuatro circunstancias, a saber: *a*) error en la apreciación de la acción típica, por ejemplo, cuando un policía oye gritos pidiendo socorro, pero falta al deber de cuidado pues cree que es una broma; *b*) falta de cuidado al ejecutar el mandato, por ejemplo, en el caso de quien arroja gasolina en lugar de agua para apagar el fuego; *c*) falta al deber de cuidado en la apreciación de la posibilidad física de cumplir con el mandato (poder de hecho); es el caso de quien escucha los gritos de una persona que se está ahogando y se desentiende de la situación por no saber nadar, sin advertir que quien se ahoga es un niño y que el agua no es profunda, por lo que puede hacer pie, y *d*) falta de cuidado en el conocimiento de la posición de garante, por ejemplo, cuando el médico, por error vencible, piensa equívocamente que esa noche no está de guardia[41].

[40] Bacigalupo, *Manual de derecho penal. Parte general*, p. 233.

[41] Zaffaroni - Alagia - Slokar, *Derecho penal. Parte general*, p. 586.

Capítulo VIII

DOLO EVENTUAL: UNA CREACIÓN DOGMÁTICA EN PERJUICIO DEL IMPUTADO

§ 83. ***Dogmas y axiomas.*** – La dinámica de lo que actualmente se conoce como derecho penal moderno o derecho penal liberal, da por sentados ciertos supuestos o principios que terminan convirtiéndose en verdaderos dogmas. La teoría del delito, definida como aquella que estudia las características comunes que debe tener cualquier conducta (acción u omisión) para ser considerada delito[1], o como elaboración sistemática de las características generales que el derecho positivo permite atribuir al delito, a la vista de la regulación que aquél efectúa de éste[2], también aporta lo suyo en ese sentido.

El derecho penal se muestra, en consecuencia, como una estructura sólida, casi inexpugnable y así se presenta en so-

[1] Muñoz Conde, *Teoría general del delito*, p. 19.

[2] Mir Puig, *Derecho penal. Parte general*, p. 143. Agrega el autor que la teoría del delito reúne en un sistema los elementos que, con base en el derecho positivo, pueden considerarse comunes a todo delito o a ciertos grupos de delitos. La teoría del delito es obra de la doctrina jurídico penal y constituye la manifestación más característica y elaborada de la dogmática del derecho penal. Ésta tiene como objetivo teórico más elevado la búsqueda de los principios básicos del derecho penal positivo y su articulación en un sistema unitario. La teoría del delito constituye un intento de ofrecer un sistema de esas características.

Por su parte, Zaffaroni la define como la parte de la ciencia del derecho penal que se ocupa de explicar qué es el delito en general, es decir, cuáles son las características que debe tener cualquier delito (*Manual de derecho penal. Parte general*, p. 317).

ciedad. No obstante ello, lo que pareciera ser un verdadero instrumento de relojería, con fines y límites perfectamente delineados, no lo es tanto. Dentro de este esquema, las críticas no son siempre aceptadas como constructivas, y cuando ponen en riesgo algún pilar o columna vertebral de la máquina perfecta, el sistema las rechaza cerrándose sobre los dogmas existentes o creando nuevos axiomas. En efecto, esto es lo que sucede desde nuestra óptica con el *dolo eventual*, por los fundamentos que daremos a continuación.

§ 84. ***Una estructura endeble***. – Como hemos señalado, históricamente el derecho penal trató la cuestión criminal, pues clasificó los delitos en dolosos y culposos, para lo cual estableció estructuras y punibilidades diferenciadas para unos y otros. En el delito doloso el autor persigue el fin prohibido, mientras que en el culposo el resultado se produce porque el agente actúa violando un deber de cuidado.

La estructura referida ha permanecido inexpugnable hasta nuestro días. No así los cimientos que la han sostenido, pues éstos evolucionaron a la par que lo hizo la teoría del delito. En efecto, en un principio el dolo y la culpa se ubicaron de la mano del causalismo como elementos integrantes de la culpabilidad, para luego, con el advenimiento del finalismo "mutar" a la tipicidad, dando origen en consecuencia a la tipicidad dolosa y a la tipicidad culposa, en reemplazo de la culpabilidad dolosa y la culpabilidad culposa. No obstante que la nueva ubicación del dolo importó una verdadera revolución dentro de la teoría del delito, su aspecto volitivo permaneció inalterable puesto que, el finalismo siguió sosteniendo, al igual que el causalismo, una concepción de carácter tripartita, a saber: dolo directo, dolo indirecto (o de consecuencias necesarias) y *dolo eventual*.

Dado que en el dolo eventual, y a diferencia del dolo directo e indirecto, el autor no persigue el fin prohibido, la doctrina procuró siempre justificar su existencia mediante innumerables argumentos para equiparar el "querer" que importa el dolo, con otros conceptos tales como "representar", "aceptar", "consentir", "tolerar", etcétera. Incluso hay quienes han *redefinido* el concepto de dolo, a fines de poder seguir sosteniendo el dolo eventual.

Consideramos que el dolo eventual es una creación dogmática en perjuicio del imputado, y que tal categoría de dolo importa en la práctica un retroceso y una verdadera negación de una serie de importantes conquistas que ha logrado con mucho esfuerzo el derecho penal moderno.

Por ello, a partir de aquí analizaremos, desarrollaremos y fundamentaremos que el dolo eventual es una creación dogmática en perjuicio del imputado, que contraviene todos los principios del derecho penal moderno y las más elementales garantías constitucionales, pues teniendo la estructura del tipo culposo se le aplica, haciendo una interpretación equívoca de lo que significa la política criminal, la pena del delito doloso. También mostraremos que existen soluciones político-criminales para los casos que hoy se resuelven con la forma de *dolo eventual*, sin renegar de los principios antes referidos, dado que recurren a una interpretación integral entre la teoría del delito y la teoría de la pena. En este punto, sostendremos que la resocialización es una quimera que no supera el marco conceptual y que, en consecuencia, la pena sólo materializa la prevención general, retribuyendo la culpabilidad del individuo.

Finalmente sostendremos que la estructura del dolo (en sus aspectos cognoscitivos y volitivos) sólo se compadece con el dolo directo e indirecto. Sumado ello a que, desde nuestra óptica, la culpa consciente merece mayor reproche que la inconsciente, pues importa una "doble violación al deber de cuidado", propondremos una nueva clasificación de los tipos penales, a saber: *a*) tipos dolosos; *b*) tipos culposos conscientes, y *c*) tipos culposos inconscientes.

§ 85. ***Evolución histórica.*** – Una mirada retrospectiva alcanza para sustentar una clara evolución en la materia que nos rige, por ser el hombre como ente individual y la sociedad como ente colectivo, sus destinatarios. Lejos han quedado las denominadas "formas aberrantes de imputación" (caracterizadas por la prescindencia absoluta de toda relación subjetiva y objetiva entre la acción y el resultado) de los pueblos primitivos, así como también la responsabilidad por acto ajeno.

En cuanto a lo primero, es sumamente claro Soler, cuando se refiere al "animismo mágico" en los pueblos primitivos de la Argentina. Señala que entre los diaguitas no había noción de la causa natural de la muerte, existía sólo la muerte violenta. Todo fallecimiento se suponía provocado. Cuando ese hecho se relacionaba, más o menos arbitrariamente, con cierto sujeto o grupo familiar, determinaba venganzas y guerras de carácter colectivo[3].

Como ejemplo de lo segundo cabe hacer referencia al Código de Hammurabi de la antigua Babilonia (existen diferencias entre los autores respecto a la época en la que rigió, pues mientras algunos lo ubican en el año 1950 a.C., otros lo hacen entre el 2285 y el 2242). Contenía disposiciones civiles y penales, distinguía además entre hombres libres y esclavos, y establecía penas para varios delitos. Tenía un sistema composicional (compensar las ofensas delictivas mediante un sistema de pagos), debiendo devolver el autor el triple de lo tomado. La opción estaba en manos del perjudicado. Además de tener una fuerte estructura talional[4], en cuanto al punto que nos interesa, responsabilizaba penalmente por el acto ajeno. Así, una norma determinaba que si una casa se derrumbaba y moría el propietario y su hijo, debían ser ejecutados el constructor y su hijo.

Por su parte, el oscurantismo de la Edad Media dio paso al fenómeno de la Ilustración y al consecuente abandono del *ancien régime* (antiguo régimen). Uno de los principales responsables de este movimiento fue BECCARIA, junto a MONTESQUIEU, VOLTAIRE y ROUSSEAU. Aquél trabajó para que sólo las leyes pudieran imponer las penas respecto de las acciones delictivas. Esta autoridad no podía residir más que en el legislador, que representaba a toda la sociedad agrupada por un contrato social. El soberano que representaba a esa sociedad no podía promulgar más que leyes generales que obligaran a todos los miembros, pero no juz-

[3] SOLER, *Derecho penal argentino*, t. 1, p. 79.

[4] Es importante destacar en este punto que el talión, contra lo que muchas veces se cree, fue uno de los primeros límites que tuvo el *ius puniendi*. En efecto, su verdadera definición era "no más de un ojo por ojo y no más de un diente por diente" (lo que marca claramente el límite) y no "ojo por ojo y diente por diente", como vulgarmente se la conoce.

gar a quien violara o no el contrato social, puesto que entonces la nación se dividiría en dos partes, una representada por el soberano, que afirmaría la violación del contrato, y la otra por el acusado. Se imponía, pues, que un tercero juzgara acerca de la verdad del hecho. De allí la necesidad de un magistrado cuyas sentencias fueran inapelables y consistieran en meras afirmaciones o negaciones de hechos particulares. Por otra parte, la pena debía ser proporcional al delito cometido[5].

Integró la denominada Escuela Clásica[6] junto a CARRARA, quien fue pieza clave en el nuevo movimiento. Éste, además, consideraba que el delito era un ente jurídico, porque su esencia debía consistir necesariamente en la violación de un derecho. Definido el delito como tal, quedaba establecido de una vez y para siempre el límite perenne de lo prohibido. Creía en la existencia de un orden natural y que de él emanaba el derecho de castigar que tenía la autoridad del Estado. A su vez, defendía el libre albedrío y la imputabilidad moral del hombre, al señalar que tal postura era la única sobre la que podía desarrollarse la ciencia criminal[7].

De este modo, con la Ilustración comenzaba a desandarse el difícil y arduo camino del derecho penal moderno. Se daba un paso importante en el abandono del tormento y la tortura como único mecanismo de prueba[8].

§ 86. ***EL DERECHO PENAL MODERNO: SUS PRESUPUESTOS. LA POTESTAD DEL ESTADO PARA IMPONER PENAS. EL BIEN JURÍDICO PROTEGIDO.*** – Veremos estos diferentes aspectos.

[5] BECCARIA, *De los delitos y de las penas*. En lo referido al origen de las ideas de BECCARIA, es interesante lo señalado por GIRIBALDI ODDO, *Cesar Beccaria, LL*, 40-1199. Señala el autor la influencia que ejercieron sobre el marqués un grupo de jóvenes filósofos reunidos en Milán, entre los que se destacaba Pedro Verri. También se vio influido por los filósofos franceses; afirmó BECCARIA: "Debo a la lectura de *L'Esprit* una gran parte de mis ideas". Sobre su influencia en España, ver CEREZO MIR, *Curso de derecho penal español*, p. 77 y siguientes.

[6] Para un análisis de la Escuela Clásica, ver MARQUARDT, *Escuelas penales*, "Revista del Colegio de Abogados de Rosario", 1939, t. X, nº 3, p. 3.

[7] CARRARA, *Programa de derecho criminal*, t. II, p. 6.

[8] GARCÍA PABLOS DE MOLINA, *Manual de criminología*, p. 189.

a) *Mecanismos*. El derecho en su totalidad tiene la finalidad de regular la convivencia humana[9], de mantener la cohesión dentro de una comunidad determinada[10]. Claro que, como mecanismo de control social formal que es, el derecho no se encuentra sólo en esta misión. Existen diversos mecanismos de control social informal que procuran un objetivo común, por ejemplo, la familia, la escuela o la iglesia. La diferencia entre un mecanismo y otro está dada por la coerción que caracteriza a los sistemas jurídicos[11].

La única forma de poder convivir o coexistir es por medio de reglas claras que nos permitan prever, de algún modo, cual será la conducta de los otros, y, en todo caso, que las reglas referidas nos otorguen mecanismos racionales para dar una solución concreta a los roces o conflictos que pudieran suscitarse de la convivencia.

Así, cuando contratamos a una persona para que pinte nuestra casa, lo hacemos en el convencimiento de que ella cumplirá con lo acordado. Pero si eso no ocurre, el derecho (en este caso, el civil mediante toda su reglamentación en materia contractual) nos permitirá reclamar lo que, entendemos, nos corresponde.

9 Baumann, *Derecho penal. Conceptos fundamentales y sistema penal*, p. 7.

10 Parsons considera que la función de la norma penal, como la de cualquier otra institución, sólo puede comprenderse en referencia a un sistema social de convivencia (citado por Muñoz Conde, *Introducción al derecho penal*, p. 46). Jescheck señala que la misión del derecho penal es la de proteger la convivencia humana (*Tratado de derecho penal. Parte general*, t. I, p. 3). Por su parte, Zaffaroni entiende que el derecho es un instrumento que posibilita la existencia humana. Ésta no puede ser sino en forma de coexistencia, de existir con otros que también existen (*Manual de derecho penal. Parte general*, p. 48).

11 Bacigalupo se refiere a instrumentos de control social primarios. En ellos incluye el derecho penal y todos aquellos que utilizan el castigo y la sanción como medio para obtener el control social referido. A contrario sensu, los mecanismos de control social secundarios son aquellos que procuran internalizar las normas sin recurrir ni a la sanción ni al premio (*Manual de derecho penal. Parte general*, p. 1). Jescheck prefiere hablar de un "sistema general de controles sociales", donde incluye a los primarios y a los secundarios (*Tratado de derecho penal. Parte general*, p. 4). Para un análisis del control social desde la perspectiva de la criminología crítica, ver Bergalli, *La ideología del control social tradicional*, "Doctrina Penal", 1980-805.

Ahora bien, existen ciertos intereses dentro de la comunidad que se consideran fundamentales e indispensables para mantener la integridad del individuo, entendida ésta en su sentido más amplio y, como consecuencia de ello, la coexistencia referida. Tanto es así, que el ataque a dichos intereses socava los propios cimientos de la sociedad. Como ejemplo de ellos podemos nombrar la vida, la integridad física, la libertad, la propiedad, etcétera. Su protección debe hacerse con un recelo particular. Las conductas que pudieran lesionarlos o ponerlos en peligro deben ser amenazadas y reprimidas de una manera especial: mediante la pena.

Así, llegamos a la conclusión de que el derecho penal amenaza y castiga con pena, por medio de la creación de tipos penales, la lesión o puesta en peligro de intereses esenciales para la convivencia social. Dichos intereses se denominan, en tanto son protegidos jurídicamente, bienes jurídicos[12]. También puede definirse el bien jurídico como "aquellos presupuestos que la persona necesita para su autorrelación en la vida social"[13].

Acorde con ZAFFARONI, podemos concluir que el derecho penal es predominantemente sancionador y excepcionalmente constitutivo. Si se derogara todo el ordenamiento penal, el homicidio dejaría de ser un delito, pero seguiría siendo un acto antijurídico: la obligación de indemnizar a los familiares seguiría vigente, atento a los presupuestos del Código Civil. Sólo unas pocas conductas como la omisión de auxilio (art. 108, Cód. Penal) dejarían de serlo[14].

Por tanto, ROXIN entiende que en el Estado moderno, junto a la protección de bienes jurídicos, se puede recurrir a la amenaza penal para asegurar el cumplimiento de las

12 "Todos los bienes jurídicos son intereses vitales, intereses del individuo o de la comunidad: los intereses no los crea el ordenamiento jurídico sino la vida; pero la protección jurídica eleva el interés vital a bien jurídico" (LISZT, citado por BACIGALUPO, *Manual de derecho penal. Parte general*, p. 9).

13 MARX, citado por MUÑOZ CONDE, *Introducción al derecho penal*, p. 48.

14 Ver, al respecto, ZAFFARONI, *Manual de derecho penal. Parte general*, p. 57.

prestaciones públicas de las que depende el individuo, en el marco de la asistencia social por parte del Estado[15].

El derecho penal moderno protege, entonces, bienes jurídicos. Pero no toda la doctrina arriba a idéntica conclusión. En efecto, WELZEL ha señalado que la "misión"[16] del derecho penal "consiste en la protección de los valores elementales de conciencia, de carácter ético-social, y sólo por inclusión la protección de los bienes jurídicos particulares"[17].

Algunos autores entienden que una concepción semejante corre el peligro de otorgar un *rol* más preponderante al autor que a su acción, rozando de esta manera con el denominado "derecho penal de sentimiento". Se procura no sólo una conducta fiel al derecho, sin un sentimiento fiel a él[18].

También se ha dicho que tal concepción conllevaría a la punición de la tentativa con carácter general y al castigo de la imprudencia, sin tener en cuenta el resultado. Pero no es éste el punto de vista del derecho penal, ni el propósito del legislador en el futuro[19].

En la actualidad, una parte importante de la doctrina considera que el derecho penal moderno protege bienes jurídicos y valores ético-sociales conjuntamente. Así pues, ZAFFARONI pone de manifiesto un elemento para resolver lo que él denomina "falsa antinomia". Por ello, es necesario diferenciar lo "ético" de lo "moral". Lo "ético" está referido al comportamiento social. En este sentido, el derecho penal tiene una aspiración ética: prevenir las afectaciones de bienes jurídicos[20].

[15] ROXIN, *Sentido y límite de la pena estatal*, en "Problemas básicos de derecho penal", p. 21.

[16] Si bien cuando nos referimos al derecho penal las palabras "misión" y "función" son utilizadas como sinónimos, HASSEMER y MUÑOZ CONDE realizan una interesante distinción entre ellas, en *Introducción a la criminología y al derecho penal*, p. 99.

[17] WELZEL, *Derecho penal alemán*, p. 15.

[18] BAUMANN, *Derecho penal. Conceptos fundamentales y sistema penal*, p. 10 y 11.

[19] JESCHECK, *Tratado de derecho penal. Parte general*, p. 11.

[20] ZAFFARONI, *Manual de derecho penal. Parte general*, p. 53.

La protección de bienes jurídicos y la incidencia en la voluntad de acción de los ciudadanos se complementan, condicionan y limitan mutuamente[21].

La norma penal funciona protegiendo las condiciones elementales mínimas para la convivencia (bienes jurídicos) y motivando que los individuos no vulneren, con sus conductas, dichas condiciones[22]. No se debe plantear así una cuestión de preeminencia. Sería absurdo prohibir una acción sin referencia a un resultado determinado, como prohibir un resultado sin referencia a una acción humana[23]. La crítica de WELZEL no supone abandonar el principio de protección de bienes jurídicos. Los valores ético sociales de la actitud interna y los bienes jurídicos están en niveles distintos. En orden a este punto, se expresó: "El bien jurídico es, pues, el ojo de la aguja por el que tienen que pasar los valores de la acción: ninguna reforma del derecho penal puede ser aceptable si no va dirigida a la protección de algún bien jurídico, por más que esté orientado en valores de la acción"[24].

Si bien consideramos que el derecho penal protege ante todo bienes jurídicos, no es equivocado sostener que tiene, además, una aspiración ético-social, siempre y cuando tengamos en cuenta algunas consideraciones. En efecto, es el legislador quien debe determinar cuáles son los bienes jurídicos que merecen protección penal. Al realizar dicha elección, no toma en cuenta finalidad ético-social alguna, sino que lo hace merituando ciertos parámetros, que analizaremos más adelante. Cabe destacar, entonces, que una vez creado el tipo penal que prohíbe una conducta determinada, y sólo como consecuencia de ello, aparece una segunda función de la norma: mediante la amenaza, conseguir que

[21] JESCHECK, *Tratado de derecho penal. Parte general*, p. 11.

[22] MUÑOZ CONDE, *Introducción al derecho penal*, p. 47. Destacamos una vez más que, a nuestro entender, la norma penal protege la convivencia social como consecuencia de la protección integral que nace de la persona.

[23] MUÑOZ CONDE, en la traducción de JESCHECK, *Tratado de derecho penal*, p. 13.

[24] HASSEMER - MUÑOZ CONDE, *Introducción a la criminología y al derecho penal*, p. 101 y 102.

los individuos no vulneren el bien jurídico, que goza ahora de una protección especial. Podemos decir que en este aspecto cumple una finalidad ético-social. De lo expresado surge lo siguiente.

1) La aspiración ético-social aparece como una consecuencia necesaria de la protección de un bien jurídico determinado. Dicha aspiración nada tiene que ver con un fin moralizante, o con el deseo de que los hombres sean mejores, sino simplemente con que se abstengan de violentar los bienes jurídicos que han sido protegidos penalmente.

2) Considerar que el derecho penal protege bienes jurídicos no impide estimar que la pena cumpla funciones de prevención general. Más adelante señalaremos, incluso, que adherimos a una postura individual o personal del bien jurídico. Así, nos diferenciamos de la postura sistémica desarrollada por JAKOBS en su tratado. Para este autor, la pena es prevención-integración, en el sentido de que su función primaria es ejercitar el reconocimiento de la norma y la fidelidad frente al derecho, por parte de los miembros de la sociedad[25].

El derecho penal no protege, así, bienes jurídicos. Por ello, JAKOBS refiere que, en concordancia con la ubicación de la violación de la norma y con la ubicación de la pena en el nivel de su significado –y no como consecuencia externa del comportamiento–, la tarea del derecho penal no puede ser vista en impedir la lesión de bienes jurídicos. Su función es, en cambio, la confirmación de la validez de la norma, en lo que "validez" es equiparable a "reconocimiento". La función de la pena es el mantenimiento de la norma como modelo de orientación para la relación social. El contenido de la pena es una contradicción de la negación de la autoridad de la norma, a costa de su infractor[26].

En este sentido, ha señalado OTTO que es socialmente dañoso un comportamiento cuando tiende a la lesión de

[25] Ver BARATTA, *Integración-prevención: una nueva fundamentación de la pena dentro de la teoría sistémica*, "Doctrina Penal", 1985-5.

[26] JAKOBS, citado por BARATTA, *Integración-prevención: una nueva fundamentación de la pena dentro de la teoría sistemática*, "Doctrina Penal", 1985-12.

bienes jurídicos por cuanto: *a*) está dirigido a dañar un determinado bien jurídico, y *b*) con ello, más allá de ese daño singular, cuestiona la seguridad de la comunidad jurídica y las relaciones personales de los coasociados, disminuye la confianza de los otros miembros de esa comunidad y da lugar a la desconfianza. Este perjuicio para la confianza, por una parte, no se produce sólo con la lesión del bien jurídico, sino con la expresión de la intención de dañarlo; por la otra, el perjuicio para la seguridad va más allá de la lesión del bien jurídico[27].

b) *El "ius puniendi". Sus límites.* Algo hemos avanzado, si consideramos la problemática que propone este capítulo. Hemos dicho con anterioridad que: *1*) la facultad que tiene el Estado para imponer penas viene dada por la necesidad de preservar la coexistencia social, y *2*) sólo pueden amenazarse y castigarse con penas aquellas conductas que vulneran bienes jurídicos fundamentales para el individuo y su coexistencia. Sin embargo, poco se ha mencionado respecto a los límites del *ius puniendi*. Si los bienes jurídicos son creados por el legislador, cualquier conducta podría ser prohibida con la excusa de violentar un bien jurídico, creado previamente con ese fin[28].

Tampoco es suficiente hablar de "bienes fundamentales", pues ello no nos libera del problema referido en el párrafo anterior. Así, es necesario acotar el concepto de bien jurídico del siguiente modo:

1) Sólo pueden prohibirse conductas que provoquen daño social, entendiendo como tales aquellas que atentan directamente contra la prosperidad de la vida en común[29]. El concepto de daño debe aplicarse, ya se trate de bienes jurídicos individuales (vida, libertad, salud, propiedad, etc.)

[27] Otto, citado por Baratta, *Integración-prevención: una nueva fundamentación de la pena dentro de la teoría sistemática*, "Doctrina Penal", 1985-12.

[28] Los bienes no son producto de procesos naturales, sino del acuerdo social basado en la experiencia. Los bienes jurídicos no existen, sino que son producidos (Hassemer - Muñoz Conde, *Introducción a la criminología y al derecho penal*, p. 111).

[29] Roxin - Arzt - Tiedemann, *Introducción al derecho penal y al derecho procesal penal*, p. 21.

o universales (p.ej., seguridad pública, administración de justicia)[30].

2) Como consecuencia de lo anterior, se deduce que el Estado no puede imponer una moral determinada. Existen conductas que pueden ser tildadas de inmorales y que, sin embargo, no pueden ser castigadas con pena, atento a la falta de daño a terceros (p.ej., la homosexualidad o la pornografía)[31].

El derecho penal nunca puede pretender imponer una moral, posibilitando la conducta moral de sus habitantes[32].

El acto moral nunca debe ser impuesto. Desde el momento en que un acto es impuesto deja de ser moral, pues no ha sido voluntariamente aceptado[33].

3) El derecho penal se aplica sólo como *última ratio*. Ello significa que se debe recurrir a él únicamente cuando el bien jurídico no puede ser protegido desde otros ámbitos del derecho, ya sea administrativo, civil, etcétera. Atento a que la aplicación de una pena significa una intromisión realmente grave del Estado en la vida de los ciudadanos, se debe ser extremadamente cauteloso en cuanto a su uso como modo de proteger los bienes jurídicos.

Ello se relaciona con lo que se denomina "principio de intervención mínima". Asimismo, Mir Puig ha señalado que los límites que el fundamento funcional impone al *ius puniendi*, como el principio de subsidiaridad del derecho penal –éste ha de constituir la *ultima ratio*–, su carácter fragmentario y la exclusiva protección de bienes jurídicos, entendidos como bienes necesarios para la sociedad, principios todos que giran en torno a la idea de que no cabe acudir a la pena cuando no es socialmente imprescindible

30 Cuando referimos a bienes universales o públicos, lo hacemos teniendo en cuenta los límites señalados por Roxin, *Sentido y límite de la pena estatal*, en "Problemas básicos de derecho penal".

31 El tema de los límites entre derecho penal y moral está tratado de manera muy interesante por Lamo de Espinosa, *Delitos sin víctimas. Orden social y ambivalencia moral.*

32 Zaffaroni, *Manual de derecho penal. Parte general*, p. 45. En la misma inteligencia, Roxin, *Sentido y límite de la pena estatal*, en "Problemas básicos de derecho penal", p. 23.

33 García, *Reincidencia y punibilidad*, p. 69.

ni es precisa, por tanto, la prevención penal, pueden encontrar su fundamentación política en el art. 1.1 de la Const. española[34].

También sucede que muchas veces se recurre al derecho penal por la desprotección en que las otras ramas del derecho dejan a una situación determinada. En ese sentido, MUÑOZ CONDE trae a colación un ejemplo que resulta interesante: "Esto pasa en el delito de estupro. Dado que el Código Civil no ofrece ninguna protección jurídica a la mujer seducida y la protección a los hijos naturales es tan insuficiente, que el Tribunal Supremo ha sentado la doctrina de presumir el engaño de la mujer menor de veintitrés años y, por consiguiente, el delito de estupro en los casos de yacimiento entre novios, sobre todo si a consecuencia de las relaciones sexuales ha habido descendencia. De este modo se conceden a la madre soltera las indemnizaciones civiles que por vía civil no hubiera podido obtener"[35].

4) También cabe consignar un límite de carácter genérico, que de alguna manera incluye los mencionados hasta aquí, pero que puede abarcar situaciones no contempladas por los supuestos anteriores. Es un límite de carácter netamente político, pues viene de la mano de la concepción del régimen que se considere. Por ello, es necesario señalar que, en el Estado democrático de derecho, los intereses del individuo siempre están por sobre los intereses del Estado y, por lo tanto, los intereses de este último deben ser concebidos por y desde el individuo.

Desde un punto de vista técnico, esto significa adherir a una postura individual o personal del bien jurídico[36].

5) Todo lo dicho hasta aquí no tendría sentido sin la vigencia plena y absoluta del principio de legalidad, entendido éste en su sentido mas lato: la norma penal debe ser anterior al hecho que se le imputa. Todas las constituciones

[34] MIR PUIG, *Función de la pena y teoría del delito en el Estado social y democrático de derecho*, p. 24.

[35] MUÑOZ CONDE, *Introducción al derecho penal*, p. 74.

[36] Las teorías dualistas y monistas se pueden ver en HASSEMER - MUÑOZ CONDE, *Introducción a la criminología y al derecho penal*, p. 107 y siguientes.

modernas incluyen dicho principio como basamento del sistema represivo[37].

6) Por último, cabe mencionar, siguiendo lo dicho en el punto *4*, que existen otros límites al *ius puniendi*, que no vienen dados por el bien jurídico, sino por la concepción de un Estado democrático de derecho. Entre ellos podemos mencionar:

a) Principio de personalidad de la pena, que impide castigar a una persona por el hecho cometido por otra.

b) Principio de responsabilidad por el hecho. Se opone a la posibilidad de castigar el carácter o el modo de ser –directa o indirectamente–. El individuo no puede ser castigado por lo que es, sino por lo que hace.

c) Exigencia de imputación objetiva del resultado lesivo a una conducta del sujeto.

d) Exigencia de dolo o culpa (imputación subjetiva).

e) La necesidad de culpabilidad en sentido estricto, que exige la imputabilidad del sujeto y la ausencia de causas de exculpación, así como también la posibilidad de conocimiento de la antijuricidad, si éste no se incluye en el dolo[38].

Muchos de estos logros son abandonados o despreciados por el dolo eventual.

§ 87. ***La teoría de la pena.*** – Concomitante con lo mencionado en los parágrafos anteriores, la teoría de la pena también fue mutando. De las teorías absolutas se pasó a las de prevención en sus dos modalidades: general (o de amenaza) y especial. Consideramos de suma importancia realizar una breve síntesis de ellas, pues resultará útil en el desarrollo del tema propuesto.

[37] El art. 18 de la Const. nacional dispone: "*Ningún habitante de la Nación puede ser penado sin juicio previo fundado en ley anterior al hecho del proceso*". La Constitución española, en su art. 25, establece: "Nadie puede ser condenado o sancionado por acciones u omisiones que en el momento de producirse no constituyan delito, falta, o infracción administrativa, según la legislación vigente en aquel momento".

[38] Mir Puig, *Sobre el principio de culpabilidad como límite de la pena*, en Bergali - Bustos, "El poder penal del Estado. Homenaje a Hilde Kaufman", p. 365.

a) *La teoría absoluta.* La teoría absoluta de la pena no sirve primordialmente a fines sociales, sino que persigue la idea de justicia[39]. Según ella, el mal no debe quedar sin castigo y el culpable debe recibir su merecido. Toma la pena como fin en sí misma, como simple compensación de un equilibrio roto[40].

El delincuente debe ser castigado aunque ello no resulte necesario o, dicho de una manera valorativa más fuerte, la pena debe aplicarse aun cuando ello resultara perjudicial para la sociedad[41].

Se habla de una teoría absoluta porque el sentido de la pena es independiente de su efecto social, se "suelta" de él (del latín absolutus = soltado)[42].

1) *Sus principales exponentes.* Sus máximos representantes fueron Kant y Hegel. El primero de los citados expresa que la pena no busca un bien ni para la sociedad, ni para el culpable, pues ella debe aplicarse tan sólo por el hecho de que el individuo se haya comportado de manera contraria al derecho. Queda expuesta su visión metafísica de la pena, que se concreta en el conocido ejemplo de la isla. Además, decía que la pena judicial difiere de la pena natural en que ésta es la penitencia que algunos pecados llevan consigo y que el legislador no contempla bajo ningún aspecto; no puede nunca aplicarse como un simple medio de procurar otro bien, ni aun en beneficio del culpable, por la sola razón de que ha delinquido, porque jamás un hombre puede ser tomado por instrumento de los designios de otro, ni ser contado entre los objetos de los derechos reales. Su ignota personalidad natural lo ampara frente a tal ultraje, aun cuando pueda ser condenado a perder la personalidad civil. El delincuente debe ser juzgado digno de castigo antes de que se haya pensado en sacar de su pena alguna uti-

[39] Roxin, *Introducción al derecho penal y al derecho procesal*, en "Problemas básicos del derecho penal", p. 24.

[40] Vasalli, *Funciones e insuficiencia de la pena*, en "Estructuras jurídicas. En homenaje al profesor Luis Jiménez de Asúa", p. 349.

[41] Mir Puig, *Problemática de la pena y seguridad ciudadana*, "Revista Jurídica de Cataluña", nº 1, ene.-mar. 1981, p. 180.

[42] Roxin, *Fin y justificación de la pena y de las medidas de seguridad*, en Roxin y otros, "Determinación judicial de la pena", p. 15 a 49.

lidad para él o para sus conciudadanos. La ley penal es un imperativo categórico; y desdichado aquel que se arrastra por el tortuoso sendero del eudomonismo, para encontrar algo que, por la ventaja que se puede obtener, descargase al culpable, en todo o en parte, de las penas que merece según el proverbio farisaico: más vale la muerte de un solo hombre que la pérdida de todo el pueblo, porque cuando la justicia perece, carece ya de cualquier valor el que los hombres moren sobre la tierra.

Sólo el derecho del talión permite determinar adecuadamente la calidad y la cantidad de pena que el delincuente merece, pero con la condición bien entendida de que tal cosa ha de ser apreciada por un tribunal y no por el juicio privado. Todos los demás derechos son susceptibles de modulación y no pueden concordar con la sentencia fundada en la justicia pura y estricta, a causa de las consideraciones extrañas a ella que tales derechos comportan. Si el criminal ha cometido un homicidio, también él debe morir. No hay identidad alguna entre una vida llena de trabajos y muerte. Por consiguiente, ninguna igualdad entre el crimen y la pena, más que mediante la muerte del culpable, pero una muerte pronunciada en justicia y separada de toda clase de malos tratos que pudieran hacer horrible la naturaleza humana. Es más, si la sociedad civil llegara a disolverse por decisión de todos sus miembros, como si, por ejemplo, un pueblo que habitara una isla se decidiera a abandonarla y a dispersarse por todo el orbe, el último asesino detenido en una prisión debería ser ejecutado antes de esta disolución, *a fin de que cada uno reciba su merecido*, ya que de otro modo el crimen de homicidio recaería colectivamente sobre el pueblo que descuida el imponer el castigo; porque entonces podría ser considerado como partícipe de esa violación pública de la justicia. Deben ser castigados a muerte todos los asesinos y todos los que hayan ordenado semejante crimen o hayan sido cómplices de él. Así lo demanda la justicia considerada como idea del Poder Judicial, según leyes generales establecidas a priori[43].

[43] KANT, *Metafísica de las costumbres*, citado por ROXIN - ARTZ - TIEDEMANN, *Introducción al derecho penal y al derecho procesal penal*, p. 53 y 54.

En este sentido, Hegel manifiesta que la problemática de la pena ha sido mal analizada por las distintas concepciones, pues siempre se ha hecho referencia a lo bueno y a lo malo, cuando lo importante es determinar qué es lo justo y qué lo injusto. La pena es la negación de la negación. La teoría de la pena es una de las materias sobre las que en la moderna ciencia jurídica peor se ha reflexionado, debido a que se trata de una cuestión que depende más del concepto que del intelecto. Si el delito y su superación por medio de lo que es esencialmente la pena se concibe generalmente como un mero mal, no es de extrañar que se juzgue como irracional querer imponer al delincuente un mal por el hecho de que previamente haya producido otro mal. El carácter de mal que en esa visión superficial se atribuye al delito, constituye en todas las teorías de la pena su principal supuesto, tanto en la teoría de la prevención, como en la de la intimidación o de la retribución o la corrección, y a su vez, lo que de la pena resulta se considera también, con igual superficialidad, tan útil como un bien, pero en el fondo, la cuestión nada tiene que ver ni con males ni con bienes, sino con la determinación de lo injusto y lo justo. En esa concepción superficial de la esencia del delito y de la pena que se ha mencionado, se deja de lado la consideración objetiva de la justicia, que es el primer y sustancial punto de vista para un análisis de lo que es el delito y, como consecuencia de ello, se toma como esencial el aspecto moral y subjetivo del delito, entremezclado con triviales ideas psicológicas acerca de los estímulos y resorte de los sentidos contrarios a la razón, con la coacción psicológica o con la pretensión de producir efectos y modificaciones en la mente del sujeto, como si tal cosa no hubiera sido reducida por obra de la libertad a algo puramente accidental. Las diversas características que pertenecen a la pena como fenómeno y que se refieren a sus efectos sobre la conciencia de los sujetos, como la intimidación, la corrupción, etc., no pueden ser consideradas como su esencia, sino sólo como esencia de sus modalidades. Lo realmente esencial de la pena es que ésta sea en sí misma justa. En este orden, lo fundamental no es tanto que el delito consista en la producción de un mal, como que sea la vulneración del derecho como tal, y esa es la esencia del delito y lo que en la imposición de la pena ha de ser superado. Esa vulneración del derecho es el verdadero mal que ha de hacerse desaparecer mediante la pena. Mientras los conceptos no sean correctamente captados, seguirá dominando la desorientación en el análisis de la pena.

La teoría de la pena de FEUERBACH fundamenta ésta en la intimidación y estima que si alguien comete, a pesar de ello, un delito, la pena debe imponerse porque así se le hizo saber previamente al delincuente. Cabe preguntar qué juicio merece esa amenaza desde el punto de vista de la idea de justicia. Con ella se pretende dominar la voluntad del sujeto haciendo que se represente la conminación del mal, con lo cual se presupone al hombre como un ser carente de libertad.

Sin embargo, el derecho y la justicia tienen su fundamento en la libertad y en la voluntad y no en esa falta de libertad a la que se dirige la amenaza. Fundamentar la pena del modo expuesto es equivalente a levantar un palo frente a un perro, y así, como a un can, tratar al hombre, y no de acuerdo con su dignidad y su libertad. La intimidación, que ciertamente puede sublevar a un hombre, lo que demostraría la existencia de su libertad, es un sistema que margina por completo a la justicia. La coacción psicológica puede referirse tan sólo a los elementos cualitativos y cuantitativos del delito y no a la naturaleza del delito mismo, y los códigos penales construidos sobre esa doctrina han renunciado con ello a su propio fundamento.

La superación del delito se realiza, en consecuencia, mediante la retribución, en tanto que vulneración de la vulneración del derecho y, de ese modo, la esencia del delito, que tiene una dimensión cualitativa y cuantitativa determinada, encuentra su correlativa negación. Pero esa identidad conceptual no es una igualdad en lo específico (una igualdad de males), sino una igualdad esencial en el orden de los valores[44].

Por su parte, MAURACH sostuvo durante un largo período (para luego con ZIPF cambiar su postura) una posición ne-

[44] HEGEL, *Línea básica de la filosofía del derecho alemán*, citado por ROXIN - ARTZ - TIEDEMANN, *Introducción al derecho penal y al derecho procesal penal*, p. 54 a 56.

tamente retributiva: "La más elevada cualidad de la pena retributiva es la majestuosidad de la ausencia de fin, tal y como ya se encontraba su expresión en la exigencia kantiana de que antes de proceder a la autodisolución de la comunidad el último asesino debería ser ejecutado. Por ello, incluso en el caso de ausencia o reducida necesidad de prevención (como, por ejemplo, en el caso de pronóstico social especialmente favorable para el autor) la pena no puede quedar por debajo de la medida de la necesidad de la justa retribución determinada por la culpabilidad manifiesta por el hecho"[45].

Pese a las críticas recibidas, algunos autores destacan que ni Kant ni Hegel niegan la condición humana, sino que muestran preocupación por la dignidad de la persona. Ambos autores criticaban la concepción relativista de la pena, por argumentos similares. Por un lado, Kant estaba en contra de que el hombre fuera utilizado como un simple medio para alcanzar otro bien; y por otro, Hegel criticaba que se lo tratara como a un perro, con un palo. Por ello, algunas recientes teorías penales han redescubierto la nobleza de la teoría absoluta[46]. La iglesia, por su parte, sostuvo durante mucho tiempo la teoría absoluta, al confundir el poder del príncipe con el poder de Dios[47].

2) *Aportes y críticas.* Pese a la gran cantidad de reparos que ha recibido esta concepción, los autores coinciden en que ha hecho una contribución importante al derecho penal. Al apoyarse en el *ius talionis*, limitó la imposición de penas: la retribución impide que se castigue más allá del hecho cometido. Se retribuye la culpabilidad[48]. El Estado ve, así, limitado el poder represivo.

[45] Maurach, *Tratado de derecho penal*, t. 1, p. 77 y siguientes.

[46] Hassemer - Muñoz Conde, *Introducción a la criminología y al derecho penal*, p. 149. También señalan que las teorías absolutas no lo han sido tanto, pues han mantenido la negación del delito y la realización de la justicia, pero con matices muy próximos a las modernas teorías funcionalistas.

[47] Al respecto, Beristain, *La pena retribución y las actuales concepciones criminológicas*, p. 31 y siguientes.

[48] Mir Puig, *Problemática de la pena y seguridad ciudadana*, "Revista Jurídica de Cataluña", n° 1, ene.-mar. 1981, p. 181. En igual sentido,

También, por medio de sus supuestos, enseña que los hechos más graves deben castigarse con penas mayores que los menos graves, manteniendo así una proporción entre pena y delito[49].

Las críticas han sido numerosas, por lo que trataremos de sistematizarlas[50]:

a) La pena resulta exigible cuando, en un caso concreto, no es necesaria para garantizar la paz social y también cuando su imposición puede acarrear efectos socialmente dañosos. En el Estado de derecho, el juez no puede imponer sanciones por razones metafísicas.

b) Lo inevitable de la pena contradice el principio de limitación de la tarea del derecho penal[51].

c) La teoría retributiva deja a la ejecución penitenciaria sin función alguna.

d) Si la pena retribuye la culpabilidad, es necesario comprobar dicha culpabilidad. Al entender ésta como poder obrar de otro modo, ello presupone la existencia del libre albedrío[52].

e) La concepción retributiva de la pena acarrea un modelo de hombre libre de determinación de los factores reales

---

ROXIN - ARTZ - TIEDEMANN, *Introducción al derecho penal y al derecho procesal penal*, p. 19. También, WELZEL, *Derecho penal alemán*, p. 330.

49 MIR PUIG, *Problemática de la pena y seguridad cidudadana*, "Revista Jurídica de Cataluña", nº 1, ene.-mar. 1981, p. 182.

50 Para un análisis global, ver KLUG, *Para una crítica de la filosofía penal de Kant y Hegel*, en "Problemas actuales de las ciencias penales y la filosofía del derecho. Homenaje al profesor Luis Jiménez de Asúa", p. 36.

51 En relación con esta crítica, KAUFMANN mantiene una posición diferente, dado que señala que del hecho de que la teoría absoluta sostenga el castigo al delincuente, aunque no resulte necesario en el caso concreto, no se sigue que la retribución exija castigar toda infracción de la ley (sea civil, administrativa, etcétera). Sólo significa que la retribución pura impone castigar todo hecho penado por la ley, lo otro sería absurdo (Conferencia pronunciada en el marco de las "Jornadas Hispano-Alemanas sobre la Reforma del Derecho Penal", celebradas en la Universidad Autónoma de Barcelona, 24 y 25 de marzo de 1980). Sobre el tema, ver *La misión del derecho penal*, citado por MIR PUIG, *Problemática de la pena y seguridad ciudadana*, "Revista Jurídica de Cataluña", nº 1, ene.-mar. 1981, p. 180.

52 Con respecto a los puntos *a* a *d*, ver ROXIN - ARTZ - TIEDEMANN, *Introducción al derecho penal y al derecho procesal penal*, p. 25 y 59.

de desigualdad individual y social, que no se condice con la realidad[53].

f) La decisión a favor de una pura teoría retributiva supone renunciar a una justificación de la pena desde el punto de vista de sus efectos prácticos[54].

g) La teoría absoluta de la pena conduce a la inmovilidad político-criminal[55].

b) *Las teorías de la prevención.* La teoría absoluta de la pena perseguía únicamente un fin metafísico: la realización de la justicia. Así, el hombre no podía ser utilizado nunca como medio para obtener un fin, pues ello atacaba su dignidad.

En el polo opuesto de esta concepción aparecen las llamadas teorías de la prevención. Consideran que la pena no agota su cometido en sí misma, sino que, por el contrario, debe perseguir un objetivo concreto: prevenir (impedir) la comisión de delitos. Dicha teoría encuentra sus orígenes en Séneca, quien, a principios de la era cristiana, tomó de Protágoras la siguiente frase: "Ninguna persona razonable castiga por el pecado cometido, sino para que no se peque" (*Nemo prudens punit quia peccatum est sed ne peccetur*)[56].

La prevención referida procura alcanzarse mediante la denominada prevención especial (tratando que quien ya ha cometido el delito no vuelva a hacerlo) y la general. Esta última asume la forma de prevención general negativa (intimida a todos los individuos por medio de la amenaza penal, con el fin de que se abstengan de realizar la acción prohibida) y prevención general positiva (busca reforzar la confianza respecto de la existencia e imposición del orden jurídico).

1) *La prevención general.* Se la atiende desde dos perspectivas básicas.

53 Mir Puig, *Problemática de la pena y seguridad ciudadana*, "Revista Jurídica de Cataluña", nº 1, ene.-mar. 1981, p. 181.

54 Hassemer, *Fundamentos del derecho penal*, p. 350.

55 Mergen, citado por Zipf, *Introducción a la política criminal*, p. 32.

56 Hassemer - Muñoz Conde, *Introducción a la criminología y al derecho penal*, p. 347.

a) *Prevención general negativa o de amenaza.* Tiene por finalidad impedir que la comunidad toda cometa delitos, por lo cual amenaza con penas algunas acciones. Ésta se materializa en cada uno de los individuos que se abstienen de cometer el delito por la existencia de la amenaza referida. FEUERBACH es considerado el padre de esta postura, pues sostenía que el derecho penal debía servir para impedir que se cometieran los delitos. Señalaba que toda forma de lesión jurídica contradice el objetivo del Estado, o sea que en él no tenga lugar ninguna lesión jurídica. Por ende, el Estado tiene el derecho y el deber de hallar institutos mediante los cuales se impidan las lesiones jurídicas. Además, hace referencia a que el Estado puede impedir las lesiones jurídicas mediante la coerción física, de una doble manera: con anterioridad, impidiendo la consumación de la lesión, y con posterioridad, obligando al autor del delito a la reparación o la reposición. Luego manifiesta que dicha coerción no es suficiente para evitar la comisión de delitos. En virtud de ello imagina otra coacción: la psicológica.

En orden a lo sostenido expresa: "Todas las contravenciones tienen su causa psicológica en la sensualidad, en la medida en que la concupiscencia del hombre es la que lo impulsa, por placer a cometer la acción. Este impulso sensual puede ser cancelado a condición de que cada uno sepa que a su hecho ha de seguir, ineludiblemente un mal que será mayor que el disgusto emergente de la insatisfacción de su impulso al hecho.

Pero dicha coacción ningún sentido tendría si, realizada la acción prohibida, no se aplicara la pena. Entonces: *1*) El objetivo de la conminación de la pena en la ley es la intimidación de todos, como posibles protagonistas de lesiones jurídicas. *2*) El objetivo de la aplicación de la pena es dar fundamento efectivo a la conminación legal, dado que, sin su aplicación, la conminación quedaría hueca (sería ineficaz). Puesto que la ley intimida a todos los ciudadanos y la ejecución debe dar efectividad a la ley, resulta que el objetivo mediato (o final) de la aplicación es, en cualquier caso, la intimidación de los ciudadanos mediante la ley"[57].

[57] FEUERBACH, *Tratado de derecho penal*, p. 58 y siguientes.

La teoría de la prevención general del modo que la ideó FEUERBACH ha recibido fuertes críticas. Así, ROXIN ha señalado lo siguiente:

1) La concepción de FEUERBACH está basada en un hombre irreal, en tanto y en cuanto aquellos que realizan un delito no lo hacen con un grado de reflexión tal que puedan ser pasibles de una "intimidación".

2) Está probado, desde el punto de vista político-criminal, que los éxitos preventivos generales (léase, disminución de delitos) se obtienen como consecuencia de intensificar la persecución penal (es decir, por medio de la eficacia del sistema) y no aumentando las penas, como sugiere la prevención negativa.

3) No tiene parámetros en lo que hace a la limitación de las penas. Con un fin de prevención general, un delito menor podría ser amenazado con la pena de muerte. Deja abierta la puerta al terror estatal.

4) No resuelve frente a qué comportamientos puede el Estado imponer penas[58].

También HASSEMER realiza una dura objeción a la postura de FEUERBACH, pues en ella advierte dos grandes problemas. El primero es el problema normativo: no se respeta la dignidad del individuo, pues es utilizado como un medio para favorecer a la comunidad toda (recordar en este sentido lo dicho por KANT y HEGEL). El delincuente es más irracional que malo. Se corre el peligro de aplicar penas que no guarden ninguna relación con la ilicitud del acto o la culpabilidad del autor.

En segundo lugar están los problemas empíricos: independientemente de lo anterior, entiende que la coacción psicológica sólo puede ser considerada si se dan tres supuestos fácticos en forma conjunta, lo que resulta difícil. Éstos se enuncian a continuación.

1) Conocimiento de la norma: para poder decir que la norma penal tiene efectos de prevención general, es necesario que ésta sea conocida. Pero con ello no es suficiente.

58 ROXIN, *Fin y justificación de la pena y de las medidas de seguridad*, en ROXIN y otros, "Determinación judicial de la pena", p. 27.

Si las personas se comportan conforme a derecho, sin tener conocimiento de la conminación penal y de las posibilidades de ejecución, este resultado no se debe a ninguno de estos dos factores. Naturalmente, todos sabemos que matar está prohibido. Pero este conocimiento no se obtiene como norma jurídica penal, sino como norma social. Las normas penales son conocidas por medio de instancias mediadoras (medios de comunicación, novelas policiales, etc.), que reelaboran los factores de prevención general. Por lo dicho, HASSEMER llega a la conclusión de que la norma penal no influye en la actuación de los afectados.

2) Motivación por la norma: considera que la prevención general se basa en un *homoeconomicus* que no es compatible con la realidad. Supone que el delincuente pone en la balanza los inconvenientes y las ventajas de su accionar, desistiendo luego de cometerlo por la amenaza penal y la posibilidad de ejecución del fallo. Ello desconoce una serie de datos empíricos que la contradicen. Así, por ejemplo, en los delitos violentos, las normas sociales y éticas motivan mucho más que las normas penales. En efecto, cuando una persona se abstiene de pegarle un golpe de puño a otra, no lo hace porque lo prohíba el Código Penal, sino porque no supera los tabúes relativos a la conservación de la vida y de la especie.

3) Idoneidad de los medios preventivos: finalmente, en los casos en que las personas conocen la norma y su ejecución, siendo personas motivables, cabe responder si su actuación conforme al derecho se debe a esa conminación. Es imposible probar la eficacia de la prevención general. Además, esta última es un mecanismo que desprecia la persona (cabe recordar el ejemplo de HEGEL, quien señala que se amenaza al hombre como se amenaza al perro con un palo)[59].

Por su parte, ZAFFARONI se opone vehementemente a la prevención general. Estima que mediante la vía ejemplar se llega a la represión y luego a la venganza. Se basa en mecanismos inconscientes de la multitud anónima, que son

[59] HASSEMER - MUÑOZ CONDE, *Introducción a la criminología y al derecho penal*, p. 389 y siguientes.

los mismos mecanismos con los que opera la ley de LYNCH. La prevención general puede ser un efecto tangencial de la pena, pero nunca puede ser el objetivo principal perseguido por el legislador[60].

En lo referido a la eficacia de la prevención general negativa, MIR PUIG sostiene que ello se prueba por medio de casos reales. Se refiere a una huelga de policía de Montreal, en el año 1969, al señalar que, durante el día y medio que duró, se registraron la mayor cantidad de disturbios de la historia.

Este autor dice que es falsa la objeción referida a que en estos casos lo que se prueba es la necesidad de la policía y de la persecución de los delitos, más que la eficacia de la pena, pues sin la existencia de las penas, mal podría la policía perseguir a los delincuentes[61].

Son contrarios a ello ROXIN, para quien cada delito, por el hecho de existir, es ya una prueba en contra de la eficacia de la prevención general[62], y BUSTOS RAMÍREZ, el que al responder al ejemplo dado por MIR PUIG refiere que la prevención general no explica por qué, frente a la falta de coacción, una gran cantidad de ciudadanos no delinque y esto, desde un punto de vista de investigación y democrático, resulta mucho más importante[63].

b) Prevención general positiva. Desde esta óptica, la prevención general es entendida como "conservación y reforzamiento de la confianza en la fuerza de existencia y de imposición del ordenamiento jurídico"[64]. Persigue la "internalización positiva en la conciencia colectiva de la reprobación jurídica de los delitos, y por otro lado, la satisfacción del sentimiento jurídico de la comunidad. Se diri-

60 ZAFFARONI, *Manual de derecho penal. Parte general*, p. 59.

61 MIR PUIG, *Problemática de la pena y seguridad ciudadana*, p. 188. En una posición similar, GARCÍA, *Reincidencia y punibilidad*, p. 50.

62 ROXIN, *Sentido y límite de la pena estatal*, en "Problemas básicos de derecho penal", p. 18.

63 BUSTOS RAMÍREZ, *Control social y sistema penal*. Para ser exacto, es dable señalar que el ejemplo que da el autor no es el mismo que el de MIR PUIG, pero la situación es similar.

64 ROXIN, *Fin y justificación de la pena y de las medidas de seguridad*, en ROXIN y otros, "Determinación judicial de la pena", p. 28.

ge a toda la comunidad y no sólo a los eventuales delincuentes"[65].

Este tipo de prevención puede dividirse a su vez en dos:

1) Prevención limitadora. Una de las críticas que se le hace a la teoría de la prevención general es que ella no tiene parámetros en lo que hace a la limitación de las penas. Así, con el afán de contramotivar a que no se realice la acción prohibida, delitos menores podrían ser amenazados, por ejemplo, con la pena de muerte (ver las críticas de Roxin en el ap. a). Pero la imposición de una pena de esa gravedad sublevaría las conciencias en contra del derecho, por lo cual se vulneraría una de las funciones que debe cumplir la prevención general: la afirmación del orden jurídico en una sociedad determinada.

Tales excesos son evitados por la prevención general positiva limitadora. En efecto, la gravedad de las penas tendientes a evitar delitos no puede llegar hasta el máximo de lo que aconsejaría la pura intimidación de los eventuales delincuentes, sino que debe respetar el límite de una cierta proporcionalidad con la gravedad social del hecho[66]. A ello cabe agregar que la pena nunca puede exceder el límite de la culpabilidad por el hecho, bajo pretexto de cubrir necesidades de prevención general positiva.

2) Prevención fundamentadora. Cuando se produce la infracción a la norma, es necesario que se ratifique su vigencia, a pesar de la infracción. De no ser así, se pondría en peligro la protección de la norma y su función orientadora.

La pena no persigue impresionar al penado ni a terceros para que se abstengan de cometer delitos. Trata sólo, por un lado, de ejercitar a la colectividad en la confianza de la norma para que todos sepan cuáles son sus expectativas, y, por otro lado, de ejercitar la fidelidad al derecho y la aceptación de las consecuencias en caso de infracción.

[65] Mir Puig, *Problemática de la pena y seguridad ciudadana*, "Revista Jurídica de Cataluña", nº 1, ene.-mar. 1981, p. 180.

[66] Mir Puig, *Problemática de la pena y seguridad ciudadana*, "Revista Jurídica de Cataluña", nº 1, ene.-mar. 1981, p. 184.

Estos tres efectos se resumen en el ejercitar el reconocimiento de la norma[67].

La prevención general así entendida es merecedora de una crítica similar a la que recibe la teoría absoluta: conduce a utilizar la pena aun en los casos que no lo requiriese la prevención general de amenaza ni la prevención especial[68].

El derecho penal no tiene por función principal o exclusiva la defensa de bienes jurídicos sino, ante todo, la función simbólica de ordenamiento normativo, entendido como instrumento de orientación e institucionalización de la confianza mutua. Dicha forma de entender el derecho penal conlleva a que dejen de existir referentes extrajurídicos a los cuales se puede tomar como criterios para una delimitación de la extensión de la respuesta penal (ámbito de la tutela) y de su intensidad (límite inicial de la incriminación, diferencia entre delito consumado y tentativa, entre delitos por comisión u omisión, etcétera)[69].

2) *La prevención especial.* La prevención especial procura también evitar la comisión de delitos. Pero a diferencia de la general, que se dirige a la comunidad toda, intenta que quien cometió un delito no vuelva a hacerlo, es decir, no reincida en la acción delictiva. El término técnico que se utiliza con este propósito es el de resocialización o socialización.

El autor que logró universalizar la prevención especial mediante el famoso Programa de Marburgo fue von Liszt. Para él la finalidad de la pena debía ser entendida en tres categorías, según la personalidad del sujeto: *a*) intimidar al intimidable; *b*) enmendar al corregible, y *c*) inocuizar (eliminar) al incorregible.

Cabe señalar que a partir de von Liszt la prevención especial adquiere gran trascendencia, ya sea como plantea-

[67] Jakobs, citado por Mir Puig, *Función fundamentadora y función limitadora de la prevención general positiva*, "Anuario de Derecho Penal y Ciencias Penales", t. XXXIX, ene.-abr. 1986, p. 54.

[68] Mir Puig, *Función fundamentadora y función limitadora de la prevención general positiva*, "Anuario de Derecho Penal y Ciencias Penales", t. XXXIX, ene.-abr. 1986, p. 54.

[69] Baratta, *Integración-prevención: una nueva fundamentación de la pena dentro de la teoría sistémica*, "Doctrina Penal", 1985-12 y 13.

miento unilateral (prevención especial pura) o bien por medio de combinaciones retributivas o preventivo-generales (teorías de la unión), por tener acogida por muchas legislaciones, al igual que por la jurisprudencia[70]. En tanto persigue la resocialización del individuo, sus ventajas son evidentes. Al procurar integrarlo a la sociedad, al intentar ayudarlo, se adapta mejor que cualquier otra teoría fundamentadora de la pena al principio del estado social[71].

Un derecho penal democrático obliga a ofrecerle al condenado posibilidades para su resocialización y reinserción social. Así, la prevención especial de la pena –coerción penal en sentido estricto– es la alternativa que resta frente al rechazo de la finalidad de prevención general[72].

No obstante el noble fin perseguido por esta teoría (la resocialización del delincuente), ha recibido importantes críticas:

a) No ofrece ningún límite en lo que hace a la cuantificación de la pena. Por un delito leve, se podría mantener a un individuo privado de su libertad hasta conseguir su resocialización.

b) No se podría aplicar una pena respecto de aquellos delincuentes que por razones diversas no podrían volver a delinquir. Es típico el ejemplo de los criminales de guerra nazi que, bajo una situación política distinta, dejaron en su mayoría de revestir peligro[73]. Así, indica BAUMANN que "el hecho ocasional y aislado no debe penarse en tanto no se repita, en otras palabras: una vez es ninguna vez"[74].

c) Un cuestionamiento importante que se le hace a la prevención especial viene de la mano del significado de las voces "resocializar" o "socializar". Ello puede convertirse en la máxima violación de la dignidad del hombre, en cuan-

70 BUSTOS RAMÍREZ, *Control social y sistema penal*, p. 105.

71 ROXIN, *Fin y justificación de la pena y de las medidas de seguridad*, en ROXIN y otros, "Determinación judicial de la pena", p. 22.

72 ZAFFARONI, *Manual de derecho penal. Parte general*, p. 62.

73 GARCÍA, *Reincidencia y punibilidad*, p. 39, con cita de MIR PUIG, *Derecho penal. Parte general*.

74 BAUMANN, *Culpabilidad y expiación ¿son el mayor problema del derecho penal actual?*, "Nuevo Pensamiento Penal", nº 2, p. 39.

to pretenda transformar su conciencia[75]. Este cuestionamiento se conoce con el nombre de "ideología de la divergencia"[76].

d) Si se deja de considerar que la pena retribuye la culpabilidad, no habría diferencia entre ella y la medida de seguridad[77].

e) A todo lo dicho cabría agregarle lo que se conoce con el nombre de "crisis de la resocialización". Las grandes expectativas que se depositaron en la década de 1960 respecto de los tratamientos penitenciarios resocializadores, comenzaron a declinar en la década siguiente, lo que ha conllevado a que muchos adhieran a posturas neoclásicas.

c) *Teoría de la unión o ecléctica.* Los problemas que plantea cada una de las teorías en su aplicación pura han hecho que, tanto en la práctica como en la doctrina, se haya procurado conciliar cada una de las posturas. Muchas de estas teorías, sin embargo, no tienen un fundamento de carácter teórico, en la medida en que sus autores se limitan en muchos casos simplemente a yuxtaponerlas. Lo hacen al justificar las finalidades preventivas, pero limitándolas con la retribución de la culpabilidad. No están en condiciones de dar una orientación y una fundamentación acabada en lo que a las finalidades de la pena se refiere.

Un ejemplo de ello es la Exposición de motivos del Código Penal alemán de 1962, citada por Roxin: "El proyecto no ve el sentido de la pena sólo en que compense la culpabilidad del delincuente. Junto con ello tiene también el sentido general de hacer prevalecer el orden jurídico. Además sirve a determinados fines político-criminales en primer término al fin de prevenir futuros delitos. Esto puede ocurrir intimidándolo al delincuente y a los demás para que no cometan tales hechos. Y puede lograrse de modo más duradero, actuando sobre el delincuente para volverle a ganar para la comunidad. Todos estos fines se consiguen en parte por sí mismos mediante la pena. Pero en el caso con-

[75] Bustos Ramírez, *Control social y sistema penal*, p. 106.

[76] Para esta problemática, ver Basaglia - Basaglia Ongaro, *Ideología de la diversidad*, "Nuevo Pensamiento Penal", 1975-397.

[77] Welzel, *Derecho penal alemán*, p. 330.

creto se puede también procurar de modo especial conseguirlos con la clase y medida de la pena".

Así, una verdadera teoría de la unión consiste en, una vez abandonada la idea de retribución, suprimir la absolutización de los puntos de partida de las demás teorías de la pena, respectivamente diferentes, en forma tal que se conserven sus aspectos correctos en una concepción amplia, y se reduzcan sus déficit por medio de un sistema de complementación y limitación mutua[78].

Uno de sus mayores expositores es Roxin, por medio de lo que se conoce como "teoría dialéctica de la pena". Entiende que el derecho penal se enfrenta al individuo de tres maneras: amenazando con, imponiendo y ejecutando penas. Cada una de estas tres esferas requiere justificación por separado. Agrega que, como cada uno de estos estadios se estructura uno sobre otro, es necesario que cada etapa acoja en sí los principios de la precedente.

En cuanto a la primera etapa, las conminaciones penales, comienza preguntándose cuáles son las conductas que el legislador puede prohibir bajo amenaza penal. Considera, atento a que en el sistema democrático el poder estatal procede del pueblo, que el derecho penal no puede tener por función la realización de fines divinos. Tampoco el corregir moralmente a los ciudadanos. Su función se limita más bien a crear y asegurar a un grupo reunido en el Estado, exterior e interiormente, las condiciones de una existencia que satisfaga sus necesidades vitales. Dichas condiciones se logran protegiendo la vida, la integridad corporal, la libertad, etc. (bienes jurídicos), y garantizando las prestaciones públicas de las que depende el individuo, en el marco de la asistencia social por parte del Estado. De lo dicho se extraen tres conclusiones: *1*) el derecho penal es de naturaleza subsidiaria; *2*) no pueden castigarse sólo por su inmoralidad conductas no lesivas de bienes jurídicos, y *3*) las conminaciones penales se justifican sólo por la necesidad de protección preventivo-general y subsidiaria de bienes jurídicos y prestaciones.

[78] Roxin, *Sentido y límite de la pena estatal*, en "Problemas básicos de derecho penal", p. 19 y 31.

Con relación a la segunda etapa, es decir, la imposición de la pena, ROXIN considera, siguiendo a FEUERBACH, que dicha imposición materializa la amenaza penal, pues sin ella sería vana e ineficaz. El componente de prevención general de la pena, en el caso concreto, tiene también un fin último de prevención general. No debe inducir a error la retórica idealista del beneficio que se le hace al delincuente con la punición, sino que hay que reconocer sencilla y sobriamente que el fin de aquélla es la salvaguarda del orden de la comunidad, para poder preguntar sobre esta base si está justificado aplicar una pena al particular para conseguir esa meta. Para que se justifique la aplicación de la pena, debe compaginarse la necesidad de ella que tiene la comunidad, con la autonomía de la personalidad del delincuente. Ambos no se excluyen, pues si el Estado debe asegurar sus bienes jurídicos al ciudadano, a la inversa, cada miembro de la sociedad tiene que hacer por su parte todo lo que sea necesario para que se cumpla esa tarea común; esto es, tiene que cargar con la pena necesaria para el mantenimiento de dicho ordenamiento, igual que, por ejemplo, también tiene que soportar el deber del servicio militar o del pago de impuestos, sin que por ello se lesione su dignidad humana.

En lo que hace a la medición de la pena, ROXIN sostiene que ésta no puede superar la medida de la culpabilidad. Así, la culpabilidad es inadecuada para fundar la potestad estatal, pero sirve para limitarla. Entendida de este modo, la culpabilidad no puede ser criticada por quienes niegan el libre albedrío. En tanto sirve como límite y no como fundamento de la pena, siempre ha de beneficiar al individuo. Ello significa que es lícito quedar por debajo de la pena adecuada a la culpabilidad. Hay una diferencia fundamental entre utilizar la idea de culpabilidad para entregar al particular a merced del poder del Estado, y emplearla para preservarlo del abuso de dicho poder.

En cuanto a la tercera fase, la ejecución de la pena, el autor citado meciona que, en tanto ella sirve exclusivamente a fines racionales, sólo estará justificada si tiene por cometido la reinserción social del delincuente. Pero es necesario hacer dos salvedades: *1*) en dicha búsqueda, no puede verse vulnerada la dignidad de la persona (ser sometida a lavados de cerebro, detector de mentiras, castraciones, y todo otro medio que pudiera alterar la estructura de la personalidad del delincuente), y *2*) no cabe eliminar totalmente el punto de partida de prevención general en la fase de ejecución. Esto implica que, en delitos graves, no puede renunciarse a una pena privativa de libertad, aun cuando ello fuera más útil para la resocialización del individuo[79].

§ 88. ***Teoría del delito y teoría de la pena. La resocialización.*** – Si bien es mucho lo que se ha dicho respecto a los fundamentos y los fines de la pena (a lo que nos referimos en los parágrafos anteriores), es una verdadera nimiedad si se lo compara con el análisis dogmático a que ha dado lugar la teoría del delito, fundamentalmente a partir de la década de 1950. Por tanto, estimamos que la primera ha sido tratada, en ocasiones, como una problemática de segundo orden.

En la actualidad, las teorías de la prevención especial (resocialización del individuo) no admiten prácticamente discusión, y son las teorías eclécticas (la dialéctica de Roxin es quizás el mejor ejemplo) el modo más "prolijo" de presentarlas. En virtud de ello, el derecho penal garantista prevé a la resocialización como su último objetivo, lo que se plasma normativamente en diversas legislaciones[80].

[79] Roxin, *Sentido y límite de la pena estatal*, en "Problemas básicos de derecho penal", p. 20 a 31.

[80] *a*) Const. española, art. 25.2: "Las penas privativas de libertad y las medidas de seguridad estarán orientadas hacia la reeducación y reinserción social y no podrán consistir en trabajos forzados"; *b*) Anteproyecto de ley general penitenciaria española, art. 1º: "Las instituciones penitenciarias reguladas por la presente ley tienen como fin primordial la reeducación social de los sentenciados a penas y medidas penales privativas de libertad"; *c*) ley general penitenciaria española: "Las instituciones penitenciarias reguladas en la presente ley tienen como fin primordial la reeducación y la reinserción social de los sentenciados a penas y medidas penales privativas de libertad, así como la retención y custodia de detenidos, presos y penados. Igualmente tienen a su cargo una labor asistencial y de ayuda para internos y liberados"; en su Exposición de motivos: "La finalidad fundamental que doctrina y legislación atribuyen en la actualidad a las penas y medidas de privación de libertad es la prevención especial, entendida como reeducación y reinserción social de los condenados, sin perjuicio de prestar atención debida a las finalidades de adver-

La teoría de la prevención especial resulta sumamente atrayente. La pena retribuye la culpabilidad y concomitantemente resocializa al individuo, de modo que una vez devuelto a la comunidad pueda comportarse conforme a derecho. Realmente pareciera que esta postura no tiene fisuras. Es más, cualquier atisbo en su contra puede traer como consecuencia ser tildado de retrógado o de representar posiciones o posturas linderas con ideologías que niegan los

---

tencia e intimidación que la prevención general demanda, y a la proporcionalidad de las penas con la gravedad de los delitos cometidos que el sentido más elemental de justicia requiere. Al defender en primer término la finalidad resocializadora de la pena, la ley pretende significar que el penado no es un ser eliminado de la sociedad, sino una persona que continúa formando parte de la misma, incluso como miembro activo, si bien sometido a un particular régimen jurídico, motivado por el comportamiento antisocial anterior de aquél y encaminado a preparar su vuelta a la vida libre en las mejores condiciones para ejercitar socialmente su libertad. De aquí se desprende una doble consecuencia; la necesidad de que el derecho como elemento garantizador, discipline minuciosamente la situación del interno en relación con la sociedad que le sanciona y desea su plena reintegración a la misma, y la necesidad de contar con la cooperación de las ciencias de la conducta para establecer el tratamiento reformador mas apto para la personalidad de cada preso"; *d*) ley penitenciaria italiana del 26/6/75: "en relación con los condenados y presos debe aplicarse un tratamiento reeducativo que especialmente por contactos con el mundo exterior se dirija a su reinserción social"; *e*) ley penitenciaria alemana del 16/3/76, art. 2°, "objeto de tratamiento": "en la ejecución de una pena privativa de libertad, el detenido debe devenir apto para conducir con responsabilidad una vida futura sin la realización de hechos punibles"; art. 3°, "forma de ejecución": "*1*) La vida en la ejecución debe asimilarse tanto como sea posible a las condiciones generales de la que se cumple en libertad. *2*) Debe reaccionarse contra las consecuencias perjudiciales de la privación de libertad. *3*) La ejecución debe por ello ejecutarse en modo de ayudar al detenido a integrarse otra vez en la vida en libertad"; *f*) Constitución mexicana de 1917 (reformada el 28/2/65): "Los gobiernos de la Federación y de los Estados organizarán el sistema penal, en sus respectivas jurisdicciones, sobre la base del trabajo, la capacitación para el mismo y la educación como medios para la readaptación social del delincuente; *g*) ley argentina 24.660 de ejecución de la pena privativa de libertad, art. 1°, párr. 1°: "La ejecución de la pena privativa de libertad, en todas sus modalidades, tiene por finalidad lograr que el condenado adquiera la capacidad de comprender y respetar la ley procurando su adecuada reinserción social, promoviendo la comprensión y el apoyo de la sociedad", y *h*) Convención Americana sobre Derechos Humanos, art. 5°, ap. 6: "Las penas privativas de la libertad tendrán como finalidad esencial *la reforma y la readaptación social de los condenados*".

derechos humanos o que no los consideran esenciales. Sin embargo, no es así. En efecto, nos referiremos a la falsía de la resocialización y demostraremos que no es más que una entelequia que no puede siquiera superar el marco conceptual.

De este modo, concluiremos que la pena no cumple función resocializadora alguna y que sólo materializa la prevención general, pues retribuye la culpabilidad del individuo. Y lejos está ello de representar, siquiera de un modo tangencial, posturas negadoras de los derechos humanos. También nos referiremos a las relaciones existentes entre la teoría del delito y de la pena, y la relación que ello guarda con el dolo en general y con el dolo eventual en particular.

Capítulo IX

POLÍTICA CRIMINAL Y DOLO EVENTUAL

§ 89. ***Dolo y política criminal. El dolo eventual como correctivo, la resocialización como impedimento.*** – Los autores que se han referido a la punibilidad diferenciada entre los delitos dolosos y los culposos, han soslayado algo de suma importancia. Y ello es consecuencia de un vicio del que ya dimos cuenta: realizar un estudio separado de la teoría del delito y la teoría de la pena, sin desarrollar las relaciones existentes entre ellas. Nos referimos a la prevención especial y su relación con la teoría del delito.

En efecto, analizamos (ver § 88) que los códigos penales modernos consideran a la resocialización como uno de los fines de la pena. Si en el delito doloso el agente se propone el fin prohibido y encamina su acción en contra del bien jurídico, mientras que en el culposo el resultado se produce como consecuencia de haber violado el deber de cuidado al realizar una conducta lícita, resulta indudable que al primero se le debe aplicar una pena mayor que al segundo.

Dentro de un esquema en que la prevención especial aparece como fundamento de la pena, el razonamiento debe ser el siguiente: quien comete un delito pierde su condición de "sociable", por lo que debe ser "resocializado". Pero resulta difícil sostener que quien viola un deber de cuidado (v.gr., manejar un automóvil con exceso de velocidad, a raíz de lo cual se produce un accidente donde una persona queda lesionada –culpa consciente–, o dejar el gas de la cocina encendido, que trae como consecuencia una explosión donde muere una persona –culpa inconsciente–), haya perdido su condición de sociable; y mucho más aún fundar que quien lo hizo deba ser resocializado por medio de una pena privativa de la libertad.

En atención a que la doctrina considera que en los delitos culposos el resultado es una condición objetiva de punibilidad[1] o un componente del azar[2], *resulta poco convincente que la sociabilidad o no de un individuo dependa de una circunstancia* "azarosa". Conforme a lo señalado, es indudable que en el delito culposo la pena no cumple la finalidad de prevención especial. Ello trae aparejado algo de suma importancia, que a nuestro criterio no ha sido debidamente analizado, que es la reticencia a que los delitos culposos sean sancionados con penas importantes, lo que se advierte en dos planos, a saber: *a*) *en el plano legislativo*; las penas de los delitos culposos son nimias frente a la de los delitos dolosos, lo que resulta de leer cualquier Código Penal moderno[3], y *b*) *en el plano judicial*; existe una gran reticencia de los jueces en aplicar penas de cumplimiento efectivo para los delitos culposos.

Todo lo referido conlleva a que, en la práctica, cuando las conductas culposas causan resultados de gran impacto social (p.ej., por el número de víctimas), la pena del delito culposo resulta exigua y no cumple, en consecuencia, su función de *prevención general positiva fundamentadora*. En esos casos, se recurre al *dolo eventual,* que opera como un ilegítimo correctivo político criminal, pues teniendo la estructura del tipo culposo se le aplica la pena del delito doloso.

En cuanto a la relación entre dolo y política criminal, dice Bustos Ramírez que ya a principios del siglo XX Liepmann

[1] Sancinetti, *Teoría del delito y disvalor de acción*, p. 293.

[2] Zaffaroni - Alagia - Slokar, *Derecho penal. Parte general*, p. 555.

[3] Como hemos señalado en el § 2, todos los códigos modernos castigan con penas mucho más graves las conductas dolosas que las culposas. Así, por ejemplo, en el Código Penal argentino, el homicidio doloso se castiga con pena de prisión de ocho a veinticinco años, mientras que el homicidio culposo se castiga con pena de prisión de seis meses a cinco años. En el Código Penal español, el homicidio doloso se castiga con pena de prisión de diez a quince años, mientras que el homicidio culposo se castiga con pena de uno a cuatro años de prisión.

señalaba que el dolo eventual no era sino una expresión de la justicia de clases, pues en definitiva toda decisión al respecto llevaba siempre a concluir que era el "pobre diablo" el que actuaba con dolo eventual. Pero no sólo en este sentido el dolo eventual aparecía o servía en esa época a una justicia de clases –esto es, de criminalizar a los ya estigmatizados o marginalizados por la sociedad–, sino también en cuanto era utilizado para atrapar criminalmente a los disidentes políticos. De modo frecuente se aplicaba a fines del siglo XIX para sancionar las actuaciones de los socialdemócratas con relación a presuntos delitos contra la ley de prensa o de instigación al alzamiento del pueblo. En otras palabras, sin entrar en el problema propiamente conceptual del dolo eventual, evidentemente éste servía para aplicar una determinada política criminal, de carácter eminentemente autoritaria y represiva. Ello era razón suficiente para que se alzaran voces sumamente críticas a la conceptualización que se hacía del dolo eventual, que era lo que permitía esta aplicación abusiva[4].

Otro de los vicios es el señalado por FEIJÓO SÁNCHEZ, quien dice que el sistema de númerus clausus del delito imprudente puede tener como consecuencia, en la práctica, que los órganos judiciales extiendan el ámbito del dolo para no dejar impunes ciertas conductas, cuando sólo está tipificada la modalidad dolosa[5].

En esta inteligencia, es sumamente interesante un fallo en el que una persona que había consumido estupefacientes circulaba con su rodado a una velocidad excesiva, oportunidad en la cual embistió a un peatón y le ocasionó la muerte. El requerimiento de citación a juicio fue hecho por el delito de homicidio con dolo eventual. La Cámara interviniente cambió la calificación a homicidio culposo habiendo manifestando textualmente los magistrados: "No es tarea de los jueces satisfacer las demandas de la sociedad motivadas en el incremento de las muertes por accidentes de tránsito, a través de dudosas interpretaciones legales que ven en el dolo eventual una forma de incrementar la penalidad pues,

[4] BUSTOS RAMIREZ, *Política criminal y dolo eventual*, en "Control social y sistema penal", p. 234.

[5] FEIJÓO SÁNCHEZ, *El dolo eventual*, p. 82.

los magistrados no pueden arrogarse indirectamente facultades legislativas"[6].

§ 90. *Un principio de solución. Una teoría de la pena que prescinda de la prevención especial.* – Las teorías de la unión admiten el fin preventivo general (ver § 87, c). También indicamos que las críticas que recibe la prevención general, con respecto a que ella puede derivar en terror estatal, pierden su razón de ser cuando la denominada prevención general de amenaza (o prevención general negativa) es complementada por la prevención general positiva limitadora[7].

En este sentido, es importante destacar que la función de prevención general cesa al momento de imponerse la pena al caso concreto. *En el estado de derecho, la pena no puede superar la culpabilidad de la persona.* Ello significa que dicho límite no puede ser vulnerado, bajo pretexto de supuestas finalidades preventivas generales. *En la sociedad democrática, no hay lugar para sanciones "ejemplares"*[8].

[6] CCrim 1ª nominación Catamarca, 5/9/07, "Figueroa, Edgardo E.", *RepLL*, 2008-795, nº 80, y *LLNOA*, 2008-73.

[7] Mir Puig da un ejemplo en el que se advierten con claridad las diferencias existentes entre los dos aspectos de la prevención general. Señalaba que la sustracción de vehículos de motor con ánimo de lucro constituye un hecho que en determinados momentos resulta excesivamente frecuente. La prevención general de esta clase de hechos podría llevar a la imposición de las penas más graves en orden a *intimidar* a los posibles delincuentes. Sin embargo, a ello se opondría el otro aspecto de la prevención general, el que atiende a la satisfacción del sentimiento jurídico de la sociedad, puesto que el uso indebido de un vehículo de motor no constituye un hecho que sea sentido como de enorme gravedad y merecedor de penas previstas, por ejemplo, para delitos como el homicidio. La imposición de penas tan graves tal vez cumpliría la primera función indicada de la prevención general, la intimidación, pero tendría un efecto contraproducente, de sublevación de las conciencias en contra del derecho, negativo en definitiva en orden a la segunda función que debe cumplir también la prevención general: la afirmación del orden jurídico en la conciencia colectiva (*Problemática de la pena y seguridad ciudadana*, "Revista Jurídica de Cataluña", nº 1, ene.-mar. 1981, p. 184).

[8] En el ejemplo de la nota anterior, una persona no podría ser condenada por sobre el límite de su culpabilidad, atendiendo el flagelo que importa el robo de automóviles en un momento determinado.

En este orden, las teorías de la unión se refieren a tres etapas en cuanto a los fines de la pena: conminación y amenaza de pena (prevención general); aplicación efectiva de la pena (retribución) y, por último, ejecución de la pena con fines resocializadores (prevención especial).

La teoría que proponemos prescinde de la última etapa: la resocialización. En virtud de ello, estimamos que *la pena no cumple otra función que la de materializar la prevención general, retribuyendo la culpabilidad del individuo*. A continuación desarrollaremos nuestra teoría.

§ 91. ***El libre albedrío: una eterna discusión.*** – La fundamentación de un derecho penal sobre una base libre albedrista, no importa dar una respuesta al problema filosófico de la libertad del hombre. Tan sólo importa una elección jurídico-valorativa, sobre la que se construye un sistema jurídico. Es que la amenaza penal (en su función de prevención general negativa) aparece como incoherente ante un hombre que no puede elegir entre comportarse conforme a derecho o no hacerlo.

En ese sentido, ha dicho Jeschek: "La cuestión filosófica de la libertad de la voluntad es hasta ahora (y probablemente en cualquier futuro) un problema insoluble. Por ello el ordenamiento jurídico ha de construir su sistema de normas sin poder responder previamente a esta cuestión"[9].

[9] Jeschek, citado por Zipf, *Introducción a la política criminal*, p. 53. En la traducción española de 1978 (p. 561 a 567), avanza sobre el mismo tema: "La determinabilidad de la actuación descansa en la capacidad del hombre de controlar los impulsos que sobre él inciden y de dirigir su decisión según contenidos de sentido, valores y normas... Por ello, el reproche de culpabilidad solamente puede dirigirse al individuo en los términos siguientes: el autor, en la situación en que se encontraba, hubiera podido actuar de otra forma, en el sentido de que con arreglo a nuestra experiencia sobre la esencia del hombre, otro en su lugar hubiera actuado de otro modo en las concretas circunstancias empleando la fuerza de voluntad que posiblemente faltó al autor. Pero la cuestión de si el acusado hubiese podido contar con la suficiente fuerza de voluntad y de qué modo se hubiera podido imponer ésta en la relación de fuerzas psicológicas en caso de haberse utilizado, debe quedar sin respuesta... La idea de la responsabilidad del autor adulto y normal y mentalmente sano constituye una indudable realidad de nuestra conciencia social y moral. Todos partimos de la certeza de la libertad como presupuesto de nuestra actuación

Por su parte, ROXIN ha señalado que la polémica acerca del libre albedrío es irrelevante para el derecho penal. Efectivamente, es correcto que el libre albedrío humano no resulta comprobable desde el punto de vista de las ciencias naturales, ni de la teoría del conocimiento. Incluso existen buenas razones para negar su existencia. Lo que ocurre es que nada de ello afecta al derecho penal, pues éste no depende en absoluto del interrogante acerca de si las decisiones de los hombres resultan determinadas en todo o en parte por impulsos o condicionantes externos, sino tan sólo de la exigencia político-jurídica, ajena al problema ontológico de si el Estado ha de tratar o no a sus conciudadanos como hombres libres, autónomos y responsables. No se debe renunciar a este postulado, no sólo en el derecho penal, sino en todo el ordenamiento jurídico, pues encuentra su fundamento en el principio y la garantía constitucional de la dignidad humana y el libre desarrollo de la personalidad[10].

Ciertamente, el libre albedrío no es un mero dato biofísico, sino una parte de la llamada "recontrucción social de la realidad", e incluso pertenece a una capa especialmente elemental, al menos de la cultura occidental, cuyo abandono únicamente será concebible en caso de liquidación de esta cultura en su globalidad. Dado que las singularidades lingüísticas de una sociedad y, en especial, la gramática de su lengua, de conformidad con la convincente tesis central de la teoría del lenguaje de HUMBOLDT y WHORF, ponen de manifiesto una determinada visión del mundo, difícilmente podrá discutirse, al menos en el caso de las lenguas indogermánicas, lo arraigado del libre albedrío en las más elementales formas gramaticales[11].

---

y esperamos igualmente una conducta libre de los demás hombres. Constituiría una mala política criminal el que el derecho penal no prestara atención a esta realidad fundamental de psicología social y en su lugar pretendiese cimentarse sobre la imagen del hombre que suscribe el determinismo consecuente, cuyos presupuestos son tan poco susceptibles de exacta prueba como los de la libertad".

10 ROXIN - ARTZ - TIEDEMANN, *Introducción al derecho penal y al derecho procesal penal*, p. 59.

11 SCHÜNEMANN, *La función del principio de culpabilidad en el derecho penal preventivo*, en SCHÜNEMANN, "El sistema moderno del derecho penal: cuestiones fundamentales", p. 148 y siguientes.

El hombre no vive, sino que convive o coexiste con otros, pues, antes que nada, es un ser social. Esa convivencia supone algo importante: que dentro de ciertos límites, cada uno de nosotros puede prever la conducta de los demás. Y esa convivencia puede darse sólo dentro de un marco en el que prime la racionalidad, la que lleva inserta uno de los pilares sobre los que se sostiene dicha convivencia: la libertad. Sólo a partir de estas consideraciones podemos hablar de una comunidad que tenga la intención de regir su existencia por medio de un sistema normativo integral (sistema jurídico), y de un hombre capaz de ser compelido a comportarse de acuerdo con ciertas pautas preestablecidas, bajo apercibimiento de ser responsabilizado por su conducta. *Sólo el hombre libre es responsable.* Pero no nos referimos a una libertad ontológicamente entendida, sino a una libertad que posibilite la convivencia social[12].

En consecuencia, podemos extraer las siguientes conclusiones:

a) Adoptar una postura libre albedrista importa una elección jurídico-valorativa, alejada de concepciones filosóficas.

b) Adherir a la postura mencionada no significa considerar la existencia de una sociedad ideal, desconociendo las tangibles diferencias sociales y económicas dadas entre los hombres. Tampoco importa desconocer que esos mismos factores socioeconómicos puedan obrar como *condicionantes* de ciertas acciones, aun cuando se niegue en forma tajante que ellos puedan *determinar* al individuo.

En este sentido, es interesante señalar la tesis de GARAUDY, quien dice que "los hombres no hacen su historia arbitrariamente; la hacen siempre en condiciones estructuradas por el pasado. *Pero hacen su propia historia. Las estructuras condicionan a los hombres, pero los hombres transforman y crean las estructuras. Todo, en esta dialéctica trágica, pasa*

[12] En esta inteligencia, sostiene BAUMANN que "en el campo social, y sólo de él se trata, tenemos que partir de un marco de responsabilidad social, que se ajusta según el estado de las relaciones económicas y sociales" y "es el legislador de cada época el que determina cada campo de libertad de acción y de voluntad" (citado por GARCÍA, *Reincidencia y punibilidad*, p. 25).

por los hombres, por sus voluntades y por sus decisiones" (el destacado nos pertenece)[13].

c) Como consecuencia de lo mencionado, resulta más adecuado indicar que existen ciertos factores socioeconómicos que pueden condicionar a quienes cometen delitos, que hacer mención lisa y llana a supuestas "causas del delito".

a) *El problema de la resocialización.* Resulta habitual escuchar y leer –sobre todo a partir de la crisis cuyo comienzo podría ubicarse a mediados de la década de 1970– que la resocialización no alcanza los niveles deseados, pues lo que falla es el modo o la forma en que se lleva a cabo la ejecución de la pena. Habitualmente se habla de la falta de centros asistenciales terapéuticos, de la insuficiente preparación del personal penitenciario, de la escasez de profesionales para colaborar en la tarea resocializadora (médicos, sociólogos, psicólogos, psiquiatras, asistentes sociales, etc.) y de la insuficiente o inexistente inversión que el Estado hace en esta materia. Sin embargo, consideramos que éste es un segundo aspecto del tema planteado, que hace a la "materialización" del fin preventivo. Para discutirlo, primero deberíamos sortear una cuestión previa, pues si la resocialización no puede ser considerada como meta posible dentro de un marco libre albedrista, mal podríamos referirnos a las dificultades prácticas de algo que no puede ser sustentado en el plano teórico.

b) *El aspecto teórico.* La sola referencia a la prevención especial de la pena conlleva, necesariamente, la mención de un término, que en algunos aspectos, pretende tener connotaciones mágicas: resocialización.

La mención de la palabra "resocialización" pareciera encender la luz que aclara todos los puntos oscuros que encierra el derecho penal. Se muestra como una especie de "agua bendita" sobre todo el sistema, juntamente con lo que en la práctica aparece como su socio inseparable: el tratamiento penitenciario.

El término aludido es el que en mayor medida ha trascendido, sin ser el único. Tanto los autores como diversas

[13] Garaudy, *La alternativa*, p. 251.

legislaciones han procurado utilizar otros conceptos, a saber: corrección, enmienda, moralización, adaptación, rehabilitación, educación, reeducación, reinserción social, socialización, resocialización y repersonalización[14]. Por tanto, si hasta el momento resulta difícil consensuar el significado del término que podríamos denominar "madre" (resocialización), más difícil es respecto de aquellos que pululan en libros y normativas. Todos estos nombres no hacen más que sumar confusión a la cuestión planteada, más aún cuando, en oportunidades, los términos son mencionados como sinónimos de "resocialización", y en otras, como conceptos antitéticos de aquélla.

c) *Los problemas conceptuales.* Por su parte, Muñoz Conde dijo que nadie se ha ocupado todavía de completar la palabra analizada con un contenido concreto y definitivo. Demasiado se habla de resocialización, aunque desde diversas ideologías y en muchos casos con finalidades bien diferentes. El término se ha convertido en una *modeword*, en una palabra de moda que por todo el mundo se emplea, y no sólo entre los juristas, sin que nadie sepa muy bien qué se quiere decir con ello. Evidentemente nada de esto habría ocurrido si, desde el primer momento, se hubiera delimitado claramente su finalidad y su contenido[15].

Según Bergalli, el término resocialización se afianza luego de la crisis económica de 1930, como nueva estrategia de control social. Si bien la expresión se dirige sobre el individuo en el campo penitenciario, su sentido y contenido (de corte claramente ideológico) no fueron nunca definidos por el correccionalismo ni por la pedagogía criminal, ni por la denominada nueva defensa social[16].

Asimismo, Beristain Ipiña señala que si por resocialización se entiende el tornar inocuo o incapacitar para tal o cual acción prohibida, difícilmente se negará en algunas sanciones (v.gr., la clausura de una empresa). Si se entiende

14 Neuman, *Prisión abierta*, p. 89.

15 Muñoz Conde, *La resocialización del delincuente. Análisis y crítica de un mito*, "Doctrina Penal", 1979-627.

16 Bergalli, *Realidad social y cuestión penitenciaria*, "Doctrina Penal", 1985-386.

el mero consejo, tampoco se negará, pues la amonestación pública o privada no encuentra serios adversarios. Si se entiende por ella el dolor, el *shock*, "despertador" inherente a la (merecida, justa y legal) privación de un derecho, no parece que encontremos objeciones graves. Pero si se entiende la reeducación como algo más, como una modificación activa y directa de la personalidad del delincuente por tratamientos médicos, psiquiátricos, psicoanalíticos, etc., entonces sí surgen serias dificultades. Al referirse a los delincuentes económicos, el autor vuelve sobre el tema: "Quienes entendemos por reinserción social la capacitación para vivir en sociedad sin infringir notablemente las leyes penales, hemos de concluir que los autores de delitos económicos necesitan algo –llámese tratamiento o reeducación o repersonalización– para ser reinsertado en la sociedad, para que no vuelvan a delinquir" (el destacado nos pertenece)[17].

Desde su posición, Ríos puntualiza que el término "resocializar" resulta inadecuado, dado que parece entoldar la individualidad personal en un "todo social", someter al sujeto a un método reductor. Por supuesto que resulta inadmisible sacrificar al individuo por la sociedad, como si fuera una parte al todo. La persona individual no es parte, es un todo sustantivo inviolable, sacralizado por su dignidad. La sociedad existe para el individuo y no el individuo para la sociedad. En este sentido, en una correcta ejecución penal no se trata de encorsetar a toda costa el comportamiento del condenado a las pautas vigentes, sino de otorgarle, instrumentalmente, los medios para crecer como persona. De allí que deba optarse por llamar a esta función como

[17] Beristain Ipiña, *La pena-retribución y las actuales concepciones criminológicas*, p. 121 y 155. En otro trabajo, destaca que "la cárcel hoy no debe seguir siendo un medio de control social como hasta ahora. La cárcel no debe seguir buscando principalmente la seguridad, ni la reeducación del condenado, ni tan siquiera su reinserción social. Consideración aparte merece la repersonalización" (*La cárcel como factor de configuración social*, "Doctrina Penal", 1981-273). También tiene en cuenta que en esa repersonalización cumple un *rol* importante la religión. Cita el art. 54 de la ley que regula la ejecución de la pena en España y dice: "La Administración garantizará la libertad religiosa de los internos y facilitará los medios para que dicha libertad pueda ejercitarse" (*La religión como puente desde y hacia la cárcel*, "Doctrina Penal", 1985-219).

"personalizadora" y que su objetivo sea la *personalización*. En efecto, personalizar es asistir al hombre para potenciar su ser personal, y persona es un ser humano irrepetible con capacidad de autoconciencia, autocontrol y autodecisión[18].

Por otra parte, ZAFFARONI renuncia a la voz "resocialización", pues estima que tiene tantos sentidos que puede generar confusión. Prefiere hablar de prevención especial y, acto seguido, hace mención a las formas en que ésta no debe ser llevada a cabo:

1) No puede consistir en ningún impedimento físico, como las llamadas penas de muerte, mutilaciones, etcétera.

2) No puede consistir en ninguna "reeducación" ni en un "tratamiento", que pretenda considerar al hombre como un ser careciente de sentido "moral" o desde el punto de vista "médico".

3) No debe ser rígida, sino que debe adaptarse a cada caso concreto.

A su vez, puntualiza que la reforma del criminalizado puede alcanzarse, en muchos casos, mediante una simple privación (como puede ser la multa) que obre como una contramotivación. Para los casos en los cuales los individuos son precandidatos a la criminalización, es decir, los que por circunstancias personales están más expuestos al sistema penal, la prevención especial debe ser otra. "La función de la prevención penal en estos casos, debe ser la de disminuir la vulnerabilidad del criminalizado al propio sistema penal. La 'toma de conciencia' del papel que asume el criminalizado por parte del mismo, quien perciba que el condicionamiento le lleva a 'poner la cara' al control social institucionalizado y a mostrarse así como ejemplo de lo que 'no debe hacerse' para contención del sector social del cual se le selecciona, significará en tales supuestos el logro del objetivo de la pena y el fin último de la prevención especial penal. La readaptación social del criminalizado no puede ser un aprendizaje por mero desconocimiento asimilable a una escuela de perros"[19].

[18] RÍOS, *La ejecución de la pena*, en ROXIN y otros, "Determinación judicial de la pena", p. 135.

[19] ZAFFARONI, *Manual de derecho penal. Parte general*, p. 62 a 64.

Al abordar el tema, Zipf se refiere a la "reinserción social", a la que define como la "posibilidad de reintegrar en la comunidad al ciudadano que ha delinquido y hacerle capaz de desenvolver su vida en la comunidad"[20]. Neuman entiende que es menester optar por un esquema escueto y ávido de realidad, sobre todo de realidad circundante. Con relación a ello expresa: "Más que la propensión voluptuosa a un programa de bases teóricas, debe organizarse en torno a un concepto mínimo y hasta simplista. En tal sentido readaptar sería lograr que los condenados se conduzcan en libertad, como los otros hombres. Esta conceptualización es respetuosa de la personalidad del hombre, pero no pierde de vista el medio en que deberá actuar. Además no deja de aceptar todas las técnicas –incluso las psicoterapéuticas individuales o de grupo– sobre la base de que la primera fuente para un tratamiento readaptativo sea el trabajo penitenciario"[21].

Según Hassemer, lo más razonable que una sociedad orientada *out-put* a las consecuencias puede pretender alcanzar con un delincuente, es ofrecerle ayuda para su (re)inserción en la sociedad y en las normas. Esto es útil para las dos partes, puesto que en esta meta pueden coincidir ideológicamente todos los críticos del derecho penal, tanto los de derecha, como los de izquierda. El éxito en la socialización es la mejor seguridad para la sociedad frente al que ha delinquido; por medio del régimen penitenciario resocializador (costoso, tanto personal como económicamente), la sociedad salda una parte de la culpa que tiene por la deficiente socialización de estas personas[22].

d) *Dificultad de la temática tratada.* De la lectura de las definiciones mencionadas se advierte que la controversia surge desde el inicio de esta problemática, pues los autores ni siquiera se ponen de acuerdo en su aspecto conceptual, lo que dificulta aún más el panorama. Así, por ejemplo, Ríos, quien no le niega a la pena finalidad de prevención especial, considera erróneo hablar de resocialización, fijando como meta la personalización. También son significativas

[20] Zipf, *Introducción a la política criminal*, p. 73.

[21] Neuman, *Prisión abierta*, p. 90.

[22] Hassemer, *Fundamentos del derecho penal*, p. 353.

las palabras de BERISTAIN cuando, refiriéndose al delincuente económico, señala que necesita "algo", llámese tratamiento o reeducación o repersonalización. Sin embargo, la cuestión excede de una desavenencia conceptual. Los autores citados (que son el resultado de un pequeño muestreo que lejos está de agotar las varias definiciones que se han dado sobre el tema tratado) tienen algo que los acerca y también que los aleja, con la particularidad de que en ambos casos es el mismo concepto: la prevención especial. Ésta los acerca, pero no todos concuerdan en cuál debe ser ese fin preventivo especial, lo cual los aleja.

e) *RESOCIALIZAR O SOCIALIZAR.* En ciertas oportunidades, se dice que la pena tiene la finalidad de socializar al individuo, utilizándose este término como sinónimo de resocializar[23]. Como ambos significan lo opuesto, es necesario hacer un alto en esta cuestión.

La partícula "re" tiene por significado volver algo a un estado anterior. Así, si la finalidad de la pena es "resocializar", debemos considerar que el individuo a quien se la aplica alcanzó, en algún momento, a ser "sociable".

Por el contrario, si el fin de la pena es "socializar", estamos obligados a sostener, necesariamente, que el individuo a quien se le aplica nunca alcanzó el grado antedicho (ser sociable). Además, se refieren a circunstancias absolutamente diferentes, con derivaciones diametralmente opuestas. Aun cuando no compartimos en un todo sus conclusiones, hay que destacar que HASSEMER ha reparado en la circunstancia referida[24].

[23] BARBERO SANTOS y MORENILLA RODRÍGUEZ sostienen que "socializar" (y no resocializar) significa no otra cosa que el sujeto lleve en el futuro una vida sin cometer delitos, no que haga suyos los valores de una sociedad que puede repudiar (*La ley de peligrosidad y rehabilitación social*, "Doctrina Penal", 1979-223). Cabe destacar que muchos autores utilizan definiciones similares, pero para el concepto "resocializar".

[24] Señala HASSEMER que "desde el punto de vista terminológico conviene precisar que el término 'resocialización' ha caído con razón en descrédito en las teorías de la socialización, que han llamado la atención sobre el hecho de que la mayor parte de los internos en un establecimiento penitenciario no han tenido procesos de socialización (procesos de reinserción en la sociedad y en sus normas) o estos procesos han fracasado.

f) *El hombre sociable.* Para analizar si desde el punto de vista teórico es posible sostener la finalidad resocializadora de la pena, es necesario referirse al concepto de "hombre social" y al denominado "proceso de socialización".

El ser humano solitario es ser a nivel animal. El *homo sapiens* es, siempre, *homo socius*. A partir de su interacción con los otros, el ser humano comienza a internalizar las normas de convivencia de la sociedad en que le toca vivir. Comienza el proceso de socialización, entendido por éste como conducir al joven a determinadas formas de comportamiento esperadas por la sociedad[25].

En este proceso debemos incluir todas las posibilidades de contacto social del individuo para con su entorno y, así, es mucho más amplio que el proceso de educación, que aparece como más estricto[26].

Así, el individuo no nace siendo "un hombre social", pero sí con una predisposición hacia la sociabilidad, para luego llegar a ser miembro de la sociedad cuando el individuo internaliza las normas sociales. Esta aprehensión no resulta de las creaciones autónomas de significado por individuos aislados, sino que comienza cuando el individuo "asume" el mundo en el que ya viven otros. Esto presupone que compartimos el tiempo en forma más efímera y una perspectiva comprehensiva, que vincula subjetivamente series de situaciones entre sí; comprendemos nuestras mutuas definiciones de las situaciones compartidas y también las definimos recíprocamente. Se establece entre nosotros un nexo de motivaciones que se extiende hasta el futuro; y, lo que es de suma importancia, existe ahora una continua identificación mutua. No sólo vivimos en el mismo mundo, sino que participamos cada uno en el ser de otro.

De lo que se deduce que antes que 'resocializados' deberían ser 'socializados'. Sin embargo, no perjudica seguir usando, como se hace en el texto, el concepto tradicional, si no se olvida esta limitación crítica y se piensa además que para muchos delincuentes 'deficientemente socializados' también se trata realmente de 'resocialización'" (*Fundamentos del derecho penal*, p. 353).

25 Hellmer, citado por Zipf, *Introducción a la política criminal*, p. 162.

26 Zipf, *Introducción a la política criminal*, p. 162.

Solamente cuando el individuo ha llegado a ese grado de internalización puede considerárselo miembro de la sociedad.

La socialización primaria es la primera por la que el individuo atraviesa en la niñez; por medio de ella se convierte en miembro de la sociedad. La secundaria es cualquier proceso posterior que induce al individuo ya socializado a nuevos sectores del mundo objetivo de su sociedad[27].

En consecuencia, el hombre sociable es aquel que, a partir de la internalización referida, conoce y comprende las normas de la sociedad en que le toca vivir, *aunque no las comparta*.

En este sentido, cabe decir que el proceso de socialización puede deparar diversos resultados. Por socialización exitosa entendemos el establecimiento de un alto grado de simetría entre la realidad objetiva y la subjetiva. Inversamente, la socialización totalmente deficiente es muy poco frecuente y se limita a los casos de individuos con los que fracasa aun la socialización mínima, debido a una patología orgánica extrema. Por lo tanto, nuestro análisis debe ocuparse de las gradaciones en un *continuum* cuyos polos extremos son empíricamente inaccesibles[28].

g) *La imputabilidad importa la sociabilidad del individuo.* Con respecto a todo lo señalado, consideramos pertinente ahondar en algo de suma importancia: la relación que, entendemos, existe entre la imputabilidad y la sociabilidad.

Desde una concepción normativa de la culpabilidad (entendiendo a ésta como juicio de reproche), la imputabilidad

[27] Berger - Luckman, *La construcción social de la realidad*, p. 165 y 166.

[28] Berger - Luckman, *La construcción social de la realidad*, p. 205. Indican al respecto que la socialización deficiente ocurre sólo como resultado de accidentes biográficos, biológicos o sociales. Así, la socialización primaria de un niño puede disminuirse, por causa de una deformidad física que lleva un estigma social o un estigma basado en definiciones sociales. El cojo y el bastardo son prototipos de estos dos casos. Los inconvenientes biológicos también pueden ser causa de una socialización deficiente, como el caso de una debilidad mental profunda. Todos tienen el carácter de desgracias personales y no proporcionan el fundamento para la institucionalización de antiidentidades y de la antirrealidad.

debe ser considerada como capacidad psíquica de culpabilidad[29].

Así, "para reprocharle una conducta a un autor es menester que el autor haya tenido un cierto grado de capacidad psíquica que le haya *permitido disponer de un ámbito de autodeterminación*" (el destacado nos pertenece)[30].

A quien carece de esa capacidad, mal se le podría aplicar una pena, pues nada se le puede reprochar, por lo cual queda sólo el camino de la medida de seguridad.

El Código Penal argentino destaca en su art. 34 que carece de la capacidad psíquica referida: *"El que no haya podido en el momento del hecho, ya sea por insuficiencia de sus facultades, por alteraciones morbosas de las mismas o por su estado de inconsciencia, error o ignorancia de hecho no imputable, comprender la criminalidad del acto o dirigir sus acciones"*.

El proceso de socialización tiene las siguientes características:

1) En cuanto a su éxito, el mentado proceso oscila entre dos polos opuestos, conformado por la socialización exitosa y la socialización totalmente deficiente.

2) El análisis debe permanecer en un *continuum* entre estos dos polos, pues los extremos son empíricamente inaccesibles.

3) La socialización exitosa es prácticamente imposible.

4) La socialización totalmente deficiente es muy poco frecuente, y se limita a los individuos respecto de los cuales

[29] Señala Spolansky que "hoy en día se afirma en términos generales, que la culpabilidad es de carácter normativo, lo cual significa que se declara a través de un juicio de reproche dirigido a quien habiendo cometido un acto típicamente antijurídico, debió y pudo evitarlo; de tal forma que la exigencia desaparece, y por ende el reproche, cuando el sujeto no pudo actuar de otra manera, por la anormalidad de la motivación originada en las circunstancias concomitantes del hecho, y sobre la base de pensar que las normas jurídicas se dirigen al hombre común y no a los héroes. Si se define culpabilidad como reproche jurídico, la imputabilidad ha de ser entendida como capacidad de culpabilidad, es decir, como la aptitud del sujeto para autodeterminarse ante las exigencias jurídicas" (*Imputabilidad y comprensión de la criminalidad*, p. 5 y 6).

[30] Zaffaroni, *Manual de derecho penal. Parte general*, p. 354.

fracasa la socialización mínima, debido a una patología orgánica extrema.

5) Por lo dicho, tenemos que entender como "sociable" a todos aquellos que alcanzaron la socialización mínima.

De acuerdo con lo mencionado, trataremos de demostrar la siguiente hipótesis: la imputabilidad importa la sociabilidad o, dicho de otro modo, la sociabilidad es presupuesto de la imputabilidad. Para ello es necesario hacer algunas consideraciones que, en determinados aspectos, van más allá de nuestra propuesta.

La pregunta que debemos formularnos es la siguiente: ¿Cómo debemos observar el proceso de socialización en la secuencia delictiva, desde el prisma de una posición resocializadora? Para ello tendríamos que sostener que el individuo alcanzó, en alguna oportunidad, la condición de sociable, perdiéndola en el momento de cometer el delito que se le imputa. Si la socialización se logra mediante un largo proceso que comienza cuando el niño interactúa por primera vez con los otros, lo señalado en el párrafo anterior parece poco convincente. *No se puede ser sociable y de repente dejar de serlo.*

La comisión del delito no es, entonces, el parámetro adecuado para determinar la pérdida de la sociabilidad. Un argumento válido podría ser que la condición de sociabilidad no se encontraba presente en el momento de la comisión del delito porque: *a*) nunca fue alcanzada por el individuo que cometió el delito, o *b*) habiendo sido alcanzada, fue perdida en forma previa a la comisión del delito.

En ambos casos la pena tendría función, no *resocializadora*, sino *socializadora*. ¿Es sostenible esta postura? Con anterioridad sostuvimos que la pena es, ante todo, la imposición de un mal, es reproche. Pero, ¿es pasible de reprochabilidad quien no ha internalizado mínimamente las normas de la sociedad en que vive? Todo indica que no, pues esto se corresponde con la tesis propuesta: *la sociabilidad es presupuesto de la imputabilidad.*

Para corroborarla, es necesario realizar un análisis conjunto de ambos términos, de modo tal de considerar aquello que, en ciertos aspectos, los "fusiona". En este sentido, podemos decir que el individuo es: *1*) imputable, sólo si goza, en el momento del hecho, de un grado de capacidad psíquica que le permita autodeterminarse, y *2*) sociable, sólo si alcanza a internalizar las normas de la sociedad en la que vive.

La relación entre los supuestos se da en casos en que no alcanzan la socialización mínima. Como ha quedado dicho, esto es poco frecuente y va acompañado de una *patología orgánica extrema*. Así, no cabe duda de que la falta de socialización afecta la capacidad psíquica a la que se refiere la imputabilidad. *Ergo, el individuo asocial es inimputable, o bien el imputable es necesariamente un ser social.*

A ello cabe sumarle que la imputabilidad requiere del individuo la comprensión de la criminalidad y no sólo su conocimiento. "Y comprender es un proceso mucho más complejo que el mero entender o aprehender. Comprender implica, además de la captación de la circunstancia que mueve a la acción, la valoración del obrar y de su resultado. De ahí que se pueda afirmar sintéticamente que 'comprender' significa vivenciar los valores... La ley, al requerir 'comprensión', está significando que sólo puede ser capaz de culpabilidad (imputabilidad) quien puede sentirse *culpable*; esto es, quien puede *sentir* el reproche"[31].

Entonces, si comprender la criminalidad significa "vivenciar los valores" y la socialización mínima importa "incorporar esos valores" mediante el proceso de su internalización, no es difícil llegar a una conclusión: *mal puede vivenciarse aquello que ni siquiera ha sido incorporado*.

Podemos concluir, en consecuencia, que la socialización es presupuesto de la imputabilidad o, dicho de otro modo, no puede sostenerse que una persona sea imputable al momento de cometer el delito, negando al mismo tiempo su condición de sociable. Así, pues, lo señalado en el párrafo anterior da solución al improbable caso del individuo que no alcanza el grado de socialización mínima por razones distintas de una patología orgánica extrema.

En definitiva, lo expresado a lo largo de este acápite hace hincapié en la modalidad más común que adopta la

[31] Spolansky, *Imputabilidad y comprensión de la criminalidad*, p. 20 a 23.

inimputabilidad: la ausencia de capacidad psíquica en el sujeto para comprender la antijuricidad de la acción.

De todos modos, lo referido también es extensible al segundo aspecto que puede adoptar la inimputabilidad: la falta de capacidad psíquica del sujeto para dirigir sus acciones conforme a la comprensión de la criminalidad, producto de su propia incapacidad psíquica[32]. De acuerdo con lo sostenido, puede puntualizarse que se brindaron los elementos suficientes que corroboran la tesis propuesta: la sociabilidad es presupuesto de la imputabilidad.

§ 92. ***Una teoría de la pena garantizadora de los derechos humanos.*** – Sostener que la pena cumple una función de prevención general, al retribuir la culpabilidad del individuo, importa *no adherir a una postura absoluta*, pues se le da a la pena una finalidad que excede de la mera realización de la justicia. En este punto cabe hacer una importante digresión.

La posición de Kant acerca del fin de la pena ha sido conocida con el nombre de "absoluta", dado que la pena debía imponerse aun cuando resultara inconveniente para el bien de la sociedad; de ello se deriva lo "absoluto", puesto que el fin de la pena era sólo la realización de la justicia. Pero además de darle esta denominación, también se la llamó "retributiva" y "talional". Ello provocó que muchos asociaran el retribucionismo con la postura kantiana, lo que es absolutamente erróneo. Se puede ser retribucionista y, sin embargo, no adherir a la postura citada.

Con el fin de clarificar los conceptos referidos, queremos destacar que por "retribucionismo" entendemos toda postura que pretende dar respuesta a los fines de la pena, y que no incluye entre ellos a la resocialización, socialización o reinserción social del individuo, como meta principal. Si

[32] Zaffaroni da un ejemplo al respecto: el que padece una fobia a los insectos sabe que es injusto empujar ancianas por la calle, pero si ha visto una cucaracha y eso le desencadena un pánico incontenible, no podrá adecuar su conducta a la comprensión de la antijuridicidad, por mucho que, razonando, se percate de que su miedo no tiene causa real y de que empujar en esa circunstancia a una anciana es un acto deplorable y malvado (*Manual de derecho penal. Parte general*, p. 534).

queremos llamar a la postura kantiana o hegeliana "retribucionismo", es necesario que le agreguemos el adjetivo de "puro", "absoluto" o "talional", para diferenciarlo del concepto anteriormente desarrollado.

La tesis propuesta está completamente alejada de concepciones totalitarias y de ningún modo pretende menoscabar los derechos humanos de quienes deben cumplir una pena. Por el contrario, ésta sólo es concebible dentro de un régimen democrático que respete los principios fundamentales de lo que se conoce con el nombre de derecho penal liberal, más allá de las críticas expuestas y las que expondremos, además de colocar sobre todo la dignidad del hombre y el mayor respeto por los derechos humanos[33], concebidos éstos en su sentido más amplio[34].

[33] Por derechos humanos entendemos "aquellos espacios de libertad que todos y cada uno de los seres humanos necesitan para poder desenvolver su personalidad según sus propios criterios; dicho de otro modo: para poder satisfacer 'las necesidades básicas del hombre', tal como éstas se presentan en los específicos contextos históricos y personales, según los puntos de vista de cada uno sobre cómo ha de ser ese desarrollo de la personalidad y respetando la igual posibilidad de todos los demás en este sentido. Los derechos humanos son, pues, 'exigencias' cuyo sujeto es cada individuo y cuyo destinatario es ante todo el Estado, sea que se exija de éste su no interferencia, sea que se exija su intervención a fin de dejar sin efecto las interferencias de otras formas de poder social o de los otros individuos que pongan en peligro los espacios de libertad antes mencionados" (GARDELLA, *La responsabilidad por la violación de los derechos humanos y la problemática de la culpabilidad penal,* en BERGALLI - BUSTOS, "El poder penal del Estado. Homenaje a Hilde Kaufmann", p. 357).

[34] En consecuencia, nuestra posición lejos está de renegar de la dogmática penal. Por el contrario, adherimos a lo señalado por MAURACH y ZIPF, citados por DONNA, al respecto, en cuanto "los criterios contenidos en postulados dogmáticos representan una solución casuística adecuada, en un marco de objetivos político criminales preestablecidos y de la mayor ausencia de contradicciones intrasistemáticas posibles. Desde un punto de vista funcional, en el contexto general de la obtención de normas jurídicas, la dogmática debe garantizar una aplicación igualitaria y previsible, transparente del derecho".

Con la teoría que exponemos pretendemos precisamente eso: una aplicación más igualitaria, previsible, justa, racional y, principalmente, menos hipócrita de la pena, condiciones que desde nuestra óptica no son garantizadas por la resocialización. No creemos alejarnos entonces de lo dicho por DONNA, cuando señala que "es bueno que se busquen nuevas vías de lograr una mejor convivencia entre las personas, que se discutan

Las tesis retributivas, como se dijo, no necesariamente se corresponden con las tesis absolutas. A ello cabe agregar una errónea concepción, producto de lo precedente, que sindica como acérrimos defensores de prácticas penales medievales a quienes consideran que la pena tiene fines retributivos.

Nada puede estar más alejado de ello, pues sostener que la resocialización es una falacia no significa vulnerar o no defender a ultranza los derechos humanos de quienes cumplen pena. Por el contrario, tratamos de desmitificar una gran falacia del derecho penal, para comenzar a construir desde una óptica algo más realista. Generalmente se define retribuir como "devolver mal por mal". Cabe destacar una vez más que no hay que confundir retribución con teoría absoluta. La pena materializa la prevención general retribuyendo la culpabilidad. Devuelve, entonces, "mal por mal". Pero, ¿qué importa devolver "mal por mal"? Intuitivamente podríamos responder que, producido un homicidio (un mal), quien lo cometió debe pagar con ese mal (la muerte). Esto reedita así la referida "ley del talión", que significó el primer intento por lograr una proporción entre delito y pena. La respuesta no sería desacertada dentro del marco genérico en que fue realizada la pregunta, sin embargo, es necesario precisar el marco de referencia. La tesis formulada en cuanto a la teoría de la pena sólo puede circunscribirse dentro de un régimen democrático, por lo que resulta indispensable que la pregunta sea reformulada de esta manera: ¿qué significa retribuir dentro de un régimen democrático? De este modo, la respuesta cambia sustancialmente.

La pena es un mal, no cabe duda alguna, y los autores así lo reconocen. Según nuestra tesis, ese mal materializa la prevención general y ahí agota su fin. Pero ello no significa que conjuntamente se cierre el tema en cuestión, pues resta aún debatir el alcance que se le debe dar a ese concepto (mal) dentro del Estado de derecho.

---

cuáles son las mejores pero que, en el ámbito de la ciencia, debe ser dentro de un cierto método y en una discusión que no pase de lo fáctico a lo a priori y viceversa" (*Derechos humanos, dogmática penal y criminología*, *LL*, 1991-C-676 y 677).

En el tema puntual de las penas de prisión, entendemos que la privación del bien jurídico que es la libertad *agota el castigo que debe sufrir el delincuente.* Todo castigo que pretenda ir más allá de dicho sufrimiento, lo que comúnmente sucede en las "cárceles resocializadoras" (golpes, vejaciones, torturas psicológicas, requisas indignas a que son sometidos quienes visitan a los detenidos, abstinencia sexual impuesta, comida apestosa y escasa, celdas superpobladas, ocio permanente –y no creativo–, suciedad, cosificación de los internos, salarios de miseria, etc.), ya no es retribución en el sentido que la comprendemos *sino lisa y llana privación ilegítima de la libertad*[35].

Por ello, desde una posición retribucionista-garantizadora como la que proponemos, se deben reivindicar todas aquellas manifestaciones que tengan por finalidad defender la dignidad de las personas privadas de su libertad. Hemos señalado que el individuo es libre de hacer esto o aquello, si bien existen circunstancias sociales que pueden condicionarlo, aunque nunca determinarlo en uno u otro sentido. En consecuencia, debe sufrir una pena para responder por lo que hizo, pero en el Estado de derecho ésta no puede ejecutarse de cualquier modo y a cualquier precio.

También es necesario hacer otras salvedades fundamentales. Descreer que la pena tenga por fin la resocialización

[35] "En el marco de las libertades crecientes de los ciudadanos, la privación de libertad representa, de década en década, un ataque cada vez más grande a los derechos humanos. Entre las libertades que hoy están a disposición de cada ciudadano se cuentan: manejar un automóvil, vivir placenteramente, reservar un vuelo charter, ducharse una vez al día, ir a cenar, mirar televisión y –para ir más adelante en este abc– someterse a chequeos de salud, tener perros, informarse libremente o utilizar un refrigerador. Notarán que he ordenado estas conductas como en un juego social, alfabéticamente, hasta poder llegar al agua caliente y la lectura de periódicos, que hoy pertenecen a lo cotidiano, pero que están completamente excluidos de la vida en prisión, o que, por lo menos, se ven seriamente limitados. Cuanto más habituales se vuelven las libertades sociales, tanto más grande es el recorte que representa la total privación de libertad en prisión. La dimensión de la pérdida de libertad crece hasta perder toda proporción" (SCHUMANN, *Una sociedad sin prisiones*, "Doctrina Penal", 1991-A-112). Podría sostenerse, también, que la pena privativa de libertad excede por sí sola el límite racional de un Estado de derecho. Así lo hacen quienes proponen la eliminación absoluta de la pena privativa de libertad.

del individuo *no significa oponerse a aquellas actividades de las que se pueda derivar algo útil para quien deba cumplirla.* Por el contrario, se deben incentivar todas aquellas prácticas que le permitan al interno hacer más llevadero su pesar y, de ser posible, procurar que de su estadía resulte algo útil para sí y, en consecuencia, para la sociedad.

Así, resulta de suma importancia que durante el cumplimiento de la pena se le enseñe algún trabajo u oficio a quien no lo tiene, o a leer y escribir a quien no lo sabe; que se le permita seguir estudios universitarios a quien esté en condiciones de hacerlo; que se realicen prácticas que favorezcan el fortalecimiento de vínculos con su familia y con la sociedad toda; que se realicen periódicos controles médicos; que los internos sean asistidos psicológicamente cuando así lo requieran (del mismo modo que lo hace quien goza de su libertad), etcétera. Por ello, la prisión abierta es absolutamente compatible con nuestra propuesta.

En los párrafos anteriores se ha sostenido lo que tiene que ver con un modo racional de concebir la retribución, por lo cual lejos quedan las tesis de KANT y HEGEL y las prácticas medievales. Sin embargo, en nada condice nuestra postura con lo sostenido por la resocialización, pues la pena es un mal, cuyo fin es materializar la prevención general. Ahí concluye su finalidad. Pero el modo en que ese mal es llevado a la práctica debe darse dentro del marco racional que requiere el estado de derecho. Si de la pena puede extraerse algún bien, no sólo hay que apoyarlo, sino incentivarlo. Empero, no por ello podemos decir que la pena deje de ser retributiva y menos aún que cumpla con resocialización alguna[36]. Todo ello por lo siguientes motivos:

36 Al respecto, son destacables las palabras pertenecientes a BAJO FERNÁNDEZ, en el prólogo al libro de ZIPF, *Introducción a la política criminal.* Dice el autor: "El sentido primordial de la pena es el de ser proporcional a la gravedad del hecho y a la culpabilidad del autor... la función de reeducación y reinserción social debe de entenderse como obligación de la Administración penitenciaria de ofrecer al recluso todos los medios razonables para el desarrollo de su personalidad y como prohibición a la misma de entorpecer dicha evolución, *nunca como esencia de la pena privativa de la libertad*" (el destacado nos pertenece).

a) Porque todo delincuente es libre de cometer o no la acción prohibida, más allá de tangibles y reales condicionamientos sociales.

b) Porque todo delincuente es un hombre sociable, en tanto es imputable. La imputabilidad presupone la sociabilidad.

c) Porque la resocialización es una falacia, que no supera el marco conceptual.

§ 93. ***Hacia una nueva clasificación de los tipos penales.*** Cabe proponer entonces una teoría relativa de la pena que, en lo que al dolo eventual se refiere, dé por tierra con los prejuicios y con sus nefastas consecuencias (ver § 89).

En efecto, si la pena no cumple finalidad resocializadora alguna, por materializar tan sólo la prevención general, no hay ningún impedimento para que los delitos culposos tengan penas más importantes, con las limitaciones dadas por la prevención general positiva. Ello no significa ampliar el marco de punibilidad, tal como se expondrá en el capítulo siguiente. Asimismo, propondremos la división entre culpa consciente e inconsciente.

Al decir que el dolo eventual es una estructura endeble (ver § 84), manifestamos que existían soluciones político-criminales para los casos que actualmente se resuelven con la forma de "dolo eventual", sin renegar de los principios del derecho penal liberal, recurriendo a una interpretación integral entre la teoría del delito y la teoría de la pena. Creemos haber aportado y fundado las soluciones propuestas. También expresamos que el dolo eventual es una creación dogmática en perjuicio del imputado, pues tiene la estructura del tipo culposo pero se le aplica, haciendo una interpretación equívoca de lo que significa la política criminal, la pena del delito doloso y que la estructura del dolo (en sus aspectos cognoscitivos y volitivos) sólo se compadece con el dolo directo y el indirecto. En efecto lo acreditaremos y fundamentaremos debidamente en los parágrafos siguientes.

Capítulo X

CRÍTICAS AL DOLO EVENTUAL. RAZONES PARA SU ELIMINACIÓN. PROPUESTAS ALTERNATIVAS

§ 94. ***Un punto de partida.*** – En el capítulo II desarrollamos de un modo pormenorizado las diversas teorías que giran en torno al dolo eventual, y citamos sus principales expositores. Esto se realizó de un modo absolutamente escéptico, procurando no introducir, ni siquiera de un modo nimio, nuestras ideas y pensamientos.

La lectura concienzuda de los autores nos lleva a la conclusión de que muchos son contradictorios entre sí[1]. Las distintas teorías nos revelan que una a una todas se critican, pero los argumentos que presentan para superarlas lejos están de ser esclarecedores y definitivos, sino que, por el contrario, terminan sumando mayores confusiones y contrasentidos.

El fracaso en cuanto al sostenimiento dogmático del dolo eventual se da en dos planos:

a) *Genérico*: ninguna de las teorías puede sostener que la estructura del dolo eventual se corresponda con la del tipo doloso, a partir de los presupuestos básicos que

[1] Bustos Ramírez, *Política criminal y dolo eventual*, en "Control social y sistema penal", le critica a Roxin la expresión "decidirse en contra del bien jurídico" en p. 250, diciendo que ella no explica el salto cualitativo del dolo a la culpa, y contradictoriamente en p. 254 utiliza el mismo concepto (decisión en contra del bien jurídico) para definir su mentado *elemento subjetivo agravatorio del injusto*, al que críticamente nos referiremos más adelante.

hacen al dolo directo e indirecto, y a la culpa con representación.

b) *Específico*: independientemente de lo anterior, que alcanza para sostener que el dolo eventual es una creación dogmática en perjuicio del imputado, y en virtud de ello abogar por su derogación, cada una de ellas adolece de vicios propios que las tornan más infundadas aún.

§ 95. ***Las dificultades probatorias y el dolo eventual. Su intrascendencia respecto de la cuestión tratada.*** – En este punto compartimos la opinión de Zugaldía Espinar, respecto de que las dificultades para determinar en la práctica supuestos de dolo eventual frente a los de culpa consciente, no son mayores que las que puede ofrecer cualquier otro problema jurídico de análogas características (p.ej., quién es autor y quién partícipe, quién es partícipe necesario y quién secundario, cuándo un acto queda en grado de tentativa y cuándo es consumado, etcétera)[2].

Como hemos señalado y demostraremos cabalmente, el dolo eventual es una invención y en realidad no se trata más que de un tipo culposo, en su modalidad de culpa con representación. De modo que es absolutamente equívoco proponer –como bien refiere Zugaldía Espinar– que por la dificultad probatoria se aplique la pena del delito culposo a los casos de dolo eventual. Una idéntica posición habría que proponer, en consecuencia, respecto a todas las cuestiones áridas del derecho penal (que, dicho sea de paso, son infinitas).

En definitiva, el dolo eventual no supera el marco conceptual. Las cuestiones de prueba nada tienen que ver al respecto.

Un tema diferente, y que reviste gran trascendencia respecto de la hipótesis que pretendemos acreditar, tiene que ver con el modo, la forma o los elementos de los que se vale el derecho penal para probar el dolo en general y no el dolo eventual en particular. Sobre este punto volveremos en el parágrafo siguiente.

[2] Zugaldía Espinar, *La demarcación entre el dolo y la culpa: el problema de dolo eventual*, "Anuario de Derecho Penal y Ciencias Penales", serie 1, nº 3, p. 405.

§ 96. ***Dolo directo.*** – En el denominado dolo directo, el agente (Juan) se propone un fin prohibido (matar a Pedro), luego selecciona los medios para obtener el resultado propuesto (comprar un arma de fuego) para, finalmente, poner en marcha un proceso causal y con ello materializar la ideación (espera a su víctima a la salida del trabajo y le dispara). En el tipo doloso lo prohibido (y penado) es la conducta (matar), pues el fin propuesto por el autor *es* lo que está prohibido. Existe una coincidencia entre lo que el autor hace y lo que el autor quiere. En el obrar doloso la voluntad del autor tiene que dirigirse a la realización del hecho típico no de una manera impersonal sino como su propia obra.

a) *Presupuestos.* Para comprender la problemática tratada debe quedar claro que en un derecho penal de acto (único posible para un sistema democrático), lo que se pune es el *acto* que prohíbe el tipo penal de que se trate (en el ejemplo referido el *acto* de matar a otro). No se pune la *voluntad criminal, ni que Pedro sea un asesino* (lo que podría derivar en un derecho penal de autor). Para punir ese acto es necesario que Pedro sepa que lo que tiene frente a sí es una persona –Juan– (elemento cognoscitivo) y que munido de ese conocimiento lleve adelante la acción de matar (elemento volitivo).

b) *Plan del autor.* Por lo señalado, cabe decir que el dolo directo requiere de un plan, lo que se conoce como *plan del autor*. Éste se compone de cinco etapas, que integran el denominado *iter criminis*, a saber: ideación, planificación, tentativa, consumación y agotamiento.

El plan incluye la previsión del curso causal. Dentro de ciertos parámetros, el autor cumple con la estrategia prevista. Si Juan sabe que Pedro pasa por el frente de su casa todos los días a la hora 20, cuando sale de trabajar, y lo espera con el arma cargada y percutada, nada cambiará si ese día Pedro lo hace veinte minutos más tarde. Lo mismo cabría decir, por ejemplo, con respecto a la distancia desde la cual Juan tenía previsto realizar el disparo, puesto que si había programado hacerlo desde veinte metros y termina haciéndolo desde dieciocho, nada cambia en cuanto al plan trazado. Es que, como unánimemente tiene dicho la doctrina, sólo puede hablarse de interrupción o quebrantamiento del curso causal, cuando hay una decisiva desviación entre lo previsto por el autor y el resultado acaecido. Suele hablarse de tres casos que son:

1) Error en el golpe (*aberratio ictus*): Juan dirige su conducta contra un objeto, pero afecta a otro sin que ello estuviera ni siquiera liminarmente dentro de su plan.

La solución es diferente, conforme los objetos sean equivalentes o no. Por ejemplo, si Juan quiere matar a Pedro y en su lugar mata a Marcelo, o bien si quiere matar a Pedro, pero mata al perro de éste.

Las soluciones que se dan para el último caso son unánimes, pues a Juan habría que imputarle tentativa de homicidio de Pedro, y el delito de daño (en grado de consumación) por la muerte del perro.

Con relación al primero, la doctrina se divide dado que para un sector hay que considerar un concurso ideal: *tentativa de homicidio* respecto de Pedro, en concurso ideal con el homicidio *culposo* con relación a Marcelo. Otro sector sostiene que la finalidad de Pedro era matar a una persona, y lo hizo, por lo que hay que imputarle lisa y llanamente el homicidio de Marcelo.

2) Error en el objeto (*error in personam*): en este caso, el autor cree dirigir la conducta contra un objeto, pero en realidad lo hace contra otro. A diferencia de la *aberratio ictus*, donde el autor dirige la conducta contra un objeto y afecta a otro, en éste afecta a aquel contra el cual la conducta se dirige. En esta hipótesis la solución no difiere respecto de si los objetos son equivalentes o no. En efecto, si Juan creer dirigir su acción homicida contra Marcelo, pero en realidad lo hace sobre Pedro, se le imputará el homicidio de éste. Para el caso de que crea dirigir su acción homicida sobre Pedro, y en realidad lo hace sobre su perro, se le imputará el delito de daños por la muerte del can.

3) Dolo general (*dolus generalis*): en este caso, el autor cree haber alcanzado el objetivo planeado (matar a otro) en un momento determinado, cuando en realidad lo consigue, sin saberlo, en un momento posterior. Un ejemplo de ello es el caso de quien cree haber dado muerte al enemigo tras asestarle varias puñaladas, y luego lo cuelga de un árbol (creyéndolo muerto) para simular un suicidio. La autopsia revela posteriormente que la persona no murió como consecuencia de las puñaladas, sino por asfixia. Las soluciones que ofrece la doctrina son dos: un sector considera que estamos en presencia de un concurso real entre tentativa de homicidio (al momento de asestar las puñaladas) y homicidio culposo (al momento de colgarlo cuando se lo creía muerto). El otro estima que se le debe imputar directamente el homicidio simple, en tanto debe considerarse un *dolo general* que incluye ambas conductas.

c) *Grado de probabilidad*. Cabe destacar que en nada obsta al plan del autor el grado de *probabilidad* del medio elegido para alcanzar el resultado, excepto en aquellos casos en que sea *total y absolutamente inidóneo* para conseguirlo.

En consecuencia, habrá dolo directo con sólo acreditar que el plan concebido por el autor tiene la posibilidad de alcanzar el resultado prohibido y *querido*. Es que nada tiene que ver el dolo con razones *probabilísticas*. Si se ha acreditado el elemento cognoscitivo y volitivo, el tipo doloso se encuentra completo, con independencia del porcentaje con que el resultado pueda ser obtenido. Dicho en sentido matemático (lo que le resulta sumamente atrayente a la teoría de la representación), tanto hay dolo si el plan del autor tiene un 99% de posibilidades de alcanzar el objetivo propuesto (matar a Juan), como si el porcentaje fuera 1%. En realidad, es muy difícil concebir el derecho penal en términos matemáticos, por eso todo queda reducido a una cuestión *cognitiva* y *volitiva*.

Así, tan dolosa es la conducta de quien apunta con una mira telescópica a la cabeza del enemigo, como la de quien lo hace apuntando a lo lejos, con un arma que tiene la mira torcida, y además es un mal tirador. En la medida en que *la voluntad del autor* se dirija a obtener ese *fin*, el dolo está completo.

Es que en los delitos dolosos lo que se pune es la *voluntad dirigida a un fin* (matar a Pedro) y no *el aumentar los riesgos que puedan influir en la muerte de Pedro*. Ésa es la verdadera diferencia entre el delito doloso y el culposo. En este último sentido, debemos tener presentes todos y cada uno de los presupuestos y derechos a los que puntualmente nos referimos al tratar el tema (ver capítulo VIII).

Un derecho penal democrático se funda sobre la base de un derecho penal de tipos cerrados o númerus clausus. Los tipos penales describen con certeza las distintas conductas prohibidas y aquella que no es abarcada específicamente por un tipo penal, entra en la zona de libertad. Sin embargo, la garantía *típica* es mucho más amplia, dado que los tipos penales no prohíben *aumentar un riesgo*, sino que, por el contrario, *prohíben una conducta final*[3]. El art. 79 del Cód. Penal dispone: "*Se aplicará reclusión o prisión de ocho a veinticinco años, al que matare a otro*". Lo que pune el artículo referido es que Juan dirija voluntariamente su conducta con el *fin* de dar muerte a Pedro (independientemente de los porcentajes en cuanto a la posibilidad de alcanzarlo) y *no* que Juan *aumente el riesgo de vida de Pedro*[4].

d) *Motivos del autor.* La doctrina es unánime en sostener que los motivos que mueven al autor a llevar adelante la acción prohibida no integran el dolo, y que éstos deben ser considerados a la altura de la culpabilidad. Ello es sumamente importante, pues no debemos estimar, para dirimir la existencia del dolo, los motivos que llevaron al autor a *dirigir su voluntad para obtener el fin prohibido*. Poco importa si la muerte se llevó a cabo para obtener la herencia, por despecho, por odio racial, etc., dado que lo único que importa es la finalidad delictiva.

[3] Por ello, en el art. 79 del Cód. Penal, la norma prohibitiva que se antepone a dicho tipo penal es "no matar" o "no matar al prójimo". No parece correcta la opinión de Sancinetti, quien entiende que la norma prohibitiva del referido tipo penal podría formularse así: "no dispares armas de fuego contra una persona, si puede morir" (*Teoría del delito y disvalor de acción*, p. 274).

[4] Canestrari se manifiesta crítico a las teorías del riesgo. Refiere a la aceptación del riesgo como *frase mágica, vacía y manipulable*, al indicar además que "la loable intención de resaltar el contenido de las diferentes fenomenologías de peligro para definir con mayor precisión la pertenencia del dolo eventual a la tipicidad del hecho, y la consiguiente discriminación entre tal institución y la culpa consciente, no parece encontrar formulaciones convincentes al elaborar las diversas variantes del denominado criterio del riesgo" (Canestrari, *La estructura del dolo eventual y las nuevas fenomenologías de riesgo*, "Ius et Praxis", vol. 10, nº 2, p. 67).

e) *"QUERER" Y "DESEAR": DOS CONDUCTAS DIFERENTES.* También es de suma importancia que tengamos en consideración, para evitar confusiones que puedan llevarnos a conclusiones absolutamente falsas, que nada tiene que ver el *querer* con el *desear*. El *querer* es por definición un verbo activo (tener decisión o voluntad de ejecutar una cosa), mientras que el *desear* es pasivo (anhelar que suceda o deje de suceder algo).

En el *querer* hay una voluntad direccionada a obtener un fin determinado, sin que obste a ello que algunas de las consecuencias que traiga aparejado el fin propuesto puedan no ser deseadas. Por ejemplo, quien presta dinero contra la constitución de una hipoteca, puede *desear* que el deudor cumpla para no tener que ejecutarlo, mas ese *deseo* en modo alguno significa que el acreedor no haya querido llevar adelante la hipoteca con toda la normativa legal a su favor, para ejecutar al deudor en caso de mora. Asimismo, si juego un partido de tenis con mi mejor amigo, puedo desearle suerte al comenzar el juego, desear que en el caso que le toque perder no se ponga de mal humor, mas de ningún modo eso significa que yo no quiera ganar el partido y juegue en consecuencia. Ahora bien, si considero que el partido tiene una significación trascendente para mi oponente (v.gr., sé que le prometió el trofeo a su hijo en el día de su cumpleaños) y tengo en cuenta que la depresión que le puede acarrear no cumplir con tal promesa es mayor a la alegría que me brindaría levantar la copa de campeón, puede que lo deje ganarme. En este caso, ya no es el *deseo* de que mi amigo no sufra lo que produce el resultado de que él sea el ganador, sino que es mi *voluntad,* mi *querer,* lo que direcciona que adrede quiera perder.

f) *"QUERER" Y "ACEPTAR": DOS CONDUCTAS DIFERENTES. EL DOLO SIEMPRE REQUIERE DE UN "QUERER".* De la misma manera que en el punto anterior, cabe distinguir *querer* y *aceptar*. La distinción conceptual es idéntica, puesto que el querer importa acción, mientras que el aceptar exactamente lo opuesto. La finalidad importa una acción determinada y la acción importa un *querer*. Si no hay finalidad no hay acción; sin acción no hay *querer,* pero puede haber un *aceptar*. Y el dolo siempre requiere de un *querer,* el querer requiere de un *plan,* y el plan de una *finalidad,* por lo cual, en definitiva, sin todo ello no hay dolo.

g) PRUEBA DEL DOLO. Pese a exceder el marco de esta obra, estimamos importante tratar tangencialmente la prueba del dolo, respecto de algunas cuestiones que han de servirnos en el tema tratado. Si en un aula universitaria un alumno preguntara en el medio de la clase de teoría del delito cómo se prueba el dolo, es muy probable que el profesor esquive la cuestión o que apenas responda que eso es una cuestión procesal, que nada tiene que ver con el tema tratado o que simplemente exprese que el dolo se prueba con elementos objetivos. Para nosotros la respuesta correcta es la última, pues no hay otra forma de probar *el conocimiento* y la *voluntad* que por medio de criterios objetivos.

En efecto, el dolo se acredita con todos los elementos de prueba de los que se vale el derecho procesal y se prueba con testigos, pericias, informes, etcétera.

En este punto la doctrina comete un grave error, dado que denomina genéricamente a estos supuestos "indicadores", lo que resulta por demás correcto, pero los limita a la acreditación del *dolo eventual,* cuando en realidad lo que prueban es el "dolo propiamente dicho", en sus modalidades de directo o indirecto, y no específicamente el eventual[5].

[5] HASSEMER señala que tanto la representación del agente como su decisión (es decir, la acreditación del dolo eventual), sólo son deducidas por medio de indicadores. "Los elementos externos que caracterizan el dolo se ordenan por consiguiente en tres secuencias: peligro (externo), representación (interna) del peligro y decisión (interna) a favor de la realización del peligro reconocido. La primera secuencia puede ser descripta; las dos siguientes no funcionan sin una deducción mediata a través de indicadores. En cada uno de estos niveles, se presentan datos relevantes para el dolo. Así, en el que hay que tratar la peligrosidad objetiva para el bien jurídico típicamente protegido, se determina por ejemplo la fuerza destructiva de una bomba y su distancia del objeto amenazado, las posibilidades de que un arma exhibida sea utilizada, el lapso de tiempo que dura un suceso lesivo (p.ej., el estrangulamiento de una persona), la zona del cuerpo a la que se dirige el ataque, existencia o proximidad de una acción de salvamento o evitadora del peligro, etcétera. En el nivel cognitivo (de la representación del peligro) se determina por ejemplo la visibilidad del suceso por el agente (su presencia en el lugar del hecho, proximidad espacial de objeto), su capacidad de percepción (perturbación pasio-

Asimismo, cabe señalar que no incorporamos como medio de prueba a la declaración del imputado, pues para nosotros el dolo no puede ser acreditado con ésta, si bien puede ser utilizada para descartarlo (no está de más decir que en muchos de los casos académicos que los autores dan respecto del dolo eventual, tienen a la supuesta declaración indagatoria del autor como basamento principal del ejemplo).

El dolo se *construye*, o mejor dicho se *reconstruye*, a partir de esos elementos, por ser el juez el encargado de llevar adelante tan difícil tarea. Veamos los siguientes ejemplos. Juan está imputado de haber dado muerte en forma dolosa a su vecino. Un individuo se apersonó en la dependencia policial de su barrio e hizo saber que su vecino Juan Rodríguez, al grito de "Pedro, te voy a matar por estar sa-

---

nal o por drogas de esa capacidad, aumento de la misma por cualidades innatas o adquiridas profesionalmente), complejidad versus simplicidad de la situación, tiempo necesario para realizar observaciones relevantes, etcétera. Y se determinarían, en el nivel de la decisión, la confirmación de conductas activas de evitación, la probabilidad de una autolesión en relación con los motivos del agente, incapacidad física, peculiaridades profesionales, comportamientos anteriores del delincuente en situaciones similares que puedan tener relación, de una forma relevante para el dolo con la situación actual, indicios de vínculos afectivos entre delincuente y víctima, etc." (Hassemer, *Los elementos característicos del dolo*, "Anuario de Ciencias Penales", 1980-929 y 930). Canestrari manifiesta que "el catálogo de indicadores relevantes para el *dolus eventualis* en el pasaje preliminar de la descripción de la constelación del riesgo –como por otra parte en aquellos sucesivos– se presenta inevitablemente abierto, en cuanto dependiente de las posibles configuraciones de las hipótesis concretas. El elenco no puede ser, por tanto, más que ejemplificativo: se tratará de tomar en consideración, cada vez, las diversas posibilidades de usar apuntando un arma de fuego; la parte corporal contra la cual se dirige una agresión y el medio utilizado para golpear el organismo del sujeto pasivo; el lapso de tiempo durante el cual perdura la acción de herir; la potencia de la explosión y su distancia del objeto amenazado; la existencia y la accesibilidad de una protección o de una vía de salida de salvación. Obviamente, alguno de estos indicadores –se piensa en las características de un arma de fuego en la hipótesis de quien intenta exhibir su habilidad en el tiro en un contexto peligroso y no autorizado– asumirían un papel incluso cuando la institución del dolo eventual se radique en un ámbito todavía no penalmente ilícito, pero la valoración de su peso requerirá un proceso más articulado" (*La estructura del dolo eventual y las nuevas fenomenologías de riesgo*, "Ius et Praxis", vol. 10, nº 2, jun. 2004).

liendo con mi hija", le apuntó al rostro con un arma de puño que extrajo de entre sus ropas y, desde una distancia de aproximadamente un metro, previo a manifestar también a viva voz "Pedro, que te quemes en el infierno", disparó el arma, la que produjo un impacto en la frente de Pedro, cuyo orificio de salida fue por la nuca. Con esos elementos, el juez concluye que Juan sabía que Pedro era una persona (elemento cognoscitivo) y que direccionó su conducta (elemento volitivo) con la *finalidad* de obtener el resultado prohibido (matar a Pedro). ¿Cambiaría en algo que Juan le jurara y le perjurara por sus hijos que sólo quería herir levemente a Pedro? La respuesta es que no. ¿Pero no era que lo volitivo es lo que el autor *quiere*? En efecto; sin embargo, lo que el autor *quiere* se prueba con elementos objetivos.

Veamos otro ejemplo. Juan está imputado de haber matado a su mujer. Ambos estaban solos en la habitación, cuando Juan disparó sobre el pecho de ella. En su indagatoria, Juan manifestó que el tiro se escapó, dado que nunca pasó por su cabeza dar muerte a su esposa. ¿Cómo se resuelve este entuerto? O dicho de otro modo, ¿cómo se acredita si Juan actuó dolosamente? Seguramente se haga una pericia del arma, la que determinará si la cola del disparador (gatillo) funcionaba correctamente, si era dura o sensible, etcétera. Se le tomará declaración testimonial a los vecinos, para saber si escucharon algo ese día (disputas, peleas, discusiones). Asimismo, se interrogará a vecinos, familiares y amigos acerca de cómo se llevaban los cónyuges, si sabían de amenazas entre ellos, de infidelidades u otras cuestiones. Es decir que el dolo ha de integrarse también a partir de circunstancias que poco o nada tienen que ver con la acción derivada. Con todos estos elementos, el juez dirimirá si Juan *quiso* matar a su esposa y, en consecuencia, si direccionó su voluntad para alcanzar ese *fin*. Si así lo considera, concluirá en imputarle a Juan el homicidio doloso de su esposa, si en cambio entiende que el tiro se escapó de una manera accidental, le imputará, cuando más, una conducta culposa.

En efecto, resulta importante destacar que, si bien los motivos no integran al dolo y sólo pueden ser considerados a la altura de la culpabilidad, en lo que a la *prueba* se refiere, éstos pueden ser determinantes en la *acreditación procesal del dolo*. Que Juan haya querido matar a su esposa porque le era infiel, porque ya no la quería o para heredar su fortuna, nada tiene que ver con el dolo. Sin embargo, en materia probatoria, los motivos pueden servir para acreditarlo.

h) *La falsía del plan del autor.* Hemos señalado que el dolo directo requiere de un plan, y sin él no hay dolo. Si bien esto es un verdadero *dogma*, que desde nuestra óptica no debe ser puesto en tela de juicio, cabe hacer algunas digresiones al respecto. Así, surge la siguiente pregunta: ¿De dónde surge el plan del autor? ¿Es que alguien alguna vez (salvo excepciones dignas de una película) lo ha visto escrito? ¿Es que las cinco etapas que requiere el plan –ideación, planificación, tentativa, consumación y agotamiento– se dan de un modo compartimentalizado y fácilmente escindible una de otra? Trataremos de dar respuesta a estos interrogantes.

En primer lugar, cabe referir que, al igual que el dolo, el plan del autor no se *construye*, sino que se *reconstruye*, en tanto y en cuanto sólo tiene relevancia penal desde que éste es, por lo menos, ejecutado (tentativa). Ello significa que debemos realizar una acción de retroceso, y a partir del hecho consumado –o tentado– acreditar el "plan del autor". Asimismo, se prueba con todos los elementos de los que se vale el derecho procesal, aunque en ciertas oportunidades, al tener que ser reconstruido en cabeza del magistrado, el mentado plan, más que *reconstruido* por éste, es lisa y llanamente "construido por el juez", lo que generalmente redunda en perjuicio del imputado. Veamos un ejemplo: dos personas ingresan a un supermercado, uno de ellos munido con un revólver. Sin que el dueño del local se resista, el portador del arma dispara y lo mata. Ambos ladrones son detenidos días después y se les imputa el robo seguido de muerte en carácter de coautores. El ladrón que no portaba el arma podrá declarar que nunca estuvo en su ánimo que su compañero disparara, y lo único que obtendrá como respuesta será que "su declaración sólo pretende mejorar su ya difícil situación procesal", siendo condenado como coautor de un *plan* común (ver, al respecto, § 30).

La doctrina no se ha detenido a analizar en profundidad que, desde el punto de vista conceptual, muchas de las problemáticas a las que se tienen que enfrentar las teorías del delito y de la participación son salvadas recurriendo al denominado "plan del autor", por lo cual queda así materializado lo que desde nuestra óptica podríamos denominar la "falsía del plan del autor".

§ 97. ***Dolo directo de segundo grado, indirecto o de consecuencias necesarias.*** – En primer lugar, cabe mencionar que lo que se conoce como dolo directo de segundo grado, indirecto o dolo de consecuencias necesarias es una modalidad de dolo directo y, por ende, reúne todos y cada uno de sus requisitos. Ello es importante, pues un sector de la doctrina ha pretendido ver en esta clase de dolo un dolo sin voluntad, lo que desde nuestra consideración resulta equívoco.

a) *El dolo indirecto requiere de un querer, un plan y una finalidad.* En el dolo indirecto el autor quiere el resultado que provoca y respecto del cual dirige su voluntad según una finalidad determinada. En esta clase de dolo hay que tener bien en cuenta lo dicho en el § 96, e, respecto a las diferencias existentes entre *querer* y *desear*. En el dolo indirecto se *quiere* el resultado, aunque puede no *deseárselo*, y ya sabemos que los deseos nada tienen que ver con el dolo. Así, pues, podemos retomar el ejemplo de quien quiere matar al ministro poniendo una bomba debajo del auto que utiliza todos los días para viajar a su oficina, sabiendo que la detonación también ha de alcanzar al chofer. Agreguemos que el terrorista sabe que el chofer es una buena persona, buen padre de familia y buen amigo. No obstante ello, dirige su voluntad con el fin de matar al chofer, con un medio idóneo para lograrlo. Puede *desear* no matarlo, mas *quiere* matarlo, pues su voluntad se encamina en esa dirección. Aun cuando el terrorista dijera *no quise* matar al chofer, desde el punto de vista del derecho penal debe leerse *no lo deseó, mas así lo quiso*.

b) *Dolo indirecto y probabilidad del resultado.* Al igual que en el dolo directo, cabe decir que no obsta a la existencia del dolo indirecto el grado de probabilidad de que el resultado sea alcanzado. En efecto, hemos dicho que "dolo de consecuencias necesarias" es tan sólo una de las denominaciones de esta clase de dolo, y aun cuando nos detengamos en ella, no es difícil concluir en que no quiere significar que esta clase de dolo existirá "sólo en aquellos casos en los cuales la producción del resultado es 100% segura", pues "necesario" no significa sino "concomitante" con el resultado perseguido con dolo directo. Toda otra lectura es absolutamente tendenciosa, como veremos más adelante. En todo caso, podría decirse que el dolo indirecto es "necesario" (como sinónimo de seguro) en forma directamente proporcional al dolo directo. Es que para que haya dolo de "consecuencias necesarias", es *necesario* (valga la redundancia) que conjuntamente haya una voluntad con dolo directo (lo que no ha sido debidamente advertido por la doctrina). Si hay dolo indirecto respecto del chofer, debe haber un dolo directo respecto del ministro. Podríamos plantearnos qué sucede en el caso en que el terrorista coloque la bomba en un día en que el ministro decide quedarse en su casa, y explota cuando en el vehículo sólo se encuentra el chofer. Resulta indudable que en esta oportunidad actuó con dolo directo (aunque con un error *in personam*). Entonces hay que concluir que la *probabilidad* de que se produzca el resultado de la acción que se lleva a cabo con *dolo indirecto*, es la misma de que se derive el resultado de aquella que se realiza con *dolo directo*, pues en realidad se trata de una sola acción[6].

c) *Utilización que la teoría de la representación hace del dolo indirecto para conformar un dolo sin voluntad.* Algunos representantes de la teoría de la representación creyeron ver en el dolo indirecto una prueba fidedigna de la existencia de dolo sin voluntad, proyectando luego sus conclusiones al dolo eventual. Sostienen que si en el dolo de segundo

[6] Sancinetti también considera que la diferencia entre el dolo directo y el eventual no está radicada en la certeza de aquél y en la inseguridad de éste en lo que a la producción del resultado se refiere. Dice el autor que "esta presentación es engañosa. Aun en el dolo directo de primer grado (intención en sentido estricto) el autor bien puede tener *muy serias dudas de poder alcanzar efectivamente el resultado*. Incluso pude llegar a creer –sin que por esto falte el dolo– que tiene una *chance* muy pequeña de 'dar en el blanco'" (*Teoría del delito y disvalor de acción*, p. 147 y 148).

grado no se requiere voluntad, ¿por qué ha de requerírselo en el eventual? Comprendemos su equivocación. Hemos señalado que el dolo indirecto se integra con los mismos elementos que el directo, por lo que sostener que el primero adolece de voluntad, carece de sustento. Toda proyección a partir de este vicio, lleva a conclusiones desacertadas.

d) *Principales expositores.* Éstos son los españoles Gimbernat Ordeig y Antón Oneca. El primero refiere lo siguiente: "Donde verdaderamente es difícil ver una voluntad –a pesar de que existe unanimidad en afirmar la punición por dolo– es en los resultados causados con dolo directo de segundo grado, esto es: en aquellos resultados que sin ser el fin de la acción del sujeto se saben necesariamente unidos a lo directamente perseguido. En este sentido, Engisch argumenta, con gran fuerza de convicción, con el siguiente ejemplo: 'Si alguien mata a un padre de familia porque le ha injuriado, seguro que aquel contestará a la pregunta de si ha querido hacer desgraciada a la familia, que no, que él sólo se ha querido vengar y que la familia le da lástima; cierto que ha sabido que ésta lo iba a sentir mucho, que ha prescindido de ello, pero no lo ha querido. Desde un punto de vista jurídico-penal, sin embargo, y a pesar de que no se ha querido el desconsuelo de la familia se ha causado con dolo directo de segundo grado. Pues el desconsuelo de los parientes se sabía necesariamente vinculado al resultado que el autor persiguió en forma directa (la muerte del padre de familia). De todo ello se sigue: puede haber dolo (directo de segundo grado) sin voluntad. Es ésta una consecuencia, por lo demás, sobre la que ya había llamado la atención, en la doctrina española Antón cuando escribe: 'Siguiendo la concepción alemana, se ha pretendido que el Código español, al llamar atención al dolo, deja afuera de él los resultados previstos como eventuales, aunque sean aceptados por la voluntad, dándose entonces la imprudencia temeraria. Pero, aceptada esta tesis, no podríamos detenernos aquí y habríamos de excluir también los resultados necesariamente unidos al que entraba en el propósito del agente, pues tampoco ellos determinaron su conducta y no son intencionales en el sentido estricto de la palabra. Este concepto de dolo sería demasiado estrecho y contrario a las exigencias tanto de la justicia como de la defensa social'"[7].

Los errores conceptuales que se ponen de manifiesto en la opinión transcripta son varios, de modo que nos referiremos a cada uno de ellos de forma independiente, a saber:

1) En el ejemplo del padre de familia, hay que recordar una vez más la diferencia entre querer y desear. Resulta indudable que quien lleva adelante el asesinato *quiere* el resultado concomitante de hacer desgraciada a la familia (tal cual el ejemplo), aunque no lo *desee*. Es que un resultado acompaña al otro, de modo tal que ambos son queridos, no obstante que uno de ellos sea no deseado. Cabe destacar que, en este caso, se suma que el deseo es además *absolutamente irrealizable* por lo señalado en el párrafo anterior, atento a que el resultado muerte conlleva necesariamente la desgracia familiar.

2) El dolo es un concepto de corte netamente jurídico, que no puede ser traducido como "a propósito" y de ese modo ser traspolado al lenguaje común. En consecuencia, es absolutamente erróneo decir que el desconsuelo de la familia "se ha causado con dolo directo", como también lo sería decir "se separó de su esposa *dolosamente*" o "dejó de concurrir al trabajo con *dolo directo* de hacerlo". El mismo criterio se aplica al concepto de culpa, tanto consciente como inconsciente, por lo que es equivocado referir "llegó tarde al trabajo *culposamente*", o bien, "dio mal el examen *con culpa consciente*".

3) A ello cabe agregar que el ejemplo pretende excluir el elemento voluntario, no a partir de lo que el autor *ha hecho* sino de lo que el autor *siente* o *desea*, lo que es absolutamente contradictorio con lo sostenido por la teoría de la representación.

e) *DOLO INDIRECTO Y PROBABILIDAD DEL RESULTADO: OTRA INTERPRETACIÓN EQUÍVOCA DE LA TEORÍA DE LA REPRESENTACIÓN PARA OBTENER UN DOLO SIN VOLUNTAD.* Con el fin de incorporar más fundamentos a la construcción de un dolo sin voluntad, la teo-

[7] GIMBERNAT ORDEIG, *Acerca del dolo eventual*, "Nuevo Pensamiento Penal", año 1, nº 3, p. 377.

ría de la representación interpreta de un modo muy particular el dolo indirecto y la probabilidad de acaecimiento del resultado. Señala GIMBERNAT ORDEIG, citando luego a STRATENWERTH y SCHMIDHÄUSER: "A todo hay que añadir, además, que la mayoría de las veces el delincuente no podrá determinar si los resultados no deseados van unidos o no *necesariamente* el resultado perseguido. Pensemos en el ejemplo del terrorista que para matarle arroja una bomba al coche en que viaja un personaje político. ¿Es que si produce las muertes de las dos personas que acompañaban en el vehículo al político vamos a afirmar la existencia de dolo sólo si las consideró necesariamente unidas al fin perseguido, y vamos a negar el dolo respecto de esas otras dos muertes no deseadas en el momento en que comprobemos que la vinculación no le parecía necesaria, y que calculó que 'sólo' había novecientas noventa y nueve entre mil de que perdieran la vida? ¿Es que este autor puede exigir que se le condene sólo por imprudencia por las muertes del chofer y de la esposa del político si consigue demostrar que es un incorregible optimista, que había tenido en cuenta esa única probabilidad entre mil, y que no habría actuado si hubiese tenido la absoluta certeza de que además del político iban a perecer también los dos acompañantes? De ahí sigue que, como con razón afirman STRATENWERTH y SCHMIDHÄUSER, si la 'aprobación' del resultado no desempeña ningún papel en los casos de dolo directo de segundo grado en sentido estricto (el desconsuelo de la familia va unido necesariamente a la muerte del padre) ni en aquellos casos en los que se considera sumamente probable que el resultado directamente querido traiga consigo otros no queridos (novecientas noventa y nueve posibilidades –o novecientas setenta o novecientas cincuenta, que para el caso es lo mismo– entre mil de que mueran los que acompañan al político) entonces no se entiende por qué esa aprobación ha de desempeñar un papel tan decisivo en el dolo eventual"[8].

Con relación a lo expresado, podemos afirmar que adolece de varios errores, a los que nos referiremos puntualmente:

[8] GIMBERNAT ORDEIG, *Acerca del dolo eventual*, "Nuevo Pensamiento Penal", año 1, nº 3, p. 376.

1) Se ha señalado y fundado que la *probabilidad* del resultado carece de toda relevancia en cuanto a la existencia tanto del dolo directo como del indirecto. Por ello, si el terrorista se representó con un 1% la probabilidad de que murieran los acompañantes del político o con el 99%, en nada cambia. En efecto, que éste pruebe que es un incorregible optimista quizá le sirva para escribir un libro de autoayuda mientras cumple su pena en prisión, pero en modo alguno para pretender encuadrar su accionar en el tipo culposo. El terrorista *quiso* la muerte de las tres personas que circulaban en el auto. De acuerdo con el criterio mencionado en la opinión de GIMBERNAT ORDEIG, para el caso de que explotara la bomba y sólo murieran los acompañantes del ministro y éste saliera ileso, el terrorista podría decir que el nunca *quiso* (claro que en realidad hay que leer *deseó*, por todo lo referido) matar a los acompañantes y, de ese modo, ya no solicitar se encuadre su accionar en el tipo culposo, sino que se lo absuelva, lo que resulta por demás absurdo.

2) Se incurre en un error idéntico que en el acápite anterior, en tanto se procura descartar la voluntad recurriendo a un ejemplo que tiene como elemento central los *deseos o sentimientos del autor*. Por ello son valederas las críticas que puedan formularse.

3) En el párrafo en que refiere en tono de crítica a que el autor no hubiera actuado si supiera con certeza que el resultado se hubiera producido, recurre veladamente a la primera fórmula de FRANK (construcción hipotética) que para la teoría de la representación significa casi una herejía.

4) La referencia de STRATENWERTH y SCHMIDHÄUSER respecto a que si la "aprobación del resultado no desempeña ningún papel en el dolo directo de segundo grado, no se entiende por qué esa aprobación ha de desempeñar un papel tan decisivo en el dolo eventual", parte de una afirmación equívoca. En el dolo indirecto el resultado no se *aprueba* sino que se *quiere*, por lo que no se puede pretender equiparar a uno y a otro a partir del verbo "aprobar".

§ 98. ***DOLO DIRECTO Y DOLO INDIRECTO. SIGNIFICADO DE LAS PALABRAS. REDEFINICIÓN DE DOLO.*** – Hemos definido al dolo como conocimiento y voluntad del tipo objetivo, y señalamos que la voluntad requiere de un plan y que lo penado es la conducta que tiene por finalidad obtener el resultado prohibido (p.ej., matar a Juan). Ello es una premisa básica e irrenunciable, en el sentido de que todo lo que no se adecue a los elementos o requisitos señalados no podrá ser considerado dolo. Sin embargo, destacamos que tanto el dolo directo como el indirecto, cumplen con los mentados requisitos.

En efecto, podríamos decir que uno y otro son "clases" o "especies" de dolo, es decir que existe una definición genérica de dolo y especies de él. Claro que la especie debe reunir los requisitos del género. Si definimos a un perro como "animal de cuatro patas que ladra", podrán ser especies del género "perro" todos los que tengan las patas largas, cortas o medianas, los que ladren de un modo agudo o grave, los que tengan el pelo corto o largo. Mas si me encuentro con un animal que maúlla, difícilmente pueda decir que es un perro, pues no cumple con las exigencias del género.

Cabe una idéntica afirmación en cuanto al dolo, pues lo que no cumpla con las exigencias del género no podrá ser llamado de ese modo. Para ello, debemos partir de la base de cierto criterio unificado en cuanto a los conceptos y a los significados que le damos a las palabras. Puede venir alguien mañana y decirnos que no hay ningún impedimento en llamar perro a un animal que maúlla o a otro que tenga tres patas, pero ello significará redefinir lo que es un perro. Por otra parte, quienes sostienen que el dolo eventual es dolo, lo que hacen es redefinir su concepto en perjuicio del imputado (o bien llaman perro a un animal de tres patas que maúlla).

§ 99. ***Ampliación del marco punitivo. La culpa consciente como dolo eventual.*** – Con anterioridad expresamos que los tipos penales no prohíben *aumentar un riesgo*, sino que, por el contrario, *prohíben una conducta final* (ver § 96, c). Algunos autores tienen una opinión diferente.

a) Sancinetti. Rescatamos de este autor lo siguiente.

1) *La redefinición del dolo.* Al respecto, señala: "Si todo delito de daño puede ser cometido dolosamente aunque el autor no tenga la sensación de *seguridad de la producción*

del resultado (lo cual ocurre en contados casos), entonces, es porque, detrás de toda norma que proscribe una acción, está prohibida ya la *elevación del riesgo* de que se produzca el resultado valorado por el juicio de valor primario, elevación cuya intensidad es absolutamente independiente del disvalor de intención en sí mismo, y dependiente exclusivamente, como disvalor reflejado en la voluntad, del riesgo subjetivamente asumido por el autor: *la consciencia del peligro*. Sólo esto podría permitir que tanto el dolo directo de primer grado, como el de segundo grado, así como también el dolo eventual, puedan ser castigados con la misma penalidad; el hecho de que la norma, por encima de cierto límite, prohíba ya la elevación del riesgo, es lo que permite una estructura conceptual común a toda clase de dolo, que justifica, también desde el punto de vista político criminal, el tratamiento unitario"[9].

Por nuestra parte, consideramos que su posición es equivocada, pues al analizar sus palabras desde un punto de vista lógico, tendríamos que decir que no hay ningún correlato entre la premisa y la conclusión. En efecto, que el dolo nada tiene que ver con la seguridad de la producción del resultado, fue sostenido y fundamentado respecto del dolo directo (ver § 96, c) y del indirecto (ver § 97, b), pero de ello no puede concluirse que el dolo sea elevación de riesgo. Es dable preguntar, ¿de dónde surge que detrás de una norma que "proscribe una acción", lo que está prohibido sea la elevación del riesgo? ¿De dónde surge que lo que prohíbe la norma sea "la consciencia del peligro del autor"?

Detrás de los tipos penales activos se antepone una norma que prohíbe la realización del tipo penal y no otra cosa. En el tipo de homicidio simple, según el art. 79 del Cód. Penal (*"se aplicará reclusión o prisión... al que matare a otro"*), la norma que se antepone al tipo dice "no matar a otro".

Sin dudas, este tipo de posturas *redefine el concepto de dolo*, lo que amplía indudablemente el marco punitivo, pues no es lo mismo que el dolo sea *querer matar a Pedro que elevar los riesgos de que Pedro muera* (ver § 98).

[9] SANCINETTI, *Teoría del delito y disvalor de acción*, p. 150.

En su afán de alcanzar un dolo sin voluntad, lo que hacen es crear una construcción que poco o nada tiene que ver con el dolo. Pero definirlo como *elevación de riesgo*, desde nuestro punto de vista, trae aparejadas otras equivocaciones no menos importantes en SANCINETTI, que también hacen al tema analizado. Para el autor citado no sólo el dolo es elevación de riesgo, sino que las acciones culposas también importan tal elevación. "La solución de restringir el dolo, no por la vía del descarte de ciertas representaciones, sino por la imputación objetiva, exige contar enseguida, sin embargo, con una nueva objeción: el tipo culposo alcanzaría objetivamente determinadas conductas que, sin embargo, no estarían alcanzadas por el delito doloso correspondiente. Estamos acostrumbrados a pensar que existen delitos sólo comisibles con dolo, sin que exista su respectiva realización típica imprudente; pero no disponemos de ninguna neurona apta para entender que una acción esté prohibida sólo 'imprudentemente'. Esta objeción es, sin embargo, aparente. La norma del delito imprudente, por lo mismo que alcanza también a la peligrosidad remota, no se refiere exactamente a la misma acción que aquella en la que hubiera una representación del peligro próximo (mejor: no remoto)"[10].

En consecuencia, para él, el dolo y la culpa tienen la misma génesis, ambos importan o significan "elevación del riesgo" del bien jurídico protegido, existiendo entre ellos una cuestión de grados: mientras el dolo produce una elevación de riesgo "próximo", la culpa eleva el riesgo de un modo "remoto"[11]. Y ello lo lleva a concluir que "cuando hay un peligro no remoto, hay una acción alcanzada concurrentemente por el tipo doloso y por el imprudente, porque

[10] SANCINETTI, *Teoría del delito y disvalor de acción*, p. 203.

[11] MIR PUIG es de una opinión diferente, pues considera que "el dolo y la imprudencia no tienen la misma naturaleza, porque el dolo es un fenómeno de contenido fundamentalmente psicológico y la imprudencia, un fenómeno básicamente normativo. Pero esta conclusión no pudo ser reconocida por la ciencia del derecho penal hasta que se abandonó la concepción psicológica de la culpabilidad, sustituyéndose por la normativa. Por otra parte, el análisis del sentido normativo de la imprudencia ha llevado en la actualidad a otra consecuencia fundamental: a trasladar la esencia de la imprudencia de la culpabilidad al injusto" (*Derecho penal. Parte general*, p. 289).

la prohibición que ya quiere alcanzar el peligro lejano está refiriéndose también, *a minori ad maius*, a todo peligro concreto, lo que significa que la prohibición que se halla detrás del delito imprudente es la norma más amplia, y se refiere ya también, a fortiori, al hecho doloso. *Es decir, todo comportamiento que llega a ser doloso, traspasó el estadio de la imprudencia –y, por tanto, pasó también por él–.* Vistas las cosas desde este punto de vista, el delito imprudente, la admisión subjetiva de un peligro abstracto para un objeto de bien jurídico, es el *primer estadio* de la agresión al bien jurídico, de modo análogo a como la tentativa inacabada es un estadio anterior al de la acabada"[12].

Para nosotros esta conclusión también es equívoca pues, en primer lugar, al trastocarse el punto de partida, definiendo al dolo como elevación de riesgo, las conclusiones a las que se llega posteriormente han de seguir la misma suerte. Pero más allá de ello, aun considerando que el dolo es lo que SANCINETTI dice que es, tampoco se puede sostener que todo comportamiento doloso traspasó el estadio de la imprudencia y, por tanto, pasó por él. Además, existen ciertos delitos que no admiten la forma culposa (p.ej., la omisión de auxilio). De modo que en esta clase de delitos, nunca la conducta puede comenzar por ser culposa para luego trastocar a dolosa. Sin embargo, a ello cabe agregar que al contrario de lo sostenido por este autor, en la gran mayoría de los casos es difícil advertir ese traspaso entre el riesgo remoto (culpa) y próximo (dolo).

En el robo a mano armada, cuál es el comienzo culposo de la acción? En la estafa, ¿en qué momento se considera que la acción ardidosa comienza siendo culposa? Por nuestra parte, estimamos que en ninguno[13].

[12] SANCINETTI, *Teoría del delito y disvalor de acción*, p. 204.

[13] En este sentido, CANESTRARI expresa que en la doctrina italiana hay una posición que sostiene la presencia de un mínimo común denominador de todas las formas de responsabilidad culpable, que se resume en la siguiente fórmula: "un hecho antijurídico puede ser cometido con dolo siempre que –sin dolo– estén presentes, respecto al mismo hecho, los extremos de la culpa". También se muestra en contra de la postura referida, al señalar que, "en realidad, las principales consideraciones críticas que se han desarrollado con respecto a la expresión 'no hay dolo sin cul-

2) *El límite entre el dolo y la imprudencia no proviene del tipo objetivo.* Hemos señalado las verdaderas diferencias ente el dolo y la imprudencia. Si la diferencia radica en que en el dolo se *quiere el resultado*, lo que no sucede en la imprudencia, resulta claro que la distinción entre uno y otro está en el tipo subjetivo.

Por su parte, SANCINETTI opina lo contrario, al decir: "Esto demuestra que la vaguedad o indeterminación que aparentemente afecta al límite entre el dolo e imprudencia, no proviene propiamente del 'tipo subjetivo', sino de la construcción del tipo 'objetivo'; es decir, que el límite mínimo a partir del cual *la norma prohíbe la elevación del riesgo*, es un ámbito no determinado, siempre sujeto a la interpretación. Si se resuelve que el riesgo admitido por el autor es ya un riesgo alcanzado por la norma, hay dolo. Un error del autor sobre el no estar alcanzado el riesgo por la norma, sería un error de prohibición. Si, en cambio, no se entra en ese marco 'objetivo' de la prohibición, por encima del grado remoto de posibilidades, no se puede tener dolo –supuesto un conocimiento no equivocado de los elementos objetivos–. Y eso, con independencia del carácter directo o eventual del dolo aparente"[14].

---

pa' resultan bastante poco convincentes, porque parten esencialmente de la reinvindicación de la 'centralidad' de la posición de la voluntad en el ámbito de una concepción subjetivista y moralizante del dolo (interior), difícilmente compatible con el modelo liberal de derecho penal orientado hacia la protección de bienes jurídicos. Las objeciones que hemos planteado a la tesis que reconoce el presupuesto de la responsabilidad dolosa, en la medida impersonal de la culpa, se apoyan en argumentos del todo diferentes. Las razones por las que entendemos que es insatisfactoria esta moderna visión de la *caza de la culpa en el dolo* no residen en la convicción de que la noción de riesgo se vacíe de su función operativa con respecto a las tipologías del dolo, sino en la argumentación de las diferentes configuraciones en el momento 'objetivo' de las formas dolosas, el requisito del peligro, cuya valoración no puede confiarse siempre a la intervención del corpus cautelar, esté más o menos codificado. En efecto, quien sostiene –con manifiesta claridad– que la imputación por dolo eventual requiere la violación de la denominada 'dimensión objetiva de la culpa', acaba inevitablemente por confiar únicamente al momento volitivo la búsqueda de las líneas distintivas entre la forma 'menor' del dolo y la culpa con previsión del resultado" (CANESTRARI, *La estructura del dolo eventual y las nuevas fenomenologías de riesgo*, "Ius et Praxis", vol. 10, nº 2, jun. 2004, p. 405).

14 SANCINETTI, *Teoría del delito y disvalor de acción*, p. 200.

Cabe señalar, entonces, que el autor también realiza una libre reformulación o reinterpretación del tipo objetivo.

El tipo objetivo es el que describe la acción prohibida mediante un verbo (nombre de la acción) y por medio de elementos descriptivos, culturales y normativos. El tipo objetivo es el tipo penal "propiamente dicho". También se lo denomina "tipo de error", pues el desconocimiento de algunos de los elementos que lo integran o su conocimiento equívoco, puede dar lugar al error de tipo.

En efecto, sobre el tipo objetivo se asienta el principio de legalidad, pues el tipo penal (o tipo objetivo) describe cada una de las acciones prohibidas por el derecho penal. También se asienta sobre él la prevención general de amenaza de la pena, pues sólo se puede esperar que una persona se contramotive, cuando "conoce" y "comprende" con exactitud cuál es la conducta prohibida.

Al respecto, SANCINETTI hace una propuesta diferente, cuando al referirse al tipo objetivo dice que "el límite mínimo a partir del cual la norma prohíbe la elevación del riesgo es un ámbito no determinado, *siempre sujeto a la interpretación*". Entendemos que el tipo objetivo nunca puede estar sujeto a interpretación alguna, pues ello afecta necesariamente el principio de legalidad, por lo señalado en el párrafo anterior.

Por último, concluye: "Un error del autor sobre el no estar alcanzado el riesgo por la norma, *sería un error de prohibición*". La construcción es realmente muy forzada, pues sostener que un error de prohibición (que como tal debe resolverse en la culpabilidad) afecta el tipo objetivo, aparece como una reconstrucción del error de prohibición.

b) *ZIELINSKI.* Para este autor sólo es culpa la inconsciente, pues la culpa con representación es dolo eventual[15]. Sobre este punto hay que hacer algunas reflexiones, dado que dentro de su esquema la culpa consciente es arrasada y da paso al dolo eventual.

Si tenemos en cuenta que por su estructura la culpa consciente es la que se da con mayor frecuencia, el autor

[15] ZIELINSKI, *Disvalor de acción y disvalor de resultado en el concepto de ilícito*, p. 180.

alemán nos muestra un mundo donde ya casi no hay lugar para la imprudencia, lo que desde nuestro punto de vista se transforma en una verdadera asfixia social. Piénsese, por ejemplo, que según esta concepción, todos los accidentes de tránsito deben ser penados conforme el tipo doloso, lo que importa un verdadero despropósito. Si a ello le sumamos que para ZIELINSKI el tipo culposo (en su modalidad de inconsciente) admite la tentativa, la asfixia a la que referimos se torna insoportable.

En este punto, SANCINETTI tiene una postura más amplia, pues pese a considerar al dolo como "elevación del riesgo jurídico", sostiene que la culpa consciente se diferencia del dolo eventual[16].

c) *JAKOBS*. Éste también confunde, desde nuestro criterio, los alcances del tipo objetivo, por lo que además fracasa en la construcción de un dolo sin voluntad. Específicamente hemos de analizar su posición respecto del caso "Lacman", que según él debe resolverse del siguiente modo: "Quien para ganar una apuesta intenta acertar de un disparo a la bola de cristal que una persona sostiene en la mano, *actúa con dolo eventual de lesiones si se da cuenta de que la 'aventura' puede acabar en la lesión de una persona*; no se requieren ulteriores procesos o estados de ninguna clase, y el esfuerzo por evitar el resultado (y además la pérdida de la apuesta) no basta para impedir el dolo. Si está ausente ese conocimiento, porque por falta de tiempo, temeridad,

[16] Con referencia a la posición de ZIELINSKI cuando sostiene que la culpa consciente es dolo eventual, señala SANCINETTI que "si se parte de la pura teoría de la representación, parece que no quedara otra alternativa. Y, sin embargo, la identificación del dolo eventual con cualquier representación del resultado llevaría las cosas demasiado lejos. Si se acepta el punto de partida valorativo de mi intento de solución, según el cual el dolo eventual *no* es menos grave que el dolo directo, y se admite, además, la conclusión de ZIELINSKI de que dolo eventual e imprudencia consciente *no se* distinguen en nada, entonces, habría que sostener, consecuentemente, que la 'culpa con representación', en el ámbito del ilícito, tampoco es menos grave que el dolo directo. Sin embargo, existe una necesidad valorativa de distinguir casos de representación de la (aparente) realización del tipo, que no impliquen dolo eventual; es decir que existan casos de imprudencia consciente que no basten para la afirmación del tipo doloso. De allí la necesidad de ofrecer criterios restrictivos, a partir de la representación" (*Teoría del delito y disvalor de acción*, p. 197).

indiferencia o miedo el autor no repara en las consecuencias, haciendo caso omiso a lo que se le impone patentemente, no concurre dolo"[17].

La realidad es que la circunstancia de que el autor "se dé cuenta" que el hecho puede terminar en una lesión nada tiene que ver con el tipo doloso, pues ello también se hace presente en la culpa con representación. La diferencia radica en el tipo subjetivo.

d) *Frisch.* Conforme a lo señalado, este autor también ha procurado construir un dolo sin voluntad (ver § 15, j). No obstante ello, cabe resaltar que su posición resulta contradictoria, pues al considerar su exclusión "cuando el sujeto confía en un desenlace airoso" y decir que "la delimitación más útil del dolo la sigue ofreciendo la concepción que exige para el dolo un tomarse en serio el peligro'", pareciera adherir a una postura ecléctica.

§ 100. ***El dolo eventual no es dolo. La finalidad y la equívoca referencia de las distintas teorías.*** – En el desarrollo llevado a cabo (ver § 96 a 98), se han dado sólidos fundamentos que acreditan que el concepto de dolo sólo es compatible con el dolo directo y el indirecto. En consecuencia, el dolo eventual no es dolo, salvo una redefinición de este último (ver § 98).

Dentro de los múltiples argumentos expuestos para negar la existencia del dolo eventual, uno de ellos ha sido que en éste no hay finalidad, y que sin ésta no hay dolo. No obstante ello, curiosamente, son muchos los autores que al desarrollar el dolo eventual se refieren al "plan del autor" y que, además, representan posturas diferentes en cuanto a la fundamentación del dolo eventual. Mencionaremos a algunos de ellos.

a) *Zaffaroni.* Este autor dice que "habrá dolo eventual cuando, según el plan concreto del agente, la realización de un tipo es reconocida como posible, sin que esa conclusión sea tomada como referencia para la renuncia al proyecto de acción, dejando a salvo claro está, que esa posibilidad se

[17] Jakobs, *Derecho penal. Parte general. Fundamentos y teoría de la imputación*, p. 327 y 328.

corresponda con los datos de realidad. Se trata de una resolución en la que se acepta seriamente la posibilidad de la producción del resultado". Asimismo, señala que "no puede plantearse ninguna duda entre culpa consciente y dolo eventual si no hay tipicidad objetiva conglobante en la forma de imputación (dominabilidad del hecho): si un tercero observador no afirmaría en el caso que existe un plan dirigido a producir el resultado típico, no es admisible plantear la duda"[18].

Por tanto, lo transcripto merece algunas reflexiones. El autor realiza dos consideraciones que deben ser analizadas por separado, pues se refiere a circunstancias diferentes, que en un punto son contradictorias entre sí.

1) En efecto, en cuanto a lo señalado en primer lugar, el plan del autor al que se refiere no es el que concluye con el resultado prohibido, sino el que tiene una finalidad distinta, pero incluye como posible el resultado que termina acaeciendo. Cabe reiterar una vez más que en el dolo eventual el resultado no es consecuencia del fin buscado, por lo que mal puede hablarse de "plan del autor".

Pero a ello cabe agregar que existen ciertas circunstancias en las que a la verdadera finalidad perseguida por el autor, mal se las puede llamar "plan del autor". Son aquellos casos en los que la conducta que incorpora como posibles los resultados prohibidos, no es una conducta ilícita. Es el supuesto del automovilista que conduciendo a exceso de velocidad atropella a un peatón y le causa la muerte, cuando se dirigía a la casa de su madre para visitarla por su cumpleaños. No puede hablarse de que el "plan del autor" haya sido visitar a su madre, pues al momento de tomar esa decisión no es autor de nada.

2) Más complejo resulta el segundo supuesto, pues éste sí hace referencia a que el dolo eventual requiere de un plan que tenga por finalidad el resultado típico, y agrega además que el agente debe tener dominabilidad del hecho.

Realmente no es fácil desentrañar qué quiso decir Zaffaroni al respecto, pues la finalidad y la dominabilidad del hecho son lo que caracteriza al dolo propiamente dicho, en

[18] Zaffaroni - Alagia - Slokar, *Derecho penal. Parte general*, p. 524 y 525.

su modalidad de directo e indirecto, por lo que además se contradice con lo sustentado en la primera consideración.

Aún mayor es la confusión si tomamos el ejemplo con relación al tema de la voluntad de evitación. Dice textualmente: "Si el agente toma conciencia del posible curso lesivo de su acción porque lo advierte o le informa un tercero, no habrá dolo eventual si confía en que lo puede evitar. Sin embargo, la mera apelación al azar no lo excluye; es decir, la confianza en la evitación debe ser confirmada por datos objetivos: *quien dispara peligrosamente sobre la cabeza de la víctima, no puede alegar que esperaba que el resultado no se produjese, porque el mero deseo de que la afectación no ocurra no es un indicio serio para excluir el dolo eventual*"[19].

En realidad, su ejemplo no aclara demasiado las dudas planteadas, pues conforme lo señalado (ver § 96, e), lo expresado por el tratadista es claramente una mención del dolo directo. Quien dispara peligrosamente contra la cabeza de otro *quiere* (dolo directo) el resultado de tal acción, más allá de lo que espere o desee.

b) *Roxin*. Al definir el dolo eventual, también se refiere al plan del autor, al decir: "Cuando se intenta perfilar en forma de fórmula los presupuestos bajo cuya concurrencia se puede afirmar que un resultado o cualquier otra circunstancia ha sido asumida en la voluntad del que actúa y se ha convertido, a través de la decisión por la posible lesión de bienes jurídicos, *en parte integrante del plan del hecho*, hay que ser consciente de la dificultad de reproducir lingüísticamente de manera adecuada un fenómeno psicológicamente muy sutil y a menudo guiado por tendencias irracionales y sólo relativamente conscientes. Las plasmaciones verbales no pueden ser aquí más que aproximaciones. Con esta reserva se puede decir que hay que afirmar el dolo eventual cuando el sujeto cuenta seriamente con la posibilidad de la realización del tipo, pero a pesar de ello sigue actuando para alcanzar el fin perseguido, y se resigna así –sea de buena o de mala gana– a la eventual realización de un delito, se conforma con ella"[20].

[19] Zaffaroni - Alagia - Slokar, *Derecho penal. Parte general*, p. 525.
[20] Roxin, *Derecho penal. Parte general*, p. 427.

La referencia al "plan del hecho" es similar a lo mencionado por ZAFFARONI respecto del plan del autor (ap. a), por lo que le caben las mismas críticas. También se refieren al tema SANCINETTI[21] y FEIJÓO SÁNCHEZ[22].

§ 101. ***IMPUTACIÓN OBJETIVA, RELACIÓN DE CAUSALIDAD Y TIPO OBJETIVO.*** – Muchos de los problemas que se le presentaban al derecho penal, en cuanto a limitar la relación de causalidad, fueron salvados por lo que se denomina "teoría de la imputación objetiva" (ver § 27, b, 4).

Ésta procura elaborar la relación de causalidad a partir de consideraciones jurídicas y no naturales. En virtud de ello, acreditada que sea la causalidad natural, para atribuir que un resultado es producto de una acción determinada, falta aún determinar lo siguiente: *a*) que la acción haya creado un peligro *jurídicamente desaprobado*, y *b*) que el resultado producido sea la *realización del mismo peligro jurídicamente desaprobado*. De ello se puede deducir que:

a) No sea imputable objetivamente el resultado que sea producto de una acción que disminuye un riesgo (caso de quien desvía la trompada de un tercero que ha de impactar en la cara de la víctima, y termina golpeando en el hombro).

b) No sea imputable objetivamente el resultado producto de una acción que no crea para el bien jurídico un riesgo jurídicamente desaprobado (el sobrino que quiere matar al tío y lo hace salir al campo en una noche de tormenta en la esperanza de que muera electrocutado por un rayo).

c) No sea imputable objetivamente el resultado que se produce *fuera del ámbito de protección de la norma penal* (caso de la víctima que al ver que le desvalijaron su departamento, muere de un paro cardíaco por la desesperación)[23].

A nuestro criterio, y como señaláramos, la teoría de la imputación objetiva tiene por finalidad limitar la causali-

[21] SANCINETTI, *Teoría del delito y disvalor de acción*, p. 147.

[22] FEIJÓO SÁNCHEZ, *El dolo eventual*, p. 25.

[23] Para el tema de la imputación objetiva, ver BACIGALUPO, *Derecho penal. Parte general*, p. 99 a 101, y JAKOBS, *La imputación objetiva en derecho penal*.

dad y descartar la imputación de un resultado a la altura del tipo objetivo (sin relación de causalidad no hay tipo objetivo, pues es uno de sus elementos constitutivos). Pero como la teoría de la representación pretende construir un dolo sin voluntad (o, en realidad, trasladar los elementos subjetivos al tipo objetivo), se vale de la imputación objetiva ya no como un mecanismo útil para solucionar problemas de causalidad, sino para acreditar la existencia del dolo. Esta utilización extensiva es equivocada, pues la teoría de la imputación objetiva limita la causalidad tanto del delito doloso como del culposo, generando en consecuencia muchos de los errores indicados respecto de las teorías de la representación.

§ 102. ***Las teorías del consentimiento, del sentimiento y las eclécticas.*** – A partir de lo que hemos desarrollado en este capítulo, no es difícil concluir que no obstante su denodado interés por diferenciarse unas de otras, e incluso criticarse entre sí, las teorías del consentimiento, del sentimiento y las eclécticas adolecen del mismo vicio.

En efecto, ni el *juicio hipotético de la primera fórmula* de Frank, ni el *resignarse* de la segunda, ni la *aceptación* de Luzón Peña, Creus, Jiménez de Asúa y Fontán Balestra, ni el *conformarse* de Stratenwerth y Mir Puig, ni el *contar seriamente* de Roxin, ni el *tomar en serio* de Jescheck, ni el *tomar a su cargo* de Mezger, ni el *aceptar seriamente* de Zaffaroni, ni el *estar de acuerdo* de Baumann, ni el *asentimiento* de Argibay Molina, ni el *contar con* de Welzel, ni la *posibilidad de evitación* de Kaufmann y Corcoy Bidasolo, ni la *aprobación en sentido jurídico* del caso de la correa de cuero, ni la *indiferencia* de Soler, Núñez, Engisch y Cury, *pueden reemplazar al "querer" que requiere el elemento volitivo del dolo*.

Demasiado se ha escrito y poco se ha dicho, pues las teorías de la representación quisieron reformular el concepto de dolo, mientras que las teorías del consentimiento, del sentimiento y las eclécticas, sin alterar siquiera el concepto, han llamado dolo a lo que claramente no lo era.

En síntesis, a diferencia de la teoría de la representación que llamó perro a un animal de tres patas que maullaba, estas últimas llamaron gato a lo que nunca dejó de ser un animal de cuatro patas que ladraba.

§ 103. ***Dolo eventual y dolo directo: su confusión.*** – A lo largo de esta obra hemos señalado que se recurre al dolo eventual cuando el tipo culposo resulta exiguo, atento el impacto social de la conducta juzgada. No obstante ello, tal es la confusión que genera esta creación artificial, que en ocasiones, tanto casos reales como ejemplos académicos se resuelven como dolo eventual cuando claramente lo que existe es un dolo directo. Es conveniente repasar los casos analizados anteriormente.

a) *El caso de los mendigos de Loffler.* En este caso (ver § 13, h), que ha operado como paradigma del dolo eventual para dar por tierra con la teoría del consentimiento, se ve claramente la confusión. En efecto, si una persona le corta un miembro a otra, claramente ha cometido un delito doloso con dolo directo. Lo único que podrá discutirse es si estamos en presencia del delito de lesiones gravísimas (con dolo directo) o de tentativa de homicidio (con dolo directo). La finalidad perseguida opera para el encuadramiento típico de la conducta dolosa directa, mas la referencia al dolo eventual carece de sentido. Y la finalidad, a los efectos referidos, debe ser considerada conforme los patrones analizados (ver § 96, f).

b) *El caso de la correa de cuero.* Éste es también un caso de dolo directo, desarrollado en el § 17, g. Si una persona coloca una correa alrededor del cuello de otra y "tira con fuerzas ambos extremos hasta que la víctima deja de moverse", resulta indudable que hay un ahorcamiento con dolo directo. Cuando en la sentencia se dice que "los acusados no tenían intención ni deseo de causar la muerte de la víctima", se muestra palmariamente la confusión. Ya nos hemos referido a las diferencias que existen entre *querer* (intención) y *desear* (ver § 96, e). Así, poco importa lo que los homicidas hayan deseado, lo importante es lo que quisieron, y esto fue causar la muerte.

c) *El caso Lacmann.* Éste es engañoso en su presentación, pues se hace hincapié en la apuesta, cuando lo que debe juzgarse es la acción y no sus motivos (ver § 13, h, 5). Esto es sumamente importante pues, como hemos analizado, las motivaciones nada tienen que ver con el dolo. En consecuencia, el caso se resuelve conforme la finalidad de quien realiza el disparo. Si la finalidad es pegarle a la bola de cristal y le acierta a quien la sostiene, hay un delito culposo; en cambio, si es pegarle a la chica, hay dolo.

El problema es siempre el mismo: cómo probamos la intención. Si se acreditara que el disparo se produjo con un cañón, de tal modo que resultaba imposible pegarle a la bola sin lesionar o matar al sujeto que hacía de *partenaire*, estamos indudablemente ante un delito doloso, con dolo directo.

d) *El caso de los traficantes de heroína.* En esta hipótesis, comentada en el § 17, e, si una persona le tapa la boca a otra, y como consecuencia de ello muere asfixiada, sólo hay dos posibilidades: si se prueba que quiso matarla hay dolo directo, si se prueba lo contrario, hay culpa o delito preterintencional.

§ 104. ***Las nuevas fenomenologías de riesgo. El dolo eventual tiene estructura de tipo culposo y se le aplica la pena del doloso. Pena y reacción social. El dolo eventual como respuesta a la "sed de justicia" (o sed de venganza).*** – Cabe hacer referencia aquí a las denominadas "nuevas fenomenologías de riesgo", tratadas por Canestrari, quien analiza situaciones específicas de la vida moderna en las que se cuestiona la existencia o no del dolo eventual. Previo a ello, conviene insistir en que la inexistencia del dolo eventual tiene una génesis conceptual y no práctica, por lo que las cuestiones individuales se resuelven aplicando los fundamentos genéricos al caso concreto.

a) *La circulación vial y los accidentes de tránsito.* Nos referimos a los accidentes de tránsito en los § 80 y 81, al sintetizar jurisprudencia en la que se habían resuelto conforme al dolo eventual y la culpa con representación. Quizás en la circulación vial es donde se vea con mayor claridad todas las máximas que mencionamos: que el dolo eventual es una creación dogmática en perjuicio del imputado; que teniendo la estructura del tipo culposo se le aplica la pena del delito doloso, y que se recurre a ello cuando por el impacto social del resultado la pena del delito culposo resulta exigua, no cumpliendo su función general positiva fundamentadora o, dicho de otro modo, no da respuesta a la sed de justicia o de venganza de las víctimas o de la sociedad toda.

El autor citado nos dice que en los casos en los que se producen lesiones o muertes como consecuencia de la conducción vial, habrá que considerar la calificación de dolo eventual, conforme el tipo de riesgo que el reo decide asumir en la situación concreta. Se vuelca a favor de la existencia de dolo eventual en los casos de "apuestas automovilísticas con la suerte", de competencia en velocidad por lugares no permitidos y, sobre todo, la denominada "conducción suicida", expresión que alude a distintas tipologías de conducta, cuyo denominador común está representado por la circulación en la autopista o carretera extraurbana en el sentido opuesto al permitido.

Para CANESTRARI no alcanza con los elementos referidos, sino que el dolo eventual requiere además que se verifiquen la *representación interior* por parte del agente y su *decisión a la realización de tal peligro* (su aceptación del resultado). Sin embargo, incurre en una gran contradicción, al referirse, por un lado, al *riesgo creado*, mostrándose partidario en consecuencia de la teoría de la representación, para luego agregar que el individuo debe *aceptar el resultado*, lo que importa adherir lisa y llanamente a la teoría del consentimiento, lo que carece de todo sentido[24].

Cabe reiterar que el dolo es *querer* el resultado y que nada tiene que ver con ello el hecho de *aumentar* el riesgo (ver § 96, c).

Por ello, la problemática de los accidentes de tránsito se resuelve con los mismos elementos conceptuales desarrollados: si se prueba que el conductor del vehículo *quiso* el resultado, hay dolo directo; de lo contrario, hay culpa. Sin embargo, atento a que la problemática jaquea a la doctrina

[24] CANESTRARI, *La estructura del dolo eventual y las nuevas fenomenologías de riesgo*, "Ius et Praxis", vol. 10, n° 2, jun. 2004, p. 416 y 417. La contradicción es aún mayor, si consideramos que se manifiesta crítico de las teorías del riesgo (ver, también, p. 400 y 401).

y a la jurisprudencia, hemos de adentrarnos más en el tema, no obstante que, desde el punto de vista teórico-conceptual-dogmático, no sería necesario.

Veamos el ejemplo de dos jóvenes que acuerdan una carrera callejera (lo que podríamos denominar "picada") y apuestan una suma de dinero. Analicemos distintas posibilidades o hipótesis de trabajo:

1) Los jóvenes llegan a destino sin haber atropellado a ningún vehículo o transeúnte, sólo violaron diversas normas de tránsito. ¿Se les podría imputar la tentativa de homicidio con dolo eventual?[25].

Si bien muchos de los sostenedores del dolo eventual también admiten la tentativa, no han de hacerla operativa en este caso, sin explicar los motivos de tal negativa.

Ello prueba acabadamente que el dolo eventual requiere de un resultado y que, por lo tanto, tiene la estructura del tipo culposo. Es que la tentativa de dolo eventual sólo opera en aquellos casos en los cuales el individuo ya cometió un injusto penal y se la utiliza para imputarle uno más gravoso dentro de un tipo progresivo. Así, por ejemplo, a quien golpeó salvajemente a otro, en lugar de lesiones gravísimas se le imputa "tentativa de homicidio con dolo eventual"[26].

En estos casos ya hay un resultado, y la tentativa con dolo eventual se funda recién a partir de él. Ello es una

[25] La ley 26.362 incorporó el art. 193 bis del Cód. Penal, que dice: "*Será reprimido con prisión de seis meses a tres años e inhabilitación especial para conducir por el doble del tiempo de la condena, el conductor que creare una situación de peligro para la vida o la integridad física de las personas, mediante la participación en una prueba de velocidad o de destreza con un vehículo automotor, realizada sin la debida autorización de la autoridad competente*".

[26] A modo de ejemplo podemos citar la siguiente sentencia: "Constituye el delito de tentativa de homicidio agravado por el vínculo, la acción del procesado que lesionó a su mujer con un cuchillo que le clavó en el vientre, habiendo al menos actuado con dolo eventual de matar a aquélla, porque quien clava un cuchillo a otro en el vientre, no puede dejar de prever seriamente la posibilidad que esa persona muera y si no obstante ello lo hace, demuestra que tomó a su cargo el tal resultado posible y que aceptó el riesgo que implicaba la realización de la acción" (CNCrimCorr, Sala I, 2/4/87, "Aquino, Héctor M.", *LL*, 1987-E-465, 37.748-S).

prueba más de que el dolo eventual requiere de resultado, teniendo en consecuencia estructura de tipo culposo.

2) Uno de los jóvenes que manejaba a exceso de velocidad (v.gr., 130 km/h cuando el máximo permitido era 70 km/h) atropella a una madre y a su hija que cruzaban la calle juntas, provocando la muerte de ambas. ¿Estamos en presencia de un delito culposo o de uno doloso con dolo eventual? ¿Cuál era la finalidad del joven? Si se da como respuesta "ganar la apuesta", debemos decir que es equivocada, pues ello es la motivación que lo mueve y ya hemos dicho que la motivación nada tiene que ver con el dolo. Esto es sumamente importante, pues los partidarios del dolo eventual se jactan en decir que las cuestiones de motivación no integran el dolo *y luego se valen de ellas para sostenerlo*.

La *única finalidad del joven era llegar a la meta*. En búsqueda de ese objetivo violó un deber de cuidado (no manejar conforme los reglamentos), por lo cual provocó un resultado (muerte) que es consecuencia de su manejo descuidado (nexo de determinación). Acabamos de describir todos y cada uno de los elementos del *tipo culposo*. Es decir, el joven cometió un *homicidio culposo*.

No obstante, la trascendencia del caso genera "alarma social", y la pena del tipo culposo no cumple con las expectativas no sólo de la víctima sino de la opinión pública en general. A los familiares de los muertos poco ha de importarles la doctrina y sus diatribas. Aparecen entonces conceptos (p.ej., "conductores suicidas") que terminan teniendo casi una connotación jurídica. El joven no sólo condujo a excesiva velocidad sino que tuvo una "conducta suicida". Por razones de política criminal, el tipo culposo muta al doloso en la modalidad de eventual. No importa en qué posición se funde, lo importante es que al hecho se le imponga la pena del doloso.

Por la circunstancias referidas, un hecho que sin resultado hubiera sido atípico, se convierte por la "magia" del dolo eventual en un hecho doloso[27].

[27] El caso "Cabello" (ver § 81) es un claro ejemplo de ello. Como bien señaló la Cámara Nacional de Casación Penal al revocar la mentada calificación, "los magistrados extrajeron sus conclusiones personales, más guiados por un afán de justificar la subsunción del caso en el homicidio sim-

3) Modifiquemos un poco el ejemplo: un señor mayor de sesenta y cinco años maneja a exceso de velocidad (130 km/h cuando el máximo es 70 km/h) y arrolla a madre e hija provocándoles la muerte. ¿Estará el anciano en las mismas condiciones que el joven en cuanto al cambio de calificación? ¿Fue su conducta suicida o tan sólo *negligente*? Probablemente el dolo eventual no se haga presente en este caso.

4) Apliquemos otra variante: el autor de sesenta y cinco años conduce a 85 km/h cuando el máximo de velocidad es 70 km/h, y arrolla a madre e hija, a quienes les provoca la muerte. Pareciera que claramente estamos en presencia de un delito culposo. ¿Estaríamos tan seguros de que ésa sería la solución si quien conduce a 85 km/h es un joven corriendo una "picada"? Al abandonar los patrones del dolo propiamente dicho, el dolo eventual se convierte en una verdadera "tómbola" sin ninguna otra regla que la *eventualidad* (nunca mejor aplicado el término) del caso concreto.

En consecuencia, le asistiría la razón a GIMBERNAT ORDEIG cuando dice que la existencia o no de dolo eventual depende de que el agente tenga cara de bonachón o de facineroso, quedando consagrado un verdadero derecho penal de autor (ver § 13, h, 1), si su crítica fuera dirigida al dolo eventual en su sentido lato y no sólo a la fundamentación dada por la teoría del consentimiento, para defender luego el dolo eventual desde la teoría de la representación. También tendría razón BUSTOS RAMÍREZ, cuando expresa que la acreditación del dolo eventual tiene que ver con razones de política criminal de corte eminentemente autoritaria, represiva y moralizante, donde el dolo no está en cabeza del in-

---

ple, que en valorar si medió o no imprudencia consciente". Y ello se debió a la repercusión pública que tuvo el caso, así como a que se trataba de un hombre joven y que el vehículo que manejaba se encontraba "preparado". Cabe citar otro fallo de un accidente de tránsito que terminó con la vida del atropellado, en el que se tuvo como uno de los fundamentos para considerar que había dolo eventual y no culpa con representación que "el inculpado vive en la Argentina, es decir que no puede ignorar lo que la prensa y la propia experiencia diaria informa sobre los accidentes causados por automotores y sus secuelas, como tampoco el noticiamiento reiterativo de que son factores causales primordiales la alta velocidad y la ausencia de mantenimiento de los rodados" (CCrim 1ª nominación Catamarca, 5/9/07, "Figueroa, Ernesto", *LLNOA*, 2008-73).

dividuo juzgado sino del juez, y que el dolo es un ánimo pero no una voluntad (ver § 18), si luego no defendiera la existencia del dolo eventual con la vacía y contradictoria fórmula que dice que "el dolo eventual es culpa. Pero con un agregado, es un comportamiento culposo con un elemento subjetivo agravatorio del injusto".

b) *El contagio sexual de sida.* En Europa existe una gran discusión (principalmente en Alemania) respecto a cómo deben resolverse los casos en los que el individuo, sabiéndose portador del virus, mantiene relaciones sexuales, sin hacérselo saber al otro.

En estos casos, Canestrari considera que la línea de demarcación entre la imputación dolosa indirecta y aquella (conscientemente) culposa debe ser trazada tras un análisis particularizado de la situación concreta, teniendo en cuenta todos los datos relevantes en los diversos "planos" que componen la categoría del dolo eventual. Por tanto, en la actividad sexual "no protegida" practicada por el infectado de sida, adquieren significado numerosos indicadores, como la frecuencia, el tipo de relación (vaginal, oral o anal, aumentando sensiblemente la peligrosidad si se constatan microlesiones), la eventual adopción de precauciones alternativas a la utilización del preservativo que puedan disminuir el riesgo de contagio, etcétera.

Según los indicadores referidos, llega a una serie de conclusiones. En efecto, cuando las relaciones sexuales "no protegidas" son aisladas o episódicas, es más oportuno orientarse por la exclusión del dolo eventual. Por el contrario, si el número de relaciones no es exiguo –o la práctica sexual sea tal que aumente considerablemente el nivel de peligrosidad– y el portador del virus (consciente de su estado) no adopta ninguna medida de precaución (ante la falta de información de la pareja), se debería valorar la subsistencia de una responsabilidad dolosa indirecta y proceder a la verificación de la representación, por parte del seropositivo, del contagio como consecuencia de la propia conducta y de su aceptación del resultado lesivo[28].

[28] Canestrari, *La estructura del dolo eventual y las nuevas fenomenologías de riesgo*, "Ius et Praxis", vol. 10, nº 2, jun. 2004, p. 417 a 420.

El autor italiano incurre en la contradicción señalada. Más allá de ello –como hemos señalado en el § 96, c–, en nada obsta al dolo el grado de *probabilidad* del medio elegido por el autor para alcanzar el resultado, excepto en aquellos casos en que el medio elegido sea *total y absolutamente inidóneo* para alcanzar el objetivo previsto. En el tema tratado, todo se resume a que esté completo el tipo objetivo y subjetivo del tipo específico que puna el contagio de sida.

En consecuencia, quien se sabe portador del virus, conoce que las relaciones sexuales son un mecanismo de transmisión de la enfermedad (tipo objetivo) y, sin informar a su pareja (regular u ocasional) de tal circunstancia, tiene relaciones sexuales sin adoptar precaución alguna (tipo subjetivo), comete el delito pero con *dolo directo*, no con *dolo eventual*. El ilícito lo ejecuta en la primera relación, pues el "medio elegido" es idóneo para tal fin, por lo cual cabe recordar una vez más que querer y desear son cosas distintas, y que el querer se prueba con elementos objetivos. Incluso si, dadas esas condiciones, la enfermedad no se transmite, el delito queda en grado de tentativa. Para el caso de que el autor acreditara que no sabía que era portador del virus, o que creía que, por ejemplo, en una sola relación sexual la posibilidad de contagio no existía, puede darse un error de tipo.

Este caso prueba acabadamente, una vez más, la confusión existente entre dolo eventual y dolo directo, lo que hace que deba recurrirse al primero, cuando el dolo directo ofrece las soluciones correctas.

c) *El lanzamiento de piedras sobre vehículos en marcha*. La hipótesis a analizar se refiere a la "actividad lúdico-criminal" de lanzamiento de piedras sobre vehículos en marcha, con el objetivo de golpear a los coches en movimiento.

En casos como el analizado, Canestrari sostiene que difícilmente se puede afirmar que el reo hubiera previsto como seguro, o por lo menos como altamente probable, golpear –con una piedra dejada caer desde un puente– un vehículo en carrera en una autopista, de modo tal que provocara resultados lesivos contra los ocupantes. Por el contrario, puntualiza, en la mayoría de los casos en los que las piedras provoquen consecuencias lesivas contra los ocupantes del vehículo se integra la figura del *dolo eventual*[29].

La solución es, una vez más, equivocada. En efecto, si una persona tira una piedra contra un vehículo en movimiento, indudablemente comete un delito doloso con dolo directo. Únicamente podrá discutirse *qué* delito comete. La respuesta depende de las características propias del caso concreto y del resultado producido.

Dado que las posibilidades pueden ser muchas, analicemos el caso más extremo, en que por el piedrazo el conductor pierde el control del vehículo, vuelca y fallece como consecuencia de la maniobra. Así, estimamos que la mejor solución para este hecho es la de *homicidio preterintencional* (para el caso que estuviera previsto en el ordenamiento jurídico)[30].

En efecto, suele definirse al delito preterintencional como aquel en que el autor quiere un tipo doloso de distinta significación penal al que resulta (*prœter intentionem*, es decir, más allá de la intención)[31].

Para el caso en que el homicidio preterintencional no se encuentre legislado, existe un concurso ideal entre lesiones dolosas y homicido culposo. La solución sería otra para el improbable caso de que el tamaño de la piedra acredite en quien la tira dolo directo de muerte.

Si el conductor no pierde el control de su vehículo, de modo que el accidente mortal no se produce pese al piedrazo, la solución será una de las siguientes:

1) Si el proyectil impacta en el auto sin herir al conductor, se comete el delito de lesiones consumadas.

2) Si el proyectil hiere al conductor, se comete el delito de daño consumado.

29 Canestrari *La estructura del dolo eventual y las nuevas fenomenologías de riesgo*, "Ius et Praxis", vol. 10, nº 2, jun. 2004, p. 422 y 423.

30 El art. 81, inc. *b*, del Cód. Penal (homicidio preterintencional) dispone: "*Se impondrá reclusión de tres a seis años, o prisión de uno a tres años... al que con el propósito de causar un daño en el cuerpo o en la salud, produjera la muerte de alguna persona, cuando el medio empleado no debía razonablemente ocasionar la muerte*".

31 Mir Puig, *Derecho penal. Parte general*, p. 302.

3) Si el proyectil no impacta ni en el auto ni en el conductor, se puede resolver: *a*) si el piedrazo es del tamaño suficiente para matar al conductor en caso de dar en el blanco, tentativa de homicidio con dolo directo, y *b*) si la piedra es pequeña, el delito cometido pueder ser daño en grado de conato, lesiones en grado de conato o tentativa de ambos en concurso ideal.

§ 105. ***Dolo eventual y delitos de omisión impropia.*** – Todas las críticas hechas al dolo eventual en los delitos de comisión, se ven potenciadas en los delitos de omisión impropia. Es que si éstos generan dificultades en muchos casos insalvables, sumado a ello el dolo eventual, resulta una quimera inentendible. Una lectura pormenorizada del análisis que hemos realizado del caso "República Cromañón" (ver § 27), sólo puede hacernos concluir el modo forzado con que el juzgado de instrucción y la cámara interviniente dieron por probado la creación de un riesgo jurídicamente desaprobado, la posición de garante del autor, el conocimiento del riesgo, la imputación objetiva, el nexo de evitación y el dolo eventual.

Sólo la necesidad de aplicar la pena de un delito doloso a una conducta culposa por parte de todos los intervinientes, para saciar el clamor popular social del que hemos dado cuenta desde el comienzo, explica semejante equívoca ingeniería jurídica.

Cabe analizar por separado *la errónea interpretación del Tribunal Oral.* Como hemos visto en el § 27, d, el Tribunal consideró que hubo dolo respecto del incendio previsto en el art. 186 y culpa respecto de las muertes. También, hemos destacado que la originalidad del Tribunal pasaba por considerar que respecto del incendio el dolo era directo y no eventual, como en su momento lo había dicho tanto el juez de primera instancia como la Cámara. El Tribunal Oral procuró evitar, respecto del incendio, la modalidad *eventual,* sabedor seguramente de las problemáticas que acarrea este elemento volitivo del dolo. Señaló, al respecto: "Por lo tanto, la cita de autores que se ha traído a colación a lo largo de este proceso, relativa a la determinación de los elementos del dolo eventual y su distinción con la culpa consciente, no serán analizadas aquí en esos términos. En otras palabras, debemos establecer cuáles son los requisitos del *dolo de peligro* (dentro de éste también puede haber dolo directo, de segundo grado y eventual)". Sobre ello cabe hacer algunas digresiones. El denominado "dolo de peligro" no tiene una estructura diferente del dolo, como bien señala el Tribunal, y, desde el punto de vista volitivo, puede asumir el carácter de directo, indirecto o eventual. Es una creación dogmática para dirimir casos en los cuales haya *dolo*, respecto de un delito de peligro, y *culpa*, respecto de los resultados que pudieren derivarse de ese delito de peligro. Tal lo que ocurre en el caso analizado, conforme lo entiende el Tribunal. Ahora bien, por la estructura de uno y otro (dolo de peligro y dolo de lesión), el dolo de peligro se da en la modalidad de *eventual*. Si bien el Tribunal cita reiteradamente a RODRÍGUEZ MONTAÑÉS para sostener que Chabán y Argañaraz actuaron con dolo directo, de la lectura pormenorizada de la autora española y de los propios argumentos del Tribunal, se llega a la solución contraria. En efecto, dice la autora citada (y así lo refiere el Tribunal): "Es cierto que el momento de representación exigida para el dolo de peligro y el dolo de lesión es idéntico: en ambos basta con la representación del peligro concreto, de la posibilidad concreta de la lesión. Y, desde esa representación, las posibles posturas del autor, a los efectos de delimitación que aquí interesan, son las siguientes: que se tome en serio tal posibilidad, conformándose, resignándose con ella (supuesto en el que habrá dolo eventual de lesión y dolo de peligro), o bien que no se conforme con tal posibilidad, sino que confíe en poder controlar el peligro y evitar finalmente la lesión. En este supuesto no hay dolo eventual de lesión. ¿Y dolo de poner en peligro? Sí lo habrá, tanto cuando el autor lo acepte y se conforme con él (o incluso lo busque, casos –excepcionales– de dolo directo de peligro), como cuando por los datos de la situación objetiva no le queda más remedio que aceptarlo". El texto es sumamente claro. Para RODRÍGUEZ MONTAÑÉS el dolo directo es excepcional en los delitos de peligro. Luego agrega: "la peculiaridad del dolo de peligro consiste, a mi entender, en que el momento volitivo viene dado siempre desde que el sujeto se representa el peligro en los términos aquí expresados y que, pese a esa representación, sigue actuando. Tal decisión de actuar pese a la representación del concreto peligro es expresión por sí sola –aquí– de la 'decisión contra el bien jurídico' característica del dolo. Ante esa representación el sujeto no puede hacer otra cosa que 'consentir', aceptar o conformarse con la puesta en peligro en concreto, pues no tiene posibilidad alguna de confiar fundadamente en la no producción del peligro mismo". Es que cuando el objeto del bien jurídico entra en el ámbito de la acción peligrosa y deja de poder ser defendido de forma segura, ya no existe margen de confianza racional respecto de la evitación del peligro, el "no querer" el peligro escapa a la capacidad del autor. Si éste conoce el peligro y, pese a ello, decide seguir actuando, expresará así, de forma necesaria, su aceptación o conformidad con la puesta en peligro concreto, tal como lo explica la autora. Mayor claridad imposible. Para la autora española, el dolo de peligro es dolo *eventual* en la modalidad de aceptación o conformidad, teoría mixta o ecléctica, a la que nos hemos referido en el § 17, f. Los ejemplos del caso "Tell" y de lo que en España se denominan "conductores suicidas" son claros ejemplos de dolo eventual.

§ 106. ***Dolo eventual y coautoría.*** – La coautoría funcional requiere de un *plan previo* en el que se diriman las tareas a realizar por parte de cada uno de los coautores en el delito de que se trate (ver § 30, a). También dejamos planteada, en el § 31, la siguiente pregunta: ¿el plan previo de la coautoría puede conformarse con dolo eventual? La respuesta negativa se impone, pues hemos señalado y fundado que el plan previo *sólo es compatible con el dolo directo y el indirecto*, y que el dolo eventual *carece de ese plan*. De modo tal que una cosa es incompatible con la otra. Si hay plan previo, no puede haber dolo eventual, pues uno excluye al otro. Ya hemos referido (ver § 96, h) que la *falsía del plan del autor* muchas veces se hace presente en perjuicio del imputado. En este caso, enmascarado en el dolo eventual. En efecto, lo señalado opera tanto para la coautoría en los delitos comisivos, como para la omisión impropia. Respecto de esta última, el modo forzado en que se construyó la coautoría funcional en la causa "Cromañón" es un cabal ejemplo de cómo puede sucumbir la dogmática penal en perjuicio del imputado (en el caso específico, de los coimputados).

§ 107. ***Dolo eventual e instigación.*** – Con relación al tema, expresamos en el § 36 que la instigación importa determinar o inducir a otro a cometer un delito determinado. También que las tentaciones, las sugerencias y todo aquello que sea planteado de forma ambigua, no debe ser considerado como medio hábil para instigar. Por ello es que dejamos planteado el interrogante acerca de la posibilidad de que la instigación conviva con el dolo eventual. Estamos frente a una convivencia imposible. Mal se puede *determinar* a otro a cometer un delito, cuando no se quiere el resultado sino tan sólo hay una representación de éste. Es que no puede haber una *determinación* o una *inducción,* si quien la lleva a cabo no *quiere* que el determinado realice la acción inducida. De ser así, tendríamos que estar cuidándonos permanentemente de lo que decimos a terceros, por temor a ser imputados de instigación por dolo eventual. El ejemplo de Bacigalupo expuesto en el § 38 (en nota) es una muestra clara de ello. Si sabemos que un amigo es engañado por la mujer, podemos dudar de contárselo o no por diversas circunstancias (por temor a herirlo, a que no nos crea, por entender que no debemos entrometernos en cuestiones íntimas), *mas no por el temor a que a raíz de ello golpee o asesine a su esposa, y se nos impute la instigación del delito por dolo eventual.* Una vez más estamos en presencia de un derecho penal asfixiante, muy lejano a un derecho penal de intervención mínima. Por todo ello, no cabe sino concluir que el dolo eventual es incompatible con la instigación.

§ 108. ***Dolo eventual y el exceso previsto en el artículo 47 del Código Penal. Vulneración del principio de responsabilidad por el hecho propio.*** – Al referirnos a la coautoría (ver § 30, b) dijimos que la responsabilidad de cada uno de los intervinientes la limita el dolo y la delimitan otros elementos delictivos personalísimos. Por una acción no prevista y, por ende, tampoco cubierta por la decisión de ajuste o encaje, no cabe responder en concepto de coautor por falta de dolo.

En definitiva, expresamos que no se hacía más que consagrar la responsabilidad por el hecho propio, que en nuestro país se encuentra precisada en el art. 18 de la Const. nacional y en el art. 47 del Cód. Penal que dice: "*Si de las circunstancias particulares de la causa resultare que el acusado de complicidad no quiso cooperar sino en un hecho menos grave que el cometido por el autor, la pena será aplicada al cómplice solamente en razón del hecho que prometió ejecutar. Si el hecho no se consumase, la pena del cómplice se determinará conforme a los preceptos de este artículo y a los del título de la tentativa*".

Asimismo, podemos agregar que si bien el artículo sólo se refiere a la complicidad, también se hace extensivo a la instigación y al coautor, en virtud de una aplicación analógica *in bonam parte*. La jurisprudencia ha encontrado en el dolo eventual el atajo justo para dar por tierra con el exceso en la coautoría, en la participación y en la instigación. En efecto, en lugar de dar debido cumplimiento a lo prescripto en el art. 47 del Cód. Penal (que en definitiva no es más que dar cumplimiento a la responsabilidad por el hecho propio), recurren al dolo eventual para que el *dolo del autor* se transmita al coautor, cómplice o instigador.

De este modo, asistimos a la incongruencia de que una creación de carácter dogmática predomine por sobre una norma como el artículo citado que consagra ni más ni menos que la responsabilidad por el hecho propio.

§ 109. ***Dolo eventual y tentativa. Incompatibilidad.*** – No les falta fundamento a quienes sostienen que la redacción del art. 42 en nada empece a que la tentativa adopte la modalidad de dolo eventual.

En este sentido, son muchos los autores que citan la referencia histórica del concepto "determinado", al señalar que éste fue consecuencia de la crítica del senador Rojas al Proyecto de 1917, que decía: "El que comienza la ejecución de un delito premeditado de antemano pero no lo consuma por circunstancias ajenas a su voluntad". También le asiste razón a Caballero, para quien el término "determinado" tuvo sólo la finalidad de eliminar el plus subjetivo que importaba la premeditación[32]. Como corolario de ello, las diatribas entre las posturas amplias y restrictivas a las que hicimos referencia resultan nimias.

La no admisibilidad de la tentativa con dolo eventual tiene fundamentos mucho más profundos, que van más allá de la circunstancial redacción de un artículo. En efecto, desde un punto de vista óntico, y conforme lo que mencionamos en los acápites precedentes, la tentativa conlleva necesariamente la *intención* de cometer un injusto doloso.

Por ser esto así, el modo en que ella queda plasmada en un determinado ordenamiento normativo deviene intrascendente.

Si se llegara a la conclusión, como hemos de sostener, de que la tentativa con dolo eventual no supera el marco conceptual, la redacción del artículo en que se define no alcanzaría para superar ese marco. Por supuesto que nada impide que por razones de política criminal se pueda, por ejemplo, definir la tentativa de tal forma que desde el derecho positivo se admita la modalidad eventual, la que se podría determinar diciendo: "El que en forma directa, indirecta o eventual procurare consumar un delito y no lo consiguiere". ¿Se terminarían las discusiones con una redacción de estas características? Desde la dogmática jurídica, seguro que no.

Por ello es que disentimos con que la nueva redacción del § 22 del Cód. Penal alemán ("Intenta un hecho punible quien, según su representación del hecho, comienza directamente la realización del tipo") le haya dado mayor marco a la jurisprudencia para considerar que la tentativa admite el dolo eventual, superando las dudas del término "resolución" (*Entschluss*) del derogado § 43[33]. Se trata tan sólo de ampliar el marco punitivo por razones de política criminal.

Por esta misma razón es que se equivoca la doctrina argentina, cuando pretende fundamentar la factibilidad de la tentativa con dolo eventual en nuestro derecho en la redac-

[32] CABALLERO, *El delito imposible*, p. 47, citado por PINTO, *El dolo en el delito tentado*, *LL*, 1989-E-437.

[33] Algunos autores entendían que el término *resolución* sólo era compatible con el dolo directo. Otros consideraban que lo era con cualquier clase de dolo.

ción del art. 42, al indicar que si el hecho de cometer un delito determinado se compadece sólo con el dolo directo, el dolo eventual no sería otra cosa que cometer un delito indeterminado, lo que resulta una "monstruosidad ontológica", al decir de ZAFFARONI.

En este esquema, en el capítulo VI señalamos que:

a) Independientemente de la fórmula con la que se la defina, la tentativa importa la intención de cometer un injusto doloso.

b) En el dolo eventual el individuo no "quiere" el resultado delictivo, tan sólo lo "consiente", "acepta", etcétera. Por ello, se equivoca la mayoría de la doctrina cuando opina lo contrario ("en el dolo eventual el autor quiere sin duda algo *determinado*")[34].

c) La tentativa no constituye una parte punible del hecho consumado en razón de un dolo completo, sino que, por el contrario, el tipo subjetivo es diferente en uno y en otro.

Todo ello nos permite extraer algunas conclusiones: en la tentativa hay que acreditar el tipo subjetivo sobre la base de algo que no sucedió (intención de), mientras que en el dolo eventual el tipo subjetivo se elabora a partir de algo que se "consiente", "acepta", etc., pero no que se "quiere".

Ambas fórmulas son incompatibles, pues no se puede *intentar* lo que no se *quiere* y no se *quiere* lo que se *representa, acepta* (consiente, etc.), dado que el "querer" es por definición algo activo, mientras que el "aceptar" (consentir, etc.) es algo pasivo o, cuando más, neutro (ver § 68 a 72).

Por todo ello, por la estructura de ambos es incompatible la tentativa con el dolo eventual, por lo cual cabría agregar que existen razones de política criminal por las que debe descartarse la tentativa con dolo eventual.

Como bien expresa TAMARIT SUMALLA, la tentativa con dolo eventual importa una preocupante elevación del nivel de inseguridad jurídica, pues no se destaca a priori cuáles son los riesgos relevantes, debiendo confiar la selección de tales

[34] Entre otros, BACIGALUPO, *Derecho penal. Parte general*, p. 168.

riesgos típicos en elásticos criterios dogmáticos de imputación objetiva. Importa también una amenaza para las libertades individuales en casos en los que la utilización del derecho penal aparece como desmedida (p.ej., incriminación de las conductas de riesgo en la transmisión del sida como tentativa de homicidio con dolo eventual)[35].

§ 110. ***Culpa consciente e inconsciente. Su punibilidad diferenciada.*** – Hemos señalado que en los delitos culposos no se castiga el fin de la conducta, pues éste resulta lícito; el reproche se funda en que los medios elegidos para alcanzar ese fin violan un deber de cuidado y que, en virtud de ello, se produce el resultado.

a) *La culpa inconsciente es punible.* Es importante destacar esta circunstancia, pues, contrariamente a lo que entiende Malamud Goti (ver § 78, b), en los delitos culposos no se castiga una "voluntad mala", pues la "voluntad" entendida como "finalidad", no es lo prohibido y castigado.

La vida de relación nos somete permanentemente a riesgos y a realizar actividades riesgosas. Por ello es que debemos ser cuidadosos cuando realizamos todas y cada una de ellas (deber de cuidado). Asimismo, conforme lo hemos sostenido (ver § 87, b, 1), la pena procura contramotivar a los individuos para que se comporten conforme a derecho mediante la prevención general de amenaza (limitada por la prevención positiva), que se materializa en la aplicación de la pena en concreto (que nunca puede superar la culpabilidad del individuo).

En este sentido, la finalidad de la pena es la misma en los delitos dolosos que en los culposos. En los dolosos, pretende que las personas se abstengan de realizar *conductas* prohibidas. En los culposos, procura que cuando las personas persiguen fines lícitos, lo hagan a través de medios *no peligrosos*. El mandato en estos últimos sería éste: "Si realiza una conducta lícita, no elija medios peligrosos, pues si con ellos causa un resultado prohibido, se le aplicará una pena".

35 Tamarit Sumalla, *La tentativa con dolo eventual*, "Anuario de Derecho Penal y Ciencias Penales", 1992, t. 45, nº 2, p. 548.

En consecuencia, desde que una persona comienza a realizar una acción peligrosa, la amenaza penal "cobra vida", siempre y cuando se den las condiciones para que el individuo sepa que actúa en un contexto de riesgo. No se requiere de más elementos. Si el individuo *concientiza el riesgo*, hay culpa consciente, *si no lo concientiza*, hay culpa inconsciente, y ambas son punibles. Si no están dadas las condiciones para que el actor sepa que obra en un contexto de riesgo, la conducta deviene atípica.

Veamos un ejemplo. Si una persona enciende un calentador a gas y se retira de su domicilio sin apagarlo, ha cometido (si se produce un resultado prohibido –muerte de un vecino–) un delito culposo con culpa inconsciente, en tanto prender un calentador a gas conlleva *como deber de cuidado*, apagarlo antes de salir. Diferente es el caso de quien deja encendida la *loza radiante*, pues atento al funcionamiento de esta última, no se encuentra dentro de los deberes de cuidado apagarla antes de salir, pues ella está técnicamente preparada para permanecer encendida las veinticuatro horas, sin que ello importe peligro alguno. Por lo tanto, si por una circunstancia extraordinaria explotaran los caños por los que se desplaza el agua que genera el calor y ello causara un resultado prohibido, ninguna imputación se le podría hacer a quien la dejó encendida, pues no supo que actuaba en un contexto de riesgo.

Quizá la confusión en cuanto a la viabilidad o no de la punición de la culpa inconsciente, tenga que ver con que equivocadamente se la haya denominado *delito de olvido*. No se pune "el olvido", sino la violación al deber en que incurre el individuo que sabe que actúa en un contexto de riesgo.

b) *La culpa consciente merece de un reproche mayor que la inconsciente. La "doble violación al deber de cuidado".* Contrariamente a lo sostenido por la doctrina casi en su unanimidad (ver § 78), consideramos que la culpa consciente merece mayor reproche penal que la culpa inconsciente. Tanto en la culpa consciente como en la inconsciente no hay finalidad de cometer el resultado prohibido, por haber en ambas una violación al deber de cuidado. No obstante ello, estimamos que la primera conlleva una mayor punibilidad que la segunda.

En el punto anterior referimos que, desde que una persona comienza a realizar una acción peligrosa, la amenaza penal "cobra vida" y que en la culpa consciente el individuo *concientiza el riesgo*, mientras que en la inconsciente no lo *concientiza*. Atento a ello, estamos en condiciones de decir que la culpa consciente importa una *doble violación al deber de cuidado*, y que ello *funda el mayor reproche de esta especie de pena*. Algunos ejemplos servirán para entender claramente la propuesta, como el que al respecto diera SANCINETTI (ver § 78, a).

En el caso referido señalamos que estábamos en presencia de una conducta con culpa inconsciente y que, en consecuencia, era pasible de reproche. No obstante ello, supongamos que mientras que la pava está en la cocina, el actor se encuentra estudiando con un compañero, quien le advierte que dejó la pava en el fuego y que es muy peligroso, a lo que éste le responde que no pasa nada. ¿No es aún más desaprensiva la segunda conducta que la primera? Coincidimos en responder que sí, pues a la primera violación al deber de cuidado se suma la segunda que está dada por algo que diferencia sustancialmente a una culpa de la otra, puesto que en la culpa consciente el individuo tiene el "poder de evitación", que no lo materializa por ser "negligente o imprudente", mientras que en la culpa inconsciente el individuo carece de ese "poder de evitación".

Ello significa que en la culpa consciente se produce una *doble violación al deber de cuidado* que puede darse en dos pasos progresivos (como en el ejemplo de la pava en el fuego) o concomitantemente (manejar a exceso de velocidad). En este último caso, el conductor viola con esa única conducta, doblemente, el deber de cuidado (no materializa efectivamente el poder de evitación).

En síntesis, si la culpa consciente importa una doble violación al deber de cuidado, en tanto el individuo, habiendo concientizado el peligro, no evita el resultado, podemos deducir que el reproche penal debe ser más gravoso.

§ 111. ***PROPUESTAS DE POLÍTICA CRIMINAL.*** – Con anterioridad (ver § 83) dijimos que existían soluciones de política criminal para los casos que se resolvían con la forma de dolo eventual, sin tener que renegar de los principios que hacen a un derecho penal garantista, a partir de una interpretación integral entre la teoría del delito y de la pena. Consideramos que una propuesta dogmática debe superar primero el marco teórico-conceptual, para luego poder ser llevada a la práctica. De no ser así, se corre el riesgo de que la materialización de lo abstracto traiga más perjuicios que beneficios, y deba recurrirse a "enmiendas superadoras" que dan por tierra con todo lo desarrollado.

En este orden, creemos que estamos en condiciones de afirmar que nuestra propuesta supera el marco señalado y puede ser llevada a la práctica. Así, demostramos que el dolo eventual no tiene razón de ser, que en realidad es un tipo culposo al que se le aplica la pena del tipo doloso, cuando la trascendencia del caso genera "alarma social" no sólo en la víctima sino también en la opinión pública en general. Indudablemente, el modo de superar esta problemática es aumentar la pena de los delitos culposos. Respecto de este punto, también desarrollamos los escollos que esto encuentra desde una concepción resocializadora de la pena.

Desde la teoría de la pena que proponemos, que prescinde de la mentada resocialización y considera que la pena sólo materializa la prevención general, por retribuir la culpabilidad del individuo, se puede arribar a una solución de política criminal, sin tener que hacerle "trampas" a la dogmática penal.

Consideramos que los delitos culposos deben tener una brecha importante entre el mínimo y el máximo de la pena, de modo que el juez no se encuentre limitado al momento de evaluar el caso concreto y, de ese modo, evitar que por las circunstancias del hecho se "tiente" de calificarlo como doloso. También sostenemos que la penalidad debe considerar si la culpa es consciente o inconsciente. En modo alguno importa ello ampliar el marco punitivo. Todo lo contrario. Pretende evitar el salto "cualitativo" del tipo culposo al doloso, en perjuicio del imputado.

En concreto, y a fin de dar un ejemplo práctico, si tomáramos como parámetro el tipo de homicidio simple del Código Penal, que tiene una pena de ocho a veinticinco años de prisión, las penas debieran ser las siguientes:

a) Homicidio simple: ocho a veinticinco años de prisión.

b) Homicidio con culpa inconsciente: de seis meses a cinco años de prisión.

c) Homicidio con culpa consciente: de uno a diez años de prisión.

Para finalizar, debemos señalar que la propuesta es *de lege lata*. En efecto, si partimos del supuesto de que en las legislaciones actuales la resocialización no es más que una aspiración retórica, podría aumentarse la pena de los delitos culposos con la clasificación que proponemos y eliminar la categoría de dolo eventual, sin que sea condición sine qua non, para ello, compartir nuestra teoría de la pena.

BIBLIOGRAFÍA

ANTÓN ONECA, JOSÉ, *Derecho penal. Parte general*, Madrid, 1949.

ARGIBAY MOLINA, JOSÉ E. - DAMIANOVICH, LAURA T. - MORAS MOM, JORGE R. - VERGARA, ESTEBAN K., *Derecho penal. Parte general*, Bs. As., Ediar, 1972.

BACIGALUPO, ENRIQUE, *Derecho penal. Parte general*, Bs. As., Hammurabi, 1999.

— *Lineamientos de la teoría del delito*, Bs. As., Hammurabi, 1994.

— *Manual de derecho penal. Parte general*, Bogotá, Temis, 1989.

— *Tipo y error*, Bs. As., Hammurabi, 1988.

BARBERO SANTOS, MARINO - MORENILLA RODRÍGUEZ, JOSÉ M., *La ley de peligrosidad y rehabilitación social*, "Doctrina Penal", 1979-223.

BARATTA, ALESSANDRO, *Integración-prevención: una nueva fundamentación de la pena dentro de la teoría sistemática*, "Doctrina Penal", 1985-5.

BASAGLIA, FRANCO - BASAGLIA ONGARO, FRANCA, *Ideología de la diversidad*, "Nuevo Pensamiento Penal", 1975-397.

BATTAGLIA, ALFREDO, *Algunos aportes sobre dolo eventual*, *ED*, 187-1181.

BAUMANN, JÜRGEN, *Culpabilidad y expiación ¿son el mayor problema del derecho penal actual?*, "Nuevo Pensamiento Penal", 1972-39.

BECCARIA, CESARE, *De los delitos y de las penas*, Bogotá, Temis, 1985.

BERGALLI, ROBERTO, *La ideología del control social tradicional*, "Doctrina Penal", 1980-805.

— *Realidad social y cuestión penitenciaria*, "Doctrina Penal", 1985-386.

BERGALLI, ROBERTO - BUSTOS, JUAN, *El poder penal del Estado. Homenaje a Hilde Kaufmann*, Bs. As., Depalma, 1985.

BERGER, PETER - LUCKMAN, THOMAS, *La construcción social de la realidad*, Bs. As., Amorrortu, 1991.

BERISTAIN IPIÑA, ANTONIO, *La cárcel como factor de configuración social*, "Doctrina Penal", 1981-273.

— *La pena-retribución y las actuales concepciones criminológicas*, Bs. As., Depalma, 1982.

— *La religión como puente desde y hacia la cárcel*, "Doctrina Penal", 1985-219.

Breglia Arias, Omar - Gauna, Omar R., *Código Penal y leyes complementarias, comentado, anotado y concordado*, 6ª ed., Bs. As., Astrea, 2007.

Buompadre, Jorge E., *Tratado de derecho penal. Parte especial*, 3ª ed., Bs. As., Astrea, 2009.

Bustos Ramírez, Juan, *Control social y sistema penal*, Barcelona, PPU, 1987.

— *Manual de derecho penal español. Parte general*, Barcelona, Ariel, 1984.

Canestrari, Stefano, *La estructura del dolo eventual y las nuevas fenomenologías de riesgo*, "Nueva Doctrina Penal", 2003, p. 393 a 430.

Carrara, Francesco, *Programa de derecho criminal*, Bogotá, Temis, 1977.

Cerezo Mir, José, *Curso de derecho penal español*, Madrid, Tecnos, 1985.

— *La doble posición del dolo en la ciencia del derecho penal española*, "Anuario de Derecho Penal y Ciencias Penales", 1981, t. 34, nº 2-3, p. 455.

Corcoy Bidasolo, Mirentxu, *En el límite entre el dolo e imprudencia*, "Anuario de Derecho Penal y Ciencias Penales", 1985, t. 38, nº 1, p. 45.

Córdoba Roda, Juan, *Una nueva concepción del delito. La doctrina finalista*, Barcelona, Ariel, 1963.

Corvalán, Juan G., *Condiciones objetivas de punibilidad*, Bs. As., Astrea, 2009.

Creus, Carlos, *Derecho penal. Parte especial*, 6ª ed., Bs. As., Astrea, 1999.

— *Derecho penal. Parte general*, 5ª ed., Bs. As., Astrea, 2004.

Creus, Carlos - Buompadre, Jorge E., *Derecho penal. Parte especial*, 7ª ed., Bs. As., Astrea, 2007.

Cury, Enrique, *Contribución al debate acerca del dolo eventual*, "Nuevo Pensamiento Penal", 1975-153.

De la Fuente, Esteban, *El concepto de dolo eventual en la doctrina y en la jurisprudencia del Tribunal Supremo de España*, "Cuadernos de Doctrina y Jurisprudencia Penal", 2000, t. 10-B, p. 553.

De la Rúa, Jorge, *Código Penal argentino. Parte general*, Bs. As., Depalma, 1997.

Donna, Edgardo A., *Derechos humanos, dogmática penal y criminología*, *LL*, 1991-C-670.

— *Teoría del delito y de la pena*, 3ª ed., Bs. As., Astrea, 2008.

Estructuras jurídicas. En homenaje al profesor Luis Jiménez de Asúa, Bs. As., Abeledo-Perrot, 1964.

Feijóo Sánchez, Bernardo, *El dolo eventual*, Bogotá, Universidad Externado de Colombia, 2000.

FERNÁNDEZ, ALBERTO A. - PASTORIZA, LUIS G., *Autoría y participación criminal,* Córdoba, Lema, 1987.

FEUERBACH, ANSELM V., *Tratado de derecho penal,* tr. E. R. ZAFFARONI e IRMA HAGEMEIER, Bs. As., Hammurabi, 1989.

FIERRO, GUILLERMO J., *Causalidad e imputación,* Bs. As., Astrea, 2008.

— *Teoría de la participación criminal,* 2ª ed., Bs. As., Astrea, 2004.

FONTÁN BALESTRA, CARLOS, *Tratado de derecho penal. Parte especial,* 2ª ed., Bs. As., Abeledo-Perrot, 1970.

GARAUDY, ROGER, *La alternativa,* 3ª ed., Madrid, Cuadernos para el Diálogo, 1976.

GARCÍA, LUIS M., *Reincidencia y punibilidad,* Bs. As., Astrea, 2005.

GARCÍA PABLOS DE MOLINA, ANTONIO, *Manual de criminología,* Madrid, Espasa-Calpe, 1988.

GARIBALDI, GUSTAVO E. L. - PITLEUNIK, LEONARDO G., *Delimitación del dolo y la culpa en el ilícito penal,* Bs. As., Ad-Hoc, 2002.

GIMBERNAT ORDEIG, ENRIQUE, *Acerca del dolo eventual,* "Nuevo Pensamiento Penal", 1972-378.

— *Problemas actuales de las ciencias penales y la filosofía del derecho. Homenaje al profesor Luis Jiménez de Asúa,* Bs. As., Pannedille, 1970.

GIRIBALDI ODDO, ALFREDO, *Cesar Beccaria, LL,* 40-1199.

GRASSI, ADRIÁN P., *Reflexiones sobre el concepto de dolo,* "El Derecho Penal. Doctrina y Jurisprudencia", dic. 2002.

HASSEMER, WINFRIED, *Fundamentos del derecho penal,* tr. F. MUÑOZ CONDE y L. ARROYO ZAPATERO, Barcelona, Bosch, 1984.

— *Los elementos característicos del dolo,* "Anuario de Derecho Penal y Ciencias Penales", 1990, t. 43, nº 3, p. 909.

HASSEMER, WILFRED - MUÑOZ CONDE, FRANCISCO, *Introducción a la criminología y al derecho penal,* Valencia, Tirant lo Blanch, 1989.

IRIBARREN, PABLO, *El delito impropio de omisión en la "República de Cromañón", LL,* 2005-F-578.

JAKOBS, GÜNTER, *Derecho penal. Parte general. Fundamentos y teorías de la imputación,* tr. J. CUELLO CONTRERAS y J. L. SERRANO MURILLO, Madrid, Marcial Pons, 1997.

— *Estudios de derecho penal,* tr. E. PEÑARANDA, C. J. SUÁREZ y M. CANCIO, Madrid, Civitas - Universidad Autónoma de Madrid, 1997.

— *La imputación objetiva en derecho penal,* tr. M. CANCIO MELIÁ, Bs. As., Ad-Hoc, 1997.

JAUCHEN, EDUARDO M., *Posición de garante e imputación objetiva en la causa de Omar Emir Chabán, LL,* 2005-F-62.

JESCHECK, HANS H., *Tratado de derecho penal. Parte general,* tr. S. MIR PUIG y F. MUÑOZ CONDE, Barcelona, Bosch, 1981.

JIMÉNEZ DE ASÚA, LUIS, *La ley y el delito*, Bs. As., Sudamericana, 1981.
— *La orientación moderna de las nociones de autor de la infracción y de participación en la infracción*, "Cuadernos de Ciencia Penal y Criminología", nº 3, Santa Fe, Universidad del Litoral, 1957.
— *Tratado de derecho penal*, Bs. As., Losada, 1963.

JOFRÉ, TOMÁS, *El Código Penal de 1922. Concordancias, bibliografía, jurisprudencia, comentarios*, Bs. As., Abeledo, 1922.

KAUFMANN, ARMIN, *El dolo eventual en la estructura del delito*, "Anuario de Derecho Penal y Ciencias Penales", 1960, t. 13, nº 2, p. 185.

KAUFMANN, HILDE, *Concepciones del hombre en el derecho penal y la criminología*, "Doctrina Penal", 1981-23.
— *Derecho penal de culpabilidad, concepto de la pena y ejecución orientada por el tratamiento*, "Nuevo Pensamiento Penal", 1974-109.

KLUG, ULRICO, *Problemas actuales de las ciencias penales y la filosofía del derecho. Homenaje al profesor Luis Jiménez de Asúa*, Bs. As., Panedille, 1970.

LAMO DE ESPINOSA, EMILIO, *Delitos sin víctimas. Orden social y ambivalencia moral*, Madrid, Alianza Universidad, 1989.

LASCANO (H.), CARLOS J. (dir.), *Nuevas formulaciones en las ciencias penales, en homenaje a Claus Roxin*, Córdoba, Lerner, 2001.

LISZT, FRANZ VON, *Tratado de derecho penal*, tr. L. JIMÉNEZ DE ASÚA, Madrid, Reus, 1916.

LUZÓN PEÑA, DIEGO M., *Curso de derecho penal. Parte general*, Madrid, Universitas, 1996.

MALAMUD GOTI, JAIME E., *Cuestiones relativas a la punibilidad de la culpa inconsciente*, *ED*, 51-937.
— *En torno a la problemática del dolo eventual*, *ED*, 48-843.
— *La estructura penal de la culpa*, Bs. As., Cooperadora de Derecho y Ciencias Sociales, 1976.

MARQUARDT, EDUARDO A., *Escuelas penales*, "Revista del Colegio de Abogados de Rosario", 1939, t. X, nº 3.

MAURACH, REINHART, *Tratado de derecho penal*, tr. J. CÓRDOBA RODA, Barcelona, Ariel, 1962.

MAURACH, REINHART - GÖSSEL, KARL H. - ZIPF, HEINZ, *Derecho penal. Parte general*, tr. de la 7ª ed. alemana por J. BOFILL GENZCH y E. AIMONE GIBSON, Bs. As., Astrea, 1994-1995.

MEZGER, EDMUND, *Derecho penal. Parte general*, tr. C. A. FINZI, Bs. As., Din Editora, 1955.
— *Tratado de derecho penal*, Madrid, Revista de Derecho Privado, 1935.

MIR PUIG, SANTIAGO, *Función de la pena y teoría del delito en el Estado social y democrático de derecho*, Barcelona, Bosch, 1979.

— *Problemática de la pena y seguridad ciudadana*, "Revista Jurídica de Cataluña", nº 1, ene.-mar. 1981.

MORENO HERNÁNDEZ, MOISÉS, *El poder penal del Estado. Homenaje a Hilde Kaufmann*, Bs. As., Depalma, 1985.

MUÑOZ CONDE, FRANCISCO, *Introducción al derecho penal*, Barcelona, Bosch, 1975.

— *La resocialización del delincuente. Análisis y crítica de un mito*, "Doctrina Penal", 1979-627.

— *Teoría general del delito*, 3ª ed., Valencia, Tirant lo Blanch, 2004.

NEUMAN, ELÍAS, *Prisión abierta*, Bs. As., Depalma, 1984.

NINO, CARLOS S., *Los límites de la responsabilidad penal*, Bs. As., Astrea, 2006.

NÚÑEZ, RICARDO C., *Derecho penal argentino*, Bs. As., Bibliográfica Omeba, 1965.

PINTO, HUGO J., *El dolo en el delito tentado*, *LL*, 1989-E-437.

RAGUÉS, RAMÓN, *Tres propuestas recientes en la histórica discusión sobre el dolo eventual*, "Cuadernos de Doctrina y Jurisprudencia", 1999, t. 9-A, p. 465.

RIGHI, ESTEBAN, *El dolo eventual en la tentativa*, "Nuevo Pensamiento Penal", 1972-303.

RIGHI, ESTEBAN - FERNÁNDEZ, ALBERTO A., *Derecho penal. La ley. El delito. El proceso y la pena*, Bs. As., Hammurabi, 1996.

ROXIN, CLAUS, *Derecho penal. Parte general*, tr. D. M. LUZÓN PEÑA, M. DÍAZ Y GARCÍA, y J. DE VICENTE REMESAL, Madrid, Civitas, 1997.

ROXIN, CLAUS - ARTZ, GÜNTHER - TIEDEMAN, KLAUS, *Introducción al derecho penal y al derecho procesal penal*, tr. L. ARROYO ZAPATERO y J. L. GÓMEZ COLOMER, Barcelona, Ariel, 1989.

ROXIN, CLAUS, y otros, *Determinación judicial de la pena*, Bs. As., Del Puerto, 1993.

SÁINZ CANTERO, JOSÉ, *Lecciones de derecho penal. Parte general*, Barcelona, Bosch, 1990.

SANCINETTI, MARCELO A., *Sistema de la teoría del error en el Código Penal argentino*, Bs. As., Hammurabi, 1990.

— *Teoría del delito y disvalor de acción*, Bs. As., Hammurabi, 2005.

SCHÜNEMANN, BERND, *El sistema moderno del derecho penal. Cuestiones fundamentales*, tr. J. SILVA SÁNCHEZ, Madrid, Tecnos, 1991.

SAUER, GUILLERMO, *Derecho penal. Parte general*, tr. J. DEL ROSAL y J. CEREZO, Barcelona, Bosch, 1956.

SOLER, SEBASTIÁN, *Derecho penal argentino*, Bs. As., Tea, 1978.

SCHUMAN, KARL F., *Una sociedad sin prisiones*, tr. C. ELBERT, "Doctrina Penal", 1991-A-112.

SPOLANSKY, NORBERTO E., *Imputabilidad y comprensión de la criminalidad*, Bs. As., Cooperadora de Derecho y Ciencias Sociales, 1976.

STRATENWERTH, GÜNTER, *Derecho penal. Parte general. El hecho punible*, tr. G. ROMERO, Madrid, Edersa, 1982.

STRUENSSE, EBERHARD, *Dolo, tentativa y delito putativo*, tr. M. A. SANCINETTI, Bs. As., Hammurabi, 1992.

TAMARIT SUMALLA, JOSEP M., *La tentativa con dolo eventual*, "Anuario de Derecho Penal y Ciencias Penales", 1992, t. 45, nº 2, p. 515.

TERÁN LOMAS, ROBERTO A. M., *El contenido del dolo en el derecho penal argentino*, en IV Jornadas Nacionales de Derecho Penal, "Cuadernos de los Institutos", nº XXVI, Córdoba, 1979.

WELZEL, HANS, *Derecho penal alemán*, tr. J. BUSTOS RAMÍREZ y S. YÁÑEZ PÉREZ, Santiago de Chile, Jurídica de Chile, 1987.

ZAFFARONI, EUGENIO R., *Manual de derecho penal. Parte general*, Bs. As., Ediar, 1988.

ZAFFARONI, EUGENIO R. - ALAGIA, ALEJANDRO - SLOKAR, ALEJANDRO, *Derecho penal. Parte general*, Bs. As., Ediar, 2003.

ZIELINSKI, DIETHART, *Disvalor de acción y disvalor de resultado en el concepto de ilícito*, tr. M. A. SANCINETTI, Bs. As., Hammurabi, 1990.

— *Dolo e imprudencia*, tr. M. A. SANCINETTI, Bs. As., Hammurabi, 1990.

ZIPF, HEINZ, *Introducción a la política criminal*, Madrid, Revista de Derecho Privado, 1979.

ZUGALDÍA ESPINAR, JOSÉ M., *La demarcación entre el dolo y la culpa: el problema de dolo eventual*, "Anuario de Derecho Penal y Ciencias Penales", 1986, t. 39, nº 2, p. 395.